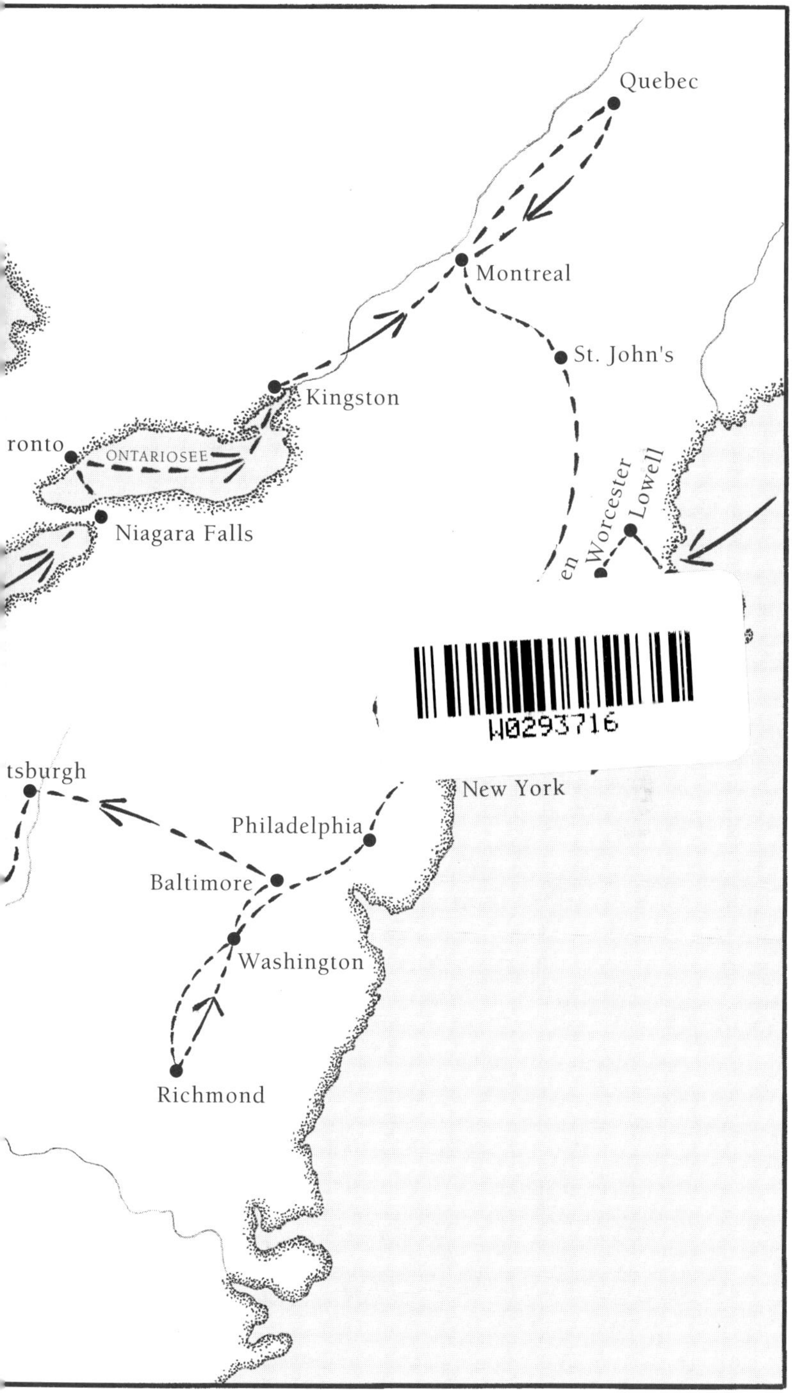
Quebec
Montreal
St. John's
Kingston
ronto
ONTARIOSEE
Niagara Falls
en
Worcester
Lowell
tsburgh
New York
Philadelphia
Baltimore
Washington
Richmond

ALTE ABENTEUERLICHE REISEBERICHTE

Charles Dickens

CHARLES DICKENS

AUFZEICHNUNGEN AUS AMERIKA

1842

Herausgegeben von
Detlef Brennecke

EDITION ERDMANN

Die Deutsche Bibliothek – CIP-Einheitsaufnahme
Ein Titeldatensatz für diese Publikation ist bei
Der Deutschen Bibliothek erhältlich

Charles Dickens
Aufzeichnungen aus Amerika
ISBN 3 522 60037 1

Umschlaggestaltung und Karte: Roman Lang, Stuttgart
Umschlagtypografie: Michael Kimmerle, Stuttgart
Reproduktionen: Die Repro,Tamm
Schrift: Berkeley Oldstyle
Satz: KCS GmbH, Buchholz/Hamburg
Druck und Bindung: Friedrich Pustet, Regensburg

5 4 3 2 1* 02 03 04 05 06

INHALT

VORWORT DES HERAUSGEBERS

»But I don't like the country«
Charles Dickens in den USA

Alles wie gehabt! Da warf jemand über ein Volk eine Aussage hin, eine wohl gezielte Wendung, und schon wuchsen dem Wort plötzlich Flügel und es schwirrte umher wie das Diktum des Mystagogen Epimenides aus dem 6. Jahrhundert vor Christus, wonach »Kreter immer Lügner« sind. Rund hundertfünfzig Jahre später benutzte es der Philosoph Eubulides als Aufhänger für seine Spitzfindigkeiten: »Wenn einer sagt, er lüge, lügt er oder sagt er die Wahrheit?« Derweil war das längst zum Gemeinplatz geworden. Es tauchte im *Zeushymnus* (um 285 v. Chr.) des Poeten Kallimachos auf, bald in der *Weltgeschichte* (um 140 v. Chr.) des Historikers Polybios, bis es am Anfang des 1. Jahrhunderts nach Christus im *Brief des Paulus an Titus* landete: »Die Kreter sind immer Lügner.«

Mochte eine Schrift auch über diverse Facetten verfügen – irgendwo fiel eine Benennung darin, gab es eine Schilderung, deren Inhalt haften blieb und im Gedächtnis der Leser den Kontext überlagerte, sodass sie sich aus diesem löste, sich als Begriff verselbstständigte – und nur das Image reüssierte.

Dementsprechend wurde seit der *Erdbeschreibung* (um 10 n. Chr.) des Geografen Strabon mit den Germanen »Blondheit« verbunden. Daher verschmolz Tahiti seit der *Reise um die Welt* (1771) des Entdeckers Louis-Antoine de Bougainville mit Aphrodites Liebesinsel Kythera. Und deswegen verknüpften seit den *Aufzeichnungen aus Amerika* (1842) des Romanciers Charles Dickens so manche mit den Yankees die »Schweinerei« des Tabakspuckens, diese »Übertreibung der Unflätigkeit«.

Ein vorzügliches Beispiel: Kaum war die Schwedin Fredrika Bremer im Oktober 1849 – von Liverpool kommend – in New York eingetroffen, als sie bereits mit dem Dampfboot den Hudson hinauf nach Newburgh fuhr. Voller Entzücken schwärmte sie in ihrem Buch *Durch Nordamerika und Kuba* (1853–1854) von dem Steamer: »Es war ein wahrer kleiner schwimmender Palast; von außen zierlich und flimmernd von Weiß und Gold, von innen zierlich und elegant, große helle Salons, prächtige Möbel, wo Herren und Damen bequem ruhten und plauderten oder Zeitungen lasen.« Aber welches Erstaunen: »Ich sah da keinen von Dickens' rauchenden und spuckenden Herren.« (Wenig später geschah es dann doch!)

Was war dran an dem Klischee jener ausspeienden Männer? Gab es auch Amerikaner, die auf Hygiene hielten? Und keusche Südsee-Insulanerinnen? Und brünette Germanen? Ja, waren die Kreter eventuell doch nicht immer Lügner?

Wie viel Sicherheit boten Bausch-und-Bogen-Urteile? Taugten etwa Goethe'sche Verse gegebenenfalls als Tipp zum Wegzug in die Neue Welt:

»Amerika, du hast es besser
Als unser Kontinent, der alte […]«?

Seit die dreizehn Kolonien Großbritanniens am 4. Juli 1776 ihre Bindungen ans Mutterland gekappt hatten, folgte man vor allem hier den Vorgängen in Übersee mit gemischten Gefühlen: Während die einen den Abfall von Besitzungen beklagten, rühmten die anderen den Aufbau einer Volksherrschaft. Diesen Zwist verschärfte die Erinnerung daran, dass Militärs wie der Marquis de La Fayette den amerikanischen Siedlern in ihrem Kampf gegen englische Restaurationsversuche als Bannerträger beigesprungen waren und Benjamin Franklin, einer der Unterzeichner der *Declaration of Independence* (1776), im Jahre 1778 mit Frankreich eine Allianz gegen Albion geschmiedet hatte. Darauf brach in Europa ein Krieg der zwei Erzfeinde aus. Der lag nun zwar sechzig Jahre zurück. Aber das Thema »Amerika« war noch unter King William IV. und Queen Victoria heikel.

Die Flut von Publikationen darüber wollte nicht abreißen und schaukelte sich in ihrer Gegenläufigkeit immer mehr auf. Während die Verfasser der WESTMINSTER REVIEW das Periodikum dazu benutzten, um ihre Bewunderung für die amerikanische Demokratie auszudrücken, nahmen die Autoren von BLACKWOOD'S MAGAZINE jede Gelegenheit wahr, vor der zersetzenden Gefahr der Reformer zu warnen. Hatten nicht Zug um Zug jetzt Pöbel, Pack und Plebs die Oberhand über das vorgebliche Neu-Kanaan gewonnen? So oder ähnlich lehrten es Werke wie Basil Halls *Travels in North America in the Years 1827 and 1828* (»Reisen in Nordamerika in den Jahren 1827 und 1828«, 1829), Frances Trollopes *Domestic Manners of the Americans* (*Leben und Sitte in Nordamerika*, 1832) und jüngst Frederick Marryats *A Diary in America* (*Tagebuch in Amerika*, 1839).

Ganz anders Harriet Martineau in ihrem Buch *Society in America* (*Die Gesellschaft und das soziale Leben in Amerika*, 1837)! Auch wenn sie mitunter – sei es im Hinblick auf die Wahlkampagnen, sei es in Anbetracht des Sklavenhandels – missbilligend über die Verhältnisse ›drüben‹ befand und von der »Entwürdigung der Bürger« sprach, war sie doch alles in allem zufrieden mit der dortigen Staatsform: »Die Demokratie in Amerika ist fest verankert im Fundament der christlichen Religion.« Nur eine Gemeinschaft mit diesen Wurzeln verfügte über die – wie es ähnlich in der *Unabhängigkeitserklärung* formuliert war – »unveräußerlichen Rechte aller Menschen auf Leben, auf Freiheit und auf das Streben nach Glück«.

Es trug nicht eben zur Glättung der Diskussionswogen bei, dass der mit Abstand umfassendste und tiefsinnigste Beitrag zur Sache, die zweiteilige Monografie *Über die Demokratie in Amerika* (1835/1840), von einem Franzosen stammte: von Alexis de Tocqueville. Der war Soziologe und hatte auf einer Grand Tour von 1831 bis 1832 die Haftbedingungen in God's own country studieren wollen. Doch dann wandte er sein Augenmerk darüber hinweg den Leitgedanken der *Constitution* (1787) zu, ihrer Umsetzung und ihren Folgen. Namentlich durch diesen letzten Gesichtspunkt wurde seine umfangreiche Untersuchung zu einem Kompendium, an dem Reflexionen über die Gestaltung einer gerechten und tauglichen Massengesellschaft künftig nicht mehr vorbeikommen sollten. Denn das war das Menetekel dieses Werkes: dass die Demokratie in ihrer Aufwertung von breiten konsumfixierten Bevölkerungsschichten am Ende zur kulturellen Dekadenz führt, zur Allmacht von Talmi, Tand und Tinnef. Trotzdem resümierte Tocqueville: »Die Gleichheit ist vielleicht weniger erhaben; aber sie ist gerechter und ihre Gerechtigkeit macht ihre Größe aus und ihre Schönheit.«

Was also waren die USA? Die Wiege der Zukunft? Oder Sodom und Gomorrha? Ein gelobtes Land? Oder Wolkenkuckucksheim? Das verlogene Kreta?

Die Leser von Dickens sollten demnächst eine geharnischte Antwort erhalten.

Charles Dickens, oder unverkürzt gesagt: Charles John Huffam Dickens, wurde am 7. Februar 1812 in Landport bei Portsmouth an der Südküste Englands geboren. Seine Mutter, Elizabeth Barrow, entstammte einer Sippe, deren Sozialprestige Fassade war: Hatte sich doch ihr Oberhaupt, Marineleutnant Charles Barrow, vor zwei Jahren auf die Isle of Man absetzen müssen, nachdem er als Urkundenfälscher aufgeflogen war. Nein, John Dickens, Esq., der Vater des kleinen Charles, ein Mann von niederer Herkunft, brauchte sich nicht nachsagen zu lassen kein standesgemäßer Gatte zu sein. Er hatte es immerhin zum Zahlmeister der Navy gebracht. Dabei wurde er tagtäglich vom Glanz des Geldes geblendet – von Summen unglücklicherweise, die bloß auf dem Papier erschienen und Sachwerte kaum fassbar machten. Das freilich war nicht gut für einen tief im Innern haltlosen Menschen, einen Leichtfuß, einen Spieler. Doch was ahnte seine Frau oder die Familie von der steten Anfechtung?

Oder gar der Knabe Charles …! Der lebte unbekümmert, mehr oder minder. Mag sein, ihn grämten die Wohnungswechsel: erst nach Chatham bei Rochester in Kent und dann in den Dunstkreis von London, wohin sein Vater versetzt worden war; vielleicht schmerzte ihn überdies, dass er nicht länger durch Wald und Flur stromern konnte. Robinson zu sein oder Freitag – das war die Lust des Landlebens gewesen, sonst nichts. Der Grundschulunterricht jedenfalls war keiner Rede wert.

Was Charles Dickens lernte, beruhte im Wesentlichen auf eigener Wahrnehmung und auf Büchern. Zunächst auf jenen, aus denen ihm das Kindermädchen mit mimischem Talent und oft spontaner Improvisation vorlas; hernach auf jenen, die er selbst verschlang, daheim in seiner Kammer in Camden Town, der elenden Vorstadt. Das waren die Sagen und Räuberpistolen … Mord und Totschlag, dann jedoch Cervantes' *Don Quijote* (1605–1615), Alain-René Lesages *Geschichte des Gil Blas von Santillana* (1715–1735), Henry Fieldings *Die Geschichte des Tom Jones* (1749), Tobias George Smollets *Peregrine Pickle* (1751), Oliver Goldsmiths *Der Pfarrer von Wakefield* (1766): all die kleinen und großen – meist großen! – Dichtungen der Welt über Schelme, Schurken, Scharlatane. »Eine herrliche Schar«, entsann sich Dickens' Alter Ego David Copperfield 1849, »um mir Gesellschaft zu leisten. Sie nährten meine Einbildungskraft und hielten meine Hoffnung, dass es noch ein Etwas für mich jenseits dieses Hauses und über diese Zeit hinaus gebe, aufrecht – sie und ›Tausendundeine Nacht‹ und die persischen Märchen – und taten mir keinen Schaden, denn das Gift, das in einigen schlummerte, tat mir nichts, weil ich es nicht kannte.«

Charles war jetzt zehn Jahre alt und befand sich damit nach wie vor in jenem Air der Arglosigkeit, der Reinheit und der Unbeschwertheit, das nächstens aufgehoben würde – was in nicht allzu ferner Zukunft als Motiv der Vertreibung aus dem Paradies-der-Kindlichkeit zur Stereotype des Dickens'schen Œuvres werden sollte.

Sein Vater hatte alle Blätter überreizt und stand bei seinen Kreditoren dermaßen tief in der Kreide, dass er keinen anderen Ausweg aus der Finanzmisere sah als den Sohn gegen Zah-

Als Knabe in der Schuhwichs-Fabrik

lung von sechs Shilling pro Woche zu Warren's Blacking, einer Schuhwichs-Fabrik, zur Arbeit zu schicken. Da war Charles Dickens zwölf. »Es ist mir ein Rätsel«, sinnierte er später gegenüber seinem Biografen John Forster, »wie ich in einem solchen Alter derart leicht weggeworfen werden konnte. Es ist mir ein Rätsel, dass selbst nach der Degradierung zum armen kleinen Kuli, der ich seit unserer Ankunft in London war, niemand genug Mitgefühl mit mir hatte – einem Kind von einzigartigen Fähigkeiten, aufgeweckt, lernbegierig, zart und leicht verletzbar, sowohl körperlich wie geistig […].«

Doch damit nicht genug: Gerade hatte er (in einem Fenster des Unternehmens als Beispiel braven Bubenfleißes wie ein Produkt zur Schau gestellt!) begonnen Flaschen abzufüllen und mit Schildchen zu bekleben, da wurde sein Vater ins Schuldgefängnis Marshalsea gesperrt – in eine Anstalt, aus der ihn nach etlichen Monaten nur ein unverhoffter Geldsegen aus dem Nachlass der seligen Großmutter Dickens befreite.

So heilsam indes wie die Erbschaft war der administrative Schock. Denn obwohl Elizabeth Dickens dezidiert dagegen war, holte ihr Mann seinen Jungen aus der Manufaktur. Das Trauma aber blieb. »Ich habe später nie vergessen, ich werde es nie vergessen, ich kann es nicht vergessen, dass meine Mutter sich dafür erwärmte, mich in die Fabrik zurückzuschicken.«

Dreißig Monate lang durfte Charles stattdessen sogar eine Schule besuchen; und es hatte durchaus den Anschein, als wollte der Vater etwas wieder gutmachen. Dann indes waren 1826 für den Vierzehnjährigen Kindheit und Jugend vorbei: zwei umrisslose Zeiträume, in denen er erfahren hatte, woraus der Stoff der Alpträume ist.

Er wurde Anwaltsgehilfe und Sekretär, brachte sich eine Kurzschrift bei, ging abends – um über allen Akten, Urkunden und Formularen nicht die flüchtigen Reiche der Phantasie aus dem Auge zu verlieren – in den Lesesaal des British Museum, lieferte verschiedenen Londoner Presseorganen Artikel über Strafprozesse, stieg zum Parlamentsreporter auf und gewann peu à peu Einblick in die Mechanik des Systems, in dem er als fremdbestimmtes Rädchen mitgedreht wurde: in die Faselei der Tugendwächter … die Kungelei der Rechtsanwälte … die Mauschelei der Volksvertreter. »Ich sehe weit genug hinter die Kulissen«, ließ Dickens in der Rückschau durch seinen Wortführer David Copperfield erklären, »um den Wert des politischen Lebens zu erkennen. Ich bin in dieser Hinsicht ein wahrer Heide und werde mich nie bekehren lassen.«

Was er hasste, war die Bürokratie, war ein Beamtenapparat, in dessen Getriebe – entgegen aller Behauptung – keineswegs zum Wohl der Menschen gearbeitet wurde. Umso mehr bedurften sie der Fürsprecher von außen. Ein paar Zeilen weiter unten erinnert sich Dickens alias Copperfield daran: »Ich habe es […] auf andere Weise versucht. Mit Furcht und Zittern bin ich ans Schriftstellern gegangen.«

Wer die Werke, die daraufhin entstanden, liest, der erkennt, dass alles darin – Handlungen, Sachen, Personen und Orte – die gestochen scharfe Wiedergabe dessen ist, was Dickens bisher an Sinnesreizen »aufgenommen« hatte. Sie sind in der Tat mit unserem Terminus technicus »Aufnahmen«. Von Dickens' »daguerreotypisch treuer Abschilderung des Lebens« sprach bereits 1855 Theodor Fontane. 1920 rühmte Stefan Zweig in seinem Essay über den Autor die faktische Präzision dieser Texte: »Sein Blick übersah nichts, fasste wie ein guter Verschluss am fotografischen Apparat das Hundertstel einer Sekunde in einer Bewegung, einer Geste.« Bis endlich Sergej Eisenstein, der russische Regisseur, das alles 1942 auf den Punkt brachte: »Dickens – das ist schon das Kino.«

Am Anfang waren das – um im Bild zu bleiben – Kurzfilme: *Sketches by Boz* (»Skizzen von Boz«)*. Sie erschienen zwischen 1833 und 1836 im MONTHLY MAGAZINE und im EVENING CHRONICLE: Genreszenen aus dem Alltag von London, Belanglosigkeiten und Stegreifstücke, atmosphärische Etüden – Fingerübungen eines angehenden … ang*ehenden?* … ach, was! … an*rennenden*, an*brausenden*, an*stürmenden* Großschriftstellers, der alles in den Schatten stellte, was bisher in der Branche gang und gäbe war. Es wurde ein Kassenschlager sondergleichen.

Im Februar 1836 lagen die *Skizzen* obendrein als Buch vor und bescherten ihrem Autor ein enormes Honorar. So heiratete er im April die Tochter seines Verlegers, Catherine Hogarth. Da hatte er just eine neue Staffel gestartet und abermals kam die nun Monat für Monat in billigen Heftchen heraus: *Die Pickwickier*, eine Posse um Kleinbürger und Großtuer – zudem eine Biedermeier-Pikareske voll stümperhafter Forschertaten und

---

* Die Herkunft des Pseudonyms hat Charles Dickens im Vorwort zur Originalausgabe der *Pickwickier* enthüllt. Demnach hatte sein jüngerer Bruder Augustus den Namen eines der Söhne des Dr. Primrose, Moses Primrose, aus Oliver Goldsmiths Roman *Der Pfarrer von Wakefield* zu »Boses« verballhornt, woraus anschließend »Boz« entstand: »›Boz‹ war für mich, schon lange bevor ich zum Autor wurde, ein vertrauter Begriff.« Das ist subtil formuliert. Wer nämlich weiß, dass »Boz« oder »Boses« oder »Moses« das Kind eines Mannes war, der all sein Hab und Gut verlor und daraufhin in Schuldhaft kam, der findet in dem Decknamen durchaus Scherz, Satire, Ironie und tiefere Bedeutung.

»Sketches by Boz«, Titelblatt von 1836

tollpatschiger Liebeshändel. Und beinah alle Leid-Motive der Dickens'schen Vergangenheit klangen darin an: die Scham der Inhaftierung, der Groll auf Rechts- und Volksvertreter, der Ekel vor Kanzleimief. Und dennoch war das Ganze mit der weichzeichnenden Einstellung der gutmütigsten Schadenfreude, ja: warmherzigsten Zuneigung gehalten, weshalb das Publikum jede Folge aus der Feder dieses Menschenfreundes verschlang. Sprach er nicht von unseresgleichen, von unseren Sorgen und unseren Fehlern und war am Ende versöhnlich? »Die Erde hat finstre Schatten, aber der Kontrast hebt ihre Lichtseiten umso stärker hervor. Es gibt Leute, welche wie die Fledermäuse und Eulen bessere Augen für die Finsternis haben als für das Licht; wir, denen solche optische Fähigkeiten nicht gegeben sind, finden mehr Vergnügen daran, den geträumten Gefährten mancher einsamen Stunde unsern letzten Abschiedsblick zuzuwerfen, wenn der kurze Sonnenschein der Welt in vollem Glanze über sie hinstrahlt.« Der englische Kulturhistoriker Thomas Carlyle kolportierte den Ausspruch eines Mannes, der auf seinem Sterbebett geseufzt hatte: »Ach Gott, ja, in zehn Tagen sind ›Die Pickwickier‹ sowieso zu Ende!« Ob er noch so lange durchgehalten hat?

Als Dickens *Die Pickwickier* nach mehr als tausend Seiten mit seinem Addio abschloss, hatte er schon die Hälfte seines nächsten Romans, *Oliver Twist* (1837–1839), aufgezeichnet. Seine Schaffenswut und Schaffensweise war unvorstellbar. Dass sich Sujets und Probleme wiederholten – die Kerkergräuel und Großstadtslums, die Willkür kalter Obrigkeit – war indessen keineswegs Ausdruck mangelnder Erfindungskraft, sondern das Zeichen eines schwärenden Leidensdrucks: der Zerstörung der Kindheit. Sie ist der Gegenstand dieses Romans – des ersten stringenten Romans von Charles Dickens, wenn man bedenkt, dass seine beiden ersten Bücher Leporellos waren, Quodlibets mit willkürlicher Handlungsführung. Jetzt lernen wir das Schicksal des hin und her verschacherten, verschobenen Armenhäuslerknaben Oliver Twist kennen, der in die Fänge von Verbrechern gerät, dann befreit und wieder verstrickt und endlich doch erlöst wird, auf dass er – wohl ausgestattet durch den Empfang von reichlich geerbten Geldern (Großmutter Dickens …!) – ins bürgerliche Dasein hineinwachsen kann.

Eines Durchbruchs-ein-für-alle-Mal bedurfte es für Charles Dickens nicht mehr. Er bewegte sich zielstrebig von Höhepunkt zu Höhepunkt. Denn während er mit *Oliver Twist* in BENTLEY'S MISCELLANY seit dem März 1838 noch den dritten Gipfel seines Ruhms erklomm, war er parallel dazu bereits seit dem April desselben Jahres unterwegs zum nächsten Reißer, dem *Leben und Abenteuer des Nicholas Nickleby* (1838–1839). Auf die penibel recherchierte, aber sich in endlosen Seitensträngen zerfasernde Mär jenes Titelhelden, dem es kraft seiner Worte gelingt, in dem Terrorinternat Dotheboys Hall einen Aufstand zu inszenieren und damit – »hipp, hipp, hipp, hurra!« – ein Übel dieser Welt zu tilgen, folgte die ganz England in ein Meer von Tränen tauchende Erzählung *Der Raritätenladen* (1840–1841): die Geschichte von dem Spieler Trent, der vor seinen Gläubigern in die Industrieregionen des Nordens flieht und dort mit ansehen muss, wie sein Enkelkind, die allerliebste Nell, jämmerlich zugrunde geht. So weit reichte der Ruf dieses Rührstücks, dass ungeduldige Dickens-Fans an den Piers von New York die anreisenden Engländer mit der Frage bedrängten: »Ist die kleine Nell tot?«

Charles Dickens war erst neunundzwanzig Jahre alt und ein Medienstar. Seine Geschichten standen rund um den Globus in Magazinen und Revuen, er verkehrte mit der Prominenz seiner Zeit, in den Klatschspalten wurde verbreitet, was er gesagt, getan hatte, er, der Schöpfer der *Skizzen*, der *Pickwickier*, von *Oliver Twist* und *Nicholas Nickleby*, des *Raritätenladens* und letzthin von *Barnaby Rudge*, einem Roman über den im Juni 1780 von Lord George Gordon in London angezettelten blutigen Aufruhr von Presbyterianern gegen eine Toleranzakte für Katholiken, die so genannten Gordon riots.

Charles Dickens, Ende der Dreißigerjahre

Im Wesentlichen hatte Dickens, der fashionable wie ein Dandy aufzutreten pflegte und auf effeminierten Porträts – Zeichnungen, Aquarellen, Gemälden – aussah wie Frédéric Chopin oder später Oscar Wilde – … im Wesentlichen hatte der fleißige und flotte Jüngling mit diesem bereits stolzen Werk alles an Gestalten, Stoffen und Gedanken entwickelt, nach dem ihn die Kritik bis zum heutigen Tage beurteilt.

Zwiespältig, wie könnte es anders sein!

Während ihn Karl Marx als Apostel »sozialer Wahrheit« lobte, mäkelte Nietzsche, er verstünde bloß »zu sehen« – womit von Anfang an die Fronten der Dickens-Exegese gezogen waren. Auf der einen Seite wurde beklagt, dass Dickens stets nach Gut- oder, schlimmer noch!, Kleinbürgerlichkeit strebte und alles andere denn ein Revolutionär war: Hatte er doch in *Barnaby Rudge* mit Deutlichkeit sein Missfallen am Aufstand der »Volksmasse« geäußert (Revolten waren bloß amüsant, wenn sie wie in *Nicholas Nickleby* in Schulgebäuden stattfanden). Auf der anderen Seite wurde gepriesen, dass er – wie es ein englischer Literaturwissenschaftler etwas rüde formulierte – »schlechten Geruch zum Problem« gemacht hat. Mit dieser – so sagte es ein deutscher Philologe comme il faut – »Poetisierung des Alltäglichen« erklärt sich der gewaltige Erfolg Charles Dickens' bei seinen Lesern: Er sprach ihnen aus dem Herzen; er zeigte die Missstände auf, die es gab; und schürte die Hoffnung, dass schließlich aus dem Irgendwo ein reicher Anverwandter aufkreuzen würde … und sei es aus Amerika!

Oder besser doch nicht ausgerechnet von dort?

Ganz fern, wie ein Schemen am Horizont, war die Neue Welt schon in *Oliver Twist* aufgetaucht: als ein Schlupfwinkel für den Schurken Monks. In *Nicholas Nickleby* war sie eine Arena für Schmierenschauspieler sowie eine Oase für Nicholas' durchtriebene – und nach dem Vorbild von Elizabeth Dickens gezeichnete – Mutter. In *Barnaby Rudge*, last, not least, war sie eine Gegend, wo Krieg geführt und ein Sympathieträger des Buches, Joe Willet, zum Krüppel geschossen wurde.

Nein, die Vereinigten Staaten hatten bisher im Œuvre von Charles Dickens keinen guten Leumund – sei es deshalb, weil ihre Existenz bei ihm nach wie vor vaterländische Gefühle verletzte; sei es deshalb, weil die Nation durch ihre Geburt viel Blutvergießen verursacht hatte; sei es deshalb, weil er bei einer Investition in Papiere einer »Cairo City and Canal Company« aus Illinois einen Batzen Geld verloren hatte; sei es deshalb, weil seine Bücher mangels eines internationalen Copyrights in den USA publiziert wurden, ohne dass er dafür jemals mehr als irgendwann fünfzig Dollar bekommen hatte.

»Amerika« jedenfalls evozierte negative Assoziationen.

Als an einer Stelle der *Pickwickier* diskutiert wird, wie man einem begüterten Häftling zur Freiheit und Flucht außer Landes verhelfen kann, wird folgendes Szenarium entworfen: »Wir halten ein Schiff nach Amerika für ihn bereit. Die amerikanische Regierung liefert ihn nicht aus, sobald sie sieht, dass er Geld zu verzehren hat [. . .]; dann soll er zurückkommen und ein Buch über die Amerikaner schreiben, das ihm alle seine Reisekosten und noch mehr einträgt, wenn er sie nur tüchtig herunterreißt.«

Das hatte Dickens 1837 drucken lassen. Fünf Jahre später folgte er selbst diesem Rat.

Seine Romane hatten inzwischen in Amerika hohe Auflagen erzielt und die Zahl seiner Leser war dort in die Millionen gestiegen. Er bekam Verehrerpost noch aus den entlegensten Trappernestern, korrespondierte mit etlichen amerikanischen Autoren – darunter sehr eng mit Washington Irving, ebenfalls einem Verfasser von »sketches« – und stapelte Einladungen nach Neuengland. Am 14. September 1841 leitete Dickens nicht ohne Stolz an den Verleger William Hall die Meldung weiter: »Washington Irving schreibt mir, dass es, wenn ich käme, für mich einen Triumphzug vom einen Ende der Staaten zum anderen geben würde, so wie ihn noch keine Nation erlebt hätte.«

Dennoch war er nicht sonderlich erpicht auf diese Visite. Er musste sich viel mehr schweren Herzens zu ihr durchringen. Deshalb teilte er seinem Londoner Intimus John Forster am 19. September 1841 mit, was er endlich über sich gebracht hatte: »Nachdem ich die Sache weidlich hin- und hergewendet, bedacht und unter jedweder Betrachtungsweise abgewogen habe, HABE ICH MICH – IN GOTTES NAMEN – ENTSCHLOSSEN NACH AMERIKA ZU REISEN UND GLEICH NACH WEIHNACHTEN AUFZUBRECHEN, WENN ES SICHER IST, ZU FAHREN.«

Es wurde ein Trip nach dem Kreta der Lügner! Denn alles, was in den Romanen von Charles Dickens bisher zu den USA und ihren Bewohnern gesagt war, ließ durchblicken, dass er mit der Union weniger goldene Berge als ein Tal der Tränen verband, eher den Wilden Westen als die Gefilde der Seligen.

Aber Voreingenommenheit schloss Artigkeit ja nicht aus. Ergo schrieb er in der Woche darauf an den Herausgeber des Knickerbocker Magazine in New York, L. Gaylord Clark, er wolle in ein paar Monaten in die Staaten hinüberkommen, »um meinen Fuß auf jenen Boden zu setzen, den ich in meinen Wachträumen schon viele Male betreten habe; ich sehne mich danach, seine Söhne und Töchter kennen zu lernen und mit ihnen zusammen zu sein«.

Heuchelei und Vorurteil sind miserable Baedeker! Und wenn dann noch die Gastgeber ichbewusst herausgefordert werden und aufgebracht dagegenhalten, ist das Fiasko programmiert – und der Fremde nur allzu leicht geneigt erwarteten Missstand bestätigt zu finden.

Also: Westward Ho! mit Bedenken (und einer Provokation) im Gepäck. Am 4. Januar 1842 verließ die »Britannia« Liverpool.

Als Charles Dickens in Begleitung seiner Frau Catherine am 22. Januar 1842 im Hafen von Boston, Massachusetts, von Bord des Schiffes ging, hatte er eine Passage hinter sich, die so stürmisch war, dass sie im Rückblick wie ein Vorspiel der USA-Tournee wirkt.

Die war zuerst überwältigend. »Wie kann ich dir«, fragte Dickens in einem Brief an John Forster vom 29. Januar, »nur den leisesten Eindruck von meinem Empfang hier geben; von den Menschenmassen, die den ganzen Tag ins Hotel hinein- und wieder hinausströmen; von den Leuten, die die Bürgersteige säumen, wenn ich auf die Straße gehe; von den Ovationen, als ich im Theater war; von den Zetteln mit Versen, Briefen mit Glückwunschadressen, Willkommensgrüßen jedweder Art, Bällen, Dinners, Einladungen ohne Ende?«

Den Ablauf von solchen Zusammenkünften illustriert das Protokoll, das William Glyde Wilkins in seiner Dokumentation *Charles Dickens in America* (1911) von dem Essen angefer-

Ein Bankett, das Dickens zu Ehren gegeben wurde

tigt hat, das am Dienstag, dem 1. Februar 1842, durch die »Jungen Männer von Boston« arrangiert worden war. Auf achtundsechzig eng bedruckten Seiten (!) sind da Grußworte wiedergegeben und langatmige Reden, Gedichte und Lieder, verlesene Briefe und Trinksprüche – mal vollständig, mal auszugsweise –, in denen nach dem Absingen von *God Save the Queen* in der launigen Stimmung einer familiären Lustbarkeit »Boz« gefeiert wurde: der »Porträtist gesellschaftlicher Missstände«, der »Kolumbus der modernen Literatur«, der »Stern aus dem Osten« und nun Empfänger eines »Yankee-Lorbeers« ... Dickens – begnadet mit Unsterblichkeit ... three hearty cheers for Charles Dickens!

Keine Silbe indessen davon, dass der so überschwänglich Geehrte schon bei seinem ersten öffentlichen Auftritt in den Vereinigten Staaten den mitgebrachten Sprengkörper gezündet hatte. Kein Wort! Und so kam es nur zu einer Verpuffung.

Denn niemand wollte sich das schöne Fest vermiesen lassen und auf Dickens' Vorhaltungen eingehen, dass seine Werke, die eben erst in höchsten Tönen gelobt worden waren, in den USA nur als Raubdruck kursierten. Er hoffe, hatte Dickens in seinen Dankesworten gesagt, dass die Zeit nicht mehr fern sei, »wenn wir in England einen ordentlichen Lohn und Ertrag für die von uns geleistete Arbeit aus Amerika bekommen«. Hatte er nicht bedacht, dass es einen Unterschied machte, ob der »Porträtist gesellschaftlicher Missstände« Ausbeutung in seiner Heimat rügte oder hier, in der Schönen Neuen Welt?

Irritiert reiste Dickens von Boston weiter nach Hartford, Connecticut, wo er unter anderem die Irrenanstalt und das Taubstummenheim inspizierte. Dann wurde ihm zu Ehren im City Hotel ein neuerliches Dinner gegeben ... mit den gleichen Ansprachen, den gleichen neckischen Scherzen, den gleichen Beschwörungen von Gestalten, die der Unsterbliche erfunden hatte, dem gleichen Pomp-and-circumstance-Schnickschnack!

Und wieder pochte Dickens, wenn auch mit Samthandschuhen, auf dem Reizwort »Copyright«. Zur Illustration des Verlusts, den englische Schriftsteller durch den Ausfall von Tantiemen aus Amerika erlitten, entwarf er ein zum Himmel ächzendes Tableau, in dem sein Landsmann, der Dichter Walter Scott, armselig dahingeschieden war und keine mildtätige Hand »aus jenem Land, in dem seine eigene Sprache gesprochen wurde, und aus jenen Häusern und Hütten, worinnen seine eigenen Bücher in seiner eigenen Sprache gelesen wurden, ihm dankbar einen Dollar reichte, um ein Gebinde für sein Grab zu kaufen – to buy a garland for his grave«.

Das war zu viel! Postwendend konterte die Hartforder DAILY TIMES: »Wir brauchen keine Ratschläge in dieser Sache und es wird Mr Dickens gut anstehen, wenn er in Zukunft darauf verzichtet, noch weiter auf dem Punkt herumzupochen.« Die Atmosphäre war vergiftet und Dickens oft bloß ein Highlight für Gaffer. In einem Brief an den COMMERCIAL HERALD höhnte ein Leser: »Es müsste sich doch lohnen, wenn ein cleverer Yankee den ›Boz‹ schnappen, ihn in einen Käfig sperren und dann als Zirkusnummer durch die Gegend schleppen würde!«

Empört gestand der Geschmähte am 22. Februar seinem Freund Jonathan Chapman: »Das Leben, das ich hierzulande führen muss, widert mich zu Tode an.« Statt Billetts mit Komplimenten bekam er nunmehr Drohbriefe.

Es war nichts mehr zu retten. Die ›controversial journey‹ war verfahren. Und je glänzendere »Boz Balls« oder »Dickens Dinners« – wie in New York – veranstaltet wurden, je länger also Verstellung verlangt war, desto zorniger wurde Dickens auf das US-Amerikanische schlechthin: die Selbstsucht, das Ellenbogenleben, die Ungehobeltheit. Alles das manifestierte sich für den Beau aus England im pausenlosen Tabakspucken.

Am 6. März notierte er unter dem Eindruck seiner Fahrt nach Philadelphia: »Die Flatscher des Speichels flogen die ganze Zeit über so gleichmäßig und unablässig aus dem Fenster, dass es aussah, als würden hier drinnen Betten aufgeschlitzt und die Federn dem Wind zum Entsorgen gegeben. Die Spuckerei ist universal. An den Gerichtshöfen hat der Vorsitzende seinen Spucknapf neben der Bank, jeder Verteidiger hat seinen, der Zeuge seinen, der Gefangene seinen und der Gerichtsdiener seinen. Die Geschworenen müssen sich zu jeweils dreien einen Spucknapf – oder, wie das hier heißt, eine Spuckbüchse – teilen; und die Zuschauer auf der Galerie sind ebenfalls damit versorgt – als Männer, die natürlich in einem fort ausspeien müssen: Es gibt Spuckbüchsen auf jedem Dampfer, in jedem Ausschank, in jedem öffentlichen Lokal, Bürogebäude und jeglichem Versammlungsort, egal um welchen es sich handelt. In den Hospitälern werden die Studenten durch Anschläge an den Wänden gebeten die eigens aufgestellten Büchsen zu benutzen und nicht auf die Treppen zu spucken. Zweimal habe ich es bei Abendgesellschaften in New York erlebt, dass Gentlemen, wenn sie nicht gerade in ein Gespräch vertieft waren, auf den Teppich im Salon gerotzt haben. Und in jedem Gaststätten- und in jedem Hotelflur sieht der Fußboden aus, als sei er mit offenen Austern gepflastert – betrachtet man die Menge dieser ganz speziellen Sorte von Mosaiksteinchen, die ihn über und über bedecken …« Derlei war schon einmal zu lesen gewesen: in Boccaccios *Dekameron* (um 1350), wo Ordensbrüder »den ganzen Tag in der Kirche« auszuspucken pflegten – ohne damit freilich zu Proto-Rowdys zu werden. Dies widerfuhr erst wieder den Kulturbarbaren der USA.

Denn so wie einst »Kreter immer Lügner« geworden waren, wurden jetzt »Yankees immer Spucker«, sprich: war der Amerikaner per se rücksichtslos, was nicht zuletzt durch seinen Umgang mit fremdem geistigen Eigentum bewiesen wurde. »Der Rabe hat keine größere Freude daran, ein gestohlenes Stück Fleisch zu vertilgen, als der Amerikaner am Lesen eines englischen Buches, das er umsonst kriegt.«

Zwar mochte ihn das Studium einer Infrastruktur, die noch immer vom Geist der Pilgrim Fathers bestimmt war, verlocken und der Respekt, den man ihm ungeachtet aller Animositäten nach wie vor zollte, betören – am 15. März 1842 hielt er in Washington, D. C., dagegen: »But I don't like the country.«

Das Gesehene reichte ihm (dabei stand der Aufenthalt im Ort seiner Anlage-Pleite, Cairo, sowie die Begegnung mit der Sklaverei in Richmond, Virginia, noch bevor!). Und wenn ihn auch die Fahrt auf dem Ohio und Mississippi entspannte, der Ausflug in die Prärie bei St. Louis, Missouri, vergnügte, die Spaziergänge an den Niagarafällen bezauberten und der Abstecher nach Kanada zerstreute – er wollte nach Hause. *»Home Sweet Home«* war die Titelmelodie seiner Lageberichte.

Schon am 29. Januar, als er genau eine Woche auf jenem Boden war, den er in seinen Wachträumen angeblich so manches Mal zuvor betreten hatte, sehnte er sich in einer Epistel an John Forster nicht mehr danach, die »Söhne und Töchter« des Landes kennen zu lernen, sondern mit Catherine und ihrer Zofe auf dem Absatz kehrtzumachen und die Heimat anzusteuern.

Es war derselbe Brief, in dem der Satz gestanden hatte: »Ein Buch habe ich auch schon.«

Selten hatte man Charles Dickens so ausgelassen gesehen wie an Bord der »George Washington«, die am 7. Juni 1842 von New York mit dem Bestimmungshafen Liverpool ausgelaufen war. Und als er nach drei Wochen sein Haus in Devonshire Terrace nahe dem Regent's Park in London betrat, fühlte er sich nach eigenem Bekunden prachtvoller »denn je in meinem Leben«.

Da ließen sich erlittene Unbill tatkräftig bewältigen ...

Der Band, durch dessen Konzipierung die Katharsis noch im Sommer 1842 erfolgte, war eine Heimzahlung, denn er trug die Überschrift *American Notes for General Circulation*. Das las sich wie »Notizen aus Amerika zur allgemeinen Verbreitung«, konnte aber genauso gut heißen: »Amerikanische Banknoten für den allgemeinen Geldumlauf«. Um diesen Sinn hervorzuheben, wollte Dickens ursprünglich hinzusetzen: »[...] und zwar vorwiegend in jenen Teilen der Welt, wo sie gestohlen und gefälscht werden«, doch gelang es seinem Verleger, ihm das wieder auszureden. Freilich: die *Aufzeichnungen aus Amerika* blieben auch ohne Kampfansage im Untertitel von der ersten Seite an eine Abrechnung!

Denn ein feinnerviges Gemüt konnte schon beim Lesen von Dickens' Widmung an seine Anhänger in Amerika wittern, woher der Wind wehte. Da stand nämlich der stutzig machende Satz, die Freunde würden »die Wahrheit, wenn sie wohlmeinend und nicht verletzend gesagt wird, vertragen können«. Klang das nicht wie eine Warnung?

Dickens zerstreute die Skepsis, indem er seine Reportage aus den USA anstelle – zum Beispiel – einer längeren Vorrede über die Topografie von Massachusetts oder das Stadtbild von Boston mit einer Laudatio auf das dortige Sozialsystem begann, auf Institutionen wie das Blindenasyl, das Hospital für Geisteskranke, die Schule für Straßenkinder, das Heim für straffällige Jugendliche und die Besserungsanstalt für erwachsene Gesetzesbrecher.

Das war geschickt eingefädelt, weil das Publikum, obwohl es zum ersten Mal ein Sachbuch von Dickens in der Hand hielt, sofort in vertraute Milieus geführt wurde. Die Dickens-Saga schien sich fortzusetzen. Nur lag ihre Attraktion dieses Mal darin, dass der Abbau oder die Linderung des Elends nicht ex machina kam, sondern aus der Wirklichkeit. Oliver Twist und Nicholas Nickleby, all die Gebeutelten und Gestrauchelten im

Dickens'schen Panoptikum hätten es – so klang das zwischen den Zeilen hervor – in Amerika besser gehabt. Denn sie wären trotz ihrer Missetaten und Gebresten »als Mitglieder der großen menschlichen Familie« behandelt worden, nicht als Verfemte wie in der Regel in England.

Mit jener subversiven Raffinesse, die ihm George Orwell einst attestieren sollte, schraubte Dickens seinen Text auf eine Höhe empor, von der der Fall vernichtend sein musste.

Er strich die Faktoreien von Lowell, Massachusetts, hervor, wo sich die Arbeiterinnen »nicht wie herabgewürdigte Lasttiere« fühlten; gab eine Flussfahrt nach Hartford, Connecticut, wieder, wo er abermals wohltätige Einrichtungen musterte, die er »vortrefflich« fand; und rühmte New Haven, ebenfalls in Connecticut, mit seinem College, einer »Anstalt von bedeutendem Rufe«. Zuweilen schien der Kontrast zwischen der Neuen Welt und England »wie der Gegensatz zwischen gut und böse, zwischen Tag und Nacht«.

Dann kam Dickens nach New York.

Prima vista wirkte die Stadt als »schöne Metropole«; doch bei genauerem Hinsehen entpuppte sie sich als Moloch und es war, als hätte Dickens das Tor zur Hölle aufgestoßen, in der alle Hoffnung hinfällig blieb (er hatte auf den Dante-Vers im 33. Kapitel von *Barnaby Rudge* angespielt). Die Heiterkeit kippte um in Erschrecken und die Schweine von New York, die vermeintlichen Tilger von Abfall, Abraum, Abschaum, wurden zu Herolden dessen, was folgte.

Gleichsam umregnet von der glitschigen Masse des Auswurfs – man vergleiche im vorliegenden Band die Stellen auf den Seiten 139, 140, 160, 161, 172, 173, 176, 183, 190, 200, 206, 246 und 247 – schleppte sich Dickens über eine Via Dolorosa, an deren Rand er einen Kerker besuchte, der in seiner Grabesähnlichkeit von einem Mann wie Giovanni Battista Piranesi ersonnen sein konnte. Er beobachtete Politiker, deren flegelhaftes Benehmen es verbot, ihrem Stand die gelindeste Achtung entgegenzubringen. Und er passierte an der Mündung des Ohio in den Mississippi gleich zweimal das verfluchte Cairo, einen Ort, »der – in England als Goldmine gepriesen – viele, die den Lügenberichten von hier aus glauben, zu verderblichen Spekulationen verleitet«. Cairo war der Knoten, der geistige Pol einer Gesellschaft, deren »smartness« und Durchtriebenheit »manche Schwindelei und manchen groben Treubruch beschönigt [und] manchem Halunken die Macht gibt, sein Haupt höher zu tragen als ein ehrlicher Mann, obgleich er den Galgen verdient«.

In einem solchen Schurkenstaat waren noble Individuen wie jener Häuptling der Choctaw-Indianer, der Walter Scotts Versdichtung *Die Dame vom See* (1810) zu memorieren verstand, der Ausrottung anheim gegeben. Und nur hier konnte mitten im 19. Jahrhundert noch die Pest der Sklaverei wüten und eine Waffengeilheit obwalten, die Dreizehn- und Fünfzehnjährige dazu brachte, sich mit Büchsen zu duellieren.

So groß war die Empörung von Charles Dickens über das, was er in den Vereinigten Staaten wahrgenommen hatte, dass er die *Aufzeichnungen aus Amerika* nicht etwa mit einem Panorama der eindrucksvollen Niagarafälle abschloss oder dass er mit der Beschreibung seiner beflügelten Rückfahrt einen Bogen zur styxgemäßen Hinfahrt schlug, sondern: ... dass er zu der Zeit, da er mitsamt seinen Lesern das Inferno hinter sich gelassen hatte und die Partie von Liverpool nach London als Konzentrat aus eitel Wonne genoss – »alle diese ausgesuchten Reize der einen Reise, die in den Raum eines Sommertages die Freuden vieler Jahre zusammendrängte« –, ... dass er zu der Zeit, da der Weg durchs Reich der Schatten schon durchlitten war, ... dass er zu dieser Zeit das Schlimmste beschwor: die Martern der Sklaven. »Entflohen, ein Neger namens Henry; das linke Auge ist ausgeschlagen, hat auf und unter dem linken Arm Dolchstiche und viele Narben von der Hetzpeitsche.«

So heftig war Charles Dickens' Abneigung, dass sich seine Ausführungen am Ende in einen Widerspruch mit sich selbst verwickelten. Denn was sollte die dort vorgebrachte Bitte um gut Wetter für seine militante Philippika, wenn sich die edlen Anlagen der Freunde drüben, der gebildeten Amerikaner, – Wohlwollen, Freimut, Tapferkeit und Gastfreundschaft –, immer seltener offenbaren konnten? »Dass sie aber unter dem großen Haufen sehr in ihrem Wachstum verkümmern und dass Einflüsse tätig sind, welche sie noch weit mehr gefährden und nur wenig Hoffnung zu ihrem vollkommnen Gedeihen lassen, ist eine Wahrheit, die nicht verhehlt werden darf.«

Über Nacht galt der eben noch landauf, landab gefeierte »Porträtist gesellschaftlicher Missstände« in den Gazetten der USA als »berühmter Zeilenschinder« und »beschränkter, eingebildeter Cockney«. Um den Volkszorn gegen Dickens weiter anzuheizen, kursierte ein offener Brief, den er am 15. Juli 1842 geschrieben haben sollte und in dem »unsere guten alten englischen Sitten« dem schlechten Geschmack der Amerikaner gegenübergestellt waren. Das Ganze hatte etwas von einer Feme, die zwar im gleichgültiger machenden Laufe der Jahre allmählich nachließ, aber dennoch lange wirksam blieb – und sei es als Resümee eines Komparatisten von der Northwestern University in Evanston, Illinois. Der kreidete Dickens 1957 an, er sei schlicht und einfach nicht in der Lage gewesen, »Amerika zu verstehen«.

Der Essay, in dem jener Wissenschaftler, Harry Stone, seinen Vorwurf erhoben hatte, fragte, wie die transatlantischen Impressionen des Engländers in dessen bizarrem Roman *Martin Chuzzlewit* (1843–1844) verarbeitet worden waren – hatte Dickens doch seiner Pathographie ein fiktionales Dacapo nachgeschoben. Er war mit den Yankees noch nicht fertig …

Daher wob er in das Ränkegeflecht um Martin Chuzzlewit, der bislang ebenso verzweifelt wie erfolglos darum gekämpft hatte, seinen Lebensunterhalt zu verdienen, eine Reise des Protagonisten in Himmelsstriche, unter denen die Dollars auf der Straße lägen.

Es wurde ein Horrortrip, der sich an den Tiefpunkten des Dickens'schen Vorauskommandos orientierte. Deshalb stellte Martins Ankunft in New York keinen descensus ad inferos dar, keinen wissbegierigen Abstieg in das Reich der Schatten, keine Forschungsreise in den Schlund der Finsternis. Seine Landung in Manhattan war gleichbedeutend mit dem Rausschmiss auf die one-way street to hell, wo Kinder Revolverblätter feilboten. »Noch hatte die Barkasse das Ufer nicht erreicht, als sie bereits von einer ganzen Legion solcher kleiner Bürger der Republik geentert und überfüllt war. ›Hier die heutige New Yorker Kloake!‹, rief der eine. ›Hier ist der heutige New Yorker Gurgelabschneider!‹ ›Hier der New Yorker Familienspion!‹ ›Hier haben Sie den New Yorker Horcher an der Wand!‹ ›Der New Yorker Spitzel – der Beutelabschneider – der Schlüssellochgucker!‹ ›Hier der New Yorker Grobian!‹ Kurz alle New Yorker Zeitungen wurden ausgerufen!«

Obwohl Martin Chuzzlewit auf der Stelle erfasste, in eine erbarmungslose Messerstecher- und Revolverheldengesellschaft geraten zu sein, in eine Meute Tabak spuckender Gangster, Gauner und Ganoven, die immerhin so zart besaitet waren, dass ihnen der Anblick ihrer gebrandmarkten und verstümmelten Sklaven beim Diner auf den Magen schlug ... obwohl Martin darum allen Anlass gehabt hätte, solchen Kanaillen kein Vertrauen, geschweige denn einen Cent zu schenken, ließ er sich beschwatzen, seine Barschaft einem Makler auszuliefern, der ihm in dem, wie es hieß, aufstrebenden Städtchen Eden – »ein ungeheuer anmutiger Ort« – eine Parzelle verkaufte. Auf dieser wollte sich Martin als Architekt und Landvermesser zusammen mit seinem Faktotum Mark Tapley niederlassen, um Glück und Wohlstand zu begründen.

Indessen: Als die beiden, vertrottelt-gutgläubig wie Don Quijote und Sancho Pansa, ihr Ziel erreichten, erwies sich Eden weder als boomtown noch als beschauliches Dörfchen, sondern als Weiler in einem brackigen Morast. »Wahrscheinlich waren die Wasser der Sintflut eben erst vor einer Woche abgelaufen, so erstickt von Schlamm und Dschungel war der abscheuliche Sumpf, der diesen Namen trug.«

Eden, diese Senkgrube des Abendlandes, die Dickens der Topografie und Reputation von Cairo, Illinois, nachgebildet hat, repräsentierte die USA, jenes Großreich der Habgier und der Lumperei, das für all und jedes einen einzigen Richtwert ersonnen hatte: Dollars. »Die Menschen wurden nach Dollars abgewogen, die Maße nach Dollars geeicht und als Kunst galt nur die Fähigkeit, Dollars zu vermehren. Je mehr einer von dem wertlosen Ballast ›Ehrenhaftigkeit und Ehrlichkeit‹ aus dem guten Schiff seines Namens und Gewissens über Bord warf, desto mehr Packraum blieb ihm für Dollars. Das Wort ›Handel‹ war nur eine Umschreibung für eine große Lüge und einen großartigen Diebstahl.« So wurde Eden zu einem Fokus wie später Winesburg, Ohio, in Sherwood Andersons gleichnamigem Kurzgeschichtenreigen (1919) oder Gopher Prairie, Minnesota, in Sinclair Lewis' Roman *Die Hauptstraße* (1920). Und nur um Haaresbreite gelang es Martin Chuzzlewit, diesen Ort der Verdammnis unversehrt, wenngleich bettelarm, zu verlassen und England (plus eine stattliche Erbschaft) zu erreichen. Amerika, zuletzt noch eine dräuende Wolke am Horizont, war nur mehr ein flüchtiger Angsttraum, vom Seewinde verweht …

Und Harry Stone war ratlos. »All das Schöne, das Dickens gesehen hatte, ist im Roman vergessen; all die Menschen, die er bewundert hatte, sind weggelassen; all das Gute, womit er geliebäugelt hatte, ist unterdrückt oder ausgemerzt worden.« Die einzige Erklärung, die der Interpret aus Illinois in patriotischer Indignation für so viel ›Schlagseite‹ anbieten konnte, war die Vermutung, dem Dichter sei zwischen Erinnerung und Erfindung von unsichtbaren Mächten das Ruder seiner Epik aus der Hand gerissen worden und die Geschichte vom Kurs abgekommen: »Er hat die Kontrolle über sich und seinen Roman verloren […].«

Genau das Gegenteil ist richtig.

Wer alles miteinander vergleicht: das Frühwerk von Dickens, seine Briefe aus den Staaten, seine dort gehaltenen Reden, die *Aufzeichnungen aus Amerika* sowie die Groteske um Martin Chuzzlewit – der erkennt, dass das Thema »USA« im Œuvre dieses großen Erzählers kein x-beliebiges ist. Es sollte ihm sogar zu einer Einsicht von erheblicher Tragweite verhelfen.

Gewiss, am Anfang echote das Reizwort noch ein Vorurteil nach dem Schema, dass »Kreter immer Lügner« sind. Amerika war demzufolge ein etwas neblichter Unterschlupf für verkrachte Existenzen und lag im Übrigen an der Peripherie von Dickens' Sichtfeld. Im Vordergrund stand seine Auseinandersetzung mit den sozialen Defiziten im eigenen Land – wobei seine Kritik, wie Karl Heinz Bohrer in *Die Ästhetik des Schreckens* (1978) konstatierte, »eher versöhnlich und moralisch entlastend« daherkam.

Das alles änderte sich schlagartig mit Dickens' Reise auf die andere Seite des Großen Teichs.

Nachdem er sich darauf eingelassen hatte, den Besuch zu unternehmen, und vielleicht auch mit der Bereitschaft, sein Präjudiz abzubauen, fuhr er los und sah sich um und festigte dann unter dem Eindruck des Erlebten seine Einstellung mit einer solchen Bestimmtheit, dass dies seinen Gastgebern nicht verborgen blieb. Einer von ihnen, Samuel Ward, befürchtete sogar am 22. Februar 1842 in einem Brief an den Barden Henry Wadsworth Longfellow, Dickens könnte in New York mit einer bis dato unbekannten Krankheit namens »Americanophobia« infiziert worden sein: »Ich habe da gestern in seinen Augen eine ausgeprägte Blindwütigkeit festgestellt.«

Dickens' »Americano-phobia« wurde unheilbar … zumal ihre Erreger streuten.

Denn nicht genug damit, dass Dickens seinen Missmut in eine bitterböse Schmähschrift kleidete; er war dermaßen außer sich über den American way of life, dass er sein Unbehagen im Zuge einer wohl durchdachten und deshalb – wie er selbst betonte – gegenüber seiner sonstigen Arbeitsgeschwindigkeit »mindestens zweimal so viel Zeit« erfordernden Abfassung in den Mittelpunkt von *Martin Chuzzlewit* rückte.

Was immer er in den Vereinigten Staaten erwartet hatte –: Als er dem Schauspieler William Charles Macready am 22. März 1842 aus Baltimore schrieb: »›Ich bin enttäuscht. Das ist nicht die Republik, die ich mir hier ansehen wollte; das ist nicht die Republik, wie ich sie mir vorstelle«, war dies der Ausdruck einer gescheiterten Hoffnung, eines destruierten Ideals. Eine gerechte Gesellschaft, ein harmonisches System, wie es die *Unabhängigkeitserklärung* salbungsvoll versprochen hatte, war nicht verwirklicht worden. »Amerika« als Leitbild für Freiheit und Gerechtigkeit war ein Etikettenschwindel, auf den auch Dickens – kurzfristig – hereingefallen war.

Diese Düpierung und die Empörung darüber, die »Americano-phobia«, brachte nach den *Aufzeichnungen aus Amerika* und *Martin Chuzzlewit* am Ende das virulenteste Symptom zu Tage: Dickens' Abkehr vom Das-wird-schon-werden-Optimismus à la *Oliver Twist* und *Nicholas Nickleby*. Jetzt war Schluss mit lustig. Und so ist es bezeichnend, dass Dickens mit *Martin Chuzzlewit* seinen letzten »komischen« Roman geschrieben hat.

Die Parole hieß hinfort »Realismus«. Und vielleicht ist das Geheimnis, warum er plötzlich Schreibhemmungen hatte, er, dem die Storys bislang mühelos Druckbogen um Druckbogen aus der Feder geflossen waren ... womöglich also ist dieses Rätsel durch die Mutmaßung zu lösen, dass ihm klar geworden war an einem Scheideweg zu stehen: Dort das unverbindliche Geplauder; hier jedoch die Verpflichtung zu direkter Aktion.

Er nahm das fürs Erste ganz wörtlich. Er unterstützte die fortschrittlichen Daily News, sammelte Geld für Not leidende Schriftsteller, spendete seinerseits beträchtliche Summen für ein Frauenhaus, trat für die Fortbildung von Arbeitern ein und war jahrelang mehr Sozialarbeiter denn Autor. Die Bücher, die dann folgten – *Dombey und Sohn* (1846–1848) oder *Bleak House* (1852–1853), *Klein Dorritt* (1855–1857), *Große Erwartungen* (1860–1861) oder *Unser gemeinsamer Freund* (1864–1865) –, wurden in ihrem Ton sarkastischer, in ihrem Tenor aggressiver und in ihrer Tendenz pessimistischer. Dickens' Weltbild hatte sich verdüstert.

»Amerika« war unterdessen genauso wie zu Beginn ein Asyl für Gesindel vom Schlage des Tom Gradgrind in *Harte Zeiten* (1854). Kreaturen gleich ihm bildeten die Hefe in einem Volk,

»Der britische Löwe in Amerika«
Karikatur von Dickens' zweiter USA-Reise

mit dem Dickens abgeschlossen hatte. »Diese Leute«, ließ er seinen Agenten George Dolby wissen, »haben sich in den letzten fünfundzwanzig Jahren nicht im Geringsten geändert – sie tun jetzt immer noch genau das, was sie damals taten.«

Das sagte Dickens im Winter 1867/68, als er kurz vor der Vollendung seines sechsundfünfzigsten Lebensjahres – und schon vom Tode gezeichnet – noch einmal in die USA gereist war. Er wollte aus seinen Werken vorlesen und nichts als Dollars scheffeln. Zwar war die Copyright-Sache nach wie vor ungeregelt, doch konnte er bei seinen one-man shows Honorare kassieren, die in die Hunderttausende gingen – wöchentlich!

Da fielen noble Gesten nicht schwer. Und so sagte Charles Dickens in einer Ansprache am 18. April 1868 auf einem jener unvermeidlichen Diner in New York: »Ich bin nicht, glauben Sie mir, so arrogant zu behaupten, dass ich mich in den fünfundzwanzig Jahren, seit ich das erste Mal hier war, nicht im Geringsten geändert hätte und nicht auch etwas dazugelernt und keine überspitzten Eindrücke zu korrigieren gehabt hätte.«

Für die Zuhörer waren das versöhnliche Worte. Für jeden aber, der Dickens' Ingrimm gegenüber George Dolby kennt, war es ein versteckter letzter Seitenhieb wider die Yankees. Hatte sich Dickens doch dort als jemand ausgewiesen, der zum Wandel fähig war, wo die Ansässigen keinerlei Entwicklung durchgemacht hatten!

Kreter blieben eben »immer Lügner«.

Charles Dickens starb am 9. Juni 1870. Sein Gesamtwerk aber lebt und ist so umstritten wie eh und je. Die einen halten es für verstaubt, für flach und spießbürgerlich, die anderen für glänzend, für einen Vorläufer der literarischen Moderne.

Dasselbe gilt für die Kakophonie aus der Neuen Welt.

Ein Herausgeber der *American Notes*, der englische Dichter Sacheverell Sitwell, hat den Reisebericht 1957 als eines von Dickens' »minor works« klassifiziert (und dabei ausdrücklich nicht den Umfang des Textes gemeint). Sein deutscher Kollege Arno Schmidt hingegen rühmte die Aufzeichnungen aus Amerika drei Jahre später in seinem Feature *Tom All Alone's: Bericht vom Nicht-Mörder* als »Perle« im Schaffen von Charles Dickens (und dachte dabei ausschließlich an ihre Hochwertigkeit).

Wer sich fragt, welcher dieser beiden Richtersprüche wohl der zutreffende ist, befindet sich im Dilemma der Jünger des Epimenides. Alles wie gehabt!

Detlef Brennecke

CHARLES DICKENS

AUFZEICHNUNGEN AUS AMERIKA

Erstes Kapitel
Abreise

Nie vergesse ich das ein viertel ernste und drei viertel komische Erstaunen, mit dem ich, am Morgen des 3. Januars 1842, den Kopf durch die Tür eines »Staatszimmers« am Bord der Britannia steckte, eines Dampfpaketbootes von zwölfhundert Tonnen Gehalt, welcher Ihrer Majestät Brief- und Post-Felleisen führte und nach Halifax und Boston bestimmt war.

Dass dieses Prunk- und Staatsgemach ausdrücklich für »Charles Dickens, Esquire nebst Gemahlin« gemietet worden, wurde in diesem Augenblick selbst meinem verblüfften Verstand hinlänglich klar durch ein gar kleines Zettelchen, welches auf einem gar flachen Polsterchen über einer gar dünnen Matratze steckte, die gleich einem Wundpflaster über ein höchst unnahbares Kojengesims gelegt worden war. Also dies sollte das Staatsgemach sein, über welches Charles Dickens, Esquire und dessen Frau Gemahlin wenigstens vier Wochen lang vorher miteinander Tag und Nacht verhandelt: Dies konnte wirklich jenes kleine, trauliche Zimmer sein, von dem Charles Dickens, da der prophetische Geist über ihn kam, stets vorausgesagt hatte, es werde wenigstens ein kleines Sofa enthalten, und von welchem kleinen Sofa Frau Dickens zwar bescheidene, aber doch so großartige Begriffe hatte, dass sie anfangs meinte, es würden sich nicht mehr als zwei sehr große Mantelsäcke in einer oder der anderen fern liegenden Sofaecke anbringen lassen (Mantelsäcke, die sich jetzt eben so leicht durch die Tür zwängen ließen wie ein Kamel durch ein Nadelöhr oder eine Giraffe in einen Blumentopf): Und dieses völlig unerträgliche, ganz trostlose, unselige Loch sollte die entfernteste Ähnlichkeit, Verwandtschaft oder Verbindung mit jenen zierlichen, sauberen, ja sogar sehr prächtigen kleinen Gemächern haben, die eine Meisterhand auf den gleißenden lithografierten Plan hingezaubert hatte, der auf dem Comptoir des Schiffsagenten in der Londoner City hing? Kurz, dieses Staatsgemach sollte nicht bloß eine hübsche Erdichtung, ein gemütlicher Scherz des Kapitäns sein, erfunden, um die Freude an dem wirklichen, sogleich mit eleganten Flügeltüren aufgehenden Staatsgemach desto mehr zu erhöhen? Es wollte mir nicht in den Kopf und doch war es so, es war die lautere, nackte Wahrheit. Und ich setzte mich nieder auf eine Art von rosshaarenem Polstersitz – es waren zwei solche Sitze vorhanden – und sah, mit völlig nichts sagender Miene, wie ich selbst fühlte, einige Freunde an, die mit uns an Bord gekommen waren und ihre Gesichter auf jede mögliche Weise zusammenfalteten, um sie durch die kleine, schmale Tür zu bringen.

Wir hatten, eh wir herunterkamen, einen ziemlich heftigen Stoß empfunden, der uns, wären wir nicht die sanguinischsten Menschen von der Welt, auf das Schlimmste hätte gefasst machen können. Der phantasiereiche, bereits erwähnte Künstler hat in demselben großen Werk einen Saal mit einer beinahe endlosen Fernsicht abgebildet, der, wie Mr Robins sagen würde, mit mehr als orientalischer Bilderpracht ausmöbliert und mit außerordentlich fröhlichen und lebhaften Gruppen von Herren und Damen (ganz bequem) angefüllt erschien. Eh wir nur in die Eingeweide des Schiffes herunterstiegen, waren wir vom Verdeck aus in ein langes, schmales Zimmer gelangt, welches beinahe einem gigantischen, mit Seitenfenstern versehenen Leichenwagen glich; am oberen Ende befand sich ein melancholischer Ofen, an dem sich drei oder vier frierende Aufwärter die Hände wärmten; während auf beiden Seiten, der ganzen fürchterlichen Länge nach, eine lange, lange Tafel stand, und darüber, an die niedrige Decke befestigt, ein raufenartiger Sims hing, voll gestopft mit Trinkgläsern und Öl- und Essig-Haltern, welche durch die Sorgsamkeit, mit der sie festgehalten waren, schauerlich genug auf stürmische Wogen und grimmiges Seewetter deuteten. Damals hatte ich die ideale Abbildung dieses Zimmers, welche mir seitdem so viel Vergnügen gemacht hat, noch nicht zu sehen bekommen, allein ich bemerkte, dass einer von meinen Freunden, der uns bei den Vorbereitungen zur Reise geholfen hatte, beim Eintreten ganz blass wurde, sich zu einem anderen Freund hinter ihm zurückzog, diesem unwillkürlich mit dem Kopf an die Stirn schlug und »Unmöglich! Es kann nicht sein!« oder etwas Ähnliches zwischen den Zähnen brummte. Er erholte sich indessen mit einiger Anstrengung wieder, hustete erst ein oder zwei Mal und rief mit einem geisterhaften Lächeln, das mir noch immer vor Augen schwebt, indem er zugleich alle vier Wände ansah, »Ha! Das Frühstückszimmer, Kellner – he?« Wir sahen alle die Antwort voraus: Wir sahen sein schmerzliches Seelenleiden. Er hatte oft von dem *Salon* gesprochen, hatte sich ganz in das gemalte Zimmer hineingelebt und uns zu Hause zu verstehen gegeben, dass man, um sich einen richtigen Begriff davon zu machen, die Größe und Ausmöblierung eines gewöhnlichen Salons mit sieben multiplizieren müsse – und da werde man seine Erwartungen in der Wirklichkeit noch weit übertroffen finden. Als nun der Aufwärter die Wahrheit gestand, die nackte, lautere, schonungslose Wahrheit: »Ja, dies ist der Salon, Sir« – da taumelte er, im buchstäblichen Sinn des Wortes, wie von einem harten Schlag des Schicksals getroffen zurück.

Bei Menschen, die so bald voneinander gehen und ihren sonst täglichen Verkehr durch die furchtbare Kluft von vielen tausend Meilen stürmischen Raumes unterbrechen sollten und die deshalb nicht einmal durch den vorübergehenden Schatten einer augenblicklichen Enttäuschung oder Unbehaglichkeit die kurze Frist, die ihnen noch zu glücklichem Beisammensein blieb, trüben wollten – bei Menschen in solcher Lage war der Übergang von der ersten Überraschung zu einem herzlichen Gelächter höchst natürlich; und ich meines Teils kann versichern, dass ich, noch auf dem rosshaarenen Polster sitzend, dermaßen zu lachen anfing, dass es im ganzen Schiff widerhallte. So kamen wir in weniger als zwei Minuten alle zur Überzeugung, dass dieses Staatszimmer das angenehmste, niedlichste und kostbarste Ding von der Welt sei, und dass es ein höchst beklagenswerter, trauriger Stand der Dinge sein würde, wenn es nur um einen Zoll größer wäre. Nun stellten wir Experimente an – machten die Tür beinahe ganz zu und wanden uns wie die Schlangen aus und ein; und indem wir den kleinen Waschplatz als Stehraum rechneten, überzeugten wir uns davon, dass vier Personen auf einmal in dem Zimmer Platz hätten; dann ersuchten wir einer den anderen zu bemerken, wie hübsch lustig es sei (natürlich auf dem Verdeck) und wie schön es sei, dass man die Stückpforte den ganzen Tag offen lassen könne (wenn es nämlich das Wetter erlaubte) und wie sich ein förmliches, großes *oeil de boeuf* über dem Spiegel befinde, vor dem man sich mit der größten Bequemlichkeit und Wonne werde rasieren können (falls nämlich das Schiff nicht zu sehr stampfte); und so kamen wir endlich zu der einstimmigen Überzeugung, dass das Zimmer eigentlich sehr geräumig sei; obwohl ich glaube, dass, die zwei Kojen übereinander abgerechnet – nächst Särgen die kleinsten Schlafbehälter, die es gibt –, die ganze Stube nicht größer war als eines jener Mietcabriolets, bei denen die einzige Tür sich hinten befindet und die ihre lebendige Ladung wie einen Sack mit Kohlen auf das Straßenpflaster ausschütten.

Nachdem wir diesen Punkt zur allgemeinen Zufriedenheit sämtlicher Anwesenden, der Beteiligten wie Unbeteiligten, erledigt hatten, setzten wir uns in der Frauenkajüte rund um das Kaminfeuer – nur um zu sehen, wie es sich machen würde. Es war etwas dunkel, allerdings; aber einer meinte, »auf der See wird es natürlich hell sein«, eine Voraussetzung, der wir alle beistimmten, mit dem allgemeinen Echo »natürlich, natürlich«, obgleich es uns schwer gefallen wäre, zu sagen, warum. Ich erinnere mich auch, als wir einen anderen tröstenden Umstand entdeckt und besprochen hatten – dass nämlich diese Damenkajüte an unser Staatszimmer stieß und dass wir daher zu jeder Tages- und Jahreszeit daselbst würden sitzen können – wie wir in ein momentanes Stillschweigen versanken, den Kopf in die Hand gestützt und ins Feuer starrend, und wie einer von uns mit der feierlichen Miene eines Philosophen, der eben eine große Wahrheit entdeckt hat, ausrief: »Wie herrlich wird hier unten ein Glas Glühwein schmecken!« Und uns allen leuchtete die Wahrheit dieser Worte plötzlich so überraschend ein, als müsste in dergleichen Kajüten an und für sich schon etwas besonders Würziges und Duftiges sein, was jenes Getränk wesentlich verbessere und versüße, sodass man es an keinem anderen Ort der Welt in solcher Vollkommenheit bekommen könne.

Auch eine Aufwärterin war die, die mit emsiger Geschäftigkeit saubere, weiße Servietten und Tischtücher geradezu aus den Eingeweiden der Sofas und aus unvermuteten Schubfächern hervorzog, die so künstlich angebracht waren, dass man Kopfweh bekam, wenn man sah, wie sie eins nach dem anderen öffnete. Ja, es war wirklich beunruhigend, ihr Treiben zu beobachten und zu bemerken, wie jede Ecke, jeder Winkel, jedes einzelne Glied und Stück an den Möbeln außer seiner ursprünglichen und angeblichen Bestimmung noch eine andere hatte und eine bloße Falle, ein Hinterhalt und Versteck war, dessen scheinbarer Zweck sein geringster und am wenigsten brauchbarer war.

Gott lohne es jener Aufwärterin! Wie zärtlich trügerisch war ihre Ausmalung einer Januarreise! Gott lohn ihr die deutliche Erinnerung an ihre vorjährige Überfahrt, wo, wie sie sagte, niemand unwohl ward und alles tanzte vom Morgen bis zum Abend und die ganze Reise eine Spazierfahrt von zwölf Tagen, ein wahrer Spaß, eine Lust und Wonne war! Der Himmel segne sie für ihr heiteres Gesicht und ihren freundlichen schottischen Dialekt, der so viel altheimatliche Klänge für meine liebe Gefährtin hatte, für ihre Prophezeiung günstiger Winde und schönen Wetters (was alles nicht eintraf, sonst hätte ich sie ja nicht halb so lieb); für die zehntausend kleinen Züge echt weiblichen Taktes, mit denen sie, ohne weitläufige methodische Ausarbeitung und künstliche Beredsamkeit, so deutlich bewies, dass alle jungen Mütter auf der einen Seite des Ozeans ihren kleinen Kindern, die sie auf der anderen zurückgelassen, ganz nahe und bei der Hand wären; und dass, was den Uneingeweihten eine ernste und bedenkliche Reise schiene, für die, welche im Geheimnis wären, eine bloße Lustbarkeit zum Singen und Jubeln sei! Leicht sei ihr das Herz und heiter blinkend ihre hell lachenden Augen, noch jahrelang!

Das Staatszimmer war sehr schnell gewachsen; aber jetzt hatte es sich gar zu einem großartigen Saal ausgedehnt und prahlte gleichsam mit einem prachtvollen Bogenfenster, mit der Aussicht auf die See. Wir kehrten daher in der fröhlichsten Laune auf das Verdeck zurück. Da war alles in so geräuschvoller Tätigkeit und Reisefertigkeit begriffen, dass einem das Blut an diesem klaren, frostigen Morgen vor unwillkürlicher Freude rascher durch die Adern wirbelte. Denn alle die stattlichen Schiffe ritten langsam auf und nieder und die kleinen Boote plätscherten mit Gelärm in den Wellen; einzelne Gruppen standen auf der Werfte und blickten mit einer Art von »schaurigem Entzücken« auf den weltberühmten amerikanischen Dampfer; einige »nahmen die Milch«, das heißt die Kuh an Bord; andere füllten die Eiskeller bis an den Schlund mit frischem Vorrat; mit frischem Fleisch und Gemüse, weißen Ferkeln, Kalbsköpfen zu zwanzigen, Rind-, Kalb-, Schweinefleisch und einer unverhältnismäßigen Menge Geflügel; andere wickelten Taue ein und machten sich mit aufgedrehtem Tauwerk zu tun; wieder andere ließen schweres Gepäck in den Schiffsraum hinab; und der Kopf des Proviantmeisters war kaum zu sehen, wie er mit außerordentlich verdutztem Gesicht aus einem ungeheuren Stoß von Passagier-Bagage hervorguckte; niemand schien an etwas anderes zu denken als an die Vorbereitungen zu dieser gewaltigen Seefahrt. Dabei die kalte, hell strahlende Sonne, die stärkende Luft, die kräuselnden Wasser und die dünne weiße Eiskruste auf den Verdecken, die mit scharfem, munterem Klang unter dem leichtesten Fußtritt knisterte – es war unwiderstehlich. Und als wir, ans Ufer zurückgekehrt, uns umblickten und vom Mastbaum den Namen des Schiffes auf lustigen Wimpeln herabwinken sahen und daneben flatternd das schöne amerikanische Banner mit seinen Sternen und Streifen – da schrumpften die langen dreitausend und mehr Meilen und die ganzen sechs Monde Abwesenheit so in nichts zusammen, dass das Schiff fort und zurück und dass es wieder heller Frühling war in den Coburg-Docks zu Liverpool.

Ich habe mich bei meinen ärztlichen Bekannten nicht einmal erkundigt, ob Schildkrötensuppe und kalter Punsch mit Hochheimer, Champagner und Burgunder und alle die kleinen Etceteras, die gewöhnlich in unbegrenzter Aufeinanderfolge zu einem guten Diner gehören, vor einer Seereise empfehlenswert sind; oder ob vielleicht eine schlichte Hammelkeule und ein oder zwei Gläser Sherrywein weniger in einen fremdartigen und beunruhigenden Magenballast sich zu verwandeln drohen. Meiner Meinung nach ist es, am Abend vor einer Seereise, sehr gleichgültig, ob einer mit diesen Artikeln mäßig und vorsichtig umgeht oder nicht; und dass es bei einem wie beim anderen zuletzt dasselbe Ende nimmt. Dem sei jedoch, wie ihm wolle, ich weiß nur so viel zu sagen, dass an jenem Tage das Diner unbedingt vortrefflich war; dass es alle diese Ditos und noch eine Masse mehr enthielt; und dass wir alle ihm wacker zugesprochen haben. Auch weiß ich, dass wir – abgesehen von einem gewissen Stillschweigen über alles, was den kommenden Tag betraf, so wie es zwischen einem zart fühlenden Kerkermeister und einem empfindsamen Delinquenten herrschen mag, der am nächsten Morgen gehenkt werden soll – im Ganzen recht munter und frohsinnig waren.

Als der Morgen kam und wir uns beim Frühstück trafen, da war es merkwürdig, wie eifrig wir uns alle bemühten das Gespräch nicht einen Augenblick pausieren zu lassen und wie erstaunlich lustig jedermann war; diese forcierte gute Laune eines jeden in unserer kleinen Gesellschaft verhielt sich zu seiner natürlichen gewöhnlichen Stimmung wie Treibhauserbsen, die das Quart fünf Guineen kosten, sich in Geschmack und Duft zu den Kindern der freien Luft, des Taues und des Regens verhalten. Aber wie ein Uhr, die zum Einschiffen festgesetzte Stund, näher kam, schwand dieser geschwätzige Leichtmut, trotz des hartnäckigen Widerstandes, nach und nach hin, bis wir zuletzt, wo die Sache verzweifelt ernst zu werden anfing, alle Verstellung fahren ließen. Nun dachten wir laut und offen darüber nach, wo wir morgen um diese Zeit, übermorgen, überübermorgen usw. sein würden; dann beeilten wir uns den Freunden, die noch diesen Abend nach London zurückkehren wollten, eine Menge Aufträge und Bestellungen mitzugeben, die zu Hause und anderswo gewiss und ja so bald als möglich nach der Ankunft des Dampfwagens in Euston Square ausgerichtet werden sollten. Und die Erinnerungen, Botschaften und

Die »Britannia«

Grüße häufen sich in solchen Augenblicken dermaßen, dass wir noch auf diese Weise beschäftigt waren, als wir uns plötzlich, gleichsam in einen dichten Haufen von Passagieren, Passagierfreunden und Bagage zusammengeballt, alle durcheinander auf das Verdeck eines kleinen Dampfers geworfen sahen und mit diesem nach der Britannia zu keuchten und schnoben, die gestern Nachmittag aus den Docks abgegangen war und jetzt im Strome vor Anker lag.

Und siehe da! Aller Augen blicken nach ihr, nach der Britannia, die nur trüb durch die aufsteigenden Nebel des frühen Winternachmittags zu erkennen ist; alle Finger deuten auf sie; und alle Lippen murmeln teilnehmend und bewundernd: »Wie schön sie aussieht!« – »Wie niedlich sie ist!« Selbst der träge Herr, mit dem Hut auf einem Ohr und den Händen in den Seitentaschen des Rockes, er, der so viel Trost verbreitet hat durch die Frage, die er gähnend an einen anderen stellte, »ob er auch hinüberwolle« – als ob von der Fähre über einen Fluss die Rede sei –, selbst er lässt sich herab dahin zu blicken und mit dem Kopf zu nicken, als wollte er sagen: »Ganz richtig«, und selbst der weise Lord Burleigh, berühmt als Kopfnicker, sagte nicht halb so viel, wenn er nickte, wie unser träger Herr, der die Überfahrt – jedes Kind an Bord hat's bereits erraten, weiß der Himmel, wieso – dreizehn Mal ohne den geringsten Unfall gemacht hat! Noch ein Passagier ist da, bis über die Ohren eingemummt und eingewickelt, den die Übrigen in den Tod verachtet und moralisch mit Füßen getreten haben; denn er hatte sich herausgenommen, mit einem an Furchtsamkeit grenzenden Interesse zu fragen, wie lang es sei, dass der arme »President« zugrund gegangen. Er steht dicht neben dem trägen Herrn und sagt mit einem zaghaften Lächeln, er glaube, die Britannia sei ein sehr starkes Schiff; der träge Herr sieht erst den Fragenden an, dann späht er sehr scharf nach dem Wind und erwidert unerwarteter und ominöser Weise, das sei auch nicht vonnöten. Augenblicklich sinkt der träge Herr sehr tief in der öffentlichen Meinung und die Passagiere flüstern, verhöhnende Blicke gegen ihn schleudernd, einander ins Ohr, er sei ein Brummochse, ein Betrüger und verstehe so viel davon wie der Esel vom Lautenschlagen.

Aber rasch werden wir dem Dampfpaketboot naher gebracht, dessen ungeheuerer roter Schornstein bereits wacker raucht und die ernsthaftesten Absichten verrät. Kisten und Mantelsäcke und Schachteln wanderten schon mit atemloser Geschwindigkeit von Hand zu Hand an Bord des Schiffes. Die Offiziere, hübsch aufgedonnert, stehen am Eingang, helfen den Passagieren hinauf und treiben die Mannschaft zur Eile an. In fünf Minuten ist der kleine Dampfer gänzlich verlassen und das Paketboot dafür überfüllt von Ankömmlingen, die sogleich das ganze Fahrzeug auf- und niederrennen und zu Dutzenden in jedem Winkel und jeder Ecke desselben anzutreffen sind. Sie stürzen erst mit ihrem Gepäck hinunter und stolpern über die Bagage anderer Leute; dann machen sie sich's, jeder in der unrechten Kajüte, bequem und richten die heilloseste Verwirrung an, indem sie wieder herausmüssen; sie sind wie versessen darauf, verschlossene Türen aufzumachen und überall, wo sie nicht hingehören oder wo gar kein Durchgang ist, sich Bahn zu brechen; endlich jagen sie die scheu gewordenen Kellner und Proviantmeister mit ihren gespenstig flatternden Haaren hin und her über die windigen Verdecke, um ihnen die unverständlichsten und unausführbarsten Bestellungen auszurichten: kurz, sie bringen den unerhörtesten Tumult hervor. Mitten unter diesem Wirrwarr spaziert der träge Herr, der gar keine Gepäcke – nicht einmal einen Freund – mitzuhaben scheint, auf dem Sturmdeck hin und her und raucht gemächlich eine Zigarre; und da dieses ruhige Wesen ihn in der Meinung derjenigen, welche Muße haben, ihm zuzusehen, wieder sehr hoch stellte, so folgen sie jedem seiner Blicke mit ängstlicher Neugierde; sieht er nach dem Mast hinauf oder aufs Verdeck hinab oder über die Seitenplanken hinaus, so tun sie genau desgleichen, als meinten sie, er müsse irgendwo einen Fehler bemerken, und hoffen, dass er die Güte haben werde, wenn dieses der Fall sei, es ihnen zu sagen.

Was gibt's da? Des Kapitäns Boot! Und da ist er schon selbst. Nun bei allen unsern Hoffnungen und Wünschen, das ist *ganz* unser Mann, *ganz* unser Kapitän, wie er sein soll! Ein hübscher, strammer, flinker kleiner Mann; rotwangig und mit einem Gesicht, das einen einlädt ihm gleich beide Hände auf einmal zu schütteln; mit ehrlichen hellblauen Augen, dass es einem wohl tut sein eigenes Konterfei drin abgespiegelt zu sehen. »Läutet einmal!« – Kling, kling, kling!, sogar die Glocke beeilt sich. »Nun, wer gehört noch an Land – wer geht ans Land zurück?« – »Diese Herren da müssen zurück, es tut mir Leid« – sie sind fort und sagten nicht einmal ade! Ach!, jetzt winken sie uns ein Ade zu aus dem kleinen Boot. »Lebt wohl! Lebt wohl!« Dreimaliger Gruß von ihrer, dreimaliger Gruß von unserer Seite, dreimaliger von ihrer, und fort sind sie.

So geht es noch hundert Mal her und hin und her! Dieses Warten auf das letzte Postfelleisen ist schlimmer als alles. Hätten wir mitten in diesem letzten Getöse und Wirrwarr abfahren können, so wär's ein Triumph gewesen; aber noch über zwei Stunden da zu liegen, in dem feuchten Nebel, weder zu Hause zu bleiben noch zu reisen, das heißt einen nach und nach in die tiefsten Abgründe der Langeweile und der Niedergeschlagenheit hinabsenken. Endlich zeigt sich ein dunkler Fleck durch den Nebel! Da kommt was! Dies ist das erwartete Boot! Das lässt sich hören. Der Kapitän erscheint mit seinem

Sprachrohr auf dem Räderkasten; die Offiziere sind flugs auf ihren Posten; alle Hände sind in Bewegung; die schwankenden Hoffnungen der Passagiere erheben sich wieder; die Köche feiern ein Weilchen in ihrem geschmackvollen Tagewerk und gucken mit teilnehmender Miene heraus. Das Boot kam an die Seite des Schiffes, die Säcke und Felleisen werden ohne Umstände hereingezerrt und für den Augenblick in den ersten besten Winkel geworfen. Wieder drei Cheers: Und wie das erste uns in die Ohren klingt, bebt und hebt sich pochend das Schiff wie ein mächtiger Riese, der just den Lebensodem bekommen hat; die zwei großen Räder drehen sich zum ersten Mal mit Blitzesschnelle; und die edle Britannia, Wind und Flut hinter sich, bricht stolz durch die aufgepeitschten, schäumenden Wogen durch.

Zweites Kapitel
Die Überfahrt

An diesem Tage dinierten wir alle zusammen, und zwar in furchtbarer Gesellschaft, denn wir waren nicht weniger als sechsundachtzig Personen. Da das Fahrzeug ziemlich tief ging, alle seine Kohlen und so viele Passagiere an Bord hatte, das Wetter auch gelind und stille blieb, so war von den Bewegungen desselben nicht viel zu verspüren.

Ehe daher die Mahlzeit halb beendet war, fingen selbst jene Passagiere, die sich am wenigsten zutrauten, schon an erstaunlich tapfer zu tun; und wer noch am Morgen auf die allgemeine Frage: »Sind Sie ein guter Seefahrer?«, mit einem sehr entschiedenen Nein antwortete, wich nun entweder aus oder meinte: »Oh, ich glaube, ich fahre nicht schlechter und nicht besser wie jeder andere«, oder er unterdrückte gar die mahnende Stimme seines Gewissens und antwortete kecklich: »Ja!«, und zwar in einem gewissen empfindlichen Tone, als wollte er noch hinzufügen: »Ich möchte doch wissen, was sie gerade an *mir* so Verdächtiges finden!«

Trotz dieses mutvollen, selbstbewussten Tones, der so allgemein unter uns herrschte, konnte ich doch nicht umhin zu bemerken, dass die wenigsten gern beim Glase Wein sitzen blieben; alles wollte frische Luft schöpfen; und die beliebtesten, gesuchtesten Plätze waren die nächst der Türe. Am Teetisch fand man sich auch nicht mehr so zahlreich ein und vom Whist war weit weniger die Rede, als sich füglich erwarten ließ. Dennoch hatten wir noch keine Invaliden, eine Dame ausgenommen, die sich während des Diners, just als man ihr das schönste Stück gelb gesottenes Hammelfleisch mit sehr grünen Kapern verehrt hatte, etwas eilig entfernte. Bis ungefähr elf Uhr, wo man zur Nacht »einkehrte« – kein Seemann von nur siebenstündiger Erfahrung redet von Bett oder von zu Bett gehen –, wurde mit ungebeugtem Mut auf und nieder gegangen, geraucht und Wasser mit Branntwein getrunken (aber stets dabei frische Luft geschöpft). Der ununterbrochene Schall der Fußtritte auf den Verdecken machte nun einer tiefen Stille Platz und die ganze Personenladung wurde unten beiseite gepackt, ausgenommen einige wenige Herumstreiter, die wahrscheinlich gleich mir sich vor dem Schlafengehen fürchteten.

Wer an solche Szenen nicht gewöhnt ist, für den hat diese Stunde auf der See etwas Überraschendes, Ergreifendes. Noch später, als mir dies Schauspiel nichts Neues mehr war, hatte es einen eigentümlichen Reiz für mich. Die Finsternis, durch welche die große schwarze Masse ihren geraden und sicheren Lauf nimmt; das Rauschen des Wassers, das man so deutlich hört und nur dunkel sehen kann; die breite, weiß glänzende Spur, die dem Fahrzeug auf der Ferse nachzieht; die Wachen auf ihren Posten, die gegen den dunklen Nachthimmel kaum abstechen würden, wenn sie nicht jeder einen Haufen funkelnder Sterne mit ihrem Körper verdeckten; der Steuermann am Rade mit seiner beleuchteten Karte vor sich, die, ein Lichtpunkt mitten in der Finsternis, wie ein denkendes und von göttlichem Geist erfülltes Etwas erscheint; das melancholische Gestöhn des Windes zwischen den Rollen, Tauen und Ketten; und der heimliche Lichtschein, der aus jeder Spalte und Öffnung und jedem einzelnen Stückchen Glas an den Verdecken her-

Charles Dickens auf der Überfahrt nach Amerika,
von einem Mitreisenden gezeichnet

vorglimmt, als wäre das ganze Schiff im Innern mit Feuer gefüllt, welches jeden Augenblick aus dem ersten besten Luftloch losbrechen will, um mit aller Wildheit seiner unwiderstehlichen Kraft Tod und Verderben zu bereiten! Anfangs und selbst später, wenn man mit dieser Nachtzeit und ihrer zauberhaften Wirkung auf die Gegenstände vertrauter geworden, ist es schwer, auf einem einsamen, gedankenvollen Gange, diese in ihrer eigentlichen Gestalt und Form zu sehen. Sie verwandeln sich mit jedem Schritt der umherirrenden Phantasie; nehmen die Maske in weiter Entfernung zurückgelassener Dinge und das wohl erinnerliche Aussehen heiß geliebter Orte an, welche sie oft sogar mit Schatten und Geistern bevölkern. Aus leblosen Gegenständen, die ich so genau wie meine beiden Hände kannte, wuchsen mir um diese Nachtzeit oft plötzlich Gassen, Häuser und Gemächer entgegen; selbst deren gewöhnliche Bewohner sah ich darin, so täuschend ähnlich, dass ich über diesen Anschein handgreiflicher Wirklichkeit erschrak, der mir alle Kraft meiner Phantasie, Abwesendes heraufzubeschwören, bei weitem zu übersteigen schien.

Da ich übrigens an meinen Händen und auch an den Füßen bei dieser Gelegenheit sehr große Kälte verspürte, kroch ich um Mitternacht hinunter. Ich fand es unten nicht sehr behaglich. Es war verzweifelt eng; und vor allem drängte sich jenes eigentümliche Gemisch seltsamer Gerüche auf, das man nur auf dem Schiffe kennen lernt und das von so subtiler Beschaffenheit ist, dass es durch alle Poren und Spalten des Schiffsraumes einzudringen scheint. Zwei Passagierfrauen (die eine war meine Frau) lagen bereits in stummer Todesangst auf dem Sofa; und ein Stubenmädchen (das meiner Frau) lag wie ein Bündel Wäsche auf den Fußboden hingeworfen, verwünschte ihr Geschick und schlug sich die Papilloten unter den umherliegenden Schachteln aus den Haaren. Alles glitschte verkehrt bergab, was an und für sich schon unerträglich war. Ich hatte, vor einem Augenblick, die Tür in einer sanften Neigung sacht angelehnt gelassen, und wie ich mich umdrehte, um sie zuzumachen, steht sie auf dem Gipfel einer Anhöhe vor mir. Und nun fing alles Gebälk und jede Planke zu knarren an, als wäre das Schiff eitel Flechtwerk; und dann wieder prasselte es, wie ein großes Feuer, mit dem trockensten Reisig angemacht. Dagegen gab es keine Hilfe als im Bett; so ging ich denn zu Bette.

Die nächsten zwei Tage, bei leidlich günstigem Wind und trockenem Wetter, ging es beinahe ebenso. Ich las sehr viel im Bett (weiß aber bis jetzt noch nicht, was), taumelte ein wenig aufs Verdeck, trank mit unaussprechlichem Widerwillen kalten Branntwein mit Wasser, aß mit vieler Ausdauer harten Zwieback und war nicht krank, doch im Begriff, es zu werden.

Nun ist's der dritte Morgen. Meine Frau weckt mich durch

einen furchtbaren Angstschrei aus dem Schlaf und will wissen, ob man in Gefahr sei. Ich erhebe mich und sehe zum Bett hinaus. Der Wasserkrug taucht abwechselnd auf und unter und hüpft in der Stube umher wie ein lustiger Delfin; all der kleinere Hausrat ist flott geworden, meine Schuhe ausgenommen, die auf einem Reisesack gestrandet sind und wie ein Paar Kohlenschifflein hoch im Trockenen stehen. Plötzlich machen meine Schuhe einen Luftsprung, und wie ich nach dem Spiegel schaue, der an der Wand festgenagelt ist, so hängt er an der Decke. Im selben Augenblick verschwindet unsere Tür und eine andere öffnet sich im Fußboden. Nun endlich begreife ich, dass unser Staatszimmer auf dem Kopfe steht.

Ehe es möglich ist, sich diesem neuen Stand der Dinge gemäß einzurichten, ist das Schiff wieder auf den Beinen. Eh man »Gottes Lob« rufen kann, ist's wieder beim Alten. Ehe man sagen kann, es steht doch auf dem Kopfe, scheint es sich auf einmal aufzuraffen und wie eine lebendige Kreatur von freien Stücken fortzurennen, mit wankenden Knien und schlotternden Beinen, durch Löcher und Fallgruben, fortwährend stolpernd. Ehe man sich nur verwundern kann, springt es hoch in die Luft empor. Und kaum hat es glücklich seinen Südsprung gemacht, so taucht es wieder tief ins Wasser hinab. Ehe es die Oberfläche erreicht hat, schlägt es ein Rad. Wie es wieder auf den Beinen ist, stürzt es rückwärts. Und so geht es fort und fort, stolpernd, bäumend, ringend, hüpfend, untertauchend, stoßend, stürzend, bebend, stampfend und sich wiegend: alle diese verschiedenen Manœuvres führt es bald eins nach dem anderen, bald alle auf einmal aus: sodass man laut um Gnade und Barmherzigkeit schreien möchte.

Ein Proviantmeister geht vorbei. »Proviantmeister!« – »Sir?« – »Was geht denn vor? Wie nennt Ihr das?« –»Etwas hohe See und ein bisschen widriger Wind, Sir.«

Ein widriger Wind! Denkt euch ein Menschengesicht auf dem Vorderteil des Schiffes. Fünfzehntausend Simsons auf einmal suchen es gewaltsam zurückzudrängen und schmettern ihm gerade auf die Nase, sodass es nur um einen Zoll vorwärts gehen will. Denkt euch das Schiff selbst, wie ihm jede Ader in seinem ungeheuren Leibe unter dieser Misshandlung bis zum Bersten anschwillt. Es schwört, vorwärts zu gehen oder zu sterben. Dabei heult der Wind, die See brüllt, der Regen schlägt: alles in rasendem Kampf gegen uns. Malt euch den zugleich schwarzen und stürmischen Himmel aus und die Wolken, die, in furchtbarer Sympathie mit den Wogen, aus der Luft einen zweiten Ozean machen. Dazu das Klatschen auf dem Verdeck und unten das Getrampel eilender Männer; das laute, heisere Schreien der Seeleute; die Wellen, die zu den Speigaten aus und ein gurgeln; und endlich schlägt dann und wann eine große Woge auf die Planken oben mit dem tiefen, dumpfen und schweren Schall des Donners, wie man ihn in einem geschlossenen Gewölbe hört; – und dann habt ihr den widrigen Wind jenes Januarmorgens.

Von dem, was man den häuslichen, den Privatlärm auf dem Schiffe nennen könnte, will ich gar nicht reden; nichts von dem Klirren zerbrechender Gläser und irdener Geschirre, dem Umfallen der Aufwärter, den Purzelbäumen leerer Kisten und ganzer Dutzende müßiger Porterflaschen; nichts endlich von den höchst merkwürdigen, aber keineswegs aufheiternden Tönen, welche die siebzig Passagiere, die alle vor Unwohlsein nicht zum Frühstück kamen, in ihren verschiedenen Staatszimmern ausstießen. Ich will davon gar nicht reden; denn obwohl ich drei oder vier Tage dalag und dieses Konzert mit anhörte, so glaube ich doch, dass ich es eigentlich nicht länger als eine Viertelminute vernahm, weil ich dann sogleich, fürchterlich seekrank, mich hinlegte.

Man verstehe mich recht, nicht seekrank in der gewöhnlichen Bedeutung des Wortes: ich wollte, ich wäre es gewesen; sondern in einer Art und Weise, die ich noch nie wieder gesehen noch schildern gehört habe, obwohl sie ohne Zweifel sehr häufig vorkommt. Ich lag den ganzen Tag ruhig und gemächlich da, empfand keine Müdigkeit, verlangte nicht aufzustehen, nicht besser zu werden oder Luft zu schöpfen; ohne die geringste Regung von Neugierde, Sorge oder Betrübnis. Ich erinnere mich bloß, dass ich während dieses apathischen Zustandes eine Art von stiller Freude – eine Art von teuflischer Wollust, wenn man eine so schlaffe Stimmung mit diesem Namen beehren kann – darüber empfand, dass meiner Frau zu unwohl war, um mit mir zu sprechen. Ich möchte sagen, dass mein Zustand – wenn mir ein solches Beispiel hier anzuführen erlaubt ist – dem des älteren Mr Willet glich, als die Rebellen ihn in seinem Schenkzimmer zu Chigwell überfielen.* Nichts hätte mich überraschen oder verwundern können. Wenn in einem der kurzen Lichtintervalle, die ich beim Gedanken an die Heimat haben mochte, ein gespenstiger Postbote in jenes kleine Hundeloch vor mich hingetreten wäre, mit Scharlachrock und Glöcklein und mit der Entschuldigung, dass er beim Gehen durchs Meer sich etwas nass gemacht; wenn, sage ich, dieses Gespenst am hellen lichten Tage und im wachenden Zustand mir auf diese Art einen Brief an mich von einer mir bekannten Hand überreicht hätte – gewiss, ich wäre nicht im Mindesten erstaunt gewesen, ich hätte es ganz in der Ordnung gefunden. Wenn Neptun selber zur Tür hereingetreten wäre, mit einem gerösteten Haifisch auf seinem Dreizack, so hätte ich dies als eine der alltäglichsten Erscheinungen angesehen.

Einmal – ein einziges Mal – befand ich mich auf dem Verdeck. Ich weiß aber weder, wie ich hinaufkam, noch, was mich bewogen hatte hinaufzukriechen, genug, ich war oben und zwar völlig angekleidet; ich hatte einen großen gelben Rock an und ein Paar Stiefel, in die kein Kranker, der bei Sinnen, jemals hineingekommen wäre. Ich fand mich, als ein Strahl von Bewusstsein mir aufdämmerte, stehend und hielt mich an etwas an, ich weiß nicht was. Ich glaube, es war der Hochbootsmann: Vielleicht war es die Pumpe, möglicherweise die Kuh. Ich wüsste nicht zu sagen, wie lang ich da stehen blieb, ob einen Tag oder eine Minute. Ich entsinne mich nur, dass ich an etwas denken wollte – an was immer auf der weiten Welt, ich war nicht sehr wählig –, allein es ging durchaus nicht. Ich konnte nicht einmal erkennen, wo der Himmel und wo das Meer sei, denn der Horizont schien betrunken und drehte sich wild nach allen Seiten umher. Allein selbst in diesem Zustand der Unfä-

* Siehe *Barnaby Rudge* von Boz.

higkeit erkannte ich den trägen Herrn, der vor mir stand; er war seemännisch in blauen Fries gekleidet und hatte einen Hut auf dem Kopfe. Obgleich ich wusste, dass er es war, vermochte ich ihn doch nicht von seinem Anzug zu trennen und machte einen Versuch, ihn mit »Lotse« anzureden. Nach einer Minute Bewusstlosigkeit sah ich, dass er fort war, und bemerkte an seiner statt eine andere Gestalt. Sie schien mir zu schwanken und zu verrinnen, als sähe ich ihr Bild in einem hin und her wankenden Spiegel; allein ich erkannte doch in ihr den Kapitän; und so groß war der heitere Eindruck und der Einfluss seiner Züge auf mich, dass ich zu lächeln versuchte: Ja, selbst in jenem Augenblick versuchte ich zu lächeln. Ich sah an seinen Gebärden, dass er zu mir sprach; aber es dauerte lang, bis ich so viel verstand, dass er mich ausschalt, weil ich bis an die Knie im Wasser stand – so war es auch, ich weiß natürlich nicht, warum. Ich versuchte es ihm zu danken, konnte es aber nicht herausbringen. Ich vermochte nur auf meine Stiefel zu zeigen – oder dahin, wo ich meine Stiefel vermutete – und mit kläglicher Stimme zu sagen »Korksohlen«. Zugleich machte ich einen Versuch, wie man mir nachher erzählte, mich im Wasser niederzusetzen. Da er sah, dass ich vollkommen bewusstlos und für den Augenblick wahnsinnig sei, war er so human mich hinabzuführen.

Ich blieb nun unten, bis sich mein Zustand besserte. Sooft man mich aber bewegen wollte etwas zu essen, stand ich eine Angst aus, die nur jenen Todesängsten und Qualen nachsteht, welche, wie man sagt, die scheinbar Ertrunkenen erleiden, während man sie ins Leben zurückzurufen sucht. Ein Herr auf dem Schiffe hatte von einem beiderseitigen Freunde in London ein Empfehlungsschreiben an mich. An dem Morgen, wo der widrige Wind begann, schickte er es mir nebst seiner Karte hinab; und lange beunruhigte mich der Gedanke, dass er vielleicht auf und wohl sein könne und hundert Mal schon meinen Besuch im Salon erwartet habe. Ich stellte ihn mir wie eine jener gusseisernen Kreaturen vor – ich will dergleichen Geschöpfe nicht Menschen nennen –, die mit roten Backen und heiteren Blicken fragen, was das sei: Seekrankheit und ob sie denn wirklich so schlimm wäre, wie man sie schilderte. Das war wirklich peinvoll; und ich habe kaum jemals eine so herzliche Dankbarkeit gegen das Schicksal, eine so angenehme Befriedigung empfunden, als da ich von dem Schiffsarzt hörte, er habe diesem selben Herrn ein großes Senfpflaster auf den Magen legen müssen. Von dem Augenblick, wo mir diese Kunde ward, datiere ich meine Genesung.

Auch materiell trug dazu ohne Zweifel ein heftiger Sturmwind bei, der sich um Sonnenuntergang langsam erhob, als wir etwa zehn Tage auf der Reise waren, und mit allmählich steigender Wut bis zum Morgen raste; eine Stunde kurz vor Mitternacht ausgenommen, wo er ein wenig einschlief. In der unnatürlichen Ruhe dieser Stunde und in der Art, wie der Sturm nachher wieder seine Kräfte sammelte, lag etwas so unbegreiflich Schauerliches und Entsetzliches, dass man sich beinahe erleichtert fühlte, als er endlich mit voller Kraft losbrach.

Nie werde ich vergessen, wie das Schiff in jener Nacht mit dem stürmischen Meere kämpfte. »Kann es je noch schlimmer werden?«, hatte ich oft fragen gehört, wenn alles umherkollerte und bergab glitschte, und wo es uns kaum begreiflich schien, dass etwas auf dem Meere noch wilder umhergeworfen werden könne ohne kopfüber zu stürzen und unterzugehen. Aber den Kampf eines Dampfschiffes in einer schlimmen Winternacht auf dem wilden Ozean, das kann sich selbst die lebhafteste Einbildungskraft nicht denken. Dass das Schiff seitwärts in die Fluten stürzt und mit der Mastspitze in die Wogen taucht, dass es dann wieder aufspringt und sich auf die andere Seite wirft, bis die hohle See es mit einem Krachen wie von hundertfachem Kanonenfeuer schlägt und zurückschleudert – dass es plötzlich stehen bleibt und wankt und in sich zusammenschaudert, wie betäubt, und dann, mit heftigem Herzpochen, vorwärts schießt wie ein zum Wahnsinn gebrachtes Ungeheuer, um wieder niedergeschlagen, zerschmettert und von der grimmigen See überstürmt zu werden – dass Donner und Blitz, Regen und Hagel und Wind alle rasend um die Oberherrschaft streiten – dass jede Planke ihr Gestöhn, jeder Nagel seinen Seufzer und jeder Tropfen in dem großen Ozean seine heulende Stimme hat – mit all dem ist nichts gesagt. Dass alles Großartige, Entsetzende und Schauerliche im höchsten Grade da beisammen ist – damit ist nichts gesagt. Worte können es nicht ausdrücken, Gedanken nicht ausdenken. Nur ein Traum kann solch ein Schauspiel in all seiner Wut, Raserei und Leidenschaft wieder heraufbeschwören.

Und doch geriet ich mitten unter all diesen Schrecken in eine so ausgesucht lächerliche Situation, dass ich selbst damals das Komische derselben so lebhaft fühlte wie in diesem Augenblick; ich konnte mich dabei ebenso wenig des Lachens enthalten wie bei jedem anderen lächerlichen Vorfall, der sich unter so auffallend günstigen Umständen ereignet. Um Mitternacht bekamen wir eine schwere Sturzsee an Bord, die sich durch die *oeil de boeufs* Bahn brach, die Türen oben aufsprengte und mit brüllender Wut in die Damenkajüte herabgestürzt kam, zur unsäglichen Bestürzung meiner Frau und einer kleinen schottischen Dame – die, beiläufig gesagt, eine Weile vorher die Aufwärterin zum Kapitän geschickt hatte, mit der höflichen Bitte, er möchte doch gleich an den Mastspitzen und am Schornstein einen Blitzableiter anbringen lassen, damit es nicht einschlage. Sie, meine Frau und das oben erwähnte Stubenmädchen befanden sich in so entsetzlicher Todesangst, dass ich kaum wusste, was ich mit ihnen anfangen sollte. Natürlich dachte ich an irgendein herzstärkendes Mittel; und da mir für den Augenblick nichts Besseres einfiel, so verschaffte ich mir ohne Verzug ein Glas voll heißem Branntwein mit Wasser. Es war jedoch unmöglich, zu sitzen oder zu stehen ohne sich an etwas anzuhalten; die Weiber lagen daher in einer Ecke des langen Sofas – welches quer durch die Kajüte ging und festgenagelt war – auf einem Haufen zusammengeschichtet und umschlangen einander krampfhaft, da sie jeden Augenblick zu ertrinken meinten. Als ich mich nun mit meinem Specificum dem Sofa näherte, um davon, nebst allerhand Trostworten, der nächsten Patientin einzugeben, wie groß war mein Ärger, als sie alle langsam in die andere Sofaecke hinabrutschten! Und als ich an diese Ecke hinwankte und mein Glas zum zweiten Mal hinhielt, wie schrecklich wurden meine guten Absichten bei der Nase herumgeführt! Denn wieder legte sich das Schiff auf eine Seite und wieder rutschten sie in die andere Ecke zurück. Ich glaube, ich verfolgte sie wenigstens eine Viertelstunde lang auf diesem Sofa herauf und herunter ohne sie ein einziges Mal einzuholen; während ich sie aber zu haschen suchte, war mein Trank, durch das beständige Verschütten, zu einem Teelöffel voll zusammengeschmolzen. Um die Gruppe zu vervollständigen, muss man sich den unfreiwilligen Preller als ein sehr blasses Individuum denken, welches sich zum letzten Mal in Liverpool rasieret und das Haar gekämmt hat und dessen ganzer Anzug – die Wäsche abgerechnet – aus einem Paar *Dreadnought*-Beinkleidern, einer blauen einst bewunderten Jacke, keinen Strümpfen und bloß einem Pantoffel besteht.

Ich will nichts von den schmählichen Gewaltsprüngen sagen, die das Schiff am nächsten Morgen ausführte; im Bett zu liegen war dadurch zu einem Kunststück geworden, und aufzustehen, auf eine andere Weise als dass man herausfiel, war eine Unmöglichkeit. Aber nichts von allem, was ich jemals sah, gleicht der furchtbaren Öde und dem grauenhaften Schauspiel, dem meine Augen begegneten, als ich um Mittag auf das Verdeck im buchstäblichen Sinne des Wortes »hinauftaumelte«. Meer und Himmel hatten beide dieselbe traurige, einförmige Bleifarbe. Keine Fernsicht, selbst nicht über die schreckliche Wasserwüste vor uns, denn die See ging hoch und der Horizont umgab uns wie ein großer schwarzer Reif. Aus der Luft oder von einem hohen Felsengestade aus gesehen wäre es gewiss ein imposantes und Staunen erregendes Schauspiel gewesen; aber von den nassen und schwankenden Verdecken aus gesehen machte es nur einen schwindligen, peinvollen Eindruck. Bei dem Winde in der letzten Nacht war das Rettungsboot von einem einzigen Wogenschlag wie eine Haselnussschale zerschmettert worden und baumelte nun in der Luft, ein bloßer Haufen zerbrochener Bretter. Die Planken der Räderkästen waren rein weggerissen worden. Die Räder selbst waren nun frei und bloß und wirbelten und spritzten ihren Gischt auf die Verdecke. Der Kaminfang weiß mit Salz überkrustet; die Topmaste gesenkt; die Sturmsegel aufgespannt; das Takelwerk verknotet, verwickelt, nass und schlaff niederhängend; es gibt kaum ein düstereres Gemälde.

Man war so huldvoll gewesen mich in der Damenkajüte behaglich unterzubringen, wo, außer uns, sich nur noch vier Reisende befanden. Erst die kleine, schon erwähnte schottische Dame, die nach New York ging, um zu ihrem Manne zu kommen, der sich vor drei Jahren dort niedergelassen hatte. Zweitens und drittens ein ehrlicher junger Yorkshirer, der mit einem amerikanischen Hause in Verbindung stand, in derselben Stadt ansässig war und sein schönes, erst vor vierzehn Tagen ihm angetrautes Weib dahin führte: das allerliebste Musterbild von einem hübschen englischen Landmädchen, das ich je gesehen habe. Viertens und fünftens noch ein Pärchen: ebenfalls erst jüngst verbunden, nach den zärtlichen Liebkosungen zu urteilen, die sie häufig wechselten. Ich weiß nicht mehr von ihnen, als dass mir dabei eine mysteriöse Entführungsgeschichte im Spiel zu sein schien; dass die Dame reich an persönlichen Reizen war; dass der Herr mehr Feuergewehre mit sich führte als Robinson Crusoe, einen Jagdrock trug und zwei große Hunde mit an Bord genommen hatte. Ferner erinnere ich mich, dass er heiß gerösteten Ferkelbraten und Flaschenale als ein Mittel gegen die Seekrankheit probierte; und dass er diese Medizin (gewöhnlich im Bette) einen Tag nach dem anderen mit heldenmütiger Ausdauer einnahm. Ich kann, zur Nachricht für die wissbegierigen Leser, auch hinzufügen, dass jene Mittel fehlschlugen.

Da das Wetter fortwährend hartnäckig und beinahe unerhört schlecht blieb, so schleppten wir uns gewöhnlich, mehr oder weniger elend, etwa um elf Uhr in diese Kajüte und legten uns zur Erholung auf den Sofas nieder; der Kapitän kam zuweilen und verkündigte uns die Richtung des Windes, seine moralische Unterzeugung, dass es morgen besser werden würde (auf der See wird das Wetter immer *morgen* besser), die Schnelligkeit, in der wir segelten usw. Beobachtungen waren eben nicht anzustellen und daher auch nicht zu melden, weil es keine Sonne dazu gab. Aber die Schilderung eines Tages wird für die anderen alle hinreichen. Da ist sie.

Der Kapitän ist fort und so schicken wir uns an, etwas zu lesen, wenn es hell genug ist; wo nicht, wird abwechselnd geschlummert und geplaudert. Um eins klingt eine Glocke und die Aufwärterin kommt mit einer dampfenden Schüssel gebratener Kartoffeln und einer anderen Schüssel mit gebratenen Äpfeln; mit ein paar Tellern Jungschweinernem, kaltem Schinken und Pökelfleisch oder vielleicht mit einer Portion rauchend heißer Schnitzel. Wir fallen über diese Leckerbissen her, essen, was wir nur können (denn jetzt haben wir wieder viel Appetit), und bleiben so lang als möglich bei dieser Beschäftigung. Wenn das Feuer im Kamin brennen will (und manchmal brennt es wirklich), sind wir ziemlich gemütlich. Wo nicht, bemerken wir einer gegen den anderen, dass es sehr kalt ist, reiben uns die Hände, hüllen uns in unsere Röcke und Mäntel und legen uns wieder hin, schlummernd, plaudernd und lesend bis zur Dinerstunde. Um fünf läutet es und die Aufwärterin erscheint wieder mit einer Schüssel Kartoffeln – gesottenen diesmal – und einem großen Vorrat Fleisch von allen Arten; das geröstete Ferkel nicht zu vergessen, welches als Medizin einzunehmen ist. Wir setzen uns nun zu Tisch (etwas heiterer als vorher); ziehen die Mahlzeit mit einem etwas schimmeligen Dessert aus Trauben, Äpfeln und Orangen in die Länge und trinken unsern Wein oder Branntwein mit Wasser. Gläser und Flaschen sind noch auf dem Tisch, die Orangen rollen nach ihrem eigenen und des Schiffes Belieben umher, da kommt der Doktor, auf besondere, allabendliche Einladung, um einen Rubber mitzumachen. Sogleich wird zum Whist geschritten, da es aber eine raue Nacht ist und die Karten nicht auf dem Tischtuch liegen bleiben wollen, so stecken wir die Tricks, die wir gemacht haben, in die Tasche. Beim Whist bleiben wir mit exemplarischem Ernst (eine kurze Zeit ausgenommen, wo Tee mit Toasten genossen wird) bis etwas um elf Uhr sitzen; dann kommt der Kapitän zu uns herab, in einem Pilotenrock und den Südwester unter dem Kinn festgebunden: Wo er steht, macht er alles nass. Jetzt hat das Kartenspiel ein Ende, Gläser und Flaschen kommen noch einmal auf den Tisch; und nachdem wir eine Stunde über das Schiff, die Passagiere usw. angenehm geplaudert haben, schlägt der Kapitän (der nie zu Bett geht und nie übler Laune ist) den Rockkragen in die Höhe, um auf das Verdeck zurückzukehren; schüttelt allen rundum die Hände und geht lächelnd hinaus in das Sturmwetter, so lustig, als ginge er zu einem Geburtstagsfest.

Auch an Tagesneuigkeiten ist kein Mangel. Dieser Passagier, heißt es, hat gestern im Salon im Ecarté vierzehn Pfund verloren; und jener trinkt täglich seine Flasche Champagner; niemand weiß, wie er's bestreiten kann, da er nur ein Commis ist. Der Erste Ingenieur hat ausdrücklich gesagt, solch ein Wetter habe es noch nie gegeben – und vier tüchtige Matrosen sind krank und ganz weg. Mehrere Kojen sind voll Wasser und alle Kajüten sind leck. Der Schiffskoch, der vom beschädigten Whisky gemaust hat, wurde betrunken gefunden, unter die Feuerspritze gebracht und bekam so lange Dusche, bis er nüchtern war. Alle Proviantmeister sind bei verschiedenen Diners von der Treppe gestürzt und gehen umher, mit Pflastern auf verschiedenen Stellen ihres Gesichtes. Der Bäcker ist krank, desgleichen der Zuckerbäcker. Ein anderer, schrecklich unpässlicher Mann muss die Stelle des Letzteren einnehmen und ist mit leeren Fässern in einem kleinen Hause auf dem Verdeck umpanzert und ummauert worden, damit er dort Pastetenteig knete, während er (und er ist sehr gallsüchtig) hoch und teuer schwört, dass es sein Tod sei, nur darauf zu sehen. Welche Neuigkeiten! Ein Dutzend Mordtaten auf dem Lande würden nicht das Interesse für uns gehabt haben wie diese kleinen Vorfälle auf der See.

Während wir unsere Zeit zwischen unsere Rubber und dergleichen Gespräche teilten, liefen wir in der fünfzehnten Nacht, bei schwachem Wind und hellem Mondschein (nach unserer Meinung) in den Hafen von Halifax ein – wir hatten in der Tat am äußeren Eingang desselben den Leuchtturm erreicht und das Schiff dem Lotsen übergeben –, als wir plötzlich auf eine Sandbank stießen. Sogleich stürzte alles auf das Verdeck; und einige Minuten lang befanden wir uns in der lebhaftesten Verwirrung und Unordnung von der Welt. Da jedoch Passagiere, Kanonen, Wassertonnen und anderes schweres Gerät zusammen nach dem Hinterteil gedrängt wurde, um das Vorderteil zu erleichtern, so wurde das Schiff bald wieder flott; nachdem wir nun einigen sehr unangenehmen Gegenständen (Klippen nämlich) entgegengefahren waren und plötzlich erschrocken die Räder zurückdrehten und das Senkblei in ein beständig seichter werdendes Gewässer tauchten, legten wir uns in einer seltsamen, ausländisch aussehenden Bucht vor Anker, die niemand an Bord erkennen konnte, obgleich rings um uns festes Land war, und zwar so nahe, dass wir deutlich die wehenden Baumzweige vom Schiffe aus erblickten.

In der stummen Mitternacht und dem tiefen Schweigen, welches durch das plötzliche und unerwartete Stillstehen der Maschine verursacht schien, die uns so viele Tage lang unaufhörlich in die Ohren gebraust und gedonnert hatte, wie merkwürdig nahm sich da das starre Staunen aus, welches in jedem Gesichte, von den Offizieren und Reisenden bis zu den Ofenheizern herab zu lesen war, die aus der Tiefe heraufstiegen, einer nach dem anderen, und sich, eine rauchgeschwärzte Gruppe, um den Eingang zum Maschinenwerk herumstellten, sich Bemerkungen zuflüsternd. Nachdem wir einige Raketen in die Luft geworfen und einige Signalschüsse getan hatten, in der Hoffnung, vom Land aus gegrüßt zu werden oder wenigstens ein Licht zu erspähen – aber ohne etwas zu sehen oder zu hören –, beschlossen wir ein Boot ans Ufer zu schicken. Und nun war es ergötzlich, zu bemerken, mit welcher Selbstaufopferung einige Passagiere sich bereit erklärten als Freiwillige mit ins Boot zu steigen: zum allgemeinen Besten, natürlich: nicht etwa weil sie das Schiff in Gefahr glaubten oder fürchteten, dass es mit eintretender Ebbe umschlagen könnte. Nicht minder amüsant war es zu sehen, wie schrecklich unpopulär der arme Lotse binnen einer kurzen Minute geworden war. Er war von Liverpool aus mitgenommen worden und hatte auf der ganzen Reise eine Art von öffentlichem Charakter gespielt, als Anekdotenerzähler und Possenreißer. Und dieselben Leute, die am lautesten über seine schlechten Witze gelacht hatten, hielten ihm jetzt die geballte Faust vors Gesicht, überhäuften ihn mit Flüchen und schalten ihn geradezu einen Schurken!

Bald stieß das Boot ab, mit einer Laterne und mehreren blauen Lichtern an Bord. In weniger als einer Stunde kehrte es zurück; der befehligende Offizier hatte einen ziemlich hohen Baum mitgebracht, den er mit den Wurzeln ausgerissen hatte, um gewisse misstrauische Passagiere zu beruhigen, die da durchaus meinten, man wolle sie betrügen und Schiffbruch leiden lassen, und die ihm sonst unter keiner Bedingung geglaubt hätten, dass er Land gesehen und mehr getan habe als ein wenig in den Nebel hinausrudern, bloß um sie zu hintergehen und in den Tod zu führen. Unser Kapitän hatte gleich bemerkt, wir müssten uns in der so genannten östlichen Passage befinden; und so war es auch. Es war der letzte Ort der Welt, an dem wir etwas zu tun hatten, allein ein plötzlich aufsteigender Nebel und ein kleiner Irrtum von Seiten des Lotsen waren schuld daran. Umgeben von Klippen, Sandbänken und Untiefen waren wir glücklicherweise doch auf den einzigen sicheren Fleck in der ganzen Gegend geraten. Beruhigt durch diesen Bericht und durch die Versicherung, dass die Ebbe vorüber sei und die Flut beginne, legten wir uns um drei Uhr morgens zur Ruhe.

Ich kleidete mich am nächsten Morgen um halb neun Uhr an, als der Lärm oben mich auf das Verdeck trieb. Als ich es vergangene Nacht verlassen hatte, war es dunkel, feucht und neblig, ringsum erhoben sich die traurigen Wasserhügel. Jetzt glitten wir einen sanften, breiten Strom hinab, mit der Geschwindigkeit von elf Meilen die Stunde; unsere Wimpel flatterten lustig; unsere Mannschaft hatte sich in ihren Sonntagsstaat geworfen; unsere Offiziere waren wieder in Uniform; die Sonne schien wie an einem herrlichen Apriltage in England; zu beiden Seiten streckte sich das Land aus, mit lichtem Schnee gestreift; weiße hölzerne Häuser; Leute standen vor ihren Türen; die Telegrafen arbeiteten; Flaggen wurden aufgehisst; Schiffe; die Quais voller Menschen; fernes Getöse; Geschrei; Männer und Jungen rannten den steilen Abhang herab dem Damme zu; alles für unser lang entwöhntes Auge herrlicher, froher und frischer anzusehen, als es sich mit Worten malen lässt. Wir kamen zu einer Werft, die mit aufblickenden Gesichtern gepflastert war; kaum war die Landungsbrücke ausgeworfen und kaum hatte sie das Schiff erreicht, so sprangen einige zwanzig von uns darauf zu und – im Nu waren wir wieder auf der lieben, sicheren Erde.

Ich glaube, dieses Halifax hätte uns ein Elysium geschienen, und wenn es auch ein Prachtexemplar von hässlicher Langweiligkeit gewesen wäre. Aber ich nahm einen höchst angenehmen Eindruck von der Stadt und ihren Bewohnern mit mir und habe ihn bis zu dieser Stunde mir bewahrt. Als ich heimkehrte, bedauerte ich auch sehr schmerzlich, dass ich keine Gelegenheit gefunden, noch einmal Halifax zu sehen und den Freunden, die ich an jenem Tage mir gewann, noch einmal die Hand zu drücken.

Zufällig wurden an diesem Tage die gesetzgebende Kammer und die Generalversammlung eröffnet. Die Formen einer Parlamentseröffnung in England wurden bei dieser Feierlichkeit so genau nachgeahmt und so gravitätisch in kleinerem Maßstabe wiedergegeben, dass man durch das unrechte Ende eines Fernrohrs nach Westminster auf der anderen Seite des Ozeans zu blicken glaubte. Der Gouverneur, als Stellvertreter Ihrer Majestät, verlas gewissermaßen eine Thronrede. Er sagte, was er zu sagen hatte, gut und mit männlicher Würde. Noch ehe seine Exzellenz fertig war, stimmt die Militärmusik draußen vor dem Palais mit großem Feuer ein »God Save the Queen« an; das Volk schrie; die drin rieben sich die Hände; die draußen schüttelten die Köpfe; die Regierungspartei sagte, noch nie wäre eine so vortreffliche Rede gehalten worden; die Opposition, nie eine so schlechte; der Sprecher und die Mitglieder des Hauses (der *General Assembly*) entfernten sich, um zu Hause sehr viel zu reden und wenig zu tun, kurz es ging alles gerade so vor sich wie bei ähnlichen Gelegenheiten in England.

Die Stadt ist auf dem Abhang eines Hügels erbaut und ihr höchster Punkt wird durch eine starke, noch nicht vollendete Zitadelle beherrscht. Mehrere recht breite und wohl aussehende Straßen erstrecken sich vom höchsten Punkt herab bis zur Wasserseite und sind von Querstraßen durchschnitten, die parallel mit dem Strome laufen. Die Häuser sind größtenteils von Holz. Der Markt ist mit allem in Überfluss versehen und jeder Mundvorrat ist ungemein wohlfeil. Das Wetter war für die Jahreszeit ungewöhnlich mild, sodass es keine Schlittenfahrt gab; aber eine Masse dieser Fuhrwerke stand in Höfen und Seitenplätzen; einige davon waren so prachtvoll verziert und dekoriert, dass sie ohne weiteres als Triumphwagen in einem Melodrama hätten auftreten können. Es war ungemein schönes Wetter; die Luft gesund und stärkend; das ganze Aussehen der Stadt heiter, gedeihlich und tätig.

Wir blieben da sieben Stunden liegen, um Depeschen und Briefschaften abzugeben und neue mitzunehmen. Endlich, nachdem wir unser sämtliches Gepäck und all unsere Passagiere (einschließlich zwei oder drei lustige Vögel, die sich dem Champagner und den Austern etwas zu hingebend geweiht hatten und bewusstlos auf dem Rücken in der Straße lagen) gesammelt hatten, ward die Maschine wieder in Bewegung gesetzt und wir segelten gen Boston.

Bei neuen Windstößen in der Bai von Fundy wurden wir die ganze Nacht und den ganzen nächsten Tag wieder wie früher auf dem Meer umhergeworfen. Nächsten Nachmittag, das heißt Sonnabend, den 22. Januar, legte ein amerikanisches Lotsenboot bei uns an und bald darauf wurde das Dampfschiff Britannia von Liverpool, achtzehn Tage unterwegs, in Boston telegrafiert.

Ich werde kaum übertreiben können, wenn ich von dem unaussprechlichen Interesse rede, mit dem ich die ersten Fleckchen der amerikanischen Erde erblickte, wie sie gleich Maulwurfshügeln aus dem grünen Meer hervorguckten und allmählich und fast unmerklich zur Küste wurden. Ein kalter, scharfer Wind wehte uns gerade entgegen. Doch war die Luft so durchsichtig, trocken und glänzend, dass bei aller Kälte die Temperatur nicht bloß erträglich, sondern köstlich war.

Ich blieb auf dem Verdecke, bis wir ans Dock kamen, und starrte Himmel und Erde an; wenn ich so viele Augen wie Argus gehabt hätte, ich würde sie alle weit aufgerissen haben, um die immer neuen Erscheinungen in mich aufzunehmen. Nur muss ich noch ein Missverständnis erwähnen; ich hielt nämlich einen Haufen tätiger Personagen, die mit Lebensgefahr den

Hotel Tremont House in Boston

Bord hinankletterten, als wir uns der Werft näherten, für Zeitungsträger, nach Art der unserigen; während es, trotz der Ledersäcke mit Zeitungen, die sie um den Hals trugen, und trotz der großen Bogen, die sie in der Hand hielten, nichts mehr und nichts weniger als Zeitungsredakteure waren, welche in eigener Person die Schiffe enterten, »um« (wie mir ein Herr in einem roten Schal sagte) »sich einige Bewegung zu machen«. Genug, einer dieser Seeräuber, dem ich hier meinen innigsten Dank abstatte, war so gütig vorauszugehen und mir ein Zimmer in einem Hotel zu bestellen, wo ich zehn Minuten später ein vortreffliches Diner zu mir nahm.

Dieses Hotel – eines der ausgezeichnetsten – heißt das Tremont House. Es hat mehr Galerien, Kolonnaden, Piazzas und Gänge, als ich mir merken konnte oder der Leser mir glauben würde; und es ist ein klein wenig kleiner als Bedford Square.

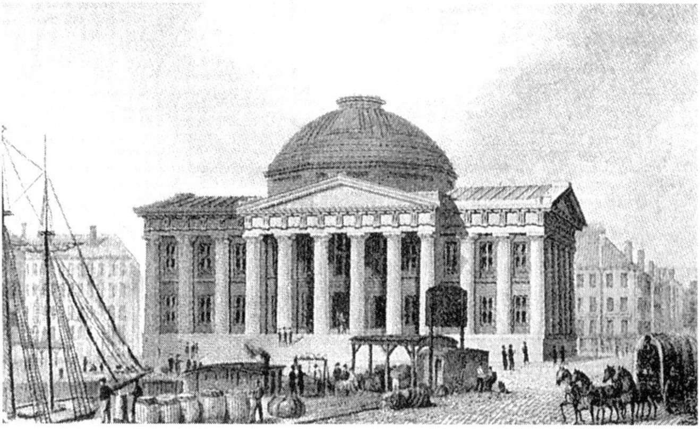

Das Zollhaus in Boston

Drittes Kapitel
Boston

In allen öffentlichen Gebäuden Amerikas herrscht die größte Höflichkeit. Die meisten der Unsrigen bedürfen in dieser Beziehung noch bedeutender Verbesserung; vor allem würde das Zollamt wohl tun, wenn es die Vereinigten Staaten sich zum Vorbild nähme und sich etwas weniger gehässig und beleidigend gegen Fremde zeigte. Die niedrige Habgier der französischen Beamten ist schon verächtlich genug; aber bei den unserigen findet man eine mürrische, bäuerische Unhöflichkeit, die ebenso wohl allen, welche in ihre Hände geraten, missfällig sein muss, als sie der Nation, die fortwährend an ihren Toren so schlimme Köter knurren lässt, wenig Ehre bringt.

Als ich in Amerika landete, machte der Kontrast, den das dortige Zollhaus im Vergleich zu dem unserigen darbot, und die Aufmerksamkeit, Höflichkeit und Munterkeit, womit die Offizianten desselben ihr Amt verrichteten, einen höchst angenehmen Eindruck auf mich.

Da wir, infolge eines Aufenthalts auf den Werften, erst, nachdem es dunkel geworden, in Boston landeten, so genoss ich den ersten Anblick der Stadt erst am Morgen des Tags nach unserer Ankunft – eines Sonntags –, als wir nach dem Zollhause gingen. Kaum getraue ich mir, beiläufig gesagt, anzugeben, wie viele Kirchstühle und Sitze uns für diesen Morgen förmlich durch Einladungskarten angeboten wurden, ehe wir noch unser erstes Mittagsmahl in Amerika zur Hälfte beendigt hatten; dürfte ich einen mäßigen Überschlag davon machen ohne auf eine genauere Berechnung einzugehen, so würde ich sagen, dass uns wenigstens so viele Sitze angeboten wurden, dass sie mit Bequemlichkeit die Glieder von zwei oder drei Dutzend Familien hätten aufnehmen können. Die Anzahl der verschiedenen Konfessionen und Glaubensformen, die das Vergnügen unserer Gesellschaft wünschten, stand hiermit in gehörigem Verhältnis.

Da wir an diesem Tage keine Kleider zum Wechseln hatten, so konnten wir nicht in die Kirche gehen und mussten daher alle diese gütigen Einladungen abschlagen; nur ungern misste ich das Vergnügen, Dr. Channing zu hören, der diesen Morgen, das erste Mal nach einer sehr langen Pause, gerade predigte. Ich erwähne den Namen dieses ausgezeichneten Mannes (mit welchem ich später das Vergnügen hatte, persönlich bekannt zu werden), um dadurch meinen bescheidenen Tribut der Bewunderung und Achtung für seine hohen Fähigkeiten und seinen Charakter und für die kühne Philanthropie darzulegen, womit er sich stets jenem hässlichen Schandflecke der Menschheit – der Sklaverei – entgegenstellte.

Kehren wir zu Boston zurück. Als ich an diesem Sonntagmorgen auf die Straße kam, war die Luft so klar, die Häuser sahen so heiter und frisch, die Firmen waren in so bunten Farben gemalt, die vergoldeten Buchstaben waren so goldig, die Ziegel so rot, die Steine so weiß, die Hausgeländer und Jalousien so grün, die Schilder und Knöpfe an den Haustüren so blank und glänzend – alles sah so leicht und flüchtig, dass jede Gasse in der Stadt sich just wie eine Szene in einer Pantomime ausnahm. In den Straßen des lebhaften Geschäftsverkehrs trifft es sich selten, dass ein Gewerbsmann – wenn ich da, wo jeder Kaufmann ist, jemand einen Gewerbsmann nennen darf – über seiner Warenniederlage wohnt; sodass oft mehrere Geschäfte in einem und demselben Hause betrieben werden und man die ganze Front von Firmen bedeckt sieht. Beim Weitergehen blickte ich fortwährend zu diesen Firmen empor, in der zuversichtlichen Erwartung, dass sich einige derselben in irgendetwas verwandeln würden, und ich ging nie plötzlich um eine Ecke ohne mich nach dem Harlekin oder Bajazzo umzusehen, der sich, wie ich anders glaubte, in einem Torwege oder einem nahen Pfeiler verborgen haben musste.

Die Vorstädte sehen, wo möglich, noch unsolider aus als die Stadt selbst. Die weißen hölzernen Häuser (so weiß, dass man mit den Augen blinken musste, wenn man sie ansah) mit ihren grünen Jalousien stehen so verloren, die Kreuz und die Quere, hie und da, die kleinen Kirchen und Kapellen sind so zierlich und bunt übertüncht, dass ich fast meinte, die ganze Geschichte könne wie Kinderspielzeug zusammengeschoben und in eine Schachtel gesteckt werden.

Die Stadt ist schön und muss, nach meiner Ansicht, auf jeden Fremden den günstigsten Eindruck machen. Die Privatwohnungen sind meistenteils groß und elegant, die Läden sehr gut und die öffentlichen Gebäude schön. Das Staatshaus ist auf den Gipfel eines Berges gebaut, welcher sich vom Wasser an sanft erhebt und weiterhin steil emporsteigt. Vor diesem Gebäude befindet sich ein eingehegter Platz, *the common* genannt. Die Lage ist schön; und von den obern Fenstern aus hat man eine reizende panoramische Ansicht der ganzen Stadt und ihrer Umgebung. Außer mehreren bequemen Expeditionszimmern enthält es zwei schöne Säle: In dem einen hält das Haus der Repräsentanten des Staates seine Zusammenkünfte, in dem anderen der Senat. Die Verhandlungen, denen ich beiwohnte, wurden mit würdevollem, ernstem Anstand geführt und mussten sicherlich Aufmerksamkeit und Achtung erregen.

Es unterliegt keinem Zweifel, dass die intellektuelle Überlegenheit Bostons größtenteils dem Einflusse der Universität von Cambridge zuzuschreiben ist, welche drei oder vier englische Meilen von der Stadt entfernt liegt. Die Professoren an jener Universität sind Männer von Gelehrsamkeit und Talenten und würden, ohne dass ich mich hiervon einer Ausnahme entsin-

»Die Stadt ist schön und muss, nach meiner Ansicht, auf jeden Fremden den günstigsten Eindruck machen.«

nen könnte, jeder Gesellschaft in der zivilisierten Welt Ehre machen. Viele der Vornehmen in Boston und der Umgegend, und ich glaube, ich kann hinzufügen, der größte Teil derjenigen, die sich daselbst dem Gelehrtenstand gewidmet haben, sind auf dieser Schule ausgebildet worden. Was auch immer die Mängel der amerikanischen Universitäten sein mögen, so verbreiten sie doch keine Vorurteile, erziehen keine Andächtler, graben nicht die Asche alten Aberglaubens auf, stellen sich nicht zwischen das Volk und dessen Fortschritte, schließen keinen wegen seiner religiösen Meinungen aus und erkennen überdies im ganzen Kursus ihrer Studien an, dass es außer den Wänden des Hörsaales noch eine Welt gibt, und zwar eine sehr große.

Es war mir etwas sehr Erfreuliches, die fast unbemerkbare, aber deshalb nicht weniger gewisse Wirkung zu beobachten, die diese Anstalt auf die kleine Einwohnerschaft von Boston ausübt; und überall die veredelnden Wünsche und Ansichten, die zärtlichen Freundschaften, die sie hervorgerufen, die Vorurteile, die sie ausgerottet hat, zu bemerken. Das goldene Kalb, das in Boston verehrt wird, ist ein Pygmäe im Vergleich mit den riesenhaften Götzen, die man sich in anderen Teilen jenes großen Kontors jenseits des atlantischen Meeres aufgestellt hat; und der allmächtige Dollar sinkt unter einem ganzen Pantheon besserer Götter zu etwas im Verhältnis Unbedeutendem herab.

Übrigens glaube ich aufrichtig, dass die öffentlichen Einrichtungen und Wohltätigkeitsanstalten dieser Hauptstadt von Massachusetts der Vollkommenheit so nahe kommen, als die weiseste Überlegung, Wohlwollen und Menschlichkeit sie nur immer bringen können. Nie hat mich der Anblick eines stillen Glückes, bei aller Entbehrung und Entblößung, mehr erfreut als bei meinem Besuche dieser Anstalten.

Es ist ein großer und wohltuender Vorzug aller solcher Anstalten in Amerika, dass sie entweder ganz oder zum Teil vom Staate unterhalten werden; oder (im Fall sie dessen helfender Hand nicht bedürfen) dass sie in Übereinstimmung mit ihm handeln und durchaus dem Volke gehören. Nach meiner Meinung, mit Rücksicht auf das Prinzip und dessen Tendenz, den Charakter der betriebsamen Klassen zu erhaben oder herabzudrücken, ist eine öffentliche Wohltätigkeitsanstalt unendlich besser als eine Privatstiftung, mag die Letztere auch noch so reichlich dotiert sein. In unserem Vaterlande, wo es bis auf die jüngste Zeit nicht sehr Mode bei den Regierungen war, ungewöhnliche Rücksicht für die große Masse des Volkes zu zeigen oder sie der Ausbildung fähig zu halten, sind Privatwohltätigkeitsanstalten – ohne Beispiel in der Geschichte der Welt – entstanden, um unter den Dürftigen und Notleidenden unberechenbar viel Gutes zu stiften. Allein die Regierung, die keinen Teil daran hat, erhält auch keinen Teil der Dankbarkeit, die sie einflößen; und da sie nur sehr wenig Obdach oder Hilfe bietet außer der, welche das Arbeitshaus und der Kerker gewähren kann, so sieht der Arme in ihr mehr eine strenge Herrin, schnell im Züchtigen und Bestrafen, als eine gütige Beschützerin, die sich in der Stunde der Not barmherzig zeigt.

Für die Wahrheit des Satzes, dass Gutes aus Bösem entspringe, spricht am deutlichsten das Dasein dieser Anstalten bei uns. Im Durchschnitt macht jede Woche ein anderer reicher Mann, von armen Verwandten umgeben, sein Testament. Solch ein alter Herr, oder sei es eine alte Dame, in der besten Zeit nie bei sehr guter Laune, ist von Kopf bis Füßen voller Schmerzen und Leiden, Kaprizen, Spleen, Misstrauen, Argwohn und Widerwillen. Alte Testamente zu vernichten und neue zu erfinden ist zuletzt das einzige Geschäft eines solchen Menschen; Verwandte und Freunde (von denen manche mit der Aussicht, einen großen Teil des Vermögens zu erben, erzogen und daher von der Wiege an zu jeder nützlichen Beschäftigung unfähig gemacht worden sind) werden so oft, so unerwartet und so summarisch gestrichen, wieder zu Gnaden angenommen und wieder gestrichen, dass die ganze Familie bis zum entferntesten Vetter hinab in fortwährendem Fieber erhalten wird. Endlich wird es klar, dass die alte Dame oder der alte Herr nicht mehr lange zu leben hat; und je klarer dies wird, desto deutlicher bemerkt die alte Dame oder der alte Herr, dass alle gegen ihren armen alten Verwandten in Verschwörung sind; daher macht die alte Dame oder der alte Herr ein anderes Testament – diesmal das letzte –, verbirgt es in einer Porzellanteekanne und gibt den nächsten Tag den Geist auf. Jetzt zeigt es sich, dass das ganze Vermögen unter ein halb Dutzend Wohltätigkeitsanstalten verteilt ist und der Erblasser oder die Erblasserin aus purem Trotze dazu beigetragen hat, eine große Menge Gutes zu tun, und zwar auf Kosten vieler böser Leidenschaften.

Die Bostoner Perkinsinstitution und das Massachusetts-Asyl für Blinde wird durch mehrere Vorsteher verwaltet, welche der Kooperation jährlichen Bericht ablegen. Die armen Blinden des Staates werden unentgeltlich aufgenommen. Diejenigen aus dem anliegenden Staate Connecticut oder aus den Staaten Maine, Vermont oder New Hampshire werden auf eine Bescheinigung des Staates, zu welchem sie gehören, aufgenommen; wenn diese fehlt, müssen sie sich unter ihren Freunden für die Bezahlung von ungefähr zwanzig Pfund für Kost und Unterricht während des ersten Jahres und zehn Pfund während des zweiten einen Bürgen suchen. »Nach dem ersten Jahre«, sagen die Vorsteher, »wird mit jedem Aufgenommenen eine laufende Rechnung eröffnet; es werden ihm die wirklichen Kosten seines Tisches angerechnet, die wöchentlich nicht über zwei Dollar betragen; so viel als vom Staate oder von seinen Freunden für ihn bezahlt wurde, wird ihm gutgeschrieben, so wie auch das, was er über die Kosten des von ihm verarbeiteten Rohstoffs verdient, sodass alles, was er über einen Dollar die Woche gewinnt, sein Eigen ist. Nach dem dritten Jahre muss sich zeigen, ob sein Verdienst die wirklichen Kosten seines Unterhalts mehr als bezahlt; ist dies der Fall, steht es ihm frei, zu bleiben und seinen Verdienst selbst zu empfangen oder nicht. Diejenigen, welche sich als unfähig erweisen ihren Lebensunterhalt zu erwerben, werden nicht behalten, da es nicht zu wünschen ist, die Anstalt in ein Almosenhaus umzuwandeln oder nicht arbeitende Bienen im Stocke zu lassen. Die, welche wegen physischer oder geistiger Unfähigkeit zur Arbeit untauglich sind, können nicht Mitglieder einer betriebsamen Gemeinschaft sein; für solche kann besser in einer Anstalt für Kranke und Arbeitsunfähige gesorgt werden.«

In Süd-Boston, wie es genannt wird, in einer vortrefflichen Lage, befinden sich mehrere wohltätige Anstalten nebeneinander. Eine derselben ist das Staatshospital für Geisteskranke, das auf bewundernswürdige Weise nach jenen aufgeklärten

Grundsätzen der Güte und Aussöhnung geleitet wird, die vor zwanzig Jahren für die ärgste Ketzerei gegolten hätten und welche mit so vielem Erfolge in unserem Armenasyl zu Hanwell beobachtet werden. »Man muss Vertrauen selbst gegen Geisteskranke zeigen«, sagte der Arzt des Hospitals, als wir in den Galerien umhergingen, während sich seine Patienten ungezwungen um uns versammelten. Von denen, die die Weisheit dieses Satzes bezweifeln oder leugnen, wenn es überhaupt solche gibt, kann ich bloß sagen, dass ich nicht aufgefordert werden möchte als Geschworener über sie zu entscheiden, ob sie geisteskrank sind oder nicht; denn ich würde sie sicherlich bloß auf dieses Zeugnis hin für sinnlos halten.

Jede Abteilung in dieser Anstalt ist wie eine lange Galerie gebaut, nach welcher sich zu beiden Seiten die Schlafgemächer der Patienten öffnen. Hier arbeiten sie, lesen, spielen Kegel und andere Spiele, und wenn das Wetter ihnen nicht erlaubt auszugehen, so bringen sie den ganzen Tag hier zu. In einem dieser Säle saßen, als wenn es so sein müsste, unter einer Menge schwarzer und weißer geisteskranker Weiber des Arztes Gattin und eine andere Dame nebst ein paar Kindern. Beide waren schön und man konnte gleich auf den ersten Blick bemerken, dass ihre Gegenwart hier einen höchst wohltätigen Einfluss auf die Kranken übte, die sich um sie gruppiert hatten.

Den Kopf an das Kaminstück gelehnt, mit großer Würde und höchst vornehmer Miene, saß eine ältliche Frau, mit so vielen Lappen und bunten Schnitzeln behängt wie Madge Wildfire. Besonders war ihr Kopf ringsum so besteckt mit Gaze, Kattun, Papierstreifen und allerhand zusammengesuchten Läppchen, dass er wie ein Vogelnest aussah. Sie strahlte von falschen Juwelen und trug ohne Zweifel eine echt goldene Brille; als wir uns ihr näherten, legte sie mit vielem Anstand eine sehr alte, zerrissene Zeitung in ihren Schoß, in welcher sie vermutlich eine Schilderung ihrer eigenen Vorstellung an irgendeinem auswärtigen Hof gelesen hatte.

Ich habe sie deshalb so genau beschrieben, weil ich sie als Beispiel von der Art und Weise des Arztes, sich das Vertrauen seiner Patienten zu erwerben und zu behalten, anführen will.

»Diese Dame«, sagte er laut, indem er mich bei der Hand nahm und mit großer Höflichkeit zu der phantastischen Gestalt hinführte – wobei er auch nicht durch den flüchtigsten Seitenblick oder das leiseste Flüstern ihren Argwohn erregte –, »diese Dame ist die Wirtin dieses Hauses. Es gehört ihr. Niemand weiter hat was damit zu befehlen. Es ist eine große Anstalt, wie Sie sehen, und erfordert eine große Anzahl von Dienern. Sie lebt, wie Sie bemerken, im vornehmsten Stile. Sie ist so gütig meine Besuche anzunehmen und meiner Gattin und Familie zu erlauben, dass wir hier wohnen dürfen. Sie ist äußerst höflich, wie Sie bemerken« – auf diesen Wink verbeugte sie sich sehr herablassend – »und wird mir das Vergnügen gönnen, Sie ihr vorzustellen: ein Herr aus England, Madame, just von England angekommen, und zwar nach einer sehr stürmischen Überfahrt: Mr Dickens – die Dame vom Hause!«

Wir tauschten die würdevollsten Grüße aus und benahmen uns überhaupt mit großem Ernst und Respekt. Die übrigen Irrsinnigen schienen den Spaß vollkommen zu verstehen (und nicht bloß in diesem, sondern in jedem anderen Falle, ausgenommen in ihrem eigenen) und sich sehr zu amüsieren. Die Art ihrer verschiedenen Arten von Wahnsinn wurde mir auf dieselbe Weise bekannt und wir verließen diese kranken Weiber in der besten Laune. Durch solche Mittel wird nicht nur ein vollkommenes Vertrauen zwischen Arzt und Patient hergestellt, in Bezug auf die Natur und die Ausdehnung ihrer irrigen Ideen, sondern es begreift sich auch leicht, dass sich dadurch Gelegenheiten darbieten, jeden lichten Augenblick zu benutzen, um sie aus ihrem Traume aufzurütteln, indem man ihnen ihre Einbildungen in dem ungereimtesten und abgeschmacktesten Lichte vor Augen hält.

Jeder Patient dieser Anstalt setzt sich täglich mit Messer und Gabel zu Tische; mitten unter ihnen sitzt der Mann, dessen Umgang mit den ihm Anvertrauten ich soeben beschrieben habe. Bei jeder Mahlzeit hält bloß der moralische Einfluss die Heftigeren unter ihnen ab, die Übrigen niederzustechen; allein die Wirkung dieses Einflusses ist bis zur absoluten sicheren Herrschaft gebracht worden und man hat ihn selbst als

Zwangsmittel, geschweige denn als Mittel zur Heilung, hundertmal wirksamer gefunden als alle Zwangsjacken, Fesseln und Handschellen, welche Unwissenheit, Vorurteil und Grausamkeit seit Erschaffung der Welt verfertigt haben.

Bei der Arbeit werden jedem Patienten die zu seinem Gewerbe erforderlichen Werkzeuge so frei anvertraut, als wäre er ein vernünftiger Mann. Im Garten und im Hof arbeiten sie mit Spaten, Rechen und Hacken. Zur Belustigung gehen sie spazieren oder laufen um die Wette, fischen, malen, lesen und fahren in Wagen aus, die zu dem Zwecke angeschafft sind. Sie haben unter sich eine Nähgesellschaft, um Kleider für die Armen zu verfertigen; diese hält Zusammenkünfte, fasst Beschlüsse, und es kommt nie zu Faustschlägen oder Messerstichen, wie es bei verständigen Versammlungen anderswo schon der Fall gewesen ist; sie leitet alle Verhandlungen mit dem größten Anstande. Die Reizbarkeit, die sich außerdem an ihrem eigenen Fleische, ihren Kleidern oder Gerätschaften auslassen würde, wird durch solche Beschäftigungen zerstreut. Sie sind frohsinnig, ruhig und gesund.

Wöchentlich geben sie einen Ball, woran der Doktor und seine Familie sowie alle Wärter und Diener tätigen Teil nehmen. Tänze und Märsche werden abwechselnd nach den munteren Tönen eines Pianofortes ausgeführt; dann und wann erfreut ein Herr oder eine Dame (deren Talent man schon kennt) die Gesellschaft mit einem Gesange, der nie, etwa bei einer leichten Krisis, in Heulen oder Schreien ausartet, worin, wie ich anfangs meinte, die ganze Gefahr liegen müsste. Zu diesem Feste versammeln sich alle bei guter Zeit; um acht Uhr werden Erfrischungen herumgereicht und um neun Uhr trennen sie sich.

Die größte Höflichkeit und Artigkeit werden durchgängig beobachtet. Sie nehmen sich alle das Benehmen des Doktors zum Muster und dieser bewegt sich auch in der Gesellschaft wie ein wahrer Chesterfield. Gleich anderen Assembleen gewähren viele Bälle den Damen einige Tage hindurch fruchtbaren Stoff zur Unterhaltung; und die Herren sind so begierig bei diesen Gelegenheiten zu glänzen, dass man sie oft für sich die

Pas probieren sieht, um eine desto bessere Figur beim Tanze spielen zu können.

Es ist klar, dass ein Hauptvorzug dieses Systems die Anregung und Aufmunterung, selbst unter so Unglücklichen, zu einer gewissen bescheidenen Selbstachtung ist. Ein ähnlicher Geist herrscht in allen Anstalten in Süd-Boston.

Dort befindet sich auch das Industriehaus. In derjenigen Abteilung desselben, welche zur Aufnahme alter oder sonst hilfloser Armen bestimmt ist, stehen folgende Worte auf der Wand: »Beachtenswert. Selbstbeherrschung, Ruhe und Frieden sind Segnungen«. Man setzt nicht voraus, dass die, welche hierher kommen, böse und gottlose Menschen sind, vor deren lasterhaften Augen Drohungen und Verbote aufgestellt werden müssten. Schon an der Schwelle sehen sie dies schöne Motto. Alles im Hause ist sehr einfach, wie es sein muss, aber mit Rücksicht auf Ruhe und Bequemlichkeit eingerichtet. Es kostet nicht mehr, als irgendein anderes Haus gekostet hätte, allein es beweist eine große Rücksichtnahme für alle, die gezwungen sind ihr Obdach hier zu suchen, welche sie zur Dankbarkeit und zu einem guten Betragen auffordert. Statt in große, lange Säle, worin man sich den ganzen Tag nicht erwärmen kann, ist das Gebäude in besondere Zimmer geteilt, von denen jedes seinen gehörigen Anteil Licht und Luft hat. In diesen wohnt die bessere Klasse der Armen. In dem Wunsche, diese kleinen Gemächer nett und komfortabel zu machen, haben sie einen Beweggrund zur Anstrengung und zu anständigem Stolze. Ich weiß mich keines einzigen zu entsinnen, das nicht sauber und rein gewesen wäre; in jedem sah ich ein paar Blumentöpfe im Fenster oder eine Reihe Teller auf einem Sims oder einige bunte Bilder an der weißen Wand oder etwa eine Wanduhr hinter der Tür.

Die Waisen und kleinen Kinder befinden sich in einem besonderen anstoßenden Gebäude, das jedoch auch mit zur Anstalt gehört. Einige der Kinder sind noch so klein, dass die Treppen nach liliputanischem Maße gebaut sind, um für ihre kleinen Schritte zu passen. Dieselbe Rücksicht für ihre Jahre und Schwäche zeigt sich sogar in ihren Sitzen, die wahre Kuriositäten sind und wie die Mobilien eines Puppenarmenhauses aussehen.

Hier gefielen mir ebenfalls die Inschriften an der Wand außerordentlich; es waren dies kurze leicht zu merkende (und zu verstehende) moralische Denksprüche, wie zum Beispiel »Liebet euch untereinander« – »Gott kennt auch die kleinste Kreatur in seiner Schöpfung« und dergleichen mehr. Die Bücher und Aufgaben für diese kleinsten Schüler waren auf ebenso zweckmäßige Weise ihren kindischen Kräften angepasst. Als wir die Lektionen durchgesehen hatten, sangen vier winzige Mädchen (von denen eines blind war) ein kleines Lied über den lustigen Maimonat, das, wie ich dachte, (denn es klang höchst traurig) besser auf einen englischen November gepasst hätte. Nachher besahen wir uns die Schlafgemächer eine Treppe höher, wo die Anordnungen nicht weniger vortrefflich und niedlich waren als unten. Und nachdem ich bemerkte, dass die Lehrer ganz für ihre Stellung passten, nahm ich von den Kindern mit leichterem Herzen Abschied, als ich je von armen Kindern Abschied genommen hatte.

Mit dem Industriehause steht auch ein Hospital in Verbindung, das sich in der besten Ordnung befand und wo ich – ich freue mich dies sagen zu können – viel unbesetzte Betten sah. Es hatte jedoch einen Fehler, der allen amerikanischen Gemächern eigen ist, nämlich den ewigen, fluchwürdigen, erstickenden, glühend roten Teufel von Ofen, dessen Atem die reinste Luft unter dem Himmel vergiften würde.

In der Nähe befinden sich zwei Anstalten für Knaben. In der einen, der Boylston-Schule, werden vernachlässigte, arme Knaben aufgenommen, die noch kein Verbrechen begangen haben, die jedoch nach dem gewöhnlichen Laufe der Dinge sehr bald sich diese Auszeichnung erwerben würden, wenn man sie nicht zeitig genug von den hungrigen Straßen nähme und hierher schickte. Die andere ist das Besserungshaus für jugendliche Verbrecher. Beide befinden sich in demselben Gebäude, doch kommen die beiden Knabenklassen nie in Berührung miteinander.

Die Knaben der Boylston-Schule haben in Betreff des persönlichen Aussehens einen bedeutenden Vorzug vor den anderen. Sie waren eben im Schulzimmer, als ich in die Anstalt kam, und beantworteten ohne Buch gewöhnliche leichte Fragen schnell und richtig, zum Beispiel wo England läge, wie weit es bis dahin sei, wie viel Einwohner es habe, wie seine Hauptstadt heiße, welche Regierungsform es habe usw. Sie sangen auch ein Lied über einen Landmann, der seine Saat ausstreut, mit entsprechenden Bewegungen bei solchen Stellen, wie »so säet er aus«, »er dreht sie herum«, »er klatscht mit den Händen«; was ihnen die Sache interessanter machte und sie gewöhnte ordentlich und gleichzeitig sich zu bewegen. Sie schienen sehr gut unterrichtet und nicht weniger gut genährt; denn pausbäckigere, rundere Jungen habe ich in meinem Leben nicht gesehen.

Die jugendlichen Verbrecher hatten größtenteils keine so angenehmen Gesichter; auch gab es unter ihnen viele farbige Knaben. Als ich kam, waren sie eben bei ihrer Arbeit (diese besteht im Flechten von Körben und in der Verfertigung von Palmhüten); nachher sangen sie in der Schule ein Lied zum Lobe der Freiheit: ein sonderbares und, man sollte meinen, ziemlich anstößiges Thema für Gefangene. Die Knaben sind hier in vier Klassen geteilt; jeder trägt seine Klassennummer auf einem Schildchen am Arme. Jeder neue Ankömmling wird in die vierte oder niedrigste Klasse gesetzt; durch gutes Betragen kann er nun durch alle Klassen bis in die erste gelangen. Der Zweck der Anstalt ist, den jugendlichen Verbrecher durch strenge und dabei doch gütige und verständige Behandlung vom Pfade des Lasters abzulenken, ihm sein Gefängnis zu einem Orte der Reinigung und Besserung, nicht der Demoralisation und Verderbnis zu machen, ihm klar zu zeigen, dass nur ein Pfad und nur nüchterne Tätigkeit ihn jemals zum Glück führen können, ihn zu lehren, wie er diesen Pfad einzuschlagen habe, wenn seine Schritte ihn noch nie betreten, ihn dahin zurückzubringen, wenn er davon abgeirrt war – mit einem Worte, ihn dem Verderben zu entreißen und der menschlichen Gesellschaft ein bußfertiges, nützliches Mitglied zurückzugeben. Die Wichtigkeit einer solchen Anstalt, von jedem Standpunkte aus betrachtet und in Bezug auf alle menschlichen und gesellschaftlichen Rücksichten, bedarf keiner weiteren Erörterung.

Jetzt ist hier nur noch *eine* Anstalt zu erwähnen. Dies ist das Besserungshaus für den Staat, in welchem das Schweigsystem durchgeführt wird, wo jedoch die Gefangenen den Trost haben, einander zu sehen und miteinander zu arbeiten. Dies ist das verbesserte System der Gefängnisdisziplin, das wir in England eingeführt haben und das seit den letzten Jahren in erfolgreicher Wirksamkeit bei uns bestanden hat.

Amerika, als ein neues, nicht allzu bevölkertes Land, hat in allen seinen Gefängnissen den einen großen Vorteil, nützliche und einträgliche Arbeit für die Gefangenen zu finden, wohingegen das Vorurteil gegen die Arbeit von Gefangenen bei uns sehr stark und fast unüberwindlich ist, da rechtschaffene Leute, die nie das Gesetz übertraten, oft vergebens Arbeit suchen. Selbst in den Vereinigten Staaten hat das Prinzip, Gefängnisarbeit und freie Arbeit in Konkurrenz zu bringen, welche offenbar zum Nachteil der Letzteren ausfallen muss, viele Gegner gefunden, deren Zahl sich mit der Zeit nicht vermindern wird.

Demnach würden also unsere besten Gefängnisse auf den ersten Blick besser geleitet scheinen als die amerikanischen. Die Tretmühle macht wenig oder kein Geräusch; fünfhundert Mann können Werg in demselben Zimmer sortieren ohne den geringsten Laut; und beide Arten von Arbeit lassen eine so strenge, wachsame Beaufsichtigung zu, dass es den Gefangenen fast unmöglich wird, auch nur ein einziges Wort zu wechseln. Andererseits begünstigen das Geräusch des Webstuhl, des Schmiedehammers, des Zimmerbeiles oder der Steinmetzwerkzeuge sehr die Gelegenheiten zu gegenseitiger Mitteilung – freilich flüchtige und kurze, aber doch immer Gelegenheiten –, welche diese verschiedenen Arbeiten, da die Männer dabei dicht nebeneinander sitzen oder stehen müssen, ohne Scheidewand oder irgendeinen trennenden Gegenstand zwischen sich zu haben, notwendig gewähren müssen. Ein Fremder muss übrigens erst ein wenig nachdenken, ehe der Anblick einer Anzahl mit gewöhnlicher Arbeit beschäftigter Männer, die er außer dem Gefängnisse verrichten zu sehen gewohnt ist, einen nur halb so starken Eindruck auf ihn hervorbringt, als wenn er dieselben Personen an demselben Orte und in derselben Kleidung mit einer nur von Gefangenen in Kerkern verrichteten beschäftigt sieht. In einem amerikanischen Staatsgefängnisse oder Correctionshause fand ich es im Anfange schwer, mich zu überzeugen, dass ich mich in einem Gefängnisse – einem Orte schmachvoller Bestrafung – befinde. Und noch bis auf diesen Augenblick bezweifle ich sehr, ob der Ruhm der Menschlichkeit, wo dies der Fall ist, sich auf wahre Weisheit gründet.

Ich hoffe, dass ich über diesen Gegenstand nicht missverstanden werde, denn es ist für mich einer von hohem Interesse. Ich neige mich ebenso wenig dem krankhaften Gefühle zu, das jede heuchlerische Lüge oder listige Rede eines notorischen Verbrechers zum Gegenstand von Zeitungsnachrichten und der allgemeinen Sympathie macht, als zu jenen guten alten Bräuchen der guten alten Zeit, welche England sogar nach und unter Georg des Dritten Regierung, in Rücksicht auf seinen Kriminalkodex und seine Gefängniseinrichtungen, zu einem der blutdürstigsten und barbarischsten Länder der Erde machten. Wenn ich dächte, dass es für die erstehende Generation gut sein würde, so wollte ich gern meine Einwilligung zur Ausgrabung der Knochen irgendeines anständigen Straßenräubers (je anständiger, umso lieber) und zu deren Ausstellung auf einer Säule, einem Throne oder Galgen – der für einen zweckmäßigen Platz hierzu gehalten werden mag – geben. Meine Vernunft ist ebenso wohl überzeugt, dass diese Herren ganz niederträchtige, elende Schurken waren, als dass die Gesetze und Kerker sie auf ihrer Lasterbahn verhärteten oder dass ihr wunderbares Entkommen immer durch die Gefängnisschließer bewerkstelligt wurde, welche in jener bewundernswerten Zeit stets selbst Spitzbuben gewesen waren und daher bis aufs Äußerste zu ihre Busenfreunden und Trinkbrüdern hielten. Zugleich weiß ich auch, wie alle Menschen wissen oder doch wissen sollten, dass die Disziplin in den Gefängnissen überall ein Gegenstand von höchster Wichtigkeit ist und dass Amerika in seiner durchgängigen Reform und dem glänzenden Beispiele, das es hierin anderen Ländern gegeben hat, hohe Weisheit, großes Wohlwollen und eine erhabene Politik gezeigt hat. Wenn ich aber das amerikanische System mit dem, das wir uns danach gebildet haben, vergleiche, so will ich bloß zeigen, dass das unsere, bei all seinen Rückschritten, doch einige Vorteile hat.

Abgesehen von dem Nutzen, den die Arbeit der Gefangenen abwirft, den wir nie in größerer Ausdehnung realisiert sehen werden und den zu erlangen für uns vielleicht nicht einmal zweckmäßig ist, abgesehen hiervon gibt es zwei Gefängnisse in London, die in allen Rücksichten jedem amerikanischen Gefängnisse, das ich je sah oder von dem ich je hörte oder las, gewachsen und in mancher Hinsicht entschieden vorzuziehen sind.

Das Correctionshaus, das mich zu diesen Bemerkungen führte, ist nicht wie andere Gefängnisse mit Mauern eingeschlossen, sondern ringsum mit langen, rohen Pfählen verpalisadiert, ungefähr nach der Art von Einhegungen, worin man Elefanten hält, wie wir dies auf Kupferstichen und Bildern dargestellt sehen. Die Gefangenen tragen einen doppelfarbigen Anzug und die zu harter Arbeit Verurteilten müssen Nägel machen und Steine behauen. Als ich die Anstalt besuchte, war die letztere Klasse der Arbeiter mit den Steinen für ein neues Zollhaus beschäftigt, das gerade damals in Boston errichtet wurde. Sie schienen dem Stein geschickt und mit Schnelligkeit Form zu geben, obwohl wenige oder gar keine unter ihnen waren, die diese Kunst nicht erst im Gefängnisse gelernt hätten.

Die Frauenzimmer, alle in einem großen Saale, waren mit dem Verfertigen leinener und baumwollener Kleidungsstücke für Neu-Orleans und die südlichen Staaten beschäftigt. Wie die Männer verrichteten sie ihre Arbeit schweigend und wurden wie diese von demjenigen, der sich ihre Arbeit ausbedungen hatte, oder einem Agenten desselben beaufsichtigt. Außerdem müssen sie noch jeden Augenblick erwarten von den hierzu angestellten Gefängnisbeamten besucht zu werden.

Die Einrichtungen zum Kochen, Waschen der Kleidungsstücke usw. sind fast ganz nach dem Plane ähnlicher Anstalten getroffen, die ich in England gesehen habe. Die allgemein angenommene Methode, die Gefangenen während der Nacht unterzubringen, weicht von der unserigen ab und ist ebenso einfach als zweckmäßig. In der Mitte eines hohen Saales, der durch Fenster in allen vier Wänden Licht erhält, stehen fünf Stockwerke von Zellen, eines über dem anderen; jedes Stockwerk hat eine leichte eiserne Galerie, zu der man mittelst einer Treppe von gleicher Bauart und demselben Material gelangt; nur die unterste von der Erde aus ist massiv gebaut. Hinter diesen, nach der gegenüberliegenden Wand zu, befinden sich fünf gleiche Reihen von Zellen, zu denen man auf ähnliche Weise gelangt, sodass, wenn die Gefangenen in ihren Zellen eingeschlossen sind, ein Beamter, der unten mit dem Rücken an der Wand steht, ihre Zahl zur Hälfte mit einem Blicke übersehen kann; die andere Hälfte steht auf gleiche Weise unter der Beobachtung eines Beamten auf der entgegengesetzten Seite; und dies alles in einem einzigen großen Saale. Wenn einer der Wachhabenden nicht bestochen ist oder auf seinem Posten schläft, kann unmöglich ein Gefangener entwischen; denn selbst im Fall er die Tür seiner Zelle ohne Geräusch erbräche (was höchst unwahrscheinlich ist), so muss er dem unten stehenden Beamten, sobald er in die Galerie vor seiner Zelle tritt, deutlich sichtbar sein. Jede dieser Zellen enthält ein schmales Rollbett, in welchem ein Gefangener – nie mehr als einer – schläft. Natürlich ist es schmal, und da die Tür aus Gitterwerk besteht und keinen Vorhang hat, so ist der in der Zelle befindliche Gefangene zu jeder Zeit der Beobachtung jeder Wache ausgesetzt, die etwa während der Nacht durch die Galerien geht. Täglich erhalten die Gefangenen ihr Mittagessen durch einen Schieber in der Küchenwand; jeder trägt es dann nach seiner Schlafzelle, um es zu essen, wo er zu dem Ende eingeschlossen und eine Stunde allein gelassen wird. Diese ganze Einrichtung schien mir bewundernswert und ich hoffe, dass das nächste neue Gefängnis, das wir in England errichten werden, nach diesem Plane erbaut wird.

Man sagte mir, dass man in diesem Gefängnisse keine Säbel oder Feuergewehre oder selbst nur Geißeln hätte; auch ist nicht wahrscheinlich, dass, solange die jetzige treffliche Leitung fortbesteht, jemals eine Waffe irgendeiner Art innerhalb seiner Mauern erforderlich sein wird.

So sind die Anstalten von Süd-Boston! In allen werden die unglücklichen oder entarteten Bürger des Staates in ihren Pflichten gegen Gott und Menschen sorgfältig unterrichtet; man gewährt ihnen jedwede Bequemlichkeit, die ihre Lage zulässt; man behandelt sie als Mitglieder der großen menschlichen Familie, wie trübselig und beladen oder tief gesunken sie auch sein mögen; man regiert sie mit dem Herzen und nicht mit der Hand. Ich habe diese Anstalten etwas weitläufig beschrieben: erstens weil ihr Wert es verlangt; und zweitens weil ich sie zum Muster aufstellen und, wenn wir später von ähnlichen Anstalten sprechen werden, bloß anführen will, in welchen Rücksichten sie mangelhaft sind oder von jenen Ersteren abweichen.

Ich wünschte, dass ich durch diese Schilderung der Anstalten Bostons, so unvollkommen in ihrer Ausführung als redlich in ihrer Absicht sie ist, meinen Lesern nur den hundertsten Teil der Befriedigung gewähren könnte, welche mir die Beobachtung derselben verursacht hat.

Für einen Engländer, der an die Trachten der Rechtsgelehrten in Westminster Hall gewöhnt ist, muss ein amerikanischer Gerichtshof ein ebenso sonderbarer Anblick sein, als es vermutlich ein englischer Gerichtshof für einen Amerikaner sein mag. Außer in dem Obersten Gerichtshof zu Washington (wo die Richter einen einfachen schwarzen Mantel tragen) sieht man die Jünger der Gerechtigkeit nie in Perücke oder Mantel. Die Herren im Gerichtshof sind Barristers und Attorneys zugleich, denn man trennt diese Funktionen nicht wie in England. Die Jury macht es sich bei ihren Versammlungen so bequem, als es die Umstände nur erlauben. Der Zeuge steht so wenig höher als die Gerichtsversammlung oder ist überhaupt so wenig von derselben gesondert, dass ein Fremder, der etwa während einer Pause hereintritt, ihn schwerlich aus den Übrigen herausfinden wird; und wenn vielleicht gerade ein Kriminalverhör stattfindet, so wird man in neun Fällen unter zehn vergebens nach der Loge blicken, um den Gefangenen zu sehen; denn dieser wird höchstwahrscheinlich ganz ungeniert unter den ausgezeichnetsten Zierden der Rechtsgelehrsamkeit umherspazieren, seinem Defensor Ratschläge zuflüstern oder sich aus einem alten Gänsekiele mit seinem Federmesser einen Zahnstocher schnitzen.

Dieser Unterschied musste mir natürlich auffallen, als ich die Gerichtshöfe in Boston besuchte. Anfangs war ich überdies auch sehr überrascht, als ich sah, dass der Anwalt, der den gerade zu verhörenden Zeugen fragte, dies sitzend tat. Doch da ich bemerkte, dass er die Antworten sogleich niederschrieb und dass er keinen Gehilfen zur Seite hatte, so tröstete ich mich schnell mit der Überlegung, dass die Justiz hier kein so teurer Artikel sein könne als bei uns und dass die Unterlassung verschiedener Formalitäten, die wir für unerlässlich halten, ohne Zweifel einen sehr günstigen Einfluss auf die Liquidation ausüben würde.

In jedem Gerichtshof ist hinreichender und bequemer Platz für die Zuhörer. Dies ist der Fall durch ganz Amerika. In jeder öffentlichen Anstalt wird das Recht des Volks, den Verhandlungen beizuwohnen, vollkommen anerkannt. Da sieht man keine mürrischen Türsteher, die ihre saumselige Höflichkeit sechspenceweise verhandeln; auch findet man sicherlich nirgends die mindeste Beamtengrobheit. Was der Nation gehört, wird nicht für Geld gezeigt und kein öffentlicher Beamter macht sich zum Schausteller. In jüngster Zeit erst haben wir angefangen dies gute Beispiel nachzuahmen. Hoffentlich werden wir damit fortfahren und vielleicht werden in späterer Zeit sogar Dekane und Kirchenkapitel sich solchen Grundsätzen zuwenden.

Beim Zivilgericht wurde gerade eine Klage über einen durch einen Unfall auf einer Eisenbahn verursachten Schaden verhandelt. Die Zeugen waren verhört worden und der Anwalt redete die Jury an. Der gelehrte Herr (gleich einigen wenigen seiner englischen Kollegen) holte verzweifelt weit aus und hatte die merkwürdige Fähigkeit, einen und denselben Satz immer wieder vorzubringen. Sein Hauptthema war: »Warren, der Lokomotivführer«, das er in jede Sentenz, die er äußerte, einklemmte. Ich horchte ihm eine Viertelstunde zu; und als ich darauf aus dem Gerichtssaale ging ohne nur im Mindesten über den Fall aufgeklärt zu sein, war mir zumute, als ob ich wieder im Vaterland wäre.

In der Gefangenenzelle befand sich ein Knabe, der wegen Anklage eines Diebstahls verhört werden sollte. Dieser Knabe, statt in ein gewöhnliches Gefängnis gesteckt zu werden, wurde später wahrscheinlich in das Asyl zu Süd-Boston getan und ihm dort ein Gewerbe gelehrt; im Laufe der Zeit wurde er dann Lehrling bei einem achtbaren Meister. Also ließ sich vernünftigerweise hoffen, dass die Entdeckung seines Vergehens, statt die Einleitung zu einem ehrlosen Lebenswandel und einem elenden Tode zu sein, ihn dem Laster entreißen und der bürgerlichen Gesellschaft als brauchbares Mitglied zurückgeben würde.

Ich bin keineswegs über Hals und Kopf ein Bewunderer unserer gerichtlichen Feierlichkeiten, von welchen manche einen höchst lächerlichen Eindruck auf mich machen. So sonderbar es überdies auch scheinen mag, aber ohne Zweifel flößt die Anlegung von Perücke und Mantel ein Gefühl ein, als ob man sich von persönlicher Verantwortlichkeit losmache, und dies ermutigt zu jenem insolenten Benehmen, zu jener anmaßenden Sprache und zu jener plumpen Verkehrung des Amtes eines Redners für Wahrheit, wie man sie häufig in unseren Gerichtshöfen trifft. Indessen kann ich nicht umhin zu bezweifeln, ob Amerika, in dem Wunsche, die Albernheiten und Missbräuche des alten Systems abzuschütteln, nicht in das entgegengesetzte Extrem verfallen sein mag und ob es nicht wünschenswert sei – zumal bei der kleinen Einwohnerschaft einer Stadt wie dieser, wo jeder den anderen kennt –, die Verwaltung der Gerechtigkeit mit einer künstlichen Schranke gegen das Alltagsbenehmen der unteren Klassen zu umgeben. Alle Unterstützung, die ihr der hohe Charakter und die Geschicklichkeit der Gerichtsbank geben können, genießt sie und gebührt ihr auch. Allein es möchte wohl etwas mehr erforderlich sein: nicht um Eindruck auf Nachdenkende und Wohlunterrichtete zu machen, sondern auf Unwissende und Achtlose – eine Klasse, zu welcher manche Gefangene und viele Zeugen gehören. Diese Institutionen wurden ohne Zweifel nach dem Grundsatze begründet, dass diejenigen, welche so großen Teil an der Zusammenstellung der Gesetze haben, sie sicher auch achten würden. Allein die Erfahrung hat die Unzuverlässigkeit dieser Hoffnung gezeigt; denn niemand weiß besser als die amerikanischen Richter, dass bei Gelegenheit einer großen Volksaufregung das Gesetz machtlos ist, und solange sie währt, seine hohe Stelle nicht behaupten kann.

Der Ton der Gesellschaft in Boston ist der feinster Höflichkeit und Bildung. Die Damen sind ohne Frage sehr schön – von Gesicht: Doch hier muss ich innehalten. Ihre Erziehung ist fast dieselbe wie bei uns, weder besser noch schlechter. In dieser Beziehung hatte ich einige recht wunderbare Geschichten gehört; allein da ich sie nicht glaubte, sah ich mich auch nicht getäuscht. Es gibt auch gelehrte Damen in Boston, allein gleich den Philosophinnen unter den meisten anderen Breitegraden, wünschen sie mehr für gelehrt zu gelten, als dass sie es wirklich sind. Fromme Damen gibt es gleichfalls, deren Anhänglichkeit an die Formen der Religion, und Abscheu vor theatralischen Vergnügungen höchst musterhaft sind. Damen, die gern Vorlesungen beiwohnen, findet man unter allen Klassen und Ständen. Bei der Art des provinziellen Lebens, das in Städten wie Boston herrscht, übt die Kanzel großen Einfluss aus. Man sollte fast meinen, die vornehmste Pflicht der Prediger in Neuengland (jedoch stets mit Ausnahme der unitarischen Pfarrer) sei, vor allen unschuldigen, vernünftigen Vergnügungen zu warnen. Kirche, Kapelle und Vorlesungszimmer sind die einzigen erlaubten Mittel zur Aufregung; und daher wallfahrten auch die Damen in Scharen nach der Kirche, der Kapelle und dem Vorlesungszimmer.

Wo man zur Religion seine Zuflucht nimmt, um sich zu erregen und der stillen Einförmigkeit auf eine Weile zu entgehen, gefallen die Prediger am meisten, die am ärgsten losdonnern. Die, welche den Pfad zum Himmel mit dem meisten Schwefel bestreuen und die ohne Erbarmen die Blumen und Blätter, die zur Seite des Pfades stehen, niedertreten, nennt man die Frömmsten; und die, welche sich am weitschweifigsten über die Schwierigkeiten, in den Himmel zu gelangen, auslassen, müssen nach der Ansicht aller Rechtgläubigen zunächst dahin kommen; freilich lässt sich schwerlich bestimmen, durch welche Logik sie zu diesem Schlusse gelangen. So wie es bei uns zu Hause ist, findet man es überall. In Betreff des anderen Mittels der Erregung und Unterhaltung, der Vorlesungen, kann man wenigstens sagen, dass sie stets neu sind. Eine Vorlesung folgt der anderen immer so schnell, dass man sich auf keine wieder besinnt, und der Kursus dieses Monats kann recht gut im nächsten wiederholt werden, ohne dass dadurch der Reiz der Neuheit verloren ginge oder das allgemeine Interesse geschmälert würde.

Die Früchte dieser Erde erstehen aus der Verderbnis. Aus der Fäulnis der vergänglichen Dinge ist in Boston eine Sekte von Philosophen, bekannt als Transzendentalisten, entsprungen. Auf meine Frage, was diese Benennung zu bedeuten haben möchte, sagte man mir, dass alles, was unverständlich, transzendental sei. Diese Erläuterung war mir nicht sehr tröstlich, doch setzte ich meine Ausforschungen fort und fand, dass die Transzendentalisten Anhänger meines Freundes, Mr Carlyles, oder vielmehr eines seiner Anhänger, Mr Ralph Waldo Emersons, sind. Dieser hat einen Band Abhandlungen geschrieben, worin man unter vielem Träumerischen und Phantastischen (wenn er mir diesen Ausdruck verzeiht) noch viel mehr Männliches und Kühnes findet. Der Transzendentalismus hat zuweilen seine Grillen (welche Schule hat deren nicht?), aber trotzdem hat er gute, kernige Eigenschaften, unter denen eine herzliche Verachtung des Pietismus und das Geschick, diesen aus allen seinen verschiedenen Verkleidungen herauszufinden, nicht die geringste ist. Daher würde ich sicherlich, wenn ich ein Bostoner wäre, Transzendentalist sein.

Den einzigen Prediger, den ich in Boston hörte, war Mr Taylor, welcher vorzüglich Matrosen zu Zuhörern hat und der früher selbst Seemann war. Ich fand seine Kapelle unweit des Hafens in einer der engen, alten Straßen, die nach dem Wasser zu gehen; über dem Dach derselben flatterte lustig eine blaue Flagge im Winde. In der Galerie der Kanzel gegenüber befand sich ein kleiner Chor von Sängern und Sängerinnen, einem Cello und Violinspieler. Der Prediger saß schon auf der Kanzel, welche auf Pfeilern stand und hinter ihm mit einem bunt bemalten Behange verziert war, der sich etwas theatralisch ausnahm. Er schien ein abgehärteter kräftiger Mann von ungefähr sechs- oder achtundfünfzig Jahren zu sein; die Zeit hatte tiefe Furchen in sein Gesicht gegraben; er hatte dunkles Haar und ein strenges, scharf blickendes Auge. Doch war der Ausdruck seines Gesichts im Ganzen genommen gefällig und angenehm.

Der Gottesdienst fing mit einer Hymne an, auf welche ein extemporiertes Gebet folgte. Dieses hatte den Fehler häufiger Wiederholung, der allen solchen Gebeten eigen ist; doch war es deutlich und verständlich in seinen Lehren und atmete allgemeine Sympathie und Nächstenliebe, was in dieser Art der Rede zur Gottheit nicht so gewöhnlich der Fall ist, als er es wohl sein könnte. Hierauf eröffnete er seine Predigt, wozu er den Text aus den Sprüchen Salomonis nahm, welche vor dem Anfang des Gottesdienstes durch irgendeine unbekannte Person aus der Versammlung auf das Pult gelegt worden waren: »Wer ist die, welche aus der Wildnis kommt, gestützt auf den Arm ihres Geliebten?«

Er behandelte seinen Text auf alle nur erdenkliche Weise und flocht ihn in alle möglichen Gestalten; allein stets sehr sinnreich und mit einer rohen Beredsamkeit, die der Fassungskraft seiner Zuhörer ganz angemessen war. Wenn ich mich irre, hatte er mehr den Verstand derselben als die Darlegung seiner eigenen Fähigkeiten im Auge. Seine Bilder entnahm er alle dem Seemannsleben; und sie waren oft recht gut und treffend. Er sprach zu der Versammlung von dem berühmten Lord Nelson, und von Collingwood; er zog nichts mit Gewalt bei den Haaren herbei, sondern alles, was er vorbrachte, stand in gehörigem Einklang mit seinem Thema und war auf natürliche und scharfsinnige Weise geordnet. Zuweilen, wenn er durch seinen Gegenstand sehr aufgeregt wurde, hatte er die sonderbare Manier, seine große Quartbibel unter den Arm zu nehmen und so auf der Kanzel hin und her zu schreiten, wobei er immer fest mitten in die Versammlung herabblickte. Als er nun seinen Text auf die erste Zusammenkunft seiner Zuhörer anwandte und die Verwunderung der Kirche schilderte, dass sie sich angemaßt hatten eine Gemeinde unter sich zu bilden, blieb er auf einmal mit der Bibel unter dem Arme stehen und fuhr in seiner Rede folgendermaßen fort:

»Wer sind diese? – Wer sind diese Leute? Wo kommen sie her? wo gehen sie hin? – Wo sie herkommen? Wie lautet die Antwort?« – indem er sich über die Kanzel herauslehnt und mit seiner rechten Hand niederwärts zeigt – »Von unten!« – wieder zurückfahrend und die Matrosen vor sich anblickend: – »Von unten, meine Brüder. Unter den Lukenklappen der Sünde hervor, die der Böse über euch geschlossen hatte. Dorther seid ihr gekommen« – auf der Kanzel hin und her gehend: – »Und wo geht ihr hin« – plötzlich stehen bleibend: – »wo geht ihr hin? Hinauf!« – ganz leise und dabei emporzeigend: – »Hinauf!« – lauter – »hinauf!« – noch lauter – »Dahin geht ihr – mit günstigem Winde – alles straff und stramm steuert ihr geradezu nach dem Himmel in seiner Glorie, wo es weder Sturm noch Ungewitter gibt, wo die Gottlosen aufhören auf Böses zu sinnen und die Müden ruhen können.« Wieder auf und ab schreitend – »Das ist der Ort, wo ihr hingeht, meine Freunde. Das ist er. Das ist der Port. Das ist der Hafen. Es ist ein gesegneter Hafen – dort ist stilles Wasser bei allem Wechsel der Winde und der Flut; dort rennt ihr nicht auf die Uferfelsen, dort reißen eure Kabeltaue nicht und ihr werdet nicht auf die See hinausgetrieben. Dort ist Ruhe und Frieden – tiefer Frieden!« Abermals auf und ab schreitend und auf die Bibel unter seinem linken Arme klopfend – »Wie! diese Leute kommen aus der Wüste? – aus der Wüste? Ja. Aus der traurigen, jämmerlichen Wüste der Gottlosigkeit, deren einzige Ernte der Tod ist. Aber stützen sie sich auf etwas – stützen sich diese armen Seeleute auf nichts?« – Drei Schläge auf die Bibel: »Oh ja. – Ja. – Sie stützen sich auf den Arm ihres Geliebten.« – Von neuem drei Schläge – »Auf den Arm ihres Geliebten.« – Wieder drei Schläge, und abermaliges Auf- und Abschreiten – »Lotse, Leitstern und Kompass, alles zugleich, und für alle und jeden – hier ist er.« – Wieder drei Schläge – »Hier ist er. Ihr könnt männlich eure Pflicht erfüllen und Ruhe wird in eurer Seele walten, habt ihr nur dies« – abermals zwei Schläge – »Ihr könnt kommen, selbst ihr armen Leute könnt kommen aus der Wildnis, gestützt auf den Arm eures Geliebten, und könnte hinauf – hinauf – hinaufsteigen!« – Hier erhob er seine Hand höher und höher, bei jeder Wiederholung des Wortes, sodass er sie endlich über seinen Kopf ausgestreckt hielt, wobei er seine Zuhörer in sonderbarer Verzückung anstarrte und das Buch triumphierend an seine Brust drückte, bis er nach und nach in einen anderen Teil seiner Predigt überging.

Ich habe dies angeführt mehr als ein Beispiel der Exzentrizität als der Verdienste des Predigers, obwohl sein Sermon, mit Rücksicht auf seinen Blick, sein Benehmen und den Charakter seiner Zuhörer, wirklich frappant war. Es ist jedoch möglich, dass der günstige Eindruck, den dieser Mann auf mich machte, sehr verstärkt wurde, weil er seinen Zuhörern einzuprägen suchte, dass die wahre Beobachtung der Religion nicht unverträglich sei mit strenger Erfüllung der Pflichten ihres Standes, und weil er sie warnte sich im Paradiese nicht etwa einen Vorrang oder ein Monopol vorzustellen. Ich hörte nie diese beiden Punkte von irgendeinem Prediger so weise berühren, wenn überhaupt ich sie jemals berühren hörte.

Da ich meine Zeit in Boston damit hinbrachte, mich mit diesen Dingen bekannt zu machen, den Weg zu bestimmen, den ich bei meinen künftigen Reisen nehmen wollte, und mich stets in das soziale Leben zu mischen, so wüsste ich nicht, dass ich noch irgendeinen Anlass hätte, dieses Kapitel zu verlängern. Diejenigen sozialen Gebräuche, die ich noch nicht erwähnte, können mit wenigen Worten geschildert werden.

Die gewöhnliche Zeit des Mittagessens ist zwei Uhr. Diners finden um fünf Uhr statt; bei einem Souper speist man spätestens um elf Uhr, sodass man sicher, auch nach einem Gelag, um Mitternacht zu Hause ist. Ich konnte nie einen Unterschied zwischen einer Gesellschaft in Boston und einer Gesellschaft in London auffinden, außer dass man sich im ersteren Orte zu viel besser gewählten Stunden versammelt, dass die Unterhaltung vielleicht ein wenig lauter und fröhlicher geführt wird, dass man von jedem erwartet, dass er bis an den Gipfel des Hauses emporsteige, um seinen Mantel zu holen, dass er mit Sicherheit erwarten kann bei jedem Diner eine ungewöhnliche Menge Geflügel und bei jedem Souper zwei mächtig große Terrinen – so groß, dass man bequem einen halb erwachsenen Herzog von Clarence darin sieden könnte – voll gedämpfter Austern zu finden.

Es gibt zwei Theater in Boston von ziemlicher Größe und Bauart, denen aber leider sehr die Gunst des Publikums mangelt. Die wenigen Damen, die dieselben besuchen, sitzen gebührendermaßen in den vordersten Logenreihen.

In keinem Hotel gibt es ein Rauchzimmer, mithin war auch keines in dem unserigen; allein die Schänkstube ist ein großes Gemach mit steinernem Fußboden und hier rauchen die Gäste den ganzen Abend, sitzend, umherschlendernd, ab- und zugehend, wie ihnen die Laune ankommt. Hier wird auch der Fremde in die Geheimnisse des Gin-sling, Cocktail, Sangaree, Mint Julep, Sherrycobbler, Timber Doodle und anderer seltener Getränke eingeweiht. Das Haus ist gefüllt von Speisenden, sowohl Verheirateten als Ledigen, unter denen manche im Hause schlafen und Kost und Logis wöchentlich bezahlen, wofür ihnen, je näher dem Himmel sie wohnen, desto weniger berechnet wird. In einem schönen Saale wird eine öffentliche Tafel zum Frühstück, zum Mittag- und Abendessen gedeckt. Die Gesellschaft, die sich zu diesen Mahlzeiten an dieser Tafel zusammenfindet, wechselt in der Zahl von ein- bis zweihundert; zuweilen noch mehr. Das Herannahen jeder dieser wichtigen Epochen des Tags wird durch eine furchtbar große Glocke verkündet, welche während ihres Läutens das ganze Haus erschüttert und für nervenschwache Gäste sehr störend ist. Man findet eine Speisetafel für Damen und eine für Herren.

Um keinen Preis der Welt hätte in unserem Privatzimmer der Tisch zum Mittagsmahle gedeckt werden können ohne eine ungeheuere Schüssel voll Maulbeeren in die Mitte zu stellen; und Frühstück wäre nicht Frühstück gewesen, wenn das Hauptgericht nicht in einem unförmlichen Beefsteak, mit einem großen flachen Knochen in der Mitte und bestreut mit dem schwärzesten allen Pfeffers, bestanden hätte. Unser Schlafzimmer war geräumig und luftig, enthielt aber (gleich jedem Schlafzimmer jenseits des atlantischen Meeres) nur sehr wenig Mobilien; denn man sah weder am Bett noch am Fenster Vorhänge. Es hatte jedoch einen ungewöhnlichen Luxusartikel, nämlich einen angestrichenen, hölzernen Kleiderschrank, etwas kleiner als ein englisches Schilderhaus, oder wenn man sich aus diesem Vergleiche vielleicht noch keine richtige Idee von seinen Dimensionen machen kann, so braucht der Leser nur zu bedenken, dass ich vierzehn Tage und Nächte in dem festen Glauben stand, dass dieser Schrank ein Tropfbad sei.

Viertes Kapitel

Eine amerikanische Eisenbahn – Lowell und dessen Faktoreisystem

Ehe ich Boston verließ, verwandte ich einen Tag zu einer Ausflucht nach Lowell. Ich gebe diesem Besuche ein eigenes Kapitel, nicht weil ich ihn des Breiteren beschreiben will, sondern weil ich mich seiner als etwas an und für sich erinnere und weil ich wünsche, dass dies auch bei meinen Lesern der Fall sein möchte.

Bei dieser Gelegenheit machte ich zum ersten Male mit einer amerikanischen Eisenbahn Bekanntschaft. Da diese Anlagen in allen Vereinigten Staaten einander ziemlich gleich sind, so lassen sich ihre allgemeinen charakteristischen Eigenheiten leicht beschreiben.

Man findet auf denselben keine ersten und zweiten Klassenwagen wie bei uns, sondern einen Herrenwagen und einen Damenwagen; der Hauptunterschied zwischen diesen beiden besteht darin, dass in dem Ersten jedermann raucht, in dem Letzteren aber niemand. Da ein Schwarzer nie mit einem Weißen reist, so gibt es auch einen Negerwagen, ein unbehilflicher, plumper Kasten, ungefähr wie der, in welchem Gulliver, aus dem Reiche Brobdignag entführt, ins Meer fiel. – Man wird tüchtig hin und her gestoßen, es wird ungewöhnlich gelärmt, man sieht viel Wand und wenig Fenster an den Wagen, vorn eine Lokomotive, beim Abfahren hört man einen kreischenden Pfiff und Glockengeläute.

Die Wagen sehen aus wie armselige Omnibusse, sind aber größer, denn sie fassen dreißig, vierzig, fünfzig Personen. Die Sitze, statt der Länge nach, gehen der Quere; jeder fasst zwei Personen. Auf jeder Seite des Wagens befindet sich eine Reihe dieser Sitze, durch die Mitte geht ein schmaler Weg und oben und unten öffnet sich eine Türe. In der Mitte steht gewöhnlich ein Ofen, der mit Kohlen beheizt wird und fast immer glühend rot ist. Die Luft ist ungemein drückend und man sieht zwischen sich und einem anderen Gegenstande, den man etwa anblickt, die Luft zittern, als wäre sie von Feuer verdünnt.

In dem Damenwagen sitzen eine Menge Herren, welche Damen bei sich haben. Auch gibt es da eine Menge Damen, die ohne Beschützer sind; denn jede Dame darf kühn von einem Ende der Vereinigten Staaten bis zum anderen reisen und sich darauf verlassen, dass sie überall die höflichste, rücksichtsvollste Behandlung treffen wird. Der Kondukteur oder Schaffner oder Inspektor oder was er sonst sein mag, trägt keine Uniform. Er geht im Wagen auf und ab, herein und heraus, wie es ihm gerade einfällt; oder er lehnt an der Türe, mit den Händen in den Taschen, und starrt Fremde, die etwa da sind, mit stummer Neugier an; oder er lässt sich vielleicht auch in eine Unterhaltung mit den Passagieren in seiner Nähe ein. Eine große Menge Journale werden herbeigebracht, aber nur wenige gelesen. Jeder spricht mit seinem Nachbar oder irgendjemandem, der ihm gefällt. Ist man ein Engländer, so äußert er, dass diese Eisenbahn den englischen doch gewiss ganz ähnlich sei. Sagt man: »Nein«, so sagt er »Ja?« (in fragendem Tone) und verlangt zu wissen, in welcher Beziehung sie voneinander abwichen. Man zählt die verschiedenen Punkte der Verschiedenheit nacheinander her und zu jedem sagt er: »Ja?« (wieder in fragendem Tone). Dann vermutet er, dass man in England nicht schneller reist; behauptet man das Gegenteil, so sagt er wieder »Ja?« (immer noch fragend) und glaubt es offenbar nicht. Nach einer langen Pause bemerkt er, teils gegen euch, teils gegen seinen Stockknopf, dass »die Yankees für Leute gehalten werden, die bedeutend vorwärts schritten«; darauf antwortet ihr »Ja«, und dann sagt er wieder »Ja« (diesmal in bejahendem Tone). Guckt ihr zum Fenster hinaus, so sagt er euch, dass hinter jenem Berge, etwa drei Meilen von der nächsten Station, eine hübsche Stadt liege, wo ihr, wie er erwartet, euch aufhalten werdet. Antwortet ihr hierauf verneinend, so führt das natürlich zu weiteren Fragen über eure beabsichtigte Reiseroute; ihr mögt nun hinreisen, wohin ihr wollt, so werdet ihr immer erfahren, dass ihr ohne unermessliche Schwierigkeiten und Gefahren nicht dahin gelangen könnt und dass die großartigen Ansichten sich wo ganz anders befinden.

Wenn eine Dame Verlangen nach dem Sitze eines anderen männlichen Passagiers trägt, so gibt dies der die Dame begleitende Herr dem Inhaber des glücklichen Platzes zu verstehen und dieser räumt ihn sogleich mit großer Höflichkeit! Politik, Banken und Baumwolle sind die gangbarsten Gegenstände der Unterhaltung. Ruhige Leute vermeiden die Frage über die Präsidentschaft, denn in drei und einem halben Jahre wird ja eine neue Wahl stattfinden und der Parteigeist bringt die Menschen leicht in Hitze; denn der große konstitutionelle Vorzug dieser Institution besteht darin, dass, sobald die Erbitterung von der letzten Wahl her vorüber ist, auch schon die Erbitterung wegen der nächsten beginnt, was allen eifrigen Politikern und allen echten Patrioten unaussprechlichen Trost gewährt, das heißt allemal neunundneunzig Männern und Knaben unter je neunundneunzigundeinviertel.

Außer wo eine Zweigbahn in die Hauptbahn mündet, sieht man selten mehr als ein Gleis, sodass die Bahn sehr schmal und bei einem tiefen Ausschnitte die Aussicht keineswegs ausgedehnt ist. Wenn man nicht durch einen solchen Ausstich fährt, so ist die Landschaft überall dieselbe: Meile auf Meile sieht man nichts als verkrüppelte Bäume; manche sind von der Axt gefällt, andere vom Sturme umgestürzt, manche sind halb umgesunken und stützen sich auf ihre Nachbarn, andere liegen halb versunken in Morästen und wieder andere sind zu schwammigen Stückchen verfault – selbst der Boden besteht aus ihren Überresten. Jeder Teich hat einen Überzug verfaulter Vegetabilien. Auf jeder Seite erblickt man Zweige, Stämme und Baumstümpfe in jedem möglichen Stadium des Verfalls und der Fäulnis. Jetzt gelangt man endlich auf einige Minuten in ein offenes, freies Land, auf dem den Fahrenden vielleicht ein klarer See entgegenglitzert, so groß als mancher englische Fluss, allein hier gilt er für so klein, dass er kaum einen Namen hat; dann wieder hat man den flüchtigen Anblick einer fernen Stadt mit ihren reinen weißen Häusern und kühlen Piazzas, mit ihrer schmucken neuenglischen Kirche und ihrem netten Schulhause; und herrrr!, geht's wieder durch die düsteren Waldwände dahin: dieselben verkrüppelten Bäume, Stümpfe, dieselben stehenden Pfuhle – alles genau so wie vorhin, dass man sich durch Zauberei zurückversetzt glaubt.

Der Zug hält auf gewissen Stationen in den Wäldern, wo es ebenso wenig möglich ist, dass jemand einen Grund haben könnte, hier auszusteigen, als man erwarten kann, jemand einsteigen zu sehen. Der Train stürmt über die Chaussee dahin, wo man weder Schlagbaum noch Polizeibeamte noch Signale sieht: nichts als einen rohen hölzernen Torbogen, auf dem man die Worte liest: »Wenn die Glocke läutet, kommt die Lokomotive.« Immer weiter fliegt der Zug, taucht abermals durch finstere Wälder, kommt wieder ans Licht, klappert über leicht gebaute Viadukte dahin, rumpelt über dem harten Boden dahin, schießt unter einer hölzernen Überbrückung fort, welche das Tageslicht eine Sekunde lang unterbricht, und plötzlich weckt er alle schlummernden Echos in der Hauptstraße einer großen Stadt, durch die er mit Windeseile dahinbraust. Hier arbeiten Professionisten, dort stehen Leute in der Tür oder sehen zu dem Fenster heraus, hier lassen Knaben Drachen steigen oder spielen Schusser, dort rauchen Männer, hier schwatzen Weiber, hier kriechen Kinder umher, dort wälzen sich die Schweine oder bäumen sich unbändige Pferde, und alles dicht neben den Bahnschienen – aber immer weiter und weiter stürmt der ungestüme Drache fort, den Wagenzug hinter sich; nach allen Richtungen einen Regen feuriger Funken ausspeiend, zischend, pfeifend, ächzend, brausend, bis das durstige Ungeheuer endlich unter einem bedeckten Gange stehen bleibt, um sich tränken zu lassen; und ringsum versammeln sich nun die Leute und man hat Zeit, sich zu erholen.

Auf der Station Lowell traf ich einen Mann, der mit der Leitung der dortigen Manufakturen in genauer Verbindung stand. Mit Vergnügen unterwarf ich mich seiner Führung und fuhr mit ihm sogleich nach demjenigen Teile der Stadt, wo sich die Fabriken, der Gegenstand meiner Ausflucht, befanden. Obwohl kaum mündig – denn wenn ich mich recht erinnere, ist es erst seit einundzwanzig Jahren eine Fabrikstadt – ist Lowell dennoch ein großer volkreicher, gedeihlicher Ort. Die Anzeichen seiner Jugend, welche das Auge zunächst anziehen, geben ihm in den Augen eines Besuchers aus dem Mutterlande ein eigentümlich nettes, sauberes Ansehen. Es war gerade ein sehr schmutziger Wintertag und in der ganzen Stadt sah mir nichts alt genug aus, den Kot ausgenommen, der an manchen Stellen fast knietief und vielleicht beim Verlaufen der Sintflut dort sitzen geblieben war. Ich sah an einer Straße eine neue hölzerne Kirche, welche, da sie keinen Turm hatte und noch nicht angestrichen war, wie eine außerordentlich große Packkiste ohne Signatur aussah. Anderswo befand sich ein großes Hotel, dessen Wände und Kolonnaden so dünn und leicht aussahen, dass man fast meinte, sie seien aus Kartenblättern gebaut. Als wir daran vorbeikamen, nahm ich mich in Acht nicht zu stark Atem zu holen und zitterte vor Angst, als ich einen Maurer auf das Dach heraussteigen sah, denn ich fürchtete, es möchte unter seinem unbedachten Fußtritte der ganze Aufbau zusammenbrechen. Selbst der Fluss, der die Maschinen in den Mühlen treibt, scheint von den neuen Gebäuden von hellroten Ziegeln und frisch bemaltem Holze, zwischen welchen er sich hinzieht, einen neuen Charakter anzunehmen und so leicht, gedankenlos und munter dahinzufließen, als man nur wünschen mag. Man möchte fast darauf schwören, jede Bäckerei, jede Gewürzkrämerei, jede Buchbinderei und derlei Anstalten seien erst gestern ins Leben getreten. Die goldenen Stößel und Mörser, die als Aushängeschilder auf der Außenseite der Sonnenblenden befestigt sind, scheinen nur eben erst aus der Münze der Vereinigten Staaten hervorgegangen zu sein; und als ich an einer Straßenecke eine Frau mit einem Wochenkinde auf dem Arme stehen sah, wunderte ich mich, wo sie das Kleine herhaben müsse; denn ich konnte mir durchaus nicht denken, dass es in einer so jungen Stadt geboren sein könnte.

In Lowell gibt es mehrere Manufakturen, von denen jede einer Kompanie von Eigentümern, wie wir es nennen würden, angehört, welche aber in Amerika eine Corporation genannt wird. Ich besuchte mehrere dieser Anstalten, zum Beispiel eine Wollenfabrik, eine Teppichfabrik und eine Baumwollenfabrik, untersuchte sie in allen Teilen und sah sie an einem gewöhnlichen Arbeitstage, ohne dass man irgendeine Vorbereitung gemacht hätte oder von dem gewöhnlichen Alltagsverfahren abgewichen wäre. Ich darf wohl hier beifügen, dass ich mit den englischen Fabrikstädten und vielen Mühlen in Manchester auf gleiche Weise bekannt geworden bin.

Zufällig kam ich gerade in die erste Fabrik, als die Stunde des Mittagessens vorüber war und die Mädchen wieder an ihre Arbeit gingen; sie drängten sich auch gerade in Menge auf den Treppen, als ich hinaufstieg. Alle waren wohl gekleidet, aber nach meiner Ansicht nicht etwa zu fein für ihre Stellung; denn ich sehe es gern, wenn die unteren Klassen etwas auf ihren Anzug halten und sich mit Kleinigkeiten schmücken, soweit es nämlich ihre Umstände erlauben. Solange diese Art Stolz innerhalb vernünftiger Schranken bleibt, würde ich ihn stets bei Personen, die ich anzustellen hätte, aufmuntern; und ich würde mich dadurch, dass vielleicht eine Elende ihren Fall der Kleiderliebe Schuld gäbe, ebenso wenig davon abhalten lassen, als ich meine Ansicht von der wahren Bedeutung des Sabbats falsch finden würde, weil irgendein Übeltäter in Newgate die Ruhe desselben zu allerhand Ränken und Schlichen benutzt hat.

Die Mädchen waren, wie gesagt, alle wohl gekleidet; darunter muss natürlich die höchste Sauberkeit und Reinlichkeit verstanden werden. Sie trugen anständige Hüte, warme Mäntel und Umschlagetücher und hielten sich nicht für zu gut, um Holzgaloschen anzuziehen. Überdies waren bestimmte Orte in der Mühle, wo sie diese Sachen sicher aufheben konnten; auch war für Zubehör zum Waschen gesorgt. Die Mädchen, besonders manche, sahen sehr gesund aus und benahmen sich wie junge Frauenzimmer und nicht wie herabgewürdigte Lasttiere. Wenn ich in einer dieser Mühlen das gezierteste, affektierteste und lächerlichste junge Geschöpf (aber trotz meines scharf forschenden Auges konnte ich nichts Derartiges erblicken), das ich mir nur denken konnte, erblickt hätte, so würde ich an das leichtsinnige, unachtsame, schlumpigte und alberne Gegenteil (was ich auch schon vor Augen hatte) gedacht und jene doch hübscher gefunden haben.

Die Zimmer, in welchen sie arbeiteten, waren in ebenso gutem Zustand wie sie selbst. In den Fenstern einiger derselben standen grüne Pflanzen, damit ein schattigeres Licht hereinfiele, und in allen fand man so viel frische Luft, Reinlichkeit und Bequemlichkeit, als die Natur der Beschäftigung nur zulassen wollte. Unter einer so großen Menge von Frauenzimmern, unter denen manche in das reifere Alter übergingen, gab es natürlich manche von leichtem, hinfälligem Aussehen; allein ich erkläre feierlichst, dass unter allen, die ich an diesem Tage in den verschiedenen Manufakturen sah, ich mich nicht eines einzigen jungen Gesichts erinnern kann, das einen peinlichen Eindruck auf mich gemacht hätte, auch nicht eines einzigen jungen Mädchens, welches ich, vorausgesetzt, dass sie nicht gezwungen war auf diese Weise ihr Brot zu verdienen, von der Arbeit entfernt zu sehen gewünscht hätte.

Sie wohnen in mehreren nahe liegenden Pensionshäusern. Die Besitzer der Mühlen bekümmern sich sehr darum, dass keine Person, deren Charakter nicht der genauesten Prüfung unterlegen hat, in den Besitz dieser Pensionen komme. Jede Klage, welche die Kostgänger oder sonst jemand gegen sie erheben, wird gründlich untersucht, und zeigt sich der geringste Grund gegen sie, so werden sie ihrer Beschäftigung überhoben und diese wird einem anderen übertragen. Es werden auch einige Kinder in diesen Fabriken beschäftigt, jedoch nicht viele. Die Gesetze des Staates verbieten, dass diese länger als neun Monate im Jahre arbeiten, vielmehr verlangen sie, dass die Kinder während der anderen drei unterrichtet werden. Zu dem Ende sind in Lowell Schulen errichtet; auch gibt es Kirchen und Kapellen für verschiedene Konfessionen hier, worin die jungen Frauenzimmer demjenigen Gottesdienste beiwohnen können, in welchem sie erzogen wurden.

In einiger Entfernung von den Fabrikgebäuden, in der höchsten, angenehmsten Lage der Umgegend steht das Fabrikhospital oder Krankenhaus. Es ist das schönste Haus in der Gegend und wurde von einem reichen Kaufmann zu dessen eignem Wohnorte erbaut. Gleich jener Anstalt in Boston ist es nicht in große Säle, sondern in bequeme Zimmer geteilt, von denen jedes sehr komfortabel eingerichtet ist. Der Oberarzt wohnt in der Anstalt selbst; und wären die Kranken Glieder seiner eigenen Familie, sie könnten nicht mit größerer Zartheit und Rücksicht gepflegt werden. Jede Patientin hat drei Dollar oder zwölf Shilling englisch Geld zu bezahlen; doch wird nie ein Mädchen, das von einer der Corporationen beschäftigt wird, wegen Mangel an Zahlungsmitteln abgewiesen. Dass ihnen diese Mittel nicht sehr oft mangeln, kann man aus der Tatsache schließen, dass im Juli 1841 nicht weniger als neunhundertachtundsiebzig dieser Mädchen Geld in die Loweller Sparkassen einlegten; der Betrag dieser Einlagen wurde auf hunderttausend Dollar oder zwanzigtausend englische Pfund angeschlagen.

Ich will jetzt drei Tatsachen anführen, welche eine große Klasse von Lesern diesseits des atlantischen Meeres sehr stutzig machen werden.

Erstlich gibt es in den vielen dieser Speisehäuser ein allen Kostgängern gemeinschaftlich angehöriges Fortepiano. Zweitens sind fast alle diese jungen Frauenzimmer in Leihbibliotheken abonniert. Drittens geben sie unter sich eine periodische Zeitschrift heraus, genannt *The Lowell Offering* – »worin alle von Frauenzimmern, die in den Mühlen wirklich beschäftigt sind, verfasste Originalarbeiten aufgenommen werden«. Diese Zeitschrift wird, wie jede andere, gehörig gedruckt, ausgegeben und verkauft. Ich nahm von derselben vierhundert eng gedruckte Seiten mit, die ich von Anfang bis zum Ende durchgelesen habe.

Die große Mehrzahl meiner Leser wird, erschreckt von dieser Tatsache, einstimmig ausrufen: »Oh, wie verkehrt!« Wenn ich ehrerbietig fragen darf: »Wieso?«, würden sie antworten: »Derlei Sachen gehen über den Stand dieser Leute!« Als Antwort auf diesen Einwurf möchte ich wieder fragen, was denn eigentlich ihr Stand sei.

Ihrem Stand nach müssen sie arbeiten. Und sie arbeiten auch. Sie arbeiten in dieser Mühle im Durchschnitt zwölf Stunden täglich, was ohne Frage Arbeit, und zwar eine recht tüchtige Arbeit genannt werden kann. Vielleicht geht es überhaupt über ihren Stand, sich in solche Vergnügungen einzulassen. Sind wir denn so ganz gewiss, dass wir in England unsere Idee von dem »Stand« der arbeitenden Klasse uns nicht nach dem einmal vorhandenen Zustand derselben gebildet haben statt nach jenem Zustand, wie er sein könnte? Ich denke, wenn wir uns ernstlich prüfen, so werden wir finden, dass die Pianos, die Leihbibliothek und selbst das *Lowell Offering* uns nur durch ihre Neuheit stutzig machen, dass sie aber in keinem Zusammenhang mit dem abstrakten Begriff von Recht oder Unrecht, gut oder böse stehen. – Was mich betrifft, so weiß ich keine Stellung im bürgerlichen Leben, in der, nach heiter vollbrachtem Tagewerk und bei heiterer Erwartung eines gleichen Morgens, jede Beschäftigung dieser Art nicht höchst lobenswert und von höchst veredelndem Einfluss wäre. Ich weiß keine Stellung im Leben, die für den in ihr erträglicher und für den außer ihr unschädlicher *dadurch* würde, dass die Unwissenheit mit ihr verbunden ist. Ich weiß auch keinen Stand, der das Recht hätte, aus der wechselseitigen Belehrung, dem geistigen Fortschritt und der geistigen Unterhaltung ein Monopol zu machen; und ebenso wenig hat ein Stand, der es jemals versuchte, sich lange als solcher erhalten können.

Ganz abgesehen von dem Umstand, dass diese Mädchen ihre Artikel nach der mühseligen Arbeit des Tages niedergeschrieben, will ich nur bemerken, dass das *Lowell Offering*, als literarisches Produkt, sich mit sehr vielen englischen Taschenbüchern zu seinem Vorteil messen darf. Mit Vergnügen sieht man, dass der Schauplatz so vieler Erzählungen darin die Mühlen und auch die Helden der Novelle Arbeiter aus den Mühlen sind; ihre Tendenz ist, den Geist der Selbstverleugnung und Zufriedenheit zu verbreiten, Wohltätigkeit und allgemeine Menschenliebe zu lehren. Lebendiges Gefühl und ein tiefer Sinn für die Naturschönheiten, an denen die verlassenen, heimatlichen Einöden der Autorinnen so reich sind, weht einem wie balsamische, gesunde Landluft aus diesem Büchlein entgegen; man könnte glauben, dass eine Leihbibliothek vielleicht die glückliche Schule für das Studium dieser Stoffe sei, aber es spielen weder schöne Kleider noch vornehme Heiraten, weder elegante Häuser noch ein nobles Leben eine große Rolle darin. Mancher wird mir vielleicht den Einwurf machen, dass einige Arbeiten mit etwas romantischen Namen unterzeichnet sind, doch das ist so Gebrauch in Amerika. Zu den Funktionen der Staatsgesetzgebung von Massachusetts gehört auch die, hässliche Namen in schöner klingende zu verwandeln, sobald die Kinder den Geschmack ihrer Eltern ein wenig verfeinert haben. Da diese Namensänderungen wenig oder gar nichts kosten, so werden in jeder Sessionszeit Dutzende von Mary Annes feierlich in Bevelinas umgetauft.

General Jackson oder General Harrison (ich weiß nicht mehr, welcher von beiden es war, doch es liegt nichts daran) soll bei einem Besuch in dieser Stadt drei und eine halbe Meile weit zwischen lauter solchen Fräulein defiliert sein; alle waren mit Sonnenschirmen und seidenen Strümpfen bewaffnet. Ich habe nicht erfahren, dass es irgend schlimme Folgen gehabt hätte; außer dass vielleicht alle Sonnenschirme und Seidenstrümpfe im Marktpreise aufgeschlagen sind; oder dass ein spekulativer Neuengländer, der alle um jeden Preis aufkaufte, in Erwartung großer Nachfrage, vielleicht Bankrott gemacht hat. Ich lege daher kein besonderes Gewicht darauf.

Ich habe Lowell nur mit wenig Worten bedacht und nur unvollkommen die Freude ausgedrückt, die es mir gemacht hat und jedem Fremden machen muss, dessen Neugierde und Teilnahme die Lebensweise dieser Menschenklassen erregen muss; allein ich habe mich wohl gehütet, zwischen diesen Manufakturen und denen meiner Heimat einen Vergleich anzustellen. Viele Umstände, deren großer und langjähriger Einfluss in unseren Fabrikstädten zu verspüren ist, sind hier gar nicht vorhanden; es gibt eigentlich in Lowell keine Fabrikbevölkerung; denn diese Mädchen (welche oft die Kinder von kleinen Gutsbesitzern sind) kommen aus anderen Staaten hierher, bleiben ein paar Jahre in den Mühlen und kehren dann für immer in ihre Heimat zurück.

Wollte ich solchen Vergleich anstellen, so wäre der Kontrast gar zu grell; es wäre wie der Gegensatz zwischen gut und böse, zwischen Tag und Nacht. Ich unterlasse es daher und glaube Recht zu tun. Aber umso dringender beschwöre ich alle, deren Blick vielleicht auf diese Blätter fällt, innezuhalten und über den Unterschied zwischen dieser Stadt und jenen großen Wohnstätten des Elends und der Verzweiflung nachzudenken: sich, wenn es ihnen mitten im Streit und Gezänk der Parteien möglich ist, ins Gedächtnis zu rufen, was für Anstrengungen nötig sind, um jenes gefährliche Leiden zu mildern und zu heilen: Und endlich und vor allem ersuche ich sie, nicht zu vergessen, wie rasch die kostbare Zeit enteilt.

Ich kehrte bei Nacht zurück, auf derselben Eisenbahn und in derselben Art Wagen. Da einer der Passagiere sich außerordentliche Mühe gab, meiner Gefährtin (mir selbst natürlich nicht) weitläufig die richtigen Prinzipien vorzudemonstrieren, nach welchen die Engländer ihre Reisen in Amerika beschreiben sollten, schlief ich wohlweislich ein. Dies hinderte mich aber nicht, den ganzen Weg hindurch seitwärts zum Fenster hinauszugucken, sodass ich mich während der übrigen Fahrt sehr gut unterhielt; ich beobachtete nämlich die letzten Spuren des Waldbrandes, die am Morgen nicht mehr sichtbar waren, jetzt aber von der Finsternis in vollem Glanz hervorgehoben wurden; denn wir fuhren in einem Wirbelwind heller Funken, die gleich feurigen Schneeflocken rings um uns niederstiebten.

Fünftes Kapitel

Worcester – Der Connecticut River – Hartford – New Haven – Nach New York

Wir verließen Boston am Sonnabend nachmittags, am fünften Februar, und es ging auf einer anderen Eisenbahn nach Worcester: einer hübschen neuenglischen Stadt, wo wir unter dem gastlichen Dach des Staatsgouverneurs bis zum Montagmorgen verweilen wollten.

Diese Haupt- und Landstädte Neuenglands (manche darunter würden in Altengland Dörfer heißen) geben ein ebenso vorteilhaftes Bild vom ländlichen Amerika wie ihre Bewohner von den amerikanischen Landleuten. Die zierlich umhegten grünen Wiesen und Stege Altenglands sucht man vergebens; und das Gras ist, verglichen mit unseren Anlagen und Weideplätzen, grob und wild wuchernd: aber allerliebste Abhänge, sanft anschwellende Hügel, bewaldete Täler und kleine Ströme sind in üppiger Fülle vorhanden. Jede kleine Häuserkolonie hat ihre Kirche und ihre Schule, die zwischen den weißen Dächern und den schattigen Bäumen hervorgucken; ein Haus ist weißer als das andere; ein Jalousie grüner als die andere und ein himmelblauer Tag hat einen blaueren Himmel als der andere. Ein scharfer, trockener Wind und ein leichter Frost hatte die Wege so hart gefroren, dass die Furchen wie in Granit gehauene Gleise waren. Natürlich sah wieder alles funkelnagelneu aus. Jedes Häuschen sah aus, als wäre es denselben Morgen erst aufgebaut und angestrichen worden und als könnte man es am Montag ohne weiteres wieder wegnehmen. In der hellen Abendluft sahen die scharfen Umrisse der Gebäude noch hundertmal schärfer aus. Die sauberen Kolonnaden hatten nicht mehr Perspektive als ein chinesisches Brückchen auf einer Teetasse und schienen ebenso gut für den Gebrauch berechnet. Die haarscharfen Kanten der einzeln stehenden Landhäuser schienen selbst den Wind zu schneiden, dass er mit schrillerem Pfeifen wie vor Schmerz zurückflog. Jene leicht und luftig gebauten Wohnungen, hinter denen die Sonne mit strahlendem Glanz unterging, waren so durchsichtig, dass nicht einen Augenblick daran zu denken war, es könne einer von ihren Insassen sich darin verbergen oder vor dem Zuschauer auf der Straße das geringste Geheimnis haben. Selbst wenn irgendwo ein lebendig flackerndes Feuer durch die gardinenlosen Fenster eines fernen Hauses leuchtete, sah es aus, als wäre es eben erst angezündet worden und habe nicht die Kraft zu wärmen; und statt den Gedanken an ein trauliches Gemach zu erwecken, mit warmen Tapeten ausstaffiert und voll heiterer Gesichter, die auf diesem selben Herd das erste Feuer gesehen, überkam es einen wie der Geruch von frischem Mörtel und feuchten Wänden.

So kam es mir vor, an jenem Abend wenigstens. Als jedoch den Morgen darauf die Sonne glänzend am Himmel stand und die hellen Kirchenglocken läuteten und stille, ernste Leute in ihren Sonntagskleidern den nahen Fußpfad belebten und wie zahllose Punkte auf der fernen, fadengleichen Straße anzuschauen waren, da ruhte wieder auf allem ein lieblicher, wohltuender Sabbatfrieden. Es fehlte eigentlich noch eine alte Kirche in der Umgegend; einige alte Gräber wären vielleicht noch besser gewesen; aber auch so, wie es war, beseelte eine heilsame Ruhe und Stille das Schauspiel, die nach dem stürmischen Ozean und dem rastlosen Treiben in der Stadt einen doppelt wohltätigen Einfluss auf Geist und Gemüt ausübte.

Am folgenden Morgen fuhren wir, wieder auf der Eisenbahn, nach Springfield. Von da bis Hartford, wohin wir reisen mussten, sind es nur fünfundzwanzig Meilen, aber um diese Jahreszeit waren die Wege so schlecht, dass die Fahrt wahrscheinlich zehn oder zwölf Stunden gedauert hätte. Glücklicherweise jedoch war der Winter ungewöhnlich gelinde und daher der Connecticut Strom »offen«, oder mit anderen Worten, nicht zugefroren. Der Kapitän eines kleinen Dampfbootes wollte an diesem Tage (am zweiten Februar, wenn ich nicht irre) seinen ersten Ausflug für die Jahreszeit machen und wartete nur, bis wir an Bord kämen. Wir ließen's uns natürlich nicht zweimal sagen und gingen an Bord. Der Kapitän hielt auch Wort und fuhr sogleich mit uns ab.

Es war gewiss nicht ohne Grund das »kleine Dampfboot«

getauft worden. Ich fragte zwar nicht, glaube aber, es muss ungefähr eine halbe Pony-Kraft gehabt haben. Mr Paap, der berühmte Zwerg, hätte in der Kajüte, die wie ein gewöhnliches Wohnhaus mit gewöhnlichen Schiebefenstern versehen war, ganz lustig leben und ganz selig sterben können. Diese Fenster hatten auch hellrote Gardinen, die an lockeren Schnüren über die unteren Scheiben niederhingen; man glaubte im Gastzimmer eines liliputanischen Hotels zu sein, welches bei einer Überschwemmung plötzlich flott geworden und nun auf den Wellen forttreibe, ohne zu wissen, wohin. Aber selbst in diesem Kämmerchen befand sich ein Schaukelstuhl. Ohne Schaukelstuhl, glaub ich, kommt man in Amerika nirgendwo fort.

Ich fürchte mich beinahe anzugeben, wie viel Fuß kurz und wie viel Fuß eng dieses Fahrzeug war: die Worte Länge und Breite bei einer solchen Vermessung zu gebrauchen wäre eine *contradictio in adjectis*. Aber das kann ich berichten: Wir hielten uns alle in der Mitte des Verdecks, damit das Boot nicht unerwartet umschlage; und die Maschine arbeitete, weiß Gott, durch welchen Verdichtungsprozess, zwischen Deck und Kiel, sodass das Ganze ein warmes Sandwich von ungefähr drei Fuß Dicke bildete.

Es regnete den ganzen Tag so, wie ich sonst glaubte, dass es, außer im schottischen Hochland, nirgendswo auf Gottes Erdboden regnen könne. Der Fluss war voll von schwimmenden Eisschollen, die fortwährend unter uns krachten und barsten; und um den größeren Eismassen, welche die Strömung in der Mitte des Flusses abwärts wälzte, auszuweichen, ging unser Schifflein nicht mehr als einige Zoll tief im Wasser. Nichtsdestoweniger kamen wir hurtig vorwärts; und da wir uns gut eingemummt hatten, boten wir dem Wetter Trotz und freuten uns der Fahrt. Der Connecticut ist ein schöner Fluss und seine Ufer sind im Sommer gewiss sehr schön, wenigstens ließ ich mir's von einer jungen Dame in der Kajüte sagen, der ein Urteil über das, was schön ist, zustehen müsste, wenn der Besitz einer Eigenschaft auch die Fähigkeit, dieselbe zu würdigen, einschließt; denn ein schöneres Frauenbild habe ich nie gesehen.

Zwei und eine halbe Stunde dauerte diese kuriose Wasser-

Blick auf den Connecticut River

fahrt, wobei wir auch noch an einem Städtchen Halt machten, das uns zu Ehren einen Pöller abfeuerte, der um ein Beträchtliches größer als unser Schornstein war. So erreichten wir Hartford und begaben uns geraden Weges in ein Hotel, welches sehr behaglich eingerichtet war, die Schlafzimmer abgerechnet, welche fast überall, wo wir hinkamen, uns zum Frühaufstehen antrieben.

Wir verweilten daselbst vier Tage. Die Stadt hat eine schöne Lage in einem von grünen Hügeln gebildeten Kessel; der Boden ist fruchtbar, waldreich und sorgfältig kultiviert. Hier haben die lokalen legislativen Behörden von Connecticut ihren Sitz, welche hochweise Körperschaft in vergangenen Tagen die berühmten *»blue laws«* (blaue Gesetze) erlassen hatte. Kraft dieses blauen Kodex war – von anderen erleuchteten Verfügungen gar nicht zu reden – jeder Bürger, dem man beweisen konnte, dass er am Sonntag ein Weib geküsst, straffällig und wurde, glaube ich, in den Block gelegt. Bis auf diese Stunde herrscht noch gar zu viel altpuritanischer Geist in diesen Gegenden; soviel ich aber weiß, hat er keineswegs dazu gedient, die Leute billiger im Handel und Wandel und weniger zäh und geizig in ihren Geschäften zu machen. Da ich noch nie etwas von dergleichen Wirkungen des Puritanismus anderswo hörte, so glaube ich, dass er sie auch hier nie mehr haben wird. In der Tat pflege ich, was die frommen Mienen und salbungsvollen Worte mancher Leute betrifft, die Waren aus der anderen Welt beinahe so wie die Waren dieser Erde zu beurteilen; und sooft ich einen, der mit solchen Artikeln handelt, zu viel von seiner Ware am Fenster auskramen sehe, so zweifle ich ein wenig an der soliden Qualität dessen, was es drinnen hat.

In Hartford steht auch noch die berühmte Eiche, in der der Freibrief von König Karl verborgen war. Sie steht jetzt im Garten eines Privatmannes. Im Staatshaus befindet sich die Charter selbst. Die Gerichtshöfe fand ich hier wie in Boston, die öffentlichen Anstalten sind fast ebenso vortrefflich. Das Irrenhaus hat eine bewundernswerte Verwaltung, ebenso das Taubstummeninstitut.

Als ich im Irrenhaus hin und her ging, fragte ich sehr oft mich selbst, ob ich die Wärter von den Kranken hätte unterscheiden können, wenn sie nicht ein paar Worte mit dem Doktor über die ihrer Aufsicht anvertrauten Personen gewechselt hätten. Diese Bemerkung beschränkt sich natürlich nur auf ihre Blicke; denn die Gespräche der Wahnsinnigen waren wirklich zum Tollwerden.

Eine kleine alte gezierte Dame kam vom Ende der Galerie auf mich zugewackelt und richtete mit einem unaussprechlich herablassenden Knicks diese seltsame Frage an mich:

»Blüht Pontefract noch auf englischem Boden, Sir?«

»Ja wohl, Madame«, entgegnete ich.

»Als sie ihn zuletzt sahen, war er –«

»Wohlauf, Madame«, fiel ich ein, »recht sehr wohlauf. Er bat mich, Ihnen ein Kompliment zu machen. Ich habe ihn nie munterer gefunden.«

Hierüber war die alte Dame höchlichst erfreut. Nachdem sie mich einen Augenblick angesehen, um zu sehen, ob es mir mit meinem ernsten Gesicht ernst sei, trat sie einige Schritte zurück, kam dann wieder vorwärts, machte einen plötzlichen Sprung (wobei ich mich eiligst ein paar Schritte zurückzog) und sagte:

»Ich bin eine Antediluvianerin, Sir.«

Ich hielt es für das Beste, zu sagen, dass ich dies gleich von Anfang an geahnt hätte.

»Es ist etwas äußerst Erhebendes und Angenehmes, Sir, eine Antediluvianerin zu sein«, sagte die alte Dame.

»Das wollt ich meinen, Madame«, entgegnete ich.

Die alte Dame warf mir einen Handkuss zu, sprang wieder empor, lächelte, hüpfte von der Seite auf die merkwürdige Weise in der Galerie hin und spazierte mit Grazie in ihr Schlafzimmer.

In einem anderen Teile des Gebäudes lag ein Patient im Bette; er war sehr aufgeregt und erhitzt.

»Wohlan!«, rief er, sich aufrichtend und seine Nachtmütze abnehmend. »Es ist endlich abgemacht. Ich hab's mit der Königin Victoria arrangiert.«

»Was denn?«, fragte der Doktor.

»Nun, jenes Geschäft!«, erwiderte er, sich wie ermattet mit der Hand über das Gesicht fahrend. »Das Geschäft wegen der Belagerung von New York.«

»Ah so!«, sagte ich, wie einer, dem plötzlich ein Licht aufgeht; denn er sah mich fragend an.

»Ja. Auf jedes Haus, das kein Signal führt, wird von den britischen Truppen gefeuert. Den anderen geschieht nichts; gar nichts. Diejenigen, welche sicher sein wollen, müssen Flaggen aufhissen. Das ist alles, was sie zu tun haben. Sie müssen Flaggen aufhissen.«

Indem er so sprach, schien er, wie ich glaube, doch eine dunkle Ahnung zu haben, dass sein Geschwätz unzusammenhängend sei. Sobald er ausgeredet hatte, legte er sich wieder hin, stöhnte und wickelte seinen brennenden Kopf in die Betttücher.

Ich sah noch einen anderen jungen Mann, an dessen Irrsinn Liebe und Musik schuld waren. Nachdem dieser auf dem Akkordeon einen Marsch von eigener Komposition gespielt hatte, ersuchte er mich recht dringend, in sein Zimmer zu treten, was ich denn auch sogleich tat.

Um recht gleichgültig zu scheinen und ihn in die bestmögliche Laune zu bringen, ging ich ans Fenster, von welchem aus man eine herrliche Aussicht genoss, und bemerkte mit einer Gewandtheit, auf welche ich mir viel zugute tat:

»Was für eine prächtige Gegend Sie doch rings um Ihre Wohnung haben.«

»Pah!«, entgegnete er, mit den Fingern nachlässig über die Tasten seines Instrumentes gleitend. »Gut genug für eine Anstalt wie diese!«

Ich glaube nicht, dass ich in meinem Leben so verblüfft war.

»Ich komme nur aus Laune hierher«, fuhr er kaltblütig fort. »'s ist eine Grille von mir. Das ist alles.«

»Ah so, das ist alles!«, erwiderte ich.

»Ja, das ist alles. Der Doktor ist ein lustiger Patron. Er geht ganz auf meine Grille ein; 's ist nur ein Spaß von mir. Eine Zeit lang gefällt es mir. Ich denke, ich werde nächsten Dienstag ausgehen; doch davon brauchen Sie gegen niemand etwas zu erwähnen!«

Ich versicherte ihm, dass ich unser Gespräch bloß als ein vertrautes betrachten wollte, und ging wieder zum Doktor. Als wir durch die Galerie uns wieder entfernen wollten, kam eine wohl gekleidete Dame von stillem, gesetztem Wesen uns entgegen, zog einen Streifen Papier und eine Feder hervor und bat mich um die Gefälligkeit, ihr mein Autograf zu geben. Ich willfahrte ihr und wir gingen weiter.

»Ich glaube, ich habe schon ähnlichen Bitten von anderen Damen außer diesem Hause willfahrt. Hoffentlich ist *diese* da nicht irrsinnig?«

»Doch.«

»Wie? Ist sie auf Autografen versessen?«

»Nein; sie behauptet Stimmen in der Luft zu hören.«

»Nun!«, dacht ich. »Es wäre nicht übel, wenn wir einige falsche Propheten der neueren Zeit, die dasselbe behaupteten, so einsperren könnten; ich würde das Experiment mit einem oder ein paar Mormonisten zuerst beginnen.«

In Hartford ist das beste Gefängnis für noch nicht verhörte Verbrecher. Auch ist hier ein sehr gut eingerichtetes Staatsgefängnis, das nach denselben Prinzipien verwaltet wird wie das in Boston, nur dass hier stets eine Schildwache mit geladenem Gewehr an der Tür steht. Es waren zurzeit ungefähr zweihundert Gefangene hier. In der Abteilung für die Schlafzimmer wurde mir eine Stelle gezeigt, wo vor einigen Jahren ein Wächter in der Stille der Nacht ermordet worden war, und zwar durch einen Gefangenen, der einen verzweifelten Versuch zur Flucht gemacht hatte. Auch wies man mir eine Frau, die, der Ermordung ihres Mannes wegen, bereits sechzehn Jahre gefangen saß.

»Glauben Sie«, sagte ich meinem Führer, »dass diese Frau nach so langer Gefangenschaft noch den geringsten Gedanken daran hat, ihre Freiheit wiederzuerlangen?«

»Oh ja wohl, sicherlich!«, lautete die Antwort.

»Vermutlich darf sie sich aber keine Hoffnung darauf machen?«

»Nun, das weiß ich nicht.« (Dies ist, beiläufig gesagt, eine nationale Antwort.) Ihre Freunde misstrauen ihr.«

»Was haben ihre Freunde damit zu tun?«, fragte ich natürlicherweise.

»Nun, sie wollen nicht für sie petitionieren.«

»Aber wenn sie dies auch täten, so würden sie sie, denke ich, doch nicht losbekommen?«

»Nun, das erste Mal gerade nicht, vielleicht auch das zweite Mal nicht; wenn sie aber ein paar Jahre damit fortführen, so könnte es ihnen wohl gelingen.«

»Gelingt dies jemals in solchen Fällen?«

»Oh ja, zuweilen. Manchmal helfen auch politische Bekanntschaften dabei. Kurz, auf die eine oder die andere Weise gelingt es gar oft.«

Hartford wird mir immer eine angenehme Erinnerung bleiben. Es ist ein freundlicher Ort und ich hatte viele Freunde da, deren Andenken ich mir nie mit Gleichgültigkeit zurückrufen werde. Wir verließen es mit nicht geringem Bedauern freitags den 11. und gelangten noch denselben Abend auf der Eisenbahn nach New Haven. Unterwegs knüpfte ich mit dem Zugführer (wie dies bei solchen Gelegenheiten gewöhnlich der Fall war) eine förmliche Bekanntschaft an und wir unterhielten uns

New Haven

über eine Menge Gegenstände von geringerer Wichtigkeit. Wir erreichten New Haven ungefähr um acht Uhr, nach einer Reise von drei Stunden, und logierten uns für die Nacht im besten Gasthaus ein.

New Haven, auch unter dem Namen Ulmenstadt bekannt, ist ein schöner Ort. Viele seiner Straßen, wie schon der letztere Name dartut, sind mit Reihen großer alter Ulmen bepflanzt; und dieselbe Zierde umgibt auch das Yale College, eine Anstalt von bedeutendem Rufe. Die verschiedenen Abteilungen derselben sind auf einer Art Commungrund in der Mitte der Stadt errichtet, wo sie hinter den schattigen Bäumen kaum wahrzunehmen sind. Der Anblick des Ganzen gleicht fast dem des Kirchhofs einer alten Kathedrale in England und muss, wenn die Bäume völlig belaubt sind, sich sehr malerisch ausnehmen. Selbst im Winter geben diese alten Bäume den belebten Straßen der Stadt ein sehr nettes Aussehen, indem sie eine Art Verbrüderung zwischen Stadt und Land zu bilden scheinen, als ob diese einander auf halbem Wege getroffen und gegenseitige Freundschaft geschlossen hätten.

Am anderen Morgen standen wir zeitig auf und gingen nach dem Kai und an Bord des Paketbootes New York, nach New York. Dies war das erste amerikanische Dampfboot, das ich bis jetzt gesehen hatte; und für das Auge eines Engländers sah es sicher auch weniger wie ein Dampfschiff als wie ein ungemein großes schwimmendes Bad aus. Es kam mir beinahe vor, als ob die Badeanstalt an der Westminsterbrücke, die ich als kleines Kind verlassen hatte, plötzlich zu enormer Größe angewachsen, von zu Hause fortgeschwommen wäre und sich im fremden Weltteil als Dampfschiff etabliert hätte. Zumal in Amerika, welches unsere Abenteurer und Ausreißer so sehr lieben, schien es mir besonders wahrscheinlich.

Der Hauptunterschied zwischen den amerikanischen und englischen Paketbooten besteht darin, dass bei den Ersteren sehr viel über dem Wasser hervorragt; das Hauptverdeck ist auf allen Seiten umschlossen und mit Fässern und Warenballen angefüllt, und die Promenade oder das Sturmdeck befindet sich wieder über diesem. Ein Teil des Mechanismus befindet sich stets über diesem Verdeck, wo man die Verbindungsstange wie einen eisernen Säger in ununterbrochener Arbeit sieht. Selten findet man Mast oder Takelwerk; nichts befindet sich über dem Ganzen als zwei große schwarze Essen. Der Mann am Steuerruder ist in einem kleinen Hause im Vorderteile des Schiffs eingeschlossen (das Rad ist mit dem Ruder durch eiserne Ketten verbunden, die sich das ganze Verdeck entlang hinziehen) und die Passagiere, wenn das Wetter nicht ganz schön ist, versammeln sich gewöhnlich unten. Sowie man den Kai verlässt, hört alles Leben und Regen, alle Tätigkeit des Paketbootes auf. Man wundert sich lange, wie es sich nur fortbewegen kann, denn es scheint niemand Aufsicht darüber zu führen, und wenn eine andere dieser kuriosen Maschinen vorbeiplätschert, so wird man über das plumpe, unbehilfliche, unschiffartige Aussehen dieses Leviathans ordentlich unwillig und vergisst gänzlich, dass man sich an Bord des Gegenstückes dazu befindet.

Auf dem unteren Deck befinden sich stets eine Expedition, wo man das Fahrgeld bezahlt, eine Damenkajüte, Gepäckräume, das Zimmer des Maschinenmeisters, kurz so verschiedenerlei Piecen, dass die Auffindung der Herrenkajüte außerordentlich schwierig wird. Diese letztere Kajüte zieht sich oft (wie es gerade bei uns der Fall war) durch die ganze Länge des Schiffs hin und hat drei oder vier übereinander befindliche Reihen von Schlafstellen auf jeder Seite. Als ich das erste Mal in die Kajüte des New York hinabstieg, deuchte sie meinen ungewohnten Augen ungefähr ebenso lang als die Burlington Arcade.

Der Sund, den man auf diesem Wege zu passieren hat, bietet nicht immer eine sehr sichere oder angenehme Schifffahrt und es ist daselbst schon mancher Unfall vorgekommen. Es war ein feuchter und sehr nebliger Morgen und wir verloren gar bald das Land aus dem Gesicht. Der Tag war jedoch ruhig und klärte sich gegen Mittag auf. Nachdem ich (mithilfe eines guten Freundes) meinen Speisevorrat und einige Flaschen Bier genossen hatte, legte ich mich nieder, um zu schlafen, denn ich war von den gestrigen Strapazen noch sehr ermüdet. Ich erwachte jedoch noch zeitig genug von meinem Schläfchen, um hinaufzueilen und das »Höllentor«, den »Schweinsrücken«, die »Bratpfanne« und andere berühmte Örtlichkeiten, die für alle Leser der Geschichte des bekannten Diedrich Knickerbocker anziehend sein mögen, betrachten zu können. Wir waren jetzt in einem engen Kanale, dessen Ufer zu beiden Seiten sanft emporstiegen; hie und da zeigten sich einzelne liebliche Villen und das Auge wurde durch den Anblick von Rasen und Bäumen erquickt.

Bald schossen wir schnell nacheinander vor einem Leuchtturme, einer Irrenanstalt (oh, wie da die Wahnsinnigen ihre Mützen in die Höhe warfen und in Sympathie mit der dahinbrausenden Maschine und der treibenden Flut laut aufbrüllten!), einem Gefängnisse und einigen anderen Gebäuden vorüber und langten endlich in einer prächtigen Bai an, deren Wasser in dem jetzt klaren Sonnenscheine wie die zum Himmel aufleuchtenden Augen der Natur blitzten.

Zu unserer Rechten dehnten sich kunterbunt durcheinander eine Menge Häuser aus, aus denen an manchen Stellen ein Turm emporstieg und mit Verachtung auf die anderen Gebäude herabzublicken schien; hie und da stieg eine träge Rauchwolke gen Himmel und im Vordergrunde drängte sich ein Wald von Masten und klatschenden Segeln und wehenden

New York

Flaggen. Aus diesem Mastenwalde hervor fuhren ununterbrochen kleine Dampfboote, beladen mit Menschen, Kutschen, Pferden, Wagen, Körben, Kisten, nach dem gegenüberliegenden Ufer. Unter diesen ruhelosen Insekten ragten stattlich einige große Schiffe hervor, die sich als Geschöpfe einer höheren Klasse mit stolzem majestätischen Schritt zwischen jenen hindurch bewegten, um in die offene See hinauszufahren. Weiterhin sah man heitere freundliche Anhöhen und Flussinseln, und eine Fernsicht, kaum weniger blau und klar als der Himmel, in welchen sie überzufließen schien. Das summende Treiben der Stadt, das Tönen der Gangspille, das Rasseln von Rädern, das Gebell von Hunden schlug an unser lauschendes Ohr. Und all dies lebendige Treiben, über die regsamen Gewässer herüberklingend, schien durch seinen freien Verkehr mit diesen neues Leben zu gewinnen, und über ihre Oberfläche wie im Spiel dahingleitend schloss es das Schiff ringsum ein, warf plätschernd das Wasser an seinen Seiten hoch empor, geleitete es freundlich in den Dock und flog dann fort, um andere Ankömmlinge zu begrüßen und ihnen voraus nach dem geschäftvollen Hafen zu eilen.

Sechstes Kapitel
New York

Die schöne Metropole von Amerika ist keineswegs eine so saubere Stadt wie Boston, doch haben manche ihrer Straßen dieselben Eigentümlichkeiten, ausgenommen dass die Häuser nicht ganz so frisch angestrichen, die Firmen nicht ganz so bunt, die vergoldeten Buchstaben nicht ganz so goldig, die Ziegel nicht so rot, die Steine nicht ganz so weiß, die Jalou-

sien und Hausgeländer nicht ganz so grün, die Knöpfe und Schilder an den Haustüren nicht ganz so hell und glänzend sind. Man sieht hier viele Nebenstraßen, die fast ebenso wenig reine Farben und ebenso viel schmutzige haben wie die Seitengassen in London; und es gibt einen Stadtteil, gewöhnlich die fünf Spitzen – Five Points – genannt, der sich in Bezug auf Schmutz und Unsauberkeit getrost neben Seven Dials oder einen anderen Teil des berüchtigten St. Giles' stellen kann.

Die große Promenade und Hauptstraße, wie die meisten Leute wissen, ist Broadway – eine breite, geräuschvolle Straße, die

von den Battery Gardens bis zu ihrem entgegengesetzten Ausgang auf eine Landstraße vier englische Meilen lang sein mag. Wollen wir uns, lieber Leser, in einer oberen Etage des Carlton House Hotel (welches im besten Teile dieser Hauptpulsader von New York liegt) niedersetzen und, wenn wir müde sind auf das Leben und Treiben unten hinabzublicken, Arm in Arm hinausgehen und uns unter die Menschenmenge mischen?

Es ist heiß! Die Sonne sticht uns an diesem offenen Fenster auf die Köpfe, als ob ihre Strahlen durch ein Brennglas fielen; allein der Tag ist in seinem Zenit und die Jahreszeit ungewöhnlich schön. Kann es wohl eine sonnigere Straße geben als diesen Broadway? Die Pflastersteine sind von den ewigen Fußtritten glänzend poliert, die roten Ziegel der Häuser sehen aus, als wären sie noch auf der Darre, heiße Ziegelöfen; und die Dächer jener Omnibusse sehen aus, dass man glaubt, sie müssten zischen, rauchen und wie halb gelöschtes Feuer riechen, wenn man sie mit Wasser begösse. Die Omnibusse nehmen gar kein Ende! In ein paar Minuten sind wenigstens ein halb Dutzend vorbeigefahren. Auch eine Masse Mietcabriolets und Kutschen; Gigs, Phaetons, großrädrige Tilburies und Privatequipagen – die etwas plump gebaut sind und sich nicht sehr von Diligencen unterscheiden, aber auch für die schwierigeren Wege außerhalb des Straßenpflasters berechnet sind. Weiße sowohl wie Neger-Kutschen; in Strohhüten, schwarzen und weißen Hüten, in Lederkappen und Pelzmützen; in hellgrauen, schwarzen, braunen, grünen, blauen Röcken, in Kleidern aus Nanking oder gestreiftem Barchent und Leinen; und da, das einzige Beispiel – seht ihn euch an, ehe er vorübergeht – ein Livreebedienter. Es muss ein Republikaner aus dem Süden sein, der seine Schwarzen in Uniform steckt und sich mit sultanischem Pomp aufbläht. Dort, wo jener Phaeton hält, mit den wohl gestutzten Grauen – den Zügel in der Hand –, steht ein Yorkshirer Stallknecht, der sich eben nicht lang in diesem Weltteil zu befinden scheint und mit ängstlicher Sehnsucht sich umsieht, ob er nicht irgendwo einen Genossen schaue, der auch Stulpenstiefel trägt. Ach, er mag ein halbes Jahr die Stadt durchwandern und seine Sehnsucht wird nicht erfüllt. Und wie die

Damen gekleidet gehen, der Himmel sei ihnen gnädig! Wir haben seit zehn Minuten mehr bunte Farben gesehen als sonst irgendwo in ebenso vielen Tagen. Was für verschiedenartige Parasols! Was für regenbogenfarbige Seiden- und Atlaskleider! Was für dünne, geschweifte und gezackte kleine Schuhe und Strümpfe, was für flatternde Bänder und Troddeln, was für reiche Mäntel mit prunkendem Futter und Kragen! Die jungen Herren, seht ihr, brechen gern ihre Hemdkragen um und kultivieren den Bart, besonders unter dem Kinn. Ihr Byrons vom Kontor und Zähltisch, vorbei! Lasst sehen, was für Leute die hinter euch sind! Zwei Arbeiter in ihren Sonntagskleidern, von denen der eine ein zerknittertes Papier in der Hand hält und einen schweren Namen darauf zu buchstabieren bemüht ist, den der andere an allen Türen und Fenstern sucht.

Beide Irländer! Man würde sie erkennen, auch wenn sie ihr Gesicht maskierten, an ihren langschößigen blauen Röcken mit den hellen Knöpfen und an ihren hellgrauen Beinkleidern, die sie wie Menschen tragen, welche nur an Arbeitskleider gewöhnt sind und in anderen sich nicht wohl befinden. Eure Musterrepubliken könnten gar nicht bestehen ohne die Landsleute und Landsmänninnen dieser beiden Arbeiter. Denn wer sonst würde graben und schaufeln, sich placken mit Hausarbeit, mit Kanal- und Landstraßenbau und alle Unternehmungen zum Besten des materiellen Fortschritts im Innern ausführen? Beide sind Irländer und in großer Verlegenheit zu finden, was sie suchen. Wir wollen hinabgehen und ihnen helfen, um der Liebe zur Heimat und um jenes Geists der Freiheit willen, der es für keine Schande hält, ehrlichen Leuten einen ehrbaren Dienst zu erweisen, so wie für seine ehrliche Arbeit, sei sie welcher Art sie sein wolle, sein Brot in Ehren zu essen.

So ist's recht! Wir haben endlich die Adresse richtig gefunden, obgleich es wahrhaft rätselhafte Schriftzüge waren, die ebenso gut mit dem stumpfen Spatenstiel geschrieben sein konnten, die der Schreiber vermutlich besser zu handhaben wusste als die Feder. Ihr Weg geht nach der anderen Seite dort. Aber was führt sie dahin? Sie tragen erspartes Geld, um es anzulegen und zu sammeln? Nein. Es sind zwei Brüder, diese beiden Leute. Der eine war allein übers Meer herübergekommen und arbeitete ein halbes Jahr mit angestrengtem Fleiß und lebte noch sparsamer dabei, bis er so viel erspart hatte, dass er auch seinen Bruder kommen lassen konnte. Dann arbeiteten sie zusammen, einer an der Seite des anderen, und teilten mit zufriedenem Sinn harte Arbeit und dürftiges Leben miteinander, bis sie auch ihre Schwestern, dann noch einen dritten Bruder und endlich ihre alte Mutter zu sich kommen lassen konnten. Und nun? Die arme Alte hat keine Ruh im fremden Land und sehnt sich, wie sie sagt, unter ihrem Volk auf dem alten Friedhof ihrer Heimat ihr Gebein in die Erde zu legen: Und nun gehen sie, um die Rückfahrt für sie zu bezahlen: Und so helfe Gott ihr und ihnen und jedem Herzen voll Einfalt, und allen, die nach dem Jerusalem ihrer Jugendtage zurückkehren und denen auf dem kalten Herd ihrer Väter noch ein Altarfeuer brennt.

Dieser enge Durchgang, glühend und brennend im Sonnenschein, ist die Wallstreet: die Lombard-Street und Börse von New York. Mancher hat in dieser Straße rasend schnell sein Glück gemacht, mancher hat sich da nicht minder schnell ruiniert. Manche von diesen selben Kaufleuten, die ihr da herumlungern seht, hatten ihr Geld in eiserne Kisten geschlossen wie der Mann in Tausendundeiner Nacht, und als sie die verschlossene Truhe wieder öffneten, fanden sie welkes Laub darin. Hier unten an der Wasserseite, wo die Bugspriete der Schiffe über das Trottoir hinwegragen und beinahe die Fenster einstoßen, da liegen die edlen amerikanischen Fahrzeuge, die ihren Paketbootdienst zum schönsten in der Welt gemacht haben. Sie haben die Fremden hierher gebracht, von denen alle Straßen voll sind: Nicht etwa, dass hier mehr wären als in anderen Handelsstädten; aber anderswo haben sie ihre besonderen Sammelplätze und man muss sie erst aufsuchen; hier durchströmen sie fortwährend die ganze Stadt.

Wir müssen noch einmal über den Broadway; wie erfrischend wirkt bei der großen Hitze der Anblick der großen, sauberen Eisstücke, die in die Kaufläden und Schänken geführt werden: und die Ananas und Wassermelonen, die in reicher Fülle zum Verkauf ausgelegt sind. Schöne Straßen mit geräumigen Häusern dies! – Wallstreet hat manche davon oft aufgebaut und dann noch einmal niedergerissen – und da ein Square, reich an dunkelgrüner Belaubung. Gewiss, dies muss ein recht gastfreundliches Haus sein, mit Bewohnern, deren sich jeder, der sie kennt, stets liebend erinnern wird; dort, wo die Haustüre offen steht und die schönen Blumenstöcke drin zu sehen sind und wo das Kind mit den lachenden Äuglein auf den kleinen Hund unten zum Fenster herausguckt. Ihr wundert euch wohl, was dieser hohe Flaggenstock in der Seitengasse bedeuten mag, auf dessen Spitze etwas wie eine Freiheitsmütze ragt? Ich auch. Indessen, es scheint hier eine besondere Manie für diese Flaggenstöcke zu herrschen, und wenn ihr wolltet, so könnt ihr in fünf Minuten einen Zwillingsbruder des vorigen sehen.

Gehen wir noch einmal über den Broadway und so – an der buntfarbigen Menge und den glitzernden Kramläden vorbei – kommen wir in eine andere lange Hauptstraße, die Bowery. Seht dort, eine Eisenbahn, auf der ein paar stämmige Pferde zwanzig oder vierzig Personen und einen großen hölzernen Kasten spielend fortziehen. Die Kaufläden sehen hier ärmlicher aus, die Spaziergänger weniger fröhlich. Hier sind fertige Kleider und gekochtes Fleisch zu kaufen; und statt des lebhaften Equipagengerassels hören wir das dumpfe Rollen und Rumpeln von Karren und beladenen Wagen. Jene Aushängeschilder, die in solcher Menge, wie runde Bojen oder Luftballons, mit Stricken an Stangen befestigt, in der Luft baumeln, kündigen, wie ihr selbst sehen könnt: »Austern von jeder Sorte!« an. Sie führen den Hungrigen am meisten bei Nacht in Versuchung; denn dann brennen inwendig trübe Kerzen, welche die leckeren Worte beleuchten, dass dem Müßigen, der davor stehen bleibt, der Mund danach wässert.

Was soll aber dieses Gebäude in ägyptischem Bastardstil, mit der unheilvoll aussehenden Fassade, das dem Palast eines Zauberers in einem Melodram gleicht? – ein berüchtigtes Gefängnis, *the Tombs* (die Gräber) genannt. Wollen wir hineingehen?

Ein langes, schmales, hohes Gebäude, wieder wie überall

mit Öfen beheizt, mit vier Galerien, die, einer über der anderen, rundum gehen und durch Treppen miteinander zusammenhängen. In der Mitte sind beide Seiten jeder Galerie, zur größeren Bequemlichkeit beim Hinüber- und Herübergehen, durch eine Brücke miteinander in Verbindung gesetzt. Auf jeder dieser Brücken sitzt ein Gefangenenwärter: träumend, lesend oder mit einem müßigen Kameraden plaudernd. Auf jeder Galerieseite befinden sich, einander gegenüber, zwei Reihen kleiner eiserner Türen. Sie sehen wie Ofentüren aus, nur dass sie kalt und dunkel sind, als wäre das Feuer darin ganz erloschen. Zwei oder drei davon stehen auf und einige Weiber, mit auf die Brust gesenkten Köpfen, reden mit den Gefangenen. Das Ganze wird durch ein Gewölbefenster von oben her beleuchtet; es ist aber fest geschlossen und vom Dach hängen, schlaff und matt, zwei nutzlose Luftsegel herunter.

Ein Kerl mit dem Schlüsselbund erscheint, um uns herumzuführen. Er hat ein gutmütiges Gesicht und ist, in seiner Art, höflich und gefällig.

»Jene schwarzen Türen, das sind die Zellen?«

»Ja.«

»Sind sie alle besetzt?«

»I nu, es sind so ziemlich alle besetzt, das ist ein Faktum und kein Jota anders.«

»Die Zellen unten sind wohl sehr ungesund, wie?«

»Ja, wir stecken auch nur Farbige hinein. Das ist die Sache.«

»Wann werden die Gefangenen herausgelassen, um sich Bewegung zu machen?«

»Das brauchen sie gar nicht; sie halten's schon aus.«

»Dürfen sie nie in den Hof heraus?«

»Sehr selten.«

»Aber doch manchmal?«

»Na, das kommt wenig vor. Sie bleiben recht wohl dabei.«

»Aber gesetzt, dass einer hier ein ganzes Leben lang bleibt. Ich weiß, dies Gefängnis ist nur für schwere Verbrecher bestimmt, die auf ihr Verhör warten, aber die Gesetze machen es dem Verbrecher hier leicht, Aufschub und Fristen zu erlangen, sodass ein Gefangener, wenn er auf ein neues Verhör oder auf sein Urteil wartet, wohl sein volles Jahr hier sitzen kann. Oder meint Ihr, dass nicht?«

»Oh ja, das kann wohl sein.«

»Und wie, wollt Ihr behaupten, dass er in dieser ganzen Zeit nicht zu dieser kleinen eisernen Tür herauskommen soll, um frische Luft zu schöpfen und sich Bewegung zu machen?«

»Ja, ein bisschen vielleicht – nicht viel.«

»Wollt Ihr nicht eine dieser Türen aufmachen?«

»Alle, wenn Sie wollen.«

Die Riegel knarren und eine jener Türen dreht sich langsam in den Angeln. Lasst uns hineinsehen. Eine kleine Zelle mit nackten Wänden; das Licht dringt nur durch eine Spalte hoch in der Mauer ein. Ein Tisch, eine Bettstatt und dürftiges Waschgerät. Auf der Bettstelle sitzt ein sechzigjähriger Mann und liest. Er schaut einen Augenblick auf; schüttelt ungeduldig und trotzig den Kopf und sieht wieder starr in sein Buch. Als wir wieder den Kopf zurückzogen, ging die Tür hinter ihm zu und ward fest verschlossen. Dieser Mann hat sein Weib ermordet und wird vermutlich gehängt werden.

»Wie lange sitzt er schon?«

»Einen Monat.«

»Wann kommt er zum Verhör?«

»Beim nächsten Gerichtstermin.«

»Wann ist das?«

»Kommenden Monat.«

»In England hat ein Verbrecher, selbst wenn er zum Tode verurteilt ist, zu gewissen Tagesstunden den Genuss der freien Luft.«

»Ist es möglich?«

Mit welchem Erstaunen und mit welcher unübersetzbaren Pomade er dies sagt und wie behaglich er mit uns nach der Weiberabteilung hinschlendert; und im Gehen macht er mit dem Schlüssel auf dem Treppengeländer eine Art von eherner Kastagnettenmusik!

Jede Zellentüre auf dieser Seite hat eine viereckige Öffnung. Einige von den Verbrecherinnen gucken beim Schall unserer Fußtritte neugierig heraus; andere ziehen sich mit einem Gefühl von Scham zurück. – Was mag jenes Kind von zehn oder zwölf Jahren verbrochen haben, dass es hier eingeschlossen ist? Oh! Der Junge? Er ist der Sohn des Verbrechers, den wir eben gesehen haben; ist ein Zeuge gegen seinen Vater und wird bis zum Verhör hier festgehalten: Das ist die Sache.

Aber dies ist ein entsetzlicher Aufenthalt für ein Kind, welches da seine langen Tage und Nächte zubringen soll. Das ist eine etwas harte Behandlung für einen jungen Zeugen, wie? – Was sagt unser Führer dazu?

»Na, ein liederliches Leben ist's freilich nicht, *das* ist 'n Faktum.«

Wieder klingt er mit seinen ehernen Kastagnetten an und führt uns pomadig weiter. Ich muss ihn noch etwas fragen.

»Bitte, warum nennt Ihr dies Gefängnis *Die Gräber*?«

»Oh, so heißt's im *Cant*.«

»Das weiß ich. Aber warum?«

»Es haben sich einige das Leben genommen, wie es fertig war. Ich meine, es wird wohl daher kommen.«

»Da seh ich eben, dass der eine seine Kleider auf dem Fußboden seiner Zelle herumliegen hat. Haltet Ihr denn die Gefangenen nicht an, ein wenig ordentlich zu sein?«

»Wo sollten sie sie hintun?«

»Doch gewiss nicht auf die Erde. Was meint Ihr, wenn man sie die Kleider aufhängen ließe?«

Er bleibt stehen, sieht sich um und antwortet mit Nachdruck:

»Ja, das ist's gerade. Wie sie noch Haken in der Mauer hatten, da haben sie sich daran gehängt, darum hat man sie aus allen Zellen weggenommen und nur die Löcher in der Wand gelassen, worin sie früher gesteckt haben!«

Der Gefängnishof, in welchem er jetzt stehen bleibt, ist der Schauplatz schrecklicher Tragödien gewesen. In diesen engen, gruftähnlichen Raum werden die Verurteilten herausgeführt. Der arme Sünder steht auf der Erde, mit dem Strick um den Hals, unter dem Galgen; auf ein gegebenes Zeichen rollt mit dem anderen Ende des Seiles ein schweres Gewicht herab und schwingt ihn in die Luft empor – eine Leiche.

Diesem grauenhaften Schauspiel müssen nach dem Gesetz der Richter, die Geschworenen und fünfundzwanzig Bürger als Zeugen beiwohnen. Vor der Genossenschaft des Verbrechens bleibt es verborgen. Für die Bösen und Verworfenen ist es ein furchtbares Geheimnis; die Gefängnismauer ist der dicke, finstere Schleier, der den Verurteilten vor ihren Blicken verbirgt. Sie ist der Vorhang an seinem Totenbett, sein Leichenhemd und Grab. Sie sondert ihn von allen Lebendigen ab und entfernt allen jenen Reiz zur reuelosen Verstocktheit in der Todesstunde, den oft der bloße Anblick und die Gegenwart des Volkes geben. Da sind keine kühnen Augen, um ihn kühn zu machen; keine trotzigen Bösewichter, vor denen er sich des Namens Bösewicht würdig zu bezeigen streben könnte. Außer der mitleidslosen steinernen Mauer ist alle Welt für ihn unsichtbar.

Gehen wir wieder hinaus in die heiteren Straßen. Noch einmal auf den Broadway! Wieder dieselben Damen in buntfarbigen Kleidern gehen gepaart oder einzeln hin und her; dort schwebt derselbe hellblaue Sonnenschirm, der schon zwanzig Mal am Hotelfenster vorüberspazierte, während wir da saßen. Hier wollen wir auf die andere Seite der Straße hinübergehen. Aber nehmt euch in Acht vor den Schweinen. Zwei stattliche Säue treiben hinter dieser Kutsche her und eine feine Gesellschaft von einem halben Dutzend Gentlemenschweinen ist soeben dort um die Ecke gebogen.

Siehe, da wandelt ein einsames Schwein nach Hause. Es hat nur ein Ohr, das andere hat es auf seinen Stadtspaziergängen den umherstreifenden Hunden überlassen. Aber es behilft sich auch mit einem Ohre und führt ein gentlemännisches, flanierendes freies Leben nach Art unserer englischen Klubmänner. Jeden Morgen geht es zu einer bestimmten Stunde aus, stürzt sich in das Gewühl der Stadt, verbringt seinen Tag auf eine ihm selbst gewissermaßen recht angenehme Weise und erscheint regelmäßig jeden Abend wieder vor seiner Haustüre wie der mysteriöse Herr des Gil Blas. Es ist ein recht ungeniertes, sorg- und harmloses Schwein, welches zwar unter den anderen Schweinen von demselben Kaliber sehr viele Bekannte zählt, dieselben aber mehr vom Sehen als auch genauerem Umgang kennt; denn nur selten nimmt es sich die Mühe, stehen zu bleiben und Komplimente zu wechseln; vielmehr geht es grunzend seiner Wege den Rinnstein hinab, stöbert ein wenig Neuigkeiten und Stadtgeklatsch in Gestalt von Kohlstängeln und Abfall auf und führt keinen anderen »Schweif« mit sich herum als den eigenen; und selbst dieser Schweif ist sehr kurz, denn seine alten Feinde, die Hunde, waren stets darüber her und haben ihm kaum mehr als ein kleines Endchen gelassen, welches gerade groß genug ist, um dabei zu schwören. Es ist in jeder Art ein republikanisches Schwein, geht, wohin es ihm beliebt, und steht mit der besten Gesellschaft auf einem gleichen, wo nicht höheren Fuß, denn alles macht ihm Platz, wo es sich zeigt, und die stolzesten Herren und Damen räumen ihm gern die breiten Steine ein. Es ist auch ein großer Philosoph und lässt sich selten durch etwas außer Fassung bringen, es müssten denn die oben erwähnten Hunde sein. Zuweilen kann man es wohl mit den kleinen Augen zwinkern sehen, wenn es einen geschlachteten Freund erblickt, dessen Leichnam dem Türpfosten eines Fleischers zur Verzierung dient; dann grunzt es aber: »Das ist der Lauf der Welt: Alles Fleisch ist Schweinefleisch!«, steckt seine Nase wieder in den Kot und watschelt die Gasse hinab, indem es sich mit dem Gedanken tröstet, dass wenigstens eine Schnauze weniger auf der Welt ist, die ihm einen Kohlstängel vor der Nase wegkapern könnte.

Diese Schweine sind die Gassenkehrer der Stadt. Es sind hässliche Tiere; sie haben größtenteils einen mageren, braunen Rücken, der dem Deckel eines alten, mit Rosshaaren überzogenen Koffers gleicht, und abscheuliche schwarze Finnen. Sie haben lange, dürre Beine und so gespitzte Schnauzen, dass, wenn man sie dahin bringen könnte, sich *en profil* zeichnen zu lassen, niemand das Porträt als das eines Schweines erkennen würde. Sie werden nie abgewartet oder gefüttert oder getrieben, sondern sind von der frühesten Jugend an auf sich selbst angewiesen und werden daher unnatürlich gescheit. Jedes Schwein weiß, wo es logiert, besser als ihm jemand sagen könnte. Um diese Zeit – es wird gerade Abend – könnt ihr sie zu zwanzigen nach Hause ins Bett eilen sehen, auf dem ganzen Weg bis zum letzten Schritt essend. Dann und wann hat ein unerfahrener Jüngling unter ihnen sich überfressen oder ist von den Hunden sehr gequält worden und geht daher etwas zögernd heim wie ein verlorener Sohn; doch dies ist ein seltener Fall; denn Selbstbeherrschung, Selbstvertrauen und unerschütterliche Ruhe sind ihre Haupttugenden.

Jetzt sind die Gassen und Kaufläden erleuchtet; und wenn man das Auge über die lange Straße hinabschweifen lässt, die mit hellen Gaslichtern besät ist, wird man an Oxford-Street oder Piccadilly erinnert. Hie und da sieht man eine breite, steinerne Kellertreppe und ein farbiges Lampenlicht zeigt den Weg zu einem Billardzimmer oder einer Ten-Pins-(Zehn Kegel)-Bahn: Zehn-Kegel, ein Spiel, bei welchem es sowohl auf Glück wie auf Geschick ankommt, wurde erfunden, als die Nine-Pins (Neun Kegel) gesetzlich verboten wurden. Andere Treppen sind mit Lampen versehen, welche zu Austernkellern den Weg zeigen – freundlichen Asylen, nicht bloß weil es daselbst wunderbare, große Austern gibt, sondern weil unter allen Sorten von Essern, Fisch-, Fleisch- oder Geflügelessern, die Austernschlinger allein nicht herdenweise zusammenkommen, sondern sich gleichsam der zarten, spröden Natur dessen, was sie in sich aufnehmen, anschmiegen und in besonderen, mit Gardinen versehenen Abteilungen allein oder höchstens zu zweien sitzen.

Aber wie still ist es auf den Straßen! Sind denn keine herumziehenden Musikbanden zu sehen, hört man keine Blas- oder Saiteninstrumente? Nein, nicht ein einziges. Gibt es hier keine Policinelles, Hanswürste, tanzende Hunde, Gaukler, Wahrsager, Taschenspieler, Dudelsäcke oder nur Drehorgeln? Nein, nichts von alledem. Doch ich entsinne mich – eine Drehorgel und einen tanzenden Affen sah ich, der zwar von Natur spaßig genug war, aber immer mehr den Charakter eines einfältigen, unbehilflichen Affen von der utilitarischen Schule annahm. Außer dem nicht das geringste Leben; nein, nicht einmal ein weißes Mäuschen in einem Drehkäfig.

Gibt es denn gar keine Unterhaltung da? Oh ja. Quer über

der Straße befindet sich eine Predigerstube, aus welcher just das Licht dort hervorscheint; und da wird für die Damen dreimal wöchentlich, oder noch öfter, abendlicher Gottesdienst gehalten. Die jungen Herrn finden Unterhaltung genug im Kontor, in der Warenniederlage oder in der Schänkstube: Die Letztere ist ziemlich voll, wie man durch diese Fenster da sehen kann. Horcht auf den Schall der Hämmer, mit denen man das Eis zerschlägt, und auf das kühle Rieseln der zermalmten Stücke, wenn sie bei der Mischung aus einem Glas ins andere gegossen werden! – Keine Belustigungen, keine Unterhaltungen? Was tun denn jene Herrn mit den Zigarren im Munde und den starken Getränken neben sich anders als sich zu belustigen? Was sollen jene fünfzig Zeitungen, die der naseweise Junge da durch die Straßen ausruft und die in den Gaststuben haufenweise herumliegen, was sollen sie anders als unterhalten? Und dies sind nicht etwa schale, wässerige Unterhaltungen, sondern tüchtiger, drastischer Stoff, da werden Schmähungen und Schimpfnamen ausgeteilt und die Dächer von den Häusern gerissen, wie es der hinkende Teufel in Spanien machte; jede Art von verkehrtem Geschmack wird gekitzelt und der gefräßigste Magen mit frisch geschmiedeten Lügen voll gepfropft; jedem öffentlichen Charakter werden die gemeinsten und niedrigsten Beweggründe unterschoben, jeder mitleidige Samariter wird mit seinem guten Gewissen von der herabgewürdigten Politik abgeschreckt und unter feilem Schreien, Pfeifen und Händeklatschen das niedrigste Gerücht und die schlechtesten Raubvögel aufgehetzt. – Das sollten keine Unterhaltungen sein!

Gehen wir weiter. Wir gehen in dieser Wildnis an einem Hotel vorbei – in dessen Erdgeschoss sich, wie bei manchem Theater auf dem europäischen Kontinente, Warenniederlagen befinden – und gelangen in die Five Points. Allein es wird erst nötig sein, dass wir zu unserer Eskorte jene zwei Herren von der Polizei mit uns nehmen, die man als scharfsichtige, ausgebildete Beamte erkennen würde, und wenn man ihnen in der Wüste Sahara begegnete. So wahr ist es, dass gewisse Beschäftigungen überall den Menschen dasselbe Gepräge aufdrücken.

Diese beiden hier können recht gut in Bow-Street gezeugt, geboren und erzogen sein.

Weder bei Nacht noch bei Tage haben wir Bettler in den Straßen getroffen, aber andere Strolche in Menge. Armut, Elend und Laster sind reif genug, wo wir uns jetzt hinwenden.

Jetzt sind wir an Ort und Stelle: Sieh da zur Rechten und Linken die engen Gässchen; sie stinken alle von Schmutz und Unflat. Das Leben, welches hier geführt wird, trägt hier dieselben Früchte wie anderswo. Die groben aufgedunsenen Gesichter an den Türen und Fenstern finden ihre Seitenstücke in England und in der ganzen Welt. Vor lauter Ausschweifung scheinen sogar die Häuser vor der Zeit veraltet. Seht, wie die verfaulten Balken den Einsturz drohen, wie die zerbrochenen und beklebten Fensterscheiben uns finster anschielen, gleich Augen, die in einer Prügelei braun und blau geschlagen worden sind. Viele jener Schweine residieren hier. Wundern sie sich denn niemals, dass ihre Herren aufrecht gehen statt zu grunzen?

Bis hierher ist fast jedes Haus eine elende Kneipe; an den Wänden der Gaststuben sieht man bunt gemalte Bilder von Washington, der Königin Victoria von England und dem amerikanischen Adler. Zwischen den Fächern, worin die Flaschen stecken, erblickt man Stücke Fensterglas und buntes Papier, denn selbst hier ist ein gewisser Sinn für Putz und Dekoration zu finden. Und da die Matrosen diese Orte besuchen, so gibt es daselbst Seebilder zu Dutzenden, zum Beispiel Trennungsszenen zwischen Matrosen und ihren Liebchen; Porträts von William und seiner schwarzäugigen Susanne, nach der Ballade gezeichnet, von Will Watch, dem kühnen Schmuggler, von Paul Jones, dem Seeräuber usw., auf welche die gemalten Augen der Königin Victoria und Washingtons obendrein mit ebenso großer Befremdung zu blicken scheinen als auf die Szenen, die in ihrer Gegenwart vorgehen.

Was ist das für ein Ort, auf den diese schmutzige Straße führt? Eine Art Square von aussätzigen Häusern, von denen einige nur durch außen befindliche verfallene, hölzerne Treppen zugänglich sind. Wohin gelangen wir über die wankende Treppe, die unter unserem Fußtritte knarrt? In eine nur von einem einzigen düsteren Lichte erhellte Stube, entblößt von allen Bequemlichkeiten, außer die ein elendes Bett gewähren kann. Daneben sitzt ein Mann, die Ellbogen auf die Knie gestützt, das Gesicht mit den Händen bedeckt. »Was fehlt diesem Mann?«, fragt der erste Polizeibeamte. »Das Fieber«, erwidert er mürrisch ohne aufzublicken. Nun mache man sich einen Begriff von den Phantasien eines fieberigen Hirns an einem solchen Orte.

Jetzt steige ich diese pechfinsteren Treppen hinauf, aber nimm dich in Acht, dass du keinen falschen Tritt auf den wankenden Brettern tust, und suche dich in diese Wolfshöhle zu finden, wohin weder Licht noch Luft dringen zu können scheint. Ein Negerjunge, durch des Beamten Stimme – die er wohl kennt – vom Schlafe aufgeschreckt, allein beruhigt durch die Versicherung des Letzteren, dass er nicht in Geschäften komme, springt dienstfertig auf, um ein Licht anzuzünden. Das Schwefelhölzchen flackert einen Augenblick hell auf und lässt große Haufen schmutziger, schwarzer Lumpen auf dem Boden sehen; dann verlischt es wieder und lässt eine noch dichtere Finsternis zurück als vorher. Der Junge stolpert die Treppe hinab und kommt sogleich mit einer flackernden Kerze, die er mit der Hand verdeckt, damit sie nicht ausgehe, wieder. Jetzt sehen wir, wie sich die Lumpen regen und langsam erheben: Der ganze Fußboden ist mit Negerweibern bedeckt, die von ihrem Schlafe erwachen. Ihre weißen Zähne klappern hörbar und ringsum glänzen und blinken ihre funkelnden Augen wie die unzählige Vervielfachung eines erstaunten afrikanischen Gesichts in einem Zauberspiegel.

Nun steige ich die nächste Treppe mit nicht geringerer Vorsicht wie die vorige (denn für die, welche keine so gute Bedeckung wie wir haben, gibt es da Schlingen und Fallgruben) nach der obersten Dachkammer hinauf, wo sich über uns die obersten Dachbalken und Sparren zusammenfügen und durch die Spalten im Dache die ruhige Nacht hereinblickt. Öffne die verklammerte Tür eines dieser Löcher voll schlafender Neger. Sieh da, sie haben ein Kohlenfeuer angezündet; es riecht nach verbrannten Kleidern oder versengter Haut, so dicht drängen sie sich an die Kohlpfanne; und Dünste steigen aus diesen Höhlen, die fast blenden und ersticken. Aus jedem Winkel siehst du eine halb erwachte Gestalt hervorkriechen, als wenn die Stunde des Jüngsten Gerichts geschlagen hätte und jedes scheußliche Grab seine Toten auspie. Hunde würden heulen, müssten sie hier über Nacht liegen, und doch legen sich Weiber, Männer und Kinder hier zum Schlafen nieder und zwingen die vertriebenen Ratten sich ein besseres Quartier zu suchen.

Auch in diesem Stadtteil gibt es Gassen und Gässchen mit knietiefem Kot; unterirdische Räume, wo getanzt und gespielt wird; Wände, bedeckt mit unzähligen rohen Zeichnungen von Schiffen, Festungen, Flaggen und amerikanischen Adlern; eingestürzte Häuser, nach der Straße zu offen, durch deren weite Mauerspalten uns wieder andere Ruinen entgegendüstern, als ob die Welt des Lasters und Elendes nichts anderes zu zeigen hätte; scheußliche Wohnungen, die ihre Namen von Raub und Mord herleiten – kurz alles, was ekelhaft, widrig und verworfen ist, hier siehst du es.

Unser Führer hat die Hand auf der Türklinke zu »Almack's« und ruft uns aus der Tiefe entgegen; denn das Versammlungszimmer der Honoratioren von Five Points liegt unter der Erde. Wollen wir hinab? 's ist ja nur ein – Augenblick.

Heda!, wie ist die Wirtin von Almack's auf dem Zeuge! – eine hübsche, dicke Mulattin mit hellen Augen, die ein buntfarbiges Tuch zierlich um ihren Kopf gewunden hat. Der Wirt steht ihr in seinem Putz durchaus nicht nach; er trägt eine hellblaue Jacke, wie ein Schiffssteward, einen dicken goldenen Ring um den kleinen Finger und eine glänzende goldene Uhrkette um den Hals. Wie er sich freut, uns bei sich zu sehen! »Was ist Ihnen gefällig, meine Herren? Ein Tänzchen? Augenblicklich, Sir, und das ein recht ordentliches.«

Der korpulente schwarze Fiedler und sein Freund, der das Tamburin spielt, stampfen mit den Füßen auf den Fußboden ihres kleinen Orchesters, auf dem sie sitzen, und spielen ein lustiges Stückchen auf. Fünf oder sechs Paare kommen heran, von einem lebhaften jungen Neger, dem Witzbolde der Versammlung und dem besten Tänzer unter ihnen, angeführt. Er schneidet in einem fort Grimassen und ist das Ergötzen aller Übrigen, die unaufhörlich von einem Ohr bis zum anderen greinen. Unter den Tänzerinnen befinden sich zwei junge Mulattinnen mit großen schwarzen, zu Boden gesenkten Augen und einem Kopfputze gleich dem der Wirtin; sie sind so blöde oder tun wenigstens so, als wenn sie in ihrem Leben noch nicht getanzt hätten, und blicken zur Erde, dass man nichts als ihre langen Augenwimpern sehen kann.

Allein der Tanz beginnt; jeder Tänzer springt so lange, als es ihm gefällt, auf seine Dame los, und die Dame auf ihn, und dies geht so lange fort, bis sie matt werden; und dann stürmt der lebhafte Held in ihre Mitte. Der Geiger beginnt zu greinen und geigt mit neuem Mute; in das Tamburin kommt neue Kraft, neues Gelächter unter die Tänzer, neues Lächeln auf das Gesicht der Wirtin, neues Vertrauen in den Wirt, neue Heiterkeit selbst in die Lichter. Der junge Neger vollführt mehrere Sprünge und Schneller, schnalzt mit den Fingern, verdreht die Augen, wendet seine Knie herum und zeigt die Hinterseite seiner Beine nach vorn, dreht sich wie ein Kreisel auf Zehen und Hacken ringsum, tanzt mit zwei linken Beinen, zwei rechten Beinen, zwei hölzernen Beinen, zwei Drahtbeinen – 's ist ihm alles eins. Endlich, nachdem er seine Tänzerin und sich obendrein ganz erschöpft hat, springt er großartig an den Schänktisch und verlangt, ein echter Jim Crow, mit millionenfachem Gekicher, Gegluck und Gelächter etwas zu trinken!

Nach der erstickenden Atmosphäre jener Häuser bedünkt uns die Luft frisch, selbst in diesem unsauberen Kellerloch; und jetzt, da wir in eine breitere Straße heraufkommen, bläst sie uns reiner und wohltuender entgegen und die Sterne blicken wieder freundlich hernieder. Hier sind wir wieder an den »Tombs«; das Stadtwachthaus ist ein Teil des Gebäudes. Es ist die natürlichste Fortsetzung der Schauspiele, denen wir eben beigewohnt haben. Dies wollen wir noch ansehen und dann zu Bette!

Wie? Wirft man hier die Leute wegen leichter Polizeivergehen in solche Löcher? Müssen denn Männer und Weiber, gegen die noch kein Verbrechen erwiesen ist, wirklich hier die ganze Nacht zubringen, in den widrigen Dünsten, welche die düstere Lampe, womit uns geleuchtet wird, umgeben? So ekelhafte, scheußliche Kerker wie diese Zellen würden dem despotischsten Lande in der Welt Schande machen! Betrachte sie, Mann, der du die Schlüssel dazu hast und sie alle Nächte siehst. Siehst du, was das ist? Weißt du, wie die Abzugskanäle unter den Straßen gebaut sind und worin sie sich von den Menschenkloaken hier unterscheiden?

Gut, er weiß es nicht. Er sagt, er hätte schon fünfundzwanzig junge Frauenzimmer auf einmal hier eingeschlossen und man könne sich kaum denken, was für schöne Gesichter darunter gewesen wären.

So schließ denn in Gottes Namen die Tür hinter dem elenden Geschöpf, das jetzt darin ist, und verbirg ja das Dasein eines Ortes, der von allem Laster, von aller jämmerlichen Teufelei der schlechtesten alten Stadt in Europa nicht übertroffen werden kann.

Werden die Leute denn wirklich die ganze Nacht unverhört in diesen schwarzen Sauställen gelassen? – Jede Nacht. Die Wache stellt sich um sieben Uhr abends ein. Der Magistrat öffnet den Gerichtshof um fünf Uhr morgens. Dies ist die früheste Stunde, zu welcher der Gefangene erlöst werden kann, und wenn ein Beamter gegen ihn zeugt, so kommt er erst um neun oder zehn Uhr heraus. – Aber wenn nun einer inzwischen, wie es jüngst der Fall war, stirbt? – Dann wird er, wie es in jenem Fall geschah, in der Zeit von einer Stunde von den Ratten halb aufgefressen, und damit basta.

Was soll denn das unerträgliche Glockengeläut, das Rädergerassel und das Schreien in der Ferne bedeuten? – Eine Feuersbrunst. Und was ist das für ein roter Schein in der entgegengesetzten Richtung? – Eine andere Feuersbrunst. Und was sind das hier für halb verkohlte, schwarze Wände? – Das ist ein Haus, worin eine Feuersbrunst gewütet hat. Vor kurzem wurde in einem amtlichen Bericht mehr als bloß angedeutet, dass diese Feuersbrünste nicht ganz zufällig seien und dass der Spekulations- und Unternehmungsgeist selbst im Feuer einen Spielraum sucht. Doch dem sei, wie ihm wolle; in der letzten Nacht war Feuer, diese Nacht ist zweimal Feuer, und ich will wetten, dass es morgen wenigstens einmal irgendwo brennen wird. So wollen wir denn uns dies zu unserem Troste dienen lassen, Gute Nacht sagen und zu Bett gehen.

Während meines Aufenthalts in New York besuchte ich auch eines Tages die verschiedenen öffentlichen Anstalten auf Long Island. Eine derselben ist ein Irrenhaus. Das Gebäude ist hübsch und wegen seiner breiten, eleganten Treppe bemerkenswert. Obgleich noch nicht vollendet, ist es schon von beträchtlichem Umfange und kann eine sehr große Anzahl von Patienten aufnehmen.

Ich kann nicht sagen, dass die Besichtigung dieser Anstalt mir viel Tröstliches zeigte. Die verschiedenen Abteilungen hätten reinlicher und besser geordnet sein können; ich sah nichts von dem zweckmäßigen System, das schon an anderen ähnlichen Orten einen so günstigen Eindruck auf mich gemacht hatte; alles hatte ein peinliches, unordentliches, echt tollhäuslerisches Aussehen. Den träumenden, in sich zusammengekauerten Irrsinnigen mit langem, wirrem Haar; den Unsinn schnatternden Tollen mit seinem scheußlichen Gelächter, und mit ausgestrecktem Finger in die Luft deutend, das wilde Gesicht, den nichts sagenden Blick, alles sah ich hier in seiner nackten Schrecklichkeit. Im Speisesaale, einem kahlen, traurigen Gemach, wo das Auge nur auf nackte Wände blicken konnte, war eine Frau allein eingesperrt. Sie hatte sich, wie man mir sagte, in den Kopf gesetzt sich ums Leben zu bringen. Wenn irgendetwas sie in ihrem Entschlusse bestärken konnte, so war es gewiss die Eintönigkeit eines solchen Aufenthalts.

Der scheußliche Anblick, den der in diesen Hallen und Sälen sich umherdrängende Haufe bot, schreckte mich so zurück, dass ich meinen Aufenthalt so viel als möglich abkürzte und von dem Anerbieten, mich in diejenige Abteilung des Gebäudes zu führen, wo die Widerspenstigen und Rasenden unter schärferer Aufsicht gehalten wurden, keinen Gebrauch machte. Ich zweifle gar nicht, dass der Mann, der zur Zeit, da ich dies niederschreibe, die Oberaufsicht über diese Anstalt führt, zu ihrer Leitung befähigt war und alles, was in seiner Macht stand, getan hat, um ihre Nützlichkeit zu erhöhen; allein wird man es glauben, dass der elende Parteistreit selbst bis in diesen traurigen Zufluchtsort der entwürdigten Menschheit hinab geführt wird? Wird man es glauben, dass das Auge, welches über die Verirrung der Seelen – die schrecklichste Heimsuchung, welche die menschliche Natur treffen kann – wachen und sie heilen soll, dass dieses Auge die Brille einer oder der anderen politischen Partei tragen muss? Wird man es glauben, dass der Direktor einer solchen Anstalt ernannt, abgesetzt und fortwährend gewechselt wird, je nachdem die eine oder die andere Partei die mächtigere ist? Hundertmal in jeder Woche kam eine neue unwürdige Äußerung dieses engherzigen, Schaden bringenden Parteigeistes – des Samums von Amerika, der alles gesunde Leben in seinem Bereiche unterdrückt und verletzt – mir zu Ohren; allein nie wandte ich ihm mit so tiefem Abscheu und so unbegrenzter Verachtung den Rücken wie damals, als ich die Schwelle des Irrenhauses auf Long Island verließ.

In geringer Entfernung vor diesem Gebäude steht ein anderes, das Almosenhaus, das heißt Arbeitshaus von New York genannt. Auch dieses ist eine weitläufige Anstalt und gewährt, glaube ich, zur Zeit, als ich dort war, fast tausend Armen Obdach. Sie war indes schlecht gelüftet, hatte nur wenig Licht, war nicht allzu reinlich und machte im Ganzen einen sehr ungünstigen Eindruck auf mich. Man darf jedoch nicht vergessen, dass New York, als ein großes Handelsemporium und als ein Ort, wohin sich nicht nur aus allen Staaten, sondern aus den meisten Teilen der Welt eine große Menge Menschen flüchten, immer für eine beträchtliche Anzahl Arme zu sorgen hat und daher in dieser Rücksicht unter eigentümlichen Schwierigkeiten leidet. Eben sowohl muss man auch bedenken, dass New York eine große Stadt ist und dass in allen großen Städten Gutes und Böses auf die großartigste Weise einander aufwiegen.

In der Nähe befindet sich auch die »Long Island Farm«, wo Waisenkinder verpflegt und erzogen werden. Ich sah zwar diese Anstalt nicht, doch glaube ich, sie wird gut verwaltet, umso mehr als ich weiß, wie sehr man in Amerika gewöhnlich jene schöne Stelle in der Litanei vor Augen hat, die aller kranken Kinder und Erwachsenen gedenkt.

Ich fuhr nach diesen Anstalten zu Wasser, in einem Boot, das dem Gefängnis von Long Island gehörte und mit Gefangenen bemannt war, die eine schwarz und gelb gestreifte Uniform trugen, in der sie wie Tiger aussahen. Sie ruderten mich in demselben Boot nach dem Gefängnis selbst.

Es ist ganz ein altes Gefängnis, eine förmliche Pionierkaserne, nach dem schon beschriebenen Plan errichtet. Ich freute mich, als ich dies hörte, denn es ist ohne Frage ziemlich schlecht. Jedoch wird das meiste aus seinen eigenen Mitteln bestritten und es ist so gut eingerichtet, als solch ein Ort es nur sein kann.

Die Weiber arbeiten in gedeckten Schuppen, die zu diesem Zweck eigens errichtet sind. Wenn ich mich recht entsinne, sind für die Männer keine Schuppen vorhanden; der größere Teil von ihnen arbeitet in gewissen Steinbrüchen, die sich in der Nähe befinden. Da es jedoch sehr nasses Wetter war, hatte man die Arbeit eingestellt und die Verbrecher blieben in ihren Zellen. Man denke sich diese Zellen, einige zwei- oder dreihundert an Zahl, und in jeder einen Mann eingeschlossen: Da steht einer an der Türe, um Luft zu schöpfen, und steckt die Hände durchs Gitter; dort liegt einer im Bett (um Mittag nämlich); und jener liegt der Länge nach auf dem Boden, mit dem Kopf gegen die geschlossene Tür wie eine wilde Bestie. Dabei gießt draußen der Regen in Strömen nieder. Denkt euch in die Mitte den ewigen Ofen, heiß zum Ersticken und dampfend wie ein Hexenkessel: und dann eine Fülle zarter Gerüche, wie sie aus tausend modrigen, ganz durchnässten Regenschirmen und eintausend Waschkörben voll halb gewaschener schmutziger Wäsche aufsteigen würden – und da habt ihr das Gefängnis, wie es an jenem Tage war.

Das Staatsgefängnis zu Sing Sing hingegen ist ein wahres Mustergefängnis. Dieses und das von Mount Auburn sind die größten und besten Beispiele von Gefängnissen, in denen das Schweigsystem herrscht.

In einem anderen Stadtteil befindet sich das Asyl für die Hilflosen (*Refuge for the Destitute*): eine Anstalt, welche jugendliche Übeltäter, männliche und weibliche, schwarze und weiße, ohne Unterschied aufnimmt, um sie ein nützliches Gewerbe oder Handwerk zu lehren, bei ehrbaren Meistern in die Lehre zu geben und so allmählich zu würdigen Gliedern der bürgerlichen Gesellschaft zu machen. Die Tendenz dieser Anstalt ist, wie man sieht, der der Bostoner Anstalt ähnlich und nicht weniger bewundernswert und verdienstlich. Während ich diese wahrhaft christliche Anstalt besichtigte, konnte ich mich nicht des Verdachtes erwehren, dass der Direktor derselben vielleicht nicht die gehörige Welt- und Menschenkenntnis besitze; ich fragte mich, ob er nicht einen großen Missgriff machte, indem er mehrere junge Mädchen, die ihren Jahren und Erlebnissen nach in jeder Beziehung völlig Weiber waren, wie kleine Kinder behandelte; was auf mich und, wenn ich mich nicht sehr irre, auch auf die Mädchen selbst einen komischen Eindruck hervorbrachte. Da jedoch die Anstalt stets unter der wachsamen Oberaufsicht eines Komitees von sehr verständigen und erfahrenen Männern steht, so muss sie wohl gut geleitet werden; und ob ich in dieser speziellen Kleinigkeit Recht oder Unrecht habe, ist am Ende für die Verdienste und den Charakter dieser nicht genug zu schätzenden Anstalt ohne Bedeutung.

Außer diesen Instituten sind in New York auch ausgezeichnete Spitäler und Schulen, literarische Anstalten und Bibliotheken; eine bewundernswerte Feuerordnung – sie muss allerdings vortrefflich sein, da sie fortwährend Übung hat – und wohltätige Anstalten jeder Art noch außerdem. In den Vorstädten ist ein sehr geräumiger Kirchhof, der zwar noch nicht fertig ist, aber täglich Fortschritte macht. Die traurigste Gruft, die ich sah, hieß »Fremdengruft«. Gewidmet den verschiedenen Hotels dieser Stadt.

In New York sind drei Theater. Zwei, der Park und Bowery, sind große, elegante und schöne Gebäude, aber leider großenteils leer. Das dritte, das Olympic, ist ein winziger Guckkasten für Vaudevilles und burleske Possen. Es wird ausgezeichnet di-

Das Park Theatre in New York

rigiert von Mr Mitchell, einem Komiker von großer Originalität und viel ruhigem Humor; Londoner Theaterliebhaber werden sich seiner noch mit Liebe und Achtung erinnern. Es freut mich von diesem verdienstvollen Künstler melden zu können, dass seine Vorstellungen stets ein volles Haus machen und dass sein Theater allabendlich von lautem Frohsinn widerhallt. Ich hätte beinahe vergessen ein kleines Sommertheater zu erwähnen, welches Niblo's genannt wird und Gärten hat, worin man im Freien Unterhaltungen gibt; allein ich glaube, es leidet auch an der allgemeinen Gedrücktheit des ganzen Theaterwesens.

Die Gegenden um New York sind ausnehmend pittoresk. Das Klima gehört, wie ich schon angedeutet, zu den wärmsten. Wer weiß, wie glühend es wäre, würde es nicht durch die sanften Seewinde gemildert, die um die Abendzeit aus der schönen Bai herüberwehen.

In der guten Gesellschaft herrscht hier ungefähr derselbe Ton wie in Boston; mag sein, dass er hie und da schon mehr den Einfluss des merkantilen Geistes verrät, allein im Allgemeinen herrscht ein höflicher, feiner und stets sehr gastfreundlicher Ton. Es wird ein großes Haus und guter Tisch geführt; die Gesellschaftsstunden sind später und etwas weniger solid; und, in Bezug auf äußeren Schein und Pomp, auf das Prunken mit Vermögen und Aufwand, herrscht mehr Rangstreit und Wetteifer. Die Frauen sind ausnehmend schön.

Ehe ich New York verließ, traf ich meine Vorkehrungen, um mir für die Heimfahrt einen Platz auf dem George-Washington-Paketschiff zu sichern, welches, wie die Ankündigung besagte, im Juni abgehen sollte: Und dies war gerade der Monat, in dem ich mir vorgenommen hatte Amerika zu verlassen, falls mich kein Zufall auf meinen Streifzügen daran verhindern sollte.

Ich hätte nie gedacht, dass die Heimkehr nach England, die Rückkehr zu allem, was mir teuer ist, und zu Beschäftigungen und Bestrebungen, die mir unmerklich zur zweiten Natur geworden sind, mir je so viel Kummer verursachen würde, wie ich später erfahren musste, als ich endlich an Bord jenes Schiffes von meinen Freunden aus New York, die mich begleitet hatten, Abschied nahm. Ich hätte nie gedacht, dass der Name eines so weit entlegenen und jüngst zum ersten Male besuchten Ortes je in meinem Herzen einen Platz neben der Masse teuerer Erinnerungen, die es erfüllen, einnehmen würde. Aber in New York leben jetzt Freunde von mir und sie gehören zu jenen Seelen, die mir selbst den dunkelsten Wintertag, der je in Lappland auf- und unterging, erhellen könnten; Freunde, vor denen mir selbst der Gedanke an die Heimat verdämmerte und schwächer ward, als wir jenes schmerzvolle Wort uns zuriefen, welches sich mit all unserem Tun und Denken vermischt; welches unsere Häupter schon in frühester Kindheit grüßt und im Greisenalter die letzte Aussicht unseres Lebens schließt.

Siebentes Kapitel

Philadelphia und das Gefängnis mit einsamer Einsperrung

Man macht die Reise von New York nach Philadelphia auf der Eisenbahn und mittels zweier Fähren; sie dauert gewöhnlich fünf oder sechs Stunden. Es war ein schöner Abend, als wir im Train saßen; ich sah zum Wagenfensterchen nah an der Tür hinaus auf den glänzenden Sonnenuntergang, als mir eine seltsame Erscheinung auffiel, die aus den Fenstern des unmittelbar vor uns fahrenden Herrenwagens hervorging; ich dachte, es müssten sehr betriebsame Passagiere sein, die selbst auf der Reise sich damit beschäftigten, Federn zu schleißen und die Stiele in den Wind zu streuen. Endlich fiel mir ein, dass sie bloß spien, und ich hatte richtig geraten; aber ich begreife noch jetzt nicht, wie eine solche Menge Passagiere, als jener Wagen fasste, einen so komischen Regenschauer von Expektorationen in einem fort unterhalten konnte: obwohl ich später in allen amerikanischen Spei- und Spuck-Phänomenen Erfahrungen genug sammelte.

Ich machte während der Fahrt die Bekanntschaft eines sanften und sittsamen jungen Quäkers, der das Gespräch damit eröffnete, dass er mir feierlich flüsternd mitteilte, sein Großvater sei der Erfinder des kalt destillierten Rizinusöles. Ich erwähne den Umstand nur, weil dies wahrscheinlich zum ersten Mal der Fall war, dass jene wertvolle Medizin als Gesprächs-Öffnungsmittel sich bewährt hat.

Spätabends kamen wir nach der Stadt. Ehe ich zu Bett ging, sah ich zum Fenster hinaus und gewahrte gegenüber ein schönes Gebäude aus weißem Marmor, das einen trauervollen, geisterhaften Anblick gewährte; es war unheimlich anzusehen. Ich schrieb dies dem verdüsternden Einfluss der Nacht zu, und als ich am Morgen aufstand, sah ich wieder zum Fenster hinaus, in der Erwartung, die Säulengänge und Treppen des Palastes von aus- und einströmenden Menschen belebt zu sehen. Allein das Tor war noch immer fest geschlossen und das kalte, tote Gebäude sah aus, als könnte in seinen düsteren Hallen nur die steinerne Statue Don Guzmans etwas zu schaffen haben. Ich erkundigte mich sogleich nach dem Namen und Zweck des Gebäudes und da freilich schwand mein Erstaunen bald. Es war das Grab so manchen Vermögens, die große Katakombe zahlloser angelegter Kapitalien, es war die denkwürdige Vereinigte-Staaten-Bank.

Die Insolvenzerklärung dieser Bank mit allen ihren verderblichen Folgen hatte (wie man mir von allen Seiten erzählte) über Philadelphia einen düsteren Schatten geworfen, unter

Das United States Hotel, Dickens' Unterkunft in Philadelphia

dessen niederdrückendem Einfluss es noch jetzt litt. Die Stadt sah auch etwas übellaunig und trübsinnig aus.

Die Stadt ist hübsch, aber verzweifelt regelmäßig. Nachdem ich eine oder zwei Stunden darin umherspaziert war, hätte ich weiß Gott was für eine krumme Straße gegeben. Mein Rockkragen schien steifer zu werden und meine Hutkrempe sich auszudehnen in dieser Quäkeratmosphäre. Meine Locken schrumpften zu einem weichen Haarbüschel ein, meine Hände falteten sich von selbst still und ruhig über der Brust und unwillkürlich kam mir die Idee, in Mark Lane gegenüber vom Marktplatz mir eine Wohnung zu mieten, ein wenig Getreide zu spekulieren und ein reicher Mann zu werden.

Philadelphia ist reichlich mit frischem Wasser versorgt, welches von allen Seiten hervorsprudelt, gießt und herabquillt. Die Wasserkunst, auf einer Anhöhe in der Nähe der Stadt gelegen, ist nicht nur von großem Nutzen, sondern auch ein schönes Bauwerk; ringsum ist ein geschmackvoller öffentlicher Garten angelegt, der in der schönsten Ordnung und im besten

Zustand gehalten wird. Der Fluss ist hier eingedämmt und wird durch seine eigene Gewalt in gewisse hohe Weiher oder Behälter getrieben, von wo aus die Stadt, bis in die obersten Stockwerke der Häuser, für eine Kleinigkeit frisches Wasser erhält.

Unter den verschiedenen öffentlichen Anstalten ist ein höchst ausgezeichnetes Spital, eine Quäkerstiftung, die aber in den Wohltaten, die sie spendet, durchaus sich von keinem Sektengeist bestimmen lässt; eine stille, merkwürdige alte Bibliothek, die Franklins Namen führt; eine hübsche Börse und Post und so weiter. Zum Besten der Fonds des Quäkerspitals ist ein Gemälde von West zu sehen; es stellt unsern Herrn und Heiland dar, die Kranken heilend, und gehört vielleicht zu den besten Stücken, die man von diesem Meister nur irgend sehen kann. Ob dies ein großes Lob ist oder nicht, hängt vom Geschmack des Lesers ab.

In demselben Saale ist auch ein sehr charakteristisches und lebensgroßes Porträt, von Mr Sully, einem ausgezeichneten amerikanischen Künstler, gemalt.

Mein Aufenthalt in Philadelphia währte nur kurze Zeit, aber was ich dort von dem geselligen Leben sah, behagte mir ungemein. Im Allgemeinen möchte ich behaupten, dass es einen provinzielleren Anstrich als Boston oder New York hat und dass die schöne Stadt von einem ästhetischen Geist und Geschmack beseelt ist, der ein wenig nach jenen anmutigen Gesprächen über Shakespeare und die Glasharmonika schmeckt, von denen wir im »Landpfarrer von Wakefield« lesen. In der Nähe der Stadt befindet sich ein prachtvolles, aber unvollendetes Marmorgebäude, das Girard-College, welches ein verstorbener steinreicher Mann dieses Namens gegründet hat; würde es nur nach dem ursprünglichen Plan ausgebaut, so wäre es vielleicht das reichste Gebäude, das man in neuerer Zeit kennt. Allein über die Hinterlassenschaft des Herrn Girard sind Prozesse entstanden, und solange diese obschweben, stockt der Bau, sodass es wie von so vielen großen Unternehmungen in Amerika auch von dieser immer heißt: Nächstens wird's fertig.

Das Penitentiary in Philadelphia

Wo die letzten Häuser stehen, befindet sich ein Gefängnis, das *eastern Penitentiary* (das örtliche Bußhaus) genannt, welches eine den Pennsylvaniern eigentümliche Einrichtung hat. Das System ist streng, sehr scharf und heißt hoffnungslose, einsame Einsperrung; ich glaube, es ist, in seinen Wirkungen, grausam und ungerecht.

Die Absicht, das bin ich überzeugt, ist gut, human, wohlmeinend und Besserung bezweckend; allein ich bin auch überzeugt, dass jene Herren, welche diese Gefängnisdisziplin erfunden haben, und jene Wohlwollenden, die sie handhaben, nicht wissen, was sie tun. Ich glaube, nur wenige haben einen Begriff von der Tortur und der Seelenangst, welche diese entsetzliche Strafe, wenn sie einige Jahre dauert, über die Duldenden verhängt; nach meinem Ermessen, nach dem, was in ihrem Innern, wie ich überzeugt bin, vorgehen muss, liegt in dieser Strafe eine Hölle, deren ganz schreckliche Tiefe nur die Unglücklichen selbst ergründen können; eine Qual, die kein Mensch das Recht hat, seinem Nächsten anzutun. Diese langsame tägliche Peinigung des geheimnisvollen Menschenhirns halte ich für unendlich schlimmer als alle leibliche Folter: Und weil ihre schauerlichen Symptome und Spuren nicht so handgreiflich vor unsern Sinnen liegen wie die Narben in der Haut, weil diese Wundenmale nicht auf der Oberfläche liegen und nur selten einen hörbaren Schrei auspressen, deshalb gerade klage ich sie umso mehr als eine heimliche Strafe an, welche das schlummernde Gefühl der Menschlichkeit, wenn es einmal erwacht, nicht dulden darf. Ich kämpfte einst mit mir selbst, ob ich, falls es in meiner Macht stünde, Ja oder Nein zu sagen, diese Strafe in gewissen Fällen anzuwenden erlaubte, wo die Gefängniszeit kurz wäre; aber jetzt muss ich feierlich erklären, ich könnte nun und nimmermehr froh unter dem blauen Himmel spazieren gehen oder ruhig mein Haupt aufs Kissen legen, wenn ich das Bewusstsein hätte, dass ein einziges menschliches Geschöpf durch mich oder mit meiner noch so leisen Zustimmung nur die kürzeste Zeit in seiner schweigsamen Zelle liegen und diese geheimnisvolle Strafe erdulden müsste.

Zwei Herren, die amtlich damit vertraut sind, begleiteten mich nach dem Gefängnis; ich verbrachte den Tag damit, aus einer Zelle in die andere zu gehen und mit ihren Bewohnern zu sprechen. Man erwies mir jede mögliche Gefälligkeit. Nichts wurde mir verborgen gehalten und über alles, wonach ich mich erkundigte, erhielt ich offenen und freimütigen Bescheid. Die vollkommene Ordnung, die in dem ganzen Gebäude herrscht, kann nicht genug gerühmt werden; und über die redlichen Motive aller, die bei der Durchführung dieses Systems unmittelbar beteiligt sind, kann keine Frage sein.

Zwischen dem Hauptteil des Gefängnisses und der äußeren Mauer liegt ein geräumiger Garten. Wir traten durch ein in dem massiven Tore befindliches Pförtchen ein und verfolgten den vor uns liegenden Fußweg bis ans Ende, worauf wir in ein großes Zimmer gelangten, in welches sieben lange Gänge münden. Jeder hat zu beiden Seiten eine sehr lange Reihe niedriger Zellentüren, über deren jeder eine gewisse Nummer steht. Darüber ist eine Galerie von Zellen, ähnlich den unten befindlichen, außer dass kein schmaler Hof (wie bei den unteren) dazugehört und dass sie etwas kleiner sind. Zwei solche Zellen auf den Mann sollen den Mangel der freien Luft und Bewegung ausgleichen, welche den Bewohnern der unteren Zellen in dem elenden schmalen Gange eine Stunde täglich gestattet ist; daher hat jeder Gefangene in diesem oberen Stockwerke zwei aneinander stoßende und in Verbindung stehende Zellen inne.

Steht man im Mittelpunkte und blickt durch die öden Gänge hin, so macht die überall waltende Ruhe und Stille einen wirklich schauerlichen Eindruck. Zuweilen hört man den dumpfen Schall eines einsamen Weberschiffchens oder eines Schuhmacherleistens; allein er wird durch die dicken Wände und die schwere Kerkertür erstickt und dient bloß dazu, die allgemeine Stille noch auffallender zu machen. Über Kopf und Gesicht jedes Gefangenen, der in dies traurige Haus kommt, wird eine schwarze Kapuze gezogen, und in dieser dunklen Maske, dem Symbol des Vorhangs, der zwischen ihm und der Welt niederfällt, wird er in seine Zelle geführt, aus welcher er nicht wieder herauskommt, bis die Zeit seiner Haft abgelaufen ist. Er erfährt nichts von Weib oder Kind, von seiner Heimat oder seinen Freunden, von Leben oder Tod eines einzigen Geschöpfs. Er sieht die Gefängnisbeamten, allein außerdem erblickt er kein menschliches Gesicht, hört er keine menschliche Stimme. Er ist ein lebendig Begrabener, der mit dem langsamen Kreislaufe der Jahre wieder ausgegraben wird; inzwischen ist er tot für alles, nur nicht für seine folternde Seelenqual und die schrecklichste Verzweiflung.

Sein Name, sein Verbrechen und die Zeit seines Leidens sind sogar dem Wärter unbekannt, der ihm seine tägliche Speise reicht. Über der Tür zu seiner Zelle steht eine Nummer, welche in einem Buche eingetragen ist, von dem der Direktor des Gefängnisses und der Religionslehrer jeder eine Kopie haben, und dies ist der Index zur Geschichte seines Lebens. Außerdem hat das Gefängnis keine Akten über sein Dasein; und wenn er gleich zehn lange Jahre in einer und derselben Zelle leben muss, so kann er doch nie erfahren, bis zur letzten Stunde nicht, in welchem Teile des Gefängnisses sie liegt, was für Leute um ihn sind, ob in den langen Winternächten lebende Menschen in der Nähe wohnen oder ob er allein in einem einsamen Winkel des großen Gefängnisses liegt und zahllose Wände,

Gänge und eiserne Türen zwischen sich und seinem nächsten Mitgefangenen hat.

Jede Zelle hat doppelte Türen; die äußere ist von festem Eichenholze, die andere von eisernem Gegitter, worin sich eine Klappe befindet, durch welche dem Gefangenen seine Nahrung gereicht wird. Er hat eine Bibel, eine Schiefertafel mit einem Stift und bekommt unter gewissen Beschränkungen auch noch andere zu dem Zwecke angeschaffte Bücher, Feder, Tinte und Papier. Sein Rasiermesser, Essgeschirr, sein Trinkgefäß und sein Waschbecken hängen an der Wand oder stehen auf einem kleinen Simse. Jeder Zelle wird durch Röhren frisches Wasser zugeführt und der Gefangene kann so viel davon verbrauchen, als er will. Während des Tages klappt er seine Bettstelle an die Wand hinauf, damit er mehr Platz zum Arbeiten gewinne. Sein Weberstuhl, seine Bank, sein Rad oder was er sonst zu seiner Arbeit bedarf, stehen hier, und hier arbeitet, schläft und erwacht er, zählt er den Wechsel der Jahreszeiten, wird er alt.

Der erste Gefangene, den ich sah, saß arbeitend an seinem Webstuhle. Er war schon sechs Jahre da und musste, glaub ich, noch drei aushalten. Er war als Hehler gestohlener Sachen überführt; doch leugnete er selbst nach so langer Gefangenschaft noch immer seine Schuld und sagte, man sei zu hart mit ihm verfahren. Es war sein zweites Vergehen.

Er hielt mit seiner Arbeit inne, als wir eintraten, nahm seine Brille ab und antwortete frei auf jede ihm vorgelegte Frage, aber stets nach einer sonderbaren Pause und mit gedämpfter, nachdenklicher Stimme. Er trug einen selbst verfertigten Papierhut und freute sich, als wir es bemerkten und lobten. Aus einigen unbeachteten zusammengesuchten Stücken hatte er auf sehr sinnreiche Weise eine Art Wanduhr verfertigt, zu deren Pendel seine Weinessigflasche diente. Als er sah, dass ich mich für dieses Kunstwerk interessierte, blickte er mit Stolz darauf und meinte, er hätte schon daran gedacht, es zu verbessern, und er hoffe, der Hammer und ein kleines Stück zerbrochenes Glas daneben würden in kurzem ein bisschen Musik machen. Aus dem Garn, womit er arbeitete, hatte er sich einige Farben ausgezogen und damit ein paar armselige Figuren auf die Wand gemalt. Die eine, eine weibliche, über der Tür nannte er das »Fräulein vom See«.

Er lächelte, als ich zum Zeitvertreibe diese Kunstsachen betrachtete; aber als ich davon weg- und auf ihn blickte, sah ich, wie seine Lippen zitterten; ich hätte die Schläge seines Herzens zählen können. Ich weiß nicht mehr, wie es kam, dass dann von seiner Frau gesprochen wurde. Er schüttelte den Kopf, als er das Wort hörte, wandte sich ab und bedeckte sein Gesicht mit beiden Händen.

»Ihr habt Euch aber jetzt darein ergeben!«, fragte einer der Herren nach einer kurze Pause, während der Gefangene sich wieder gesammelt hatte. Er antwortete mit einem Seufzer in seiner Hoffnungslosigkeit: »Oh ja wohl, ja! Ich habe mich drein ergeben.« – »Und Ihr glaubt ein besserer Mensch geworden zu sein?« – »Ich hoffe es, gewiss, ich hoffe es.« – »Und die Zeit vergeht Euch ziemlich schnell?« – »Die Zeit wird einem sehr lang, meine Herren, innerhalb dieser vier Wände.«

Er sah sich um – Gott allein weiß, wie lebenssatt –, als er diese Worte sagte, und verfiel dabei in einen sonderbaren Starrblick, als wenn er irgendwas vergessen hätte. Einen Augenblick darauf ließ er einen schweren Seufzer fallen, setzte seine Brille auf und ging wieder an seine Arbeit.

In einer anderen Zelle war ein Deutscher Diebstahls wegen zu fünfjähriger Gefangenschaft verurteilt, wovon gerade zwei Jahre verflossen waren. Mit Farben, die er sich auf dieselbe Weise wie der Vorige verschafft, hatte er jeden Zoll an den Wänden und der Decke ganz hübsch bemalt. Im Hintergrunde hatte er die paar Ellen Fußboden mit der zierlichen Nettigkeit ausgelegt und in der Mitte ein kleines Bett gebaut, welches beinahe wie ein Grab aussah. In allem zeigte er einen außerordentlichen Geschmack und großen Scharfsinn und doch kann man sich kaum ein gedrückteres, unglücklicheres Wesen denken. Ich sah nie ein solches Gemälde so tiefer Seelenbetrübnis und stiller Verzweiflung. Das Herz blutete mir bei seinem Anblick; und es war wirklich peinlich, zu sehen, wie die Tränen von seinen Wangen herabrannen und er einen der Anwesenden beiseite nahm, dessen Rock mit zitternden Händen krampfhaft fasste, um ihn zurückzuhalten und zu fragen, ob er nicht auf eine Milderung seines traurigen Urteils hoffen dürfe. Ich sah und hörte nie von einem Elend, das einen so tiefen Eindruck auf mich gemacht hätte wie die Verzweiflung dieses Mannes.

In einer dritten Zelle befand sich ein langer, starker Schwarzer, ein Hauseinbrecher, und war in seinem Metier beschäftigt, indem er Schrauben und dergleichen verfertigte. Seine Strafzeit war fast abgelaufen. Er war nicht nur ein sehr listiger Dieb, sondern auch bekannt wegen seiner Kühnheit und seines Mutes und war schon früher oft überführt worden. Er unterhielt uns mit einer langen Beschreibung seiner Taten, die er mit so unendlichem Vergnügen schilderte, dass ihm ordentlich der Mund wässerte bei den pikanten Anekdoten von gestohlenem Silberzeuge und alten Frauen, die er, wenn sie mit silbernen Brillen auf der Nase an ihren Fenstern saßen (er musste ein scharfes Auge für das Metall haben, um es von der anderen Seite der Straße aus zu erkennen), belauert und dann beraubt hatte. Dieser Kerl würde bei der geringsten Aufmunterung seine Diebserinnerungen mit dem gräulichsten Cant gespickt haben; aber ich müsste mich sehr irren, wenn ich sagen wollte, dass etwas über die verstockte Heuchelei hätte gehen können, mit der er erklärte, dass er den Tag segne, an welchem er in dies Gefängnis gekommen und dass er in seinem Leben keinen Diebstahl mehr begehen wolle.

Es befand sich auch ein Mann hier, dem als besondere Vergünstigung erlaubt war, Kaninchen zu halten. Da in seinem Gemach daher eine sehr übel riechende Luft war, so wurde ihm an der Tür zugerufen auf den Gang herauszukommen. Er gehorchte natürlich. Mit der Hand sein hageres Gesicht vor den durch das große Fenster hereinfallenden, ungewohnten Sonnenstrahlen beschattend stand er vor uns und sah so abgezehrt und geisterhaft aus, als ob er eben aus dem Grabe heraufbeschworen wäre. Er hatte ein weißes Kaninchen an seiner Brust; und als das Tierchen, auf den Boden fallend, sich wieder in die Zelle zurückstahl und er selbst, nachdem er entlassen worden, schüchtern demselben nachkroch, kam es mir schwer zu bestimmen vor, worin eigentlich der Mensch das Edlere von den beiden Tieren sei.

Auch ein englischer Dieb war da, der auf sieben Jahre verurteilt worden, von denen erst einige Tage verflossen waren: ein schurkischer Kerl mit niederer Stirn, dünnen Lippen und weißem Gesicht, der bis jetzt noch keine Lust zeigte, sich von Fremden besuchen zu lassen, und der, wäre es ihm nicht um die verschärfte Strafe gewesen, mich gern mit seinem Schuhmacherkneif erstochen hätte. Auch sah ich noch einen anderen Deutschen, der das Gefängnis erst gestern betreten hatte; als wir in seine Zelle traten, fuhr er von seinem Bett auf und bat in seinem gebrochenen Englisch recht inständig um Arbeit. Ein anderer war ein Poet, der alle vierundzwanzig Stunden doppelte Tagesarbeit verrichtete, für sich und für das Gefängnis, und dann Seelieder (er war Seemann), Gedichte auf den »berauschenden Rebensaft« und seine Freunde zu Hause schrieb! Überhaupt waren die Gefangenen sehr zahlreich. Manche erröteten beim Anblick von Fremden, andere wurden blass. Zwei oder drei hatten Gefangenenwärter bei sich, weil sie sehr krank waren; und einer, ein fetter alter Neger, dem im Gefängnisse das Bein abgenommen worden, hatte einen gelehrten und ausgebildeten Chirurgen, der selbst auf Strafe sich hier befand, zum Wärter. Auf der Treppe saß, mit einer leichten Arbeit beschäftigt, ein hübscher farbiger Junge. »In Philadelphia gibt es also kein Asyl für jugendliche Verbrecher?«, fragte ich. »Oh ja, aber bloß für weiße Kinder.« Oh edle Aristokratie des Verbrechens!

Ich interessierte mich sehr für einen Matrosen, der über elf Jahre hier war und in einigen Monaten frei werden sollte. Elf Jahre einsamer Einkerkerung!

»Es freut mich sehr, zu hören, dass Eure Zeit bald abgelaufen ist.« Was antwortet er? Nichts. Warum starrt er auf seine Hände, was zerrt er an seinen Fingern und hebt dann und wann den Blick zu den kahlen Wänden empor, die sein Haupt ergrauen sahen? Das ist so seine Gewohnheit, zuweilen.

Sieht er nie einem Menschen ins Gesicht und kaut er immer so an seinen Händen, als wollte er die Haut von dem Knochen trennen? Das ist so eine Grille von ihm, weiter nichts.

Es ist auch eine Grille von ihm zu sagen, dass er nie ans Freiwerden denke, dass er sich nicht freue, weil die Zeit seiner Entlassung heranrückt, dass er wohl einst daran gedacht habe, aber das sei lange her; und dass er sich um nichts in der Welt mehr kümmere. Es ist ein Eigensinn von ihm, ein hilfloser, gebeugter, herabgewürdigter Mensch sein zu wollen. Und der Himmel ist sein Zeuge, dass ihm vollkommen nach seinem Wunsch geschieht.

In den anstoßenden Zellen befanden sich drei junge Weiber, alle zu gleicher Zeit überwiesen, sich zur Beraubung ihres Anklägers verschworen zu haben. In der Stille und Einsamkeit ihres Lebens waren sie wirklich schön geworden. Ihre Blicke waren sehr traurig und würden auch den Strengsten zu Tränen gerührt haben, allein nicht zu jener Art von Rührung, welche der Anblick der Männer erweckt. Die eine war, wie ich mich entsinne, ein junges Mädchen von noch nicht zwanzig Jahren, in deren schneeweißem Gemach die Arbeit eines früheren Gefangenen hing und auf deren zu Boden gesenktes Antlitz die Sonne in all ihrem Glanz durch die hohe Spalte in der Mauer schien, durch welche man einen schmalen Streifen heiteren blauen Himmel erblickte. Sie war sehr bußfertig und ruhig und hatte sich in ihr Schicksal ergeben, wie sie sagte (und ich glaube ihr). »Mit einem Worte«, sagte einer meiner Begleiter, »Ihr befindet Euch also hier wohl?« Sie kämpfte lange mit sich selbst, um »Ja« zu sagen; allein als sie ihre Augen erhob und jenen Streifen freien Himmel sah, da brach sie in Tränen aus und sagte: »Sie bemühe sich zufrieden zu sein; sie äußere keine Klage; allein es wäre doch natürlich, dass sie zuweilen wünsche aus dieser einen Zelle herausgehen zu dürfen, sie könne sich nicht helfen«, und dabei schluchzte sie – das arme Geschöpf!

Ich ging an diesem Tage von Zelle zu Zelle und jedes Gesicht, das ich sah, jedes Wort, das ich hörte, jeder geringfügige Umstand, den ich bemerkte, steht noch immer vor meiner Seele in all seiner Peinlichkeit. Doch man lasse mich sie übergehen, um einen angenehmeren Blick auf ein nach demselben Plane eingerichtetes Gefängnis zu werfen, das ich später in Pittsburgh besuchte.

Als ich dasselbe in derselben Weise besichtigt hatte, fragte ich den Direktor, ob er keinen Gefangenen hätte, der bald entlassen werde. Einer, antwortete er, wird den nächsten Tag frei; allein er hat bloß zwei Jahre hier zugebracht.

Zwei Jahre! Ich blickte auf zwei Jahre meines eigenen Lebens zurück – die ich frei, glücklich, umgeben von Segnungen, Bequemlichkeiten und Glück zugebracht – und ich bedachte, welch langer Zeitraum dies war und wie lang diese zwei Jahre mir erst hätten werden müssen, hätte ich sie in einsamer Gefangenschaft durchgelebt. Das Gesicht des Mannes, der den nächsten Tag erlöst werden sollte, steht noch immer vor mir. Es ist beinahe merkwürdiger, dieses glückliche, als die anderen elenden Gesichter. Wie leicht wurde es ihm, zu sagen, dass das System recht gut sei und dass die Zeit ziemlich geschwind vergehe – verhältnismäßig nämlich.

»Warum rief er Sie zurück, was sagte er Ihnen mit so verwirrter Eile?«, fragte ich meinem Führer, nachdem er die Tür wieder verschlossen hatte und mit mir weiterging.

»Nun, er fürchtet, seine Stiefelsohlen passten nicht zum Ausgehen, da sie sehr abgetragen gewesen wären, als er hereingekommen; und dass er mir es sehr danken würde, wenn ich sie ihm ausbessern lassen wollte.«

Diese Stiefel waren vor zwei Jahren von seinen Füßen genommen und mit seinen übrigen Kleidungsstücken beiseite gelegt worden.

Ich ergriff diese Gelegenheit, um mich zu erkundigen, wie sich die Freigelassenen vor ihrem Abschied benehmen, wobei ich hinzufügte, dass sie wohl sehr zittern.

»Nun«, war die Antwort, »sie zittern wohl dabei, aber es tritt dann bei ihnen mehr eine vollständige Zerrüttung des Nervensystems ein. Sie können ihre Namen in dem Buch nicht unterzeichen, oft können sie nicht einmal die Feder halten; sie sehen sich um, ohne dass sie zu wissen scheinen, warum oder wo sie sind, und zuweilen stehen sie in einer Minute zwanzig Mal auf und setzen sich ebenso oft wieder nieder. Dies geschieht in der Expedition, wohin sie noch mit der Kapuze über dem Kopf geführt werden, so wie sie hereingebracht worden sind. Wenn sie aber vor das Haus kommen, so bleiben sie stehen, blicken bald da, bald dorthin und wissen nicht, welchen Weg sie einschlagen sollen. Zuweilen wanken sie wie betrunken und manchmal müssen sie sich ans Geländer lehnen, so schlimm ist ihnen; allein nach und nach vergeht das schon.«

Während ich diese einsamen Zellen durchwanderte und die Gesichter der Gefangenen darin betrachtete, versuchte ich mir die in ihrer Lage natürlichen Gedanken und Gefühle auszumalen. Ich stellte mir vor, wie ihnen eben die Kapuze abgenommen worden und sie nun den Ort ihrer Gefangenschaft in all seiner traurigen Einförmigkeit vor sich sehen.

Anfangs ist der Gefangene wie betäubt. Seine Einkerkerung dünkt ihm ein schauerliches Traumbild und nur sein früheres Leben Wirklichkeit. Er wirft sich auf sein Bett und liegt da, eine Beute der Verzweiflung. Nach und nach rüttelt ihn die unerträgliche Stille und Öde des Orts aus seiner Erstarrung auf; die Klappe in seiner Gittertür wird geöffnet und er bittet demütig um Arbeit. »Geben Sie mir zu arbeiten oder ich werde rasend!«

Er bekommt Arbeit und dann und wann, ruckweise, tut er was; allein oft erfasst ihn der Gedanke an die Jahre, die er in diesem steinernen Sarge noch zuzubringen hat, und eine marternde Angst befällt ihn, wenn er an diejenigen denkt, die er jetzt weder sehen noch von ihnen etwas erfahren kann; er springt von seinem Sitze auf, läuft in dem engen Gemach hin und her, mit beiden Händen sich den Kopf haltend, und hört, wie böse Geister ihm zuraunen und ihn in die Versuchung führen, mit dem Kopfe wider die Wand zu rennen.

Er wirft sich abermals auf sein Bett und bleibt da ächzend und stöhnend liegen. Plötzlich springt er auf, er fragt sich, ob noch irgendein Mensch nahe sei, ob auf jeder Seite auch so eine Zelle sein möge wie die seinige, und jetzt horcht er mit gespannter Aufmerksamkeit.

Kein Laut ist zu hören, aber trotzdem können andere Gefangene in der Nähe sein. Er entsinnt sich, einst, als er nicht daran dachte, selbst hierher zu kommen, gehört zu haben, die Zellen wären so gebaut, dass die Gefangenen einander nicht hören könnten, obgleich jeder Wärter sie höre. Wo mag sein nächster Nachbar sein? Zur Rechten oder zur Linken? Oder ist auf beiden Seiten einer? Wo mag er jetzt sitzen? Mit dem Gesicht dem Lichte zugekehrt? Oder geht er auf und ab? Wie mag er gekleidet sein? Ist er schon lange hier? Ist er sehr abgezehrt? Sieht er recht blass und geisterhaft aus?

Indem er kaum zu atmen wagt und begierig lauscht, malt er sich bei diesem Gedanken eine Gestalt aus, die ihm den Rücken zukehrt, und stellt sich vor, dass sie in dieser nächsten Zelle auf und ab gehe. Er kann sich keinen Begriff von ihrem Gesicht machen, allein er weiß gewiss, es ist die dunkle Gestalt eines Mannes mit gekrümmtem Rücken. In die Zelle auf der anderen Seite denkt er sich eine andere Gestalt, deren Gesicht gleichfalls vor ihm verborgen ist. Tag für Tag und oft, wenn er mitten in der Nacht aufwacht, denkt er an diese beiden Männer, bis er beinahe von Sinnen ist. Seine Einbildungskraft verwandelt diese Gestalten nie mehr. Wie er sich sie anfangs dachte, so stehen sie noch vor ihm – ein Alter zur Rechten, ein Jüngerer zur Linken –; ihre verhüllten Gesichter quälen ihn zu Tode, es umgibt sie etwas Geheimnisvolles, das ihn beben macht.

Die öden Tage gehen hin, mit feierlichem Schritt, wie Leidtragende bei einem Begräbnis; und allmählich fängt er an zu fühlen, dass die vier weißen Wände seiner Zelle etwas Entsetzliches für ihn haben: Ihre weiße Farbe ist schauervoll; ihr glattes Äußeres macht ihm das Blut in den Adern gerinnen; und jeder Winkel dort hat etwas Gehässiges, das ihn quält. Jeden Morgen beim Erwachen zieht er das Betttuch über sein Haupt und schaudert, da er sieht, dass noch immer dieselbe grauenhafte Decke auf ihn herabsieht. Das segenvolle Licht des Tages selbst blickt als ein hässliches gespenstisches Gesicht durch den unwandelbaren Mauerspalt, der sein Kerkerfenster ist.

Langsam, aber unaufhaltsam wächst in ihm das Grausen vor jenem verhassten Winkel, bis es ihm nie mehr Ruhe lässt, seine Träume vergiftet und seine Nächte ihm zum Schrecken macht. Anfangs empfand er bloß ein seltsames Missbehagen, wenn er hinsah, als erwachte dabei in seinem Hirn ein Etwas von entsprechender Gestalt, was nicht darin sein sollte und seinen armen Kopf mit Pein erfüllte. Dann fing er an sich vor jenem Winkel zu fürchten, davon zu träumen, als sähe er dort Leute stehen, die seinen Namen flüsterten und auf ihn mit Fingern wiesen. Dann vermochte er weder hinzusehen noch ihm den Rücken zu kehren. Jetzt ist dort allnächtlich der Schlupfwinkel eines Gespenstes, eines Schattens – eines schweigsamen Etwas, fürchterlich anzusehen; und doch kann er nicht sagen, ob es ein Vogel, eine Bestie oder eine vermummte Menschengestalt.

Am Tage, wenn er in seiner Zelle ist, fürchtet er sich vor dem kleinen Hof draußen. Ist er im Hofe, so fürchtet er sich, wieder in die Zelle zu gehen. Kommt die Nacht, so steht wieder das Phantom im Winkel. Wenn er den Mut gewinnt, sich selbst hinzustellen und es aus dem Winkel zu treiben (einmal hatte er den Mut dazu, in der Verzweiflung), so lagert es sich über sein Bett. Im Zwielicht und stets um dieselbe Stunde ruft ihn eine Stimme beim Namen; wie die Finsternis dichter wird, fängt sein Webstuhl an lebendig zu werden; und selbst dieser sein einziger Trost verwandelt sich in eine abscheuliche Gestalt, die ihn anglotzt, bis der Morgen graut.

Allmählich verlieren sich diese grauenhaften Phantasien eine nach der anderen; sie kehren zuweilen unvermutet zurück, aber in längeren Zwischenräumen und in minder schrecklicher Gestalt. Mit dem Herrn, der ihn besucht, hat er über religiöse Dinge gesprochen; er hat in seiner Bibel gelesen und sich auf seine Schiefertafel ein Gebet aufgeschrieben und an die Wand gehängt, als eine Art von Amulett, das ihn der Gegenwart Gottes und des himmlischen Schutzes versichert. Jetzt träumt er zuweilen von seinen Kindern oder seinem Weib, aber stets mit der Überzeugung, dass sie gestorben sind oder ihn verlassen haben. Er wird leicht zu Tränen gerührt, ist sanft, fügsam und unterwürfig, gebrochen an Geist und Mut. Dann und wann kehrt die alte Angst zurück; die geringste Kleinigkeit, ein bekannter Laut oder ein Blumengeruch in der Luft ruft sie zurück; aber sie hält nicht mehr lang an, denn die Welt draußen ist jetzt das Traumbild geworden und dieses sein einsames Leben ist traurige Wirklichkeit.

Wenn seine Gefängniszeit kurz ist – verhältnismäßig meine

ich, denn wirklich kurz kann sie nie sein –, so ist das letzte halbe Jahr beinahe schlimmer als alles; denn da glaubt er, es werde Feuer auskommen und er unter den Ruinen des Kerkers verbrennen; oder er fürchtet, dass er hier zu sterben verdammt ist oder dass er auf irgendeine falsche Anklage hin festgehalten und noch auf eine gewisse Zeit verurteilt werden wird; kurz, dass irgendetwas vorfallen müsse, um seine Erlösung zu hintertreiben. Und diese Furcht ist so natürlich, dass sich mit Gründen gegen sie gar nicht kämpfen lässt; denn nach einer so langen Abgeschiedenheit, nach einem solchen Verschwinden aus der Welt und so großen Leiden ist ihm der Einsturz des Himmels glaublicher als die Möglichkeit, wieder der Freiheit und seinen Nebenmenschen zurückgegeben zu werden.

Wenn seine Gefängniszeit sehr lang war, so macht ihn die Aussicht auf seine Erlösung verwirrt und bestürzt. Sein gebrochenes Herz schlägt vielleicht einen Augenblick höher, wenn er an die Welt draußen denkt und was sie ihm hätte sein können in all jenen einsam verbrachten Jahren, aber das ist auch alles. Die Kerkertüre war zu lang geschlossen hinter all seinen Hoffnungen, Sorgen und Interessen. Besser ihr hättet ihn gleich aufgehängt als ihn *dahin* zu bringen – und ihn dann fortzuschicken unter die Menschen, die seinesgleichen nicht mehr sind.

Auf dem hageren eingefallenen Antlitz eines jeden dieser Gefangenen lag derselbe Ausdruck. Ich weiß nicht, womit ich ihn vergleichen soll. Er hatte etwas von jener gespannten Aufmerksamkeit, die wir auf den Gesichtern der Blinden und der Tauben sehen, gemischt mit einer Art von Entsetzen, als hätte man sie im Geheimen erschreckt. In jeder kleinen Kammer, die ich betrat, und an jedem Gitter, durch das ich sah, glaubte ich dasselbe grausende Antlitz zu schauen. Es lebt in meiner Erinnerung wie mit der Zauberkraft eines merkwürdigen Bildes. Führt mir hundert Menschen vor, und wenn nur einer darunter ist, der nicht lang aus einer solchen einsamen Zelle befreit ist – ich will ihn augenblicklich erkennen.

Die Physiognomien der weiblichen Gefangenen werden, wie ich schon angedeutet, dadurch eher veredelt und milder gemacht. Mag dies von ihrer besseren Natur herrühren, die sich in der Einsamkeit geltend macht, oder davon, dass sie an sich sanftere Wesen sind, von größerer Geduld und ausdauernderer Dulderkraft, ich weiß es nicht; aber es ist so. Dass die Strafe, nach meiner Ansicht, nichtsdestoweniger ebenso grausam und ungerecht bei den Weibern ist wie bei den Männern, brauche ich kaum noch hinzuzufügen.

Es ist meine feste Überzeugung, dass diese Strafe, abgesehen von der Seelenangst, die sie hervorbringt – einer Angst, die so heftig und fürchterlich ist, dass keine Einbildungskraft sie sich denken kann –, den Geist in einen krankhaften Zustand versetzt und für die raue Berührung der Außenwelt und ihre geschäftige Tätigkeit für immer untauglich macht. Ich bin überzeugt, dass, wer diese Strafe ausgehalten hat, nichts anders als innerlich zerstört und moralisch krank in die Gesellschaft zurückkehren kann. Man hat viele Beispiele von Menschen, die gezwungen oder aus freier Wahl ein vollkommen einsames Leben führten; aber ich weiß keinen Einzigen, selbst unter den Weisen von starkem Geist und durchdringendem Verstand keinen, bei dem die Folgen sich nicht durch einen gestörten Gedankengang oder irgendeine Art von Vision oder verdüsterter Phantasie offenbart hätten. Was für ungeheuerliche Phantome, Kinder des Zweifels und der Verzweiflung, geboren und großgezogen in der Einsamkeit, sind nicht schon über die Erde geschritten, vor denen die Schöpfung hässlich und das Antlitz des Himmels selbst verfinstert ward!

Der Selbstmord ist unter diesen Gefangenen selten, ja beinahe ganz unbekannt. Aber zugunsten des Systems kann man billigerweise diesen Umstand durchaus nicht anführen, obgleich es sehr häufig geschieht. Jeder, der die Seelenkrankheiten zu einem Gegenstand seines Studiums gemacht hat, wird sehr wohl wissen, dass es einen Grad äußerster Verzweiflung und Niedergeschlagenheit gibt, der den ganzen Charakter eines Menschen untergräbt und alle Spannkraft seines Geistes zerstört, alle Selbstständigkeit seines Willens bricht ohne doch gerade zum Selbstmord zu führen. Dies ist ein Fall, der sehr häufig vorkommt.

Dass es die Sinne abstumpft und allmählich alle körperlichen Kräfte lähmt, davon bin ich völlig überzeugt. Ich bemerkte gegen die Herren, welche mit mir zu Philadelphia in diesem Gefängnis waren, dass die Verbrecher, welche lange gesessen hätten, taub sein müssten. Sie, die daran gewöhnt waren, diese einsamen Menschen beständig vor sich zu sehen, waren ganz erstaunt über meine Idee und hielten sie für grundlos, für eine bloße Einbildung. Und doch bestätigte der allererste Gefangene, den sie befragten – und den sie selbst gewählt hatten – meine Vermutung (von der er nichts wusste) augenblicklich und sagte mit der aufrichtigsten Miene von der Welt, die gar keinen Zweifel zuließ, er wisse nicht, wie es komme, aber er werde wirklich schwerhörig.

Dass die Strafe eine außerordentlich ungleichmäßige ist und den schlimmsten Verbrecher am wenigsten berührt, ist außer allem Zweifel. Und ich glaube nicht im Mindesten, dass sie als Besserungsmittel wirksamer sein soll als jenes andere Strafsystem, welches den Gefangenen erlaubt in Gesellschaft zu arbeiten ohne miteinander zu reden. Alle Beispiele von einer Besserung, die mir aufgezählt wurden, waren der Art, dass ich glaube, sie wäre ebenso gut, wo nicht noch gründlicher durch das Schweigsystem erreicht worden. Was solche Individuen wie den oben geschilderten Neger und den englischen Dieb betrifft, so werden wohl auch die größten Enthusiasten sich nicht mit der Hoffnung schmeicheln, sie zu bekehren.

Mich dünkt, schon der Einwurf, dass nie etwas Gutes oder Heilsames aus solcher unnatürlichen Einsamkeit entsprungen ist und dass selbst ein Hund oder überhaupt jedes verständigere Tier unter ihrem Einfluss hinwelken, verdummen und verrosten würde, müsste an und für sich ein völlig schlagender Grund gegen dieses System sein. Aber wenn man dazu noch bedenkt, wie hart und grausam es ist und dass ein einsames Leben hier stets ganz besonders beklagenswerte und eigentümliche schlimme Folgen gehabt hat: und wenn man überdem noch erwägt, dass man nicht etwas zwischen diesem System und einem schlechten, sondern zwischen ihm und einem anderen zu wählen hat, welches in seiner ganzen Theorie und Praxis anerkannt vortrefflich ist und bereits seine gute Wirksamkeit bewährt hat; so sollte man doch mehr als hinreichenden Grund haben, eine Strafweise aufzugeben, die so wenig verspricht und unstreitig eine solche Anzahl von Übeln in ihrem Gefolge hat.

Zur Erholung von diesen traurigen Betrachtungen will ich das Kapitel mit einer seltsamen Geschichte schließen, die mit demselben Thema zusammenhängt und mir von den dabei beteiligten Herren während unseres Besuchs im Gefängnis mitgeteilt wurde.

Bei einer der periodischen Zusammenkünfte der Inspektoren dieses Gefängnisses trat ein Arbeiter aus Philadelphia vor die Schranken und verlangte in allem Ernst, einsam eingesperrt zu werden. Auf die Frage, was ihn zu diesem seltsamen Begehren bewegen könne, erwiderte er, er habe einen unwiderstehlichen Hang zum Trunk; er gebe sich ihm beständig hin, zu seinem größten Ruin und Verderben; er habe nicht die Kraft, sich selbst zu widerstehen, wünsche daher, gewaltsam aller Versuchung entrückt zu werden, und könne dazu kein besseres Mittel finden als ebendieses. Man machte ihm begreiflich, dass das Gefängnis nur für Verbrecher bestimmt sei, die verhört und gesetzlich verurteilt worden wären, aber keineswegs solchen grillenhaften Wünschen dienen könne; man ermahnte ihn sich aller berauschenden Getränke zu enthalten, was er, wenn er ernstlich wollte, sehr gut imstande sein würde, und entließ ihn mit noch manchem anderen guten Rat. Außerordentlich unzufrieden mit dem Erfolg seiner Bittstellung entfernte er sich.

Allein er kam noch einmal, er kam zum zweiten und zum dritten Mal wieder und wurde so ungestüm und zudringlich, dass sie endlich miteinander beratschlagten und sagten: »Wenn wir ihn noch länger abweisen, wird er sich gewiss eines Vergehens schuldig machen und die Strafe wirklich verdienen. Sperren wir ihn ein. Er wird bald froh sein, wenn er nur wieder gehen kann, und dann sind wir ihn los.« Sie ließen ihn demnach ein Aktenstück unterzeichnen, damit er nie wegen unrechtmäßiger Einsperrung Beschwerde erheben könne, des Inhalts, dass er seine Haft für eine freiwillige und selbst gewünschte erkläre; dann ersuchten sie ihn wohl zu merken, dass der Gefangenenwärter den Befehl habe, ihn zu jeder beliebigen Stunde bei Tag oder bei Nacht freizulassen, sobald er zu diesem Zweck an die Tür seiner Zelle klopfen würde; gaben ihm aber auch zu verstehen, dass er, einmal fort, nicht wieder aufgenommen würde. Da er auf diese Bedingungen einging und noch immer auf seinem Wunsch bestand, wurde er nach dem Gefängnis geführt und in eine der Zellen eingeschlossen.

Und dieser Mensch, der nicht so viel Festigkeit besaß, um ein Glas Branntwein auf dem Tisch unberührt stehen zu lassen – lebte in dieser Zelle, einsam eingekerkert, freiwillig nahe an die zwei Jahre und arbeitete täglich in seinem Gewerbe als Schuhmacher. Da nach diesem Zeitraum seine Gesundheit zu wanken anfing, empfahl ihm der Arzt, dann und wann im Garten zu arbeiten. Das behagte ihm denn gar sehr und er machte sich denn recht munter an diese neue Beschäftigung.

An einem Sommertage grub er da recht fleißig, als zufällig das Pförtchen des äußeren Tores offen stand und ihm draußen die wohl bekannte staubige Landstraße und die sonnverbrannten Felder zeigte. Der Weg stand ihm jeden Augenblick offen wie nur irgendeinem freien Mann auf der Welt, allein kaum hob er den Kopf in die Höhe und sah die Gegend draußen, im Licht der Sonne strahlend, als er mit dem unwillkürlichen Instinkt eines Gefangenen den Spaten wegwarf und, ohne sich ein Mal umzusehen, so schnell als ihn seine Beine nur tragen mochten, auf und davon rannte.

Achtes Kapitel

Washington – Die Gesetzgebung – Das Haus des Präsidenten

Wir verließen Philadelphia mit dem Dampfboot um sechs Uhr an einem sehr kalten Morgen und wandten uns nach Washington.

Diesen Tag unserer Reise, wie auch bei späteren Gelegenheiten, trafen wir einige Engländer (kleine Pächter vielleicht oder Gastwirte vom Lande, in der Heimat), die in Amerika angesiedelt waren und in ihren Geschäften eine kleine Reise machten. Unter allen Gattungen und Klassen von Menschen, die in den öffentlichen Diligencen der Vereinigten Staaten mit einem zusammenstoßen, sind dies oft die unleidlichsten und unausstehlichsten Reisegefährten. Mit den unangenehmsten Eigenschaften, durch die sich die schlimmste Sorte von amerikanischen Reisenden auszeichnet, verbinden diese unsere Landsleute eine Unverschämtheit und kalte Anmaßung, die ganz abscheulich ist. In der groben, zudringlichen Vertraulichkeit und ausforschenden Neugierde, deren sie sich eifrig befleißigen – als ob sie sich nicht genug an den alten Schranken des Anstandes und der Sitte in ihrer Heimat rächen könnten – überbieten sie alles, was ich in der Art von Eingeborenen selbst gesehen habe; und oft, wenn ich diese Leute sah, wurde mein Patriotismus so stark, dass ich gern eine kleine Geldbuße gezahlt hätte, wenn ich irgendeinem anderen Land in der Welt hätte die Ehre zuschanzen können, ihr Vaterland zu sein.

Da man Washington als das Hauptquartier der Tabakspucker betrachten kann, so muss ich endlich offenherzig gestehen, dass die verhasste Sitte, Tabak zu kauen und zu spucken, uns jetzt nichts weniger als angenehm wurde; es war beinahe zum Krankwerden. An allen öffentlichen Orten in Amerika ist diese Schweinerei eine sanktionierte Mode. In den Gerichtshöfen hat der Richter seinen Spucknapf, der Ausrufer, der Zeuge und der Angeklagte ebenfalls jeder seinen Spucknapf; während auch für die Geschworenen und die Zuschauer gesorgt ist als für Leute, die natürlich in einem fort ausspeien müssen. In den Hospitälern werden die Studenten der Medizin durch Anschläge an den Wänden ersucht ihren Tabakssaft in die dazu aufgestellten Näpfe zu speien und nicht die Treppen zu verunreinigen. In öffentlichen Gebäuden werden Fremde auf dieselbe Weise ersucht die Essenz ihrer Tabakspriemchen in die National-Spucknäpfe und nicht an die Piedestals oder marmornen Säulen zu speien. Aber in manchen Gegenden findet man diesen Gebrauch bei jeder Mahlzeit, bei jedem Morgenbesuche und überhaupt überall im geselligen Verkehr. Der Fremde, der das gesellschaftliche Leben in derselben Weise beobachtet wie ich, wird in Washington das Speien in voller Blüte, im höchsten Glanze und in all seiner beunruhigenden Rücksichtslosigkeit finden; er glaube ja nicht (wie ich einst tat, zu meiner Schande muss ich es gestehen), dass frühere Touristen in ihren Schilderungen es übertrieben haben. Die Sache an sich selbst ist eine Übertreibung der Unflätigkeit, die nicht übertroffen werden kann.

An Bord dieses Dampfboots befanden sich zwei junge Gentlemen mit, wie es einmal Mode ist, umgeschlagenen Hemdkragen und sehr dicken Spazierstöcken; sie stellten zwei Stühle in die Mitte des Verdecks ungefähr vier Schritte voneinander, nahmen ihre Tabaksdosen hervor und setzten sich einander gegenüber, um das edle Kraut zu kauen. In weniger als einer Viertelstunde hatten diese hoffnungsvollen Jünglinge eine tüchtige Menge gelben Saftes um sich niederregnen lassen, wodurch sie eine Art magischen Kreis bildeten, innerhalb dessen sich niemand wagte und den sie ununterbrochen wieder auffrischten, sobald ein Fleckchen trocken war. Da dies gerade vor dem Frühstück geschah, so verursachte es mir, ich muss gestehen, beinahe Übelkeiten; allein da ich aufmerksam einen der Ausspeienden beobachtete, sah ich deutlich, dass er noch ungeübt im Tabakskauen und ihm selbst nicht wohl zumute war. Ich fühlte ein inniges Vergnügen bei dieser Entdeckung, und als ich bemerkte, wie sein Gesicht immer blasser wurde und wie in Folge der unterdrückten Übelkeit der Tabaksknäuel hinter seiner linken Wange zitterte, wobei er jedoch im Wetteifer mit seinem älteren Freunde immer ausspie und kaute und wieder ausspie, da hätte ich ihm um den Hals fallen und ihn bitten mögen noch stundenlang so fortzufahren.

Wir setzten uns alle zu einem behaglichen Frühstück unten in der Kajüte nieder, bei welchem nicht mehr Eile und Verwirrung stattfand als bei einer solchen Mahlzeit in England und wo sicherlich die Höflichkeit besser beobachtet wurde als bei den meisten unserer Landkutschenbanketts. Ungefähr um neun Uhr kamen wir an der Eisenbahnstation an und fuhren auf den Cars weiter. Zu Mittag stiegen wir wieder aus, um über einen breiten Fluss wieder auf einem Dampfschiff zu setzen;

wir landeten an einer Fortsetzung der Eisenbahn am anderen Ufer und fuhren wieder in Cars weiter, in welchen wir im Laufe der nächsten Stunde über mehr als viertelstundenlange hölzerne Brücken über zwei Buchten wegfuhren, welche Great- und Little-Gunpowder* hießen. Die Wasserfläche beider war fast ganz überdeckt von schwarzen Enten, die ein delikates Mahl abgeben und in dieser Jahreszeit sich in großer Menge hier aufhalten.

Diese Brücken sind von Holz, haben kein Geländer und just hinreichende Breite für die Überfahrt der Züge, welche beim geringsten Unfalle unvermeidlich hinunterstürzen würden. Es sind Schrecken erregende Kunstwerke und nehmen sich am besten aus, wenn man sie passiert hat.

Wir blieben in Baltimore, und da wir uns jetzt in Maryland befanden, so wurden wir zum ersten Mal von Sklaven bedient. Das Gefühl, Dienste von menschlichen Geschöpfen verlangen zu müssen, die gekauft und verkauft werden, war kein beneidenswertes. Die Sklaverei besteht vielleicht in ihrer am wenigsten abstoßenden und gemildertsten Form in einer Stadt wie dieser; aber sie bleibt doch immer Sklaverei; und obwohl ich dabei völlig unschuldig war, so erfüllte mich doch ihr Anblick mit einer Art von Scham.

Nach Tisch gingen wir wieder zur Eisenbahn, um auf derselben nach Washington zu fahren. Da es noch ziemlich zeitig war, so kamen alle Männer und Knaben, die gerade nichts Besseres zu tun hatten und neugierig auf Fremde waren, an den Wagen, in dem ich saß, ließen alle Fenster nieder, steckten Kopf und Schultern herein, stemmten sich dabei ganz bequem auf ihre Ellbogen und stellten mit einer Gleichgültigkeit, als ob ich eine ausgestopfte Figur wäre, Betrachtungen und Vergleiche über mein Äußeres an. Ich bekam nie so ungenierte Aufschlüsse wie bei dieser Gelegenheit über meine Nase und Augen, über den verschiedenen Eindruck, den mein Mund und Kinn auf verschiedene Gemüter mache, und wie mein Kopf von hinten betrachtet aussähe. Einige Gentlemen beru-

* Groß- und Klein-Schießpulver.

higten sich nicht eher, als bis sie ihren Tastsinn mit zu Hilfe genommen hatten, und einige der Jungen (die in Amerika erstaunlich frühreif und naseweis sind) waren nicht einmal damit zufrieden, sondern wiederholten ihren Angriff immer wieder von neuem. Wie mancher kleine Präsident *in spe* kam mit der Mütze auf dem Kopfe und den Händen in den Taschen in mein Zimmer und starrte mich zwei ganze Stunden unaufhörlich an, wobei er sich zur Erholung zuweilen an der Nase zwickte oder einen Schluck aus dem Wasserkruge tat oder an das Fenster ging und andere Knaben auf der Straße unten einlud heraufzukommen und es ebenso wie er zu machen, indem er rief: »Hier ist er!« – »Kommt herauf!« – »Bringt alle eure Kameraden mit!«, und dergleichen gastfreundliche Bitten mehr.

Wir erreichten Washington ungefähr halb sieben Uhr und hatten unterwegs eine reizende Ansicht des Capitols, eines schönen Gebäudes in korinthischem Stile auf einer weithin herrschenden Anhöhe. Am Hotel angekommen sah ich an diesem Abende weiter nichts vom ganzen Orte, denn ich war sehr müde und freute mich ins Bett zu kommen.

Am anderen Morgen nach dem Frühstück gehe ich ein paar Stunden durch die Straßen; wieder zu Hause angekommen mache ich ein Fenster auf und gucke hinaus. Da liegt Washington frisch vor meiner Seele und meinen Blicken.

Man nehme die schlechtesten Teile von City Road und Pentonville* mit allen ihren sonderbaren Eigentümlichkeiten, aber besonders mit den kleinen Läden und Wohnungen, welche Meubleurs, Wirte gemeiner Speisehäuser und Federschmücker daselbst (aber nicht in Washington) bewohnen. Man brenne dies alles nieder, baue es wieder aus Holz und Kalk auf, erweitere es ein wenig, tue einen Teil von St. John's Wood dazu; man hänge an jedes Privathaus grüne Jalousien und in jedes Fenster einen weißen und roten Vorhang; man pflüge alle Straßen auf, pflanze eine Menge groben Rasens überall, wo er nicht hingehört, errichte drei schöne Gebäude aus Stein und Marmor an irgendeiner Stelle, aber je mehr außer jedermanns Wege, desto

* Stadtteile Londons.

besser; das eine nenne man das Postamt, das andere das Patentamt und das dritte die Schatzkämmerei; man denke sich die Luft des Morgens sengend heiß und des Abends eisig kalt und errege zuweilen einen Tornado von Wind und Staub; man lasse einen Ziegelplatz, jedoch ohne Ziegel, an allen Zentralpunkten stehen, wo man natürlicherweise eine Straße erwartet – und man hat Washington.

Das Hotel, worin wir wohnen, besteht aus einer langen Reihe kleiner Häuser mit der Front nach der Straße, die hinten einen großen Hof haben, in welchem ein großer Triangel hängt. Wird ein Diener verlangt, so tut man einen bis sieben Schläge, je nach der Nummer des Hauses, in welchem er gebraucht wird, auf diesem Triangel; und da immer alle Diener verlangt werden, keiner von ihnen aber sich sehen lässt, so ertönt diese erheiternde Maschine den ganzen Tag hindurch. In demselben Hof wird auch Wäsche getrocknet; Sklavinnen, mit wollenen Tüchern um den Kopf, rennen geschäftig hin und wieder, schwarze Aufwärter kommen und gehen, mit Tellern in der Hand; zwei große Hunde spielen auf einem Haufen loser Ziegelsteine in der Mitte des Hofes; ein Schwein liegt nicht weit davon, sonnt sich und grunzt vor Wollust; – und weder die Sklavinnen noch die Aufwärter noch die Hunde noch das Schwein noch irgendeine geschaffene Kreatur nimmt die geringste Notiz von dem Triangel, der die ganze Zeit über läutet, dass man toll werden möchte.

Ich gehe ans Vorderfenster und blicke über die Straße auf eine lange, unzusammenhängende Reihe von einstöckigen Häusern; diese endet fast gegenüber, aber ein wenig zur Linken, in ein trübseliges, mit dürftigem Gras bewachsenes Plätzchen, welches einem Stück Land gleicht, das sich dem Trunk ergeben und sein früheres Ansehen verloren hat. An einer Stelle dieses offenen Raumes, aber ganz verkehrt steht gleich einem Meteor, das vom Monde gefallen ist, ein einseitiges, einäugiges Ding von hölzernem Gebäude, das wie eine Kirche aussieht, mit einem Flaggenstocke, der, so lang wie er selbst, aus einem Turme, etwas größer wie eine Teekiste, hervorragt. Unter dem Fenster befindet sich ein kleiner Standplatz von Kutschen, deren Sklavenkutscher sich auf den Stufen zu unserer Tür sonnen und müßig zusammen schwatzen. Die drei niedrigsten Häuser sind die drei schlechtesten. Auf dem einen, mit einem Laden, der nie etwas im Fenster stehen hat und dessen Tür sich niemals öffnet, steht mit großen Buchstaben geschrieben: »*The City Lunch*«. An dem anderen, das wie der hintere Eingang zu einem Hause aussieht, aber ein besonderes Gebäude für sich ist, kann man Austern jeder Sorte bekommen. In dem dritten, einem ganz kleinen Schneiderladen, werden Hosen nach dem Maß gemacht. Das ist unsere Straße in Washington.

Washington wird zuweilen die Stadt der großartigen Entfernungen genannt, doch könnte sie passender die Stadt der großartigen Absichten heißen; denn nur wenn man sie von der Spitze des Capitols in der Vogelperspektive betrachtet, kann man die hohen Ideen ihres Gründers, eines hoch strebenden Franzosen, verstehen. Breite Zugänge, die in nichts beginnen und nirgends hinführen – meilenlange Straßen, denen bloß Häuser, Fahrwege und Einwohner fehlen – öffentliche Gebäude, denen, um vollkommen zu sein, bloß ein Publikum mangelt – und Verzierungen großer Straßen, denen bloß eine große Straße zur Zierde fehlt, sind die Haupteigentümlichkeiten der Stadt. Man möchte fast denken, die Saison sei vorüber und die Häuser nebst ihren Bewohnern hätten die Stadt verlassen. Bewunderern von Städten bietet diese Stadt einen schönen Tummelplatz für ihre Phantasie: ein Monument, das einem dahingeschiedenen Projekte errichtet wurde und nicht einmal eine leserliche Inschrift hat, die verschwundene Größe desselben der Nachwelt zu melden.

So wie die Stadt jetzt ist, wird sie wahrscheinlich auch bleiben. Ursprünglich wurde sie zum Sitz der Regierung gewählt, um dadurch die widerstreitenden Interessen und die Eifersucht der verschiedenen Staaten abzuwenden, und sehr wahrscheinlich auch deshalb, weil sie keinen Pöbel hat – eine selbst in Amerika nicht gering zu achtende Rücksicht. Sie hat weder Gewerbe noch eigenen Handel, denn außer dem Präsidenten und seiner Haushaltung, den während der Sitzung hier wohnenden Gliedern des gesetzgebenden Körpers, den in den verschiedenen Departements angestellten Beamten, den Hotel- und Speisewirten und den Händlern, die deren Tafel versorgen, hat sie wenig oder keine Einwohner. Auch ist die Luft hier sehr ungesund. Sicher werden sich nur wenige in Washington niederlassen, die nicht dazu gezwungen sind; und die Fluten der Auswanderung und Spekulation, diese reißenden, rücksichtslosen Ströme werden wahrscheinlich niemals einem so stillstehenden unreinen Gewässer zufließen.

Die Hauptvorzüge des Capitols sind natürlich die zwei Versammlungshäuser. Aber außerdem befindet sich im Mittelpunkte des Gebäudes eine schöne Rotunde von sechsundneunzig Fuß im Durchmesser und ebenso viel Fuß Höhe, deren kreisförmige Wand in mit historischen Gemälden geschmückte Felder abgeteilt ist. Vier dieser Gemälde haben Hauptbegebnisse des Revolutionskampfes zum Gegenstande. Sie sind vom Oberst Trumbull gemalt, der zu jener Zeit selbst Mitglied von Washingtons Stab war, durch welchen Umstand sie sein eigenes Interesse erhalten. Hier ist auch jüngst Mr Greenoughs große Statue von Washington aufgestellt worden. Sie hat natürlich sehr viel Vorzügliches, doch kam sie mir etwas zu gezwungen und unnatürlich vor. Ich hätte indessen gewünscht, sie in einer besseren Beleuchtung betrachten zu können, denn so, wie sie jetzt steht, wird sie sich nie vorteilhaft ausnehmen.

Es befindet sich auch eine sehr schöne und bequeme Bibliothek im Capitol und von einem Balkon an der Vorderseite desselben bietet sich dem Auge eine prächtige Aussicht auf die Stadt und ihre Umgegend dar. In einem der verzierten Teile des Gebäudes steht eine Statue der Gerechtigkeit, von welcher das Führerbuch sagt: »Der Künstler hatte anfangs die Idee, mehr Nacktheit zu geben, allein man sagte ihm, dass das öffentliche Gefühl hier zu Lande dadurch verletzt werden würde, und in seiner Vorsicht ist er vielleicht in das entgegengesetzte Extrem verfallen.« Die arme Gerechtigkeit; man lässt sie in Amerika ganz andere Kleider tragen als die, in welchen sie im Capitol schmachtet. Wir wollen hoffen, dass sie, seit jene gemacht wurden, ihren Schneider gewechselt und dass das öffentliche Gefühl des Landes nicht gerade jetzt die Kleider ausgeschnitten hat, in die sie ihre liebliche Gestalt hüllt.

Die Repräsentantenkammer ist ein schöner, großer halbkreisförmiger, von Pfeilern gestützter Saal. Ein Teil der Galerie ist für Damen bestimmt; dort sitzen sie auf den Vorderbänken, kommen und gehen wie im Theater oder Konzert. Der Stuhl des Vorsitzenden hat einen Baldachin und ist bedeutend über den Fußboden erhöht. Jedes Mitglied hat einen Lehnstuhl und vor sich ein Schreibepult, was manche Leute für eine höchst unglückselige, unkluge Einrichtung halten, weil sie zu langen Sitzungen und prosaischen Reden veranlasst. Der Saal nimmt sich für das Auge sehr elegant aus, ist aber ganz besonders schlecht zum Hören eingerichtet. Dem kleineren Senatsaal kann dieser Vorwurf nicht gemacht werden, vielmehr ist dieser dem Gebrauche, zu dem er bestimmt ist, ganz gut angemessen. Die Sitzungen finden, wie ich zu bemerken wohl kaum nötig habe, während des Tages statt und die parlamentarischen Formen sind dieselben wie im Mutterlande.

Als ich später durch andere Orte kam, wurde ich zuweilen gefragt, ob die Häupter der Gesetzgeber in Washington nicht einen tiefen Eindruck auf mich gemacht hätten; und man meinte mit dem Worte Häupter nicht etwa ihre vorzüglichsten Redner, sondern buchstäblich ihre individuellen, persönlichen Köpfe, auf denen ihr Haar wuchs und durch welche der phrenologische Charakter jedes Legislators sich ausdrückte. Aber ebenso oft erstarrte der mich Fragende vor unwilliger Bestürzung, wenn ich antwortete: »Nein, ich kann mich nicht entsinnen, dass ich hingerissen worden wäre.« Da ich, komme was da wolle, dieses Geständnis hier wiederholen muss, so will ich auch meine Ansicht hierüber mit so wenig Worten als möglich darlegen.

Ernstlich – und dies mag von einer unvollkommenen Entwicklung meines Ehrfurchtsorgans herrühren – entsinne ich mich nicht, beim Anblicke eines gesetzgebenden Körpers nur einmal ohnmächtig oder gar zu Tränen freudigen Stolzes gerührt worden zu sein. Ich habe das Haus der Gemeinen ertragen wie ein Mann und habe keiner Schwäche nachgegeben außer der Schläfrigkeit, im Hause der Lords. Ich habe Wahlen für Städte und Bezirke gesehen und nie den Antrieb gefühlt (gleichviel welche Partei gewann), meinen Hut zu verderben, indem ich ihn im Triumph in die Luft geworfen, oder mich heiser zu schreien, indem ich irgendein Wort über unsere rühmliche Constitution, die edle Reinheit unserer unabhängigen Wähler oder untadelhafte Rechtschaffenheit unserer unabhängigen Mitglieder hervorgebrüllt hätte. Da ich so starken Angriffen auf meine Festigkeit widerstanden habe, so ist es möglich, dass ich in solchen Sachen von kaltem, fühllosem, eiskaltem Temperamente bin; und daher müssen auch die Eindrücke, welche die lebendigen Säulen des Capitols zu Washington auf mich machten, mit so viel Nachsicht aufgenommen werden, als dieses freie Bekenntnis zu verlangen scheinen mag.

Sah ich in dieser öffentlichen Vereinigung eine Versammlung von Männern, verbunden im heiligen Namen der Freiheit, welche die keusche Würde dieser Gottheit in allen ihren Diskussionen dergestalt bewahrten und festhielten, dass sie zugleich die ewigen Prinzipien, welchen sie ihren Namen gegeben und ihren Charakter und den Charakter ihrer Landsleute, vor den bewundernden Augen der ganzen Welt erhöhten?

Nur erst vor einer Woche stand ein bejahrter, silberhaariger Greis, eine dauernde Ehre für das Land, das ihn geboren, der seinem Vaterlande, so wie seine Vorfahren, gute Dienste geleistet hatte, und an den noch lange Jahre nachdem die Würmer ihn verzehrt haben werden, sich noch alle erinnern werden – nur vor einer Woche noch stand dieser Greis tagelang zum Verhör vor dieser Versammlung, weil er angeklagt war die Schändlichkeit jenes fluchwürdigen Handels behauptet zu haben, der Männer, Weiber und deren noch ungeborene Kinder zum Gegenstand hat. Ja, und in derselben Stadt sieht man in vergoldetem Rahmen und Glas, überall zur allgemeinen Bewunderung ausgehängt, Fremden nicht mit Scham, sondern mit Stolz gezeigt, mit der Frontseite nicht nach der Wand zugekehrt, auch nicht herabgenommen und verbrannt, die einmütige Erklärung der dreizehn vereinigten Staaten von Amerika, welche feierlich bekennt, dass alle Menschen gleich geschaffen und von ihrem Schöpfer mit den unveräußerlichen Rechten des Lebens, der Freiheit und des Strebens nach Glück begabt seien!

Vor weniger als einem Monat hatte dieselbe Versammlung ruhig dagesessen und zugehört, wie ein Mitglied, einer von ihnen, mit Flüchen, deren sich das gemeinste Lumpenvolk in der Besoffenheit schämen würde, einem Gegner drohte ihm den Hals abzuschneiden. Und da saß er, in ihrer Mitte, und keine allgemeine Stimme der Entrüstung erhob sich ihn niederzuschmettern, nein, er blieb ein ehrenwerter Mann wie die anderen.

Eine Woche später wurde ein anderes Mitglied dieser Versammlung vor Gericht gestellt, schuldig befunden und von den Übrigen verurteilt, weil er seine Pflicht erfüllt gegen diejenigen, die in ihrem Namen und zu ihrer Vertretung ihn hierher gesandt; weil er in einer Republik ihr Recht und ihre Freiheit verfochten hatte zu sagen, was ihre Meinung war, und ihre Bitten offenkundig zu machen. Seine Schuld war allerdings gar groß; er hatte sich erhoben und gesagt: »In diesem Augenblick zieht eine Kette von Sklaven und Sklavinnen, die zu verkaufen sind und, wie der Verkäufer bürgt, sich wie das liebe Vieh vermehren, durch die offenen Straßen unter den Fenstern eures Tempels der Gleichheit hin! Seht!« Aber das Glück der Menschheit zu erjagen gehen allerhand Jäger aus und sie sind mit allerhand gar verschiedenen Waffen gerüstet. Manche von ihnen besitzen das unveräußerliche Recht, ihr eigenes Glück sich zum Ziel zu stellen, bewehrt mit der Sklavenpeitsche, dem Block und dem eisernen Halsband, und ihr Hallo (alles zum Lob und Preis der Freiheit) mit der Musik der klirrenden Kette und dem Schall blutiger Hiebe zu begleiten.

Und auf welcher Seite saßen denn die Gesetzgeber mit den gemeinen Drohungen, mit den Schimpfworten und Schlägen, wie sie die Kohlenträger gegenseitig austeilen, wenn sie die Lehren ihrer guten Erziehung vergessen? Auf beiden Seiten. Jede Sitzung veranlasst Anekdoten dieser Art, und die darin figurierten waren alle da zu finden.

War es möglich, in dieser Versammlung die Männer wieder zu erkennen, die den Beruf haben, in einer neuen Welt einige von den Falschheiten und Lastern der alten gutzumachen, welche die Zugänge zur Öffentlichkeit reinigten, die schmutzigen Wege zu Macht und Stellung pflasterten, für das Gemeinwohl Gesetze berieten und erließen und keine Partei kannten als die ihres Vaterlandes?

Ich sah in ihnen das Räderwerk, welches dazu diente, das Gebäude einer tugendhaften Politik auf die schmählichste Weise zu untergraben und umzukehren. Verächtliche Wahlintrigen; verstecktes Gaunerspiel mit bestochenen Beamten; feige Angriffe auf jeden Gegner, bei denen aberwitzige Zeitungen zum Schild und gemietete Federn zu Dolchen dienen; schmachvolle Kriecherei vor feilen Schurken, deren einziges Recht auf Anerkennung sich darauf gründet, dass sie täglich und wöchentlich neuen Samen der Verderbnis aussäen mit ihren käuflichen Typen, die den Drachenzähnen der alten Sage gleichen, nur dass sie nicht so scharf sind; ein Hegen und Pflegen aller bösartigen Gelüste der öffentlichen Meinung, während deren gute Einflüsse durch Gewalt und Hinterlist unterdrückt werden: Solche und ähnliche Dinge oder, mit einem Wort, die ehrlose Faction in ihrer verderbtesten und schamlosesten Gestalt glotzte aus allen Winkeln der überfüllten Halle hervor.

Sah ich unter ihnen den Verstand und die Bildung, das treue, ehrliche, patriotische Herz Amerikas? Hie und da war ein Tropfen seines Blutes zu sehen, aber der reichte kaum hin, den Strom von verzweifelten Abenteurern zu färben, der nach Gewinn und Gold dahinstürmt. Es ist ein Kunstgriff dieser Leute und ihrer verworfenen Organe, den politischen Streit so roh und bestialisch zu machen, so zerstörend für alles höhere Selbstgefühl, dass alle gemütvollen und edler denkenden Charaktere sich von ihm fern halten, und ihnen und ihresgleichen das Schlachtfeld überlassen, auf dem sie dann ungehindert ihre selbstsüchtigen Zwecke verfolgen. Und so entsteht diese niedrigste aller Katzbalgereien, und jene, die in anderen Ländern, ihrer Stellung und Einsicht gemäß, sich am meisten bemühen würden ihrem Beruf zur Gesetzgebung zu folgen, ziehen sich hier so weit als möglich von diesem erniedrigenden Geschäft zurück.

Dass es trotzdem unter den Volksrepräsentanten in beiden Häusern und unter allen Parteien einige Männer von edlem Charakter und großen Fähigkeiten gibt, brauche ich nicht erst zu sagen. Die Hervorragendsten unter diesen Staatsmännern, die man in Europa kennt, sind schon geschildert worden und ich finde daher keinen Grund, von meinem Vorsatz, keine Persönlichkeit zu berühren, gerade hier abzugehen. Genug, wenn ich hinzufüge, dass ich die günstigsten, je über sie gefällten Urteile von ganzem Herzen gern unterschreibe; und dass die persönliche Bekanntschaft und der freie geistige Verkehr mit ihnen meine Bewunderung und Ehrfurcht vor ihrem Charakter sehr hoch gesteigert haben. Es sind Männer, deren Anblick imponiert; sie sind schwer zu täuschen, rasch im Handeln, tatkräftig wie die Löwen, Indianer in der Glut ihres Auges und Gebärdenspiels, Crichtons in der Mannigfaltigkeit ihrer Kenntnisse, Amerikaner in der Kraft und Hochherzigkeit ihrer Triebfedern; und sie vertreten die Ehre und Weisheit ihres Vaterlandes zu Hause ebenso gut wie der ausgezeichnete Mann, der jetzt ihr Minister am britischen Hof ist, im Auslande.

Ich besuchte beide Häuser während meines Aufenthaltes in Washington beinahe täglich. Bei meinem ersten Besuch im Haus der Repräsentanten waren sie im Kampf gegen einen Beschluss des Präsidenten, allein dieser gewann. Das zweite Mal wurde der Gentleman, der eben sprach, durch Gelächter unterbrochen; er äffte es nach, wie ein kleiner Junge im Streit mit einem anderen tun würde, und meinte noch, »er werde die ehrenwerten Herrn gegenüber gleich lehren, andere Gesichter zu machen«. Unterbrechungen fallen aber selten vor, da man den Sprecher gewöhnlich in Ruhe anhört. Zänkereien sind häufiger als bei uns; Drohungen werden ausgestoßen, wie sie sonst keiner gebildeten Gesellschaft unseres Wissens üblich sind; dagegen sind die künstlichen Hühnerhof-Konzerte, die man im Parlament des Vereinigten Königreichs von Großbritannien hört, in Amerika noch nicht eingeführt worden. Die beliebteste und gebräuchlichste Redefigur ist die hartnäckige Wiederholung desselben Gedankens oder Schattens von einem Gedanken in anderen Worten; und die Nachfrage vor der Tür lautet nicht: »Was hat er gesprochen?«, sondern »Wie lang hat er gesprochen?« Dies ist jedoch nur eine gründlichere Befolgung eines Grundsatzes, der auch anderswo herrscht.

Der Senat ist eine anstands- und würdevolle Körperschaft; und die Verhandlungen werden in großer Ordnung und mit feierlichem Ernst gepflogen. Beide Häuser sind mit hübschen Teppichen belegt; allein der Zustand, in den diese Teppiche durch die allgemeine Ignorierung des Spucknapfes geraten, der jedem der ehrenwerten Mitglieder zur Verfügung gestellt ist, und die außerordentlichen Verschönerungen, die auf dem gewirkten Muster dadurch angebracht werden, dass es von allen Seiten bespritzt und bespien wird, lassen sich gar nicht beschreiben. Ich muss nur bemerken, dass ich jedem Fremden raten will nicht auf den Fußboden zu sehen; und wenn er vielleicht etwas fallen gelassen hat, sei es auch seine Geldbörse, es um keinen Preis aufzuheben ohne erst seine Handschuhe anzuziehen.

Es ist gelinde gesagt ein merkwürdiges Schauspiel, so viele ehrenwerte Herren mit geschwollenen Backen zu sehen; und es kommt einem nicht minder seltsam vor, wenn man entdeckt, dass diese Geschwulst von der Masse Tabak herrührt, welche sie sehr geschickt in die hohle Backe zu stopfen verstehen. Es ist auch ein seltsamer Anblick, einen ehrenwerten Herrn zu sehen, der mit dem Rücken an der Lehne sich im Sessel wiegt, die Beine auf den Schreibtisch streckt, mit dem Federmesser sich ein passendes Priemchen schneidet und, wenn es fertig ist, das alte aus dem Munde schießt wie aus einer Knallbüchse, um das neue an seiner statt hineinzupfropfen.

Es überraschte mich, zu bemerken, dass selbst alte, erfahrene Tabakkauer nicht immer gute Schützen sind, was mir beinahe an der allgemeinen Geschicklichkeit der Amerikaner im Büchsenschießen, wovon wir in England so viel gehört haben, einen Zweifel einflößen könnte. Mehrere Herren besuchten mich, die im Laufe des Gesprächs den Spucknapf oft auf fünf Schritte verfehlten; und einer (doch der war gewiss kurzsichtig) traf auf drei Schritt die geschlossene Fensterscheibe statt der offenen. Bei einer anderen Gelegenheit, als ich außer dem Hause zu Tisch war, saß ich vor dem Diner mit zwei Damen und mehreren Herren ums Feuer; und einer aus der Gesellschaft verfehlte das Feuer sechs unterschiedliche Male. Ich möchte jedoch annehmen, es rührte daher, dass er nicht gezielt hatte; da sich vor dem Feuereisen ein weißer marmorner Herd befand, der ihm bequemer gelegen war und wohl auch seinem Zweck besser diente.

Die Patentsammlung in Washington gibt ein außerordentliches Bild von amerikanischem Unternehmungs- und Erfindungsgeist; denn die unermessliche Anzahl von Modellen, die sie enthält, sind das Resultat einer bloß fünfjährigen Sammlung: Der ganze, früher angehäufte Reichtum ist durch eine Feuersbrunst zugrunde gegangen. Die Post ist ein sehr solides und schönes Gebäude. In einem der Departements derselben sind unter anderen Seltenheiten und Merkwürdigkeiten die Geschenke niedergelegt, die von Zeit zu Zeit den amerikanischen Gesandten an fremden Höfen von den verschiedenen Potentaten, bei denen sie von Seiten der Republik beglaubigt waren, gemacht worden sind; das Gesetz erlaubt ihnen nämlich nicht, dergleichen Cadeaus zu behalten. Ich muss gestehen, dass mir dies eine peinliche Ausstellung war, die, nach meiner Ansicht, für den Nationalbegriff von dem, was Ehre und Ehrbarkeit sind, nichts weniger als schmeichelhaft vorkommt. Das kann kaum ein hoher Grad sittlicher Bildung sein, wo man einen Mann von Ruf und Stellung für fähig hält sich in der Ausübung seiner Pflicht durch eine geschenkte Schnupftabaksdose oder einen reich besetzten Degen oder einen türkischen Schal bestechen zu lassen; und gewiss wird eine Nation, die zu ihren Dienern Vertrauen hat, besser bedient werden als eine, welche ihre Beamten zum Gegenstand eines so niedrigen und kleinlichen Verdachtes macht.

Zu George Town, in der Vorstadt, ist ein Jesuiter-Collegium, welches köstlich gelegen ist und, soweit ich es beobachten

»Das Palais des Präsidenten«

konnte, gut geleitet wird. Viele, die der römisch-katholischen Kirche nicht angehören, benützen, glaub ich, diese Anstalt und die vorteilhafte Gelegenheit, die sie ihnen zur Erziehung ihrer Kinder bietet. Die Anhöhen in der Umgegend, über dem Potomac-Strom, sind sehr pittoresk, und auch frei, wie ich denke, von einigen der ungesunden Verhältnisse Washingtons. Die Luft in dieser hohen Region war ganz kühl und erfrischend, während sie in der Stadt brennend heiß war.

Das Palais des Präsidenten wüsste ich, sowohl nach dem Innern wie nach dem Äußern, mit nichts anderem zu vergleichen als mit einem englischen Klubhaus. Ringsum sind hübsche und fürs Auge recht gefällige Gartengänge angelegt; doch haben sie das Unangenehme, dass sie aussehen, als ob sie erst gestern entstanden wären, was der Wirkung von solchen Schönheiten großen Eintrag tut.

Zum ersten Mal sah ich dies Haus am Morgen nach meiner Ankunft. Ein Beamter, der die Güte haben wollte, mich dem Präsidenten vorzustellen, führte mich hin.

Wir traten in eine große Vorhalle, und nachdem wir zwei-

oder dreimal die Glocke gezogen, ohne dass uns jemand antwortete, gingen wir ohne weitere Umstände durch die Zimmer im Erdgeschoss, gleich mehreren anderen Gentlemen, die meist den Hut auf dem Kopf und die Hände in der Tasche hatten. Manche dieser Herren hatten ihre Frauen mit und führten sie im Hause herum ihnen die Wirtschaftsgebäude zu zeigen; andere lungerten auf Stühlen und Sofas umher; andere, matt und müde vor Langeweile, gähnten fürchterlich. Der größere Teil der Gesellschaft zeigte bloß seine souveräne Oberherrlichkeit und hatte im Grunde nichts da zu tun. Einige wenige besahen sich sehr genau die Möbel, wie um sich zu überzeugen, ob der (nichts weniger als populäre) Präsident nicht etwas vom Hausgerät, welches als öffentliches Gut am Hause haftet, beiseite geschafft oder zum Besten seiner Privatkasse verkauft habe.

Wir warfen nur einen flüchtigen Blick auf diese Herren und Damen, die teils in einem größeren Staatsgemach, der orientalische Salon genannt, teils in einem auf eine Terrasse gehenden Saal sich umhertrieben, wo man eine schöne Aussicht auf den Strom und die Umgegend genoss – und gingen die Treppen hinauf nach einem Zimmer, wo sich die auf Audienz wartenden Gäste befanden. Ein Schwarzer in gewöhnlicher Kleidung und gelben Pantoffeln schlurfte geräuschlos hin und her und flüsterte den Ungeduldigeren seinen Bescheid ins Ohr; als er jedoch meinen Führer erblickte, gab er ihm ein Erkennungszeichen und schlüpfte fort, um uns zu melden.

Wir hatten vorher in ein anderes Gemach hineingeblickt, welches ringsum ganz mit einem großen, leeren hölzernen Pult oder Schreibtisch ausmöbliert war, worauf Stöße von Zeitungen lagen, mit denen sich mehrere Herren unterhielten. Solchen Zeitvertreib gab es aber in diesem Zimmer nicht, welches so langweilig und trostlos war, wie nur irgendein Vorzimmer in einem unserer öffentlichen Amtsgebäude oder das Gesellschaftszimmer eines Doktors der Medizin in einer seiner Ordinationsstunden sein kann.

Es befanden sich etwa fünfzehn oder zwanzig Personen im

Zimmer. Der eine war ein hoher, drahtfester, muskulöser alter Mann aus dem Westen; sonnverbrannt und schwarz; mit einem braunweißen Hut auf und einem riesengroßen Sonnenschirm zwischen den Knien; er saß kerzengerade auf seinem Stuhl, blickte fortwährend finster auf den Teppich und verzog die harten Linien um seinen Mund, als nähme er sich vor, dem Präsidenten derb die Wahrheit zu sagen. Ein Landmann aus Kentucky, sechs Fuß sechs Zoll hoch, lehnte mit dem Hut auf dem Kopf und den Händen hinter den Rockschößen an der Wand und stampfte mit dem Stiefelabsatz auf den Fußboden, als hätte er die ganze Zeit unter seinem Fuß und wollte sie buchstäblich totschlagen. Der Dritte war ein gallig aussehender Mann mit ovalem Gesicht, schlicht anliegenden schwarzen Haaren und glatt rasiert bis auf die bläuliche Bartspur; er hatte einen dicken Stock im Munde, den er zuweilen herausnahm, um den Knopf anzusehen. Ein Vierter pfiff und ein Fünfter spuckte in einem fort. In letzterem Punkte waren übrigens sämtliche Gentlemen so ausdauernd fleißig und so rücksichtsvoll für den Teppich, dass ich glaube, die Mägde des Präsidenten müssen einen hohen Wochenlohn oder, genteeler zu reden, eine große »Entschädigung« bekommen; denn dies ist der amerikanische Ausdruck für Sold und Lohn bei allen öffentlichen Dienern.

Wir hatten kaum einige Minuten in diesem Zimmer zugebracht, so kam der schwarze Bote wieder und führte uns in ein zweites kleineres Gemach, wo an einem mit Papieren überdeckten Arbeitstisch der Präsident selbst saß. Er sah etwas abgemattet und sorgenvoll aus und er hat wohl Grund dazu, da er sich mit aller Welt herumschlagen muss – doch war der Ausdruck seines Gesichtes mild und freundlich und sein Benehmen außerordentlich natürlich, angenehm und gentlemännisch. Seine ganze Art und Haltung schien mir seiner Stellung ganz angemessen.

Die Etikette, welche an einem republikanischen Hof herrscht, ist, sagte man mir, so vernünftig, dass sie einem Fremden, wie ich bin, eine Einladung zum Diner abzulehnen gestattet, ohne dass er damit eine Unschicklichkeit begeht. Da

John Tyler, Präsident der Vereinigten Staaten von 1841 bis 1845

ich überdies zu meiner Abreise bereits alle Vorkehrungen getroffen hatte, so konnte ich die Einladung zum Diner, die ich auf einen Tag erhielt, wo ich schon fort sein wollte, umso weniger annehmen und kam daher nur einmal noch in das Haus des Präsidenten. Es war bei Gelegenheit einer jener großen Gesellschaften, die zu bestimmten Perioden zwischen neun und zwölf Uhr abends gegeben werden und, seltsamerweise, Levers heißen.

Ich kam mit meiner Frau ungefähr um zehn Uhr. Im Hof stand eine ziemlich dichte Masse Equipagen und Menschen; und soviel ich erkennen konnte, hatte man für das Aus- und Einsteigen, das Vorfahren und Abfahren usw. durchaus keine bestimmte Ordnung vorgeschrieben. Es waren keine Polizeimänner da, um scheue Pferde zu beruhigen, entweder sie am Zügel hin und her zerrend oder mit den Stöcken ihnen um den Kopf sausend, wie es bei uns Mode ist; und doch kann ich darauf schwören, dass kein Unschuldiger durch einen heftigen Schlag auf den Kopf oder etwa durch einen derben Stoß in die Herzgrube und den Rücken oder durch sonst ein sanftes Mittel zum Stehen gebracht und dann, weil er sich nicht vom Fleck rühren wollte, arretiert wurde. Und doch herrschte nicht die geringste Verwirrung oder Unordnung. Unser Wagen fuhr vor, als die Reihe an ihm war, ohne Lärm, ohne Fluchen, Schreien und Zurückstoßen von irgendeiner Seite; und wir stiegen so bequem und in Ruhe aus dem Wagen, als ob wir die ganze Polizeimacht der Hauptstadt von A bis Z zu unserer Bedeckung mitgehabt hätten.

Alle Gemächer zu ebener Erde waren erleuchtet und in der Vorhalle spielte eine Militär-Musikbande. In dem kleineren Salon, im Mittelpunkte des gesellschaftlichen Kreises, befanden sich der Präsident und seine Schwiegertochter, eine sehr anmutige und interessante Dame, die als Frau vom Hause die Honneurs machte. Ein Gentleman, der zu dieser Gruppe gehörte, schien das Amt des Zeremonienmeisters übernommen zu haben. Andere Salon- und Hausofficianten waren nicht zu sehen und auch nicht nötig.

Der große Salon, den ich schon einmal erwähnte, und die übrigen Zimmer im Erdgeschoss waren zum Erdrücken voll gestopft. Die Gesellschaft war nicht gewählt, in unserem Sinn des Wortes; denn es gab darunter Leute von jedem Stand und jeder Sorte; auch sah man wenig Putz und Aufwand; manche Gäste waren sogar in einem ziemlich grotesken Kostüme erschienen. Allein das anständige und würdige Benehmen, welches allgemein beobachtet wurde, störte kein unangenehmer oder roher Zwischenfall, und jedermann, selbst unter dem gemischten Zuschauerhaufen, der ohne Billets oder besondere Erlaubnis in die Halle gelassen wurde, schien zu fühlen, dass er zum Ganzen gehöre und mit dafür verantwortlich sei, dass es den ihm geziemenden Charakter behalte und im vorteilhaftesten Licht erscheine.

Washington Irving

Die Gäste aber, welchem Stand sie auch angehören mochten, waren durchaus nicht ohne einen gewissen feineren Geschmack und wussten sehr wohl und mit großer Dankbarkeit die Talente jener Männer zu schätzen, die auf dem friedlichen Wege des Geistes neue Reize ihrem Vaterland verleihen und den Charakter ihres Volkes in fremden Ländern zu Ehren bringen. Dies sah ich deutlich an der Aufnahme, die meinem teueren Freund Washington Irving zuteil wurde, der, jüngst zum Gesandten am spanischen Hof ernannt, sich an jenem Abend in seiner neuen Eigenschaft hier zum ersten und letzten Mal zeigte, ehe er nach Spanien ging. Ich glaube gewiss, bei aller politischen Raserei der Amerikaner würden doch nur wenige öffentliche Charaktere mit so aufrichtiger, so ehrfurchtsvoller und liebevoller Teilnahme empfangen worden sein wie dieser anziehende und graziöse Schriftsteller: Und ich fühlte selten eine größere Hochachtung vor einer öffentlichen Gesellschaft als vor diesem gedrängten Haufen, da ich sah, wie sie einmütig sich von geräuschvollen Rednern und Staatsbeamten weg-wandten, um sich mit großherziger und edler Begeisterung um den Mann des ruhigen Strebens zu scharen: stolz auf seine Erhebung, die, wie sie fühlten, einen Glanz auf sie selbst zurückwirft: und von ganzem Herzen dankbar für den Schatz von reizenden Erfindungen und Phantasiebildern, die er unter sie ausgestreut. Möge er solche Kleinode noch lang mit vollen Händen ausstreuen und mögen sie auch noch lang so würdig seiner gedenken!

Die Frist, die wir für unsern Aufenthalt in Washington festgestellt hatten, war nun abgelaufen und wir sollten anfangen zu reisen; denn die Strecken, die wir bisher auf der Eisenbahn zurückgelegt, werden auf diesem großen Festlande für so viel wie nichts angesehen.

Anfangs hatte ich beabsichtigt gegen Süden – nach Charleston – zu gehen. Allein, wenn ich die lange Zeit bedachte, die uns diese Reise kosten würde, die vorzeitige Hitze der Jahreszeit, welche schon zu Washington oft sehr lästig geworden war; und wenn ich das peinliche Gefühl erwog, beständig das Schauspiel der Negersklaverei vor Augen zu haben: Da fing ich lieber an, den alten Sagen zu lauschen, die in England, als ich noch nicht daran dachte, jemals hierher zu kommen, mir in die Seele flüsterten, und von den Städten zu träumen, die, gleich den Palästen im Feenmärchen, mitten unter den Wildnissen und Wäldern des Westens emporwachsen.

Freilich erhielt ich fast überall, wo ich mich dieser neuen Reise wegen erkundigte, den trostlosesten Bescheid und die entmutigendsten Ratschläge; meiner Gefährtin prophezeite man mehr Gefahren und Unannehmlichkeiten, als ich mir merken konnte oder mochte; genug, das Geringste, was uns drohte, war, dass wir mit jedem Dampfboot in die Luft gesprengt werden und mit jeder Kutsche den Hals brechen würden. Da mir jedoch die beste und gütigste Autorität, an die ich mich hätte wenden können, meine Route nach Westen aufzeichnete, so schenkte ich jenen Entmutigungen keinen zu großen Glauben und beschloss die baldige Ausführung meines Planes.

Dieser Plan war, gegen Süden bloß bis Richmond in Virginien zu reisen und von da uns nach dem fernen Westen zu wenden; wohin ich den freundlichen Leser mich zu begleiten bitte.

Neuntes Kapitel

Ein Nacht-Dampfschiff auf dem Potomacflusse – Eine virginische Landstraße und ein schwarzer Kutscher – Richmond – Baltimore – Die Harrisburgher Mail und ein Blick auf die Stadt – ein Kanalboot

Zunächst mussten wir per Dampfschiff reisen, und da es gebräuchlich ist, an Bord zu schlafen, weil es des Morgens um vier Uhr abgeht, so fuhren wir nach dem Einsteigeplatze, und zwar zu jener für derlei Expeditionen ungeeigneten Stunde, in der Schlafrock und Pantoffeln am schätzbarsten sind und das vertraute Bett, das uns in ein paar Stunden erwartet, sich gar angenehm ausnimmt.

Es ist zehn Uhr abends, vielleicht halb elf; mondhell, warm und still. Das Dampfschiff (einer Noaharche für Kinder nicht unähnlich, mit der Maschinerie auf dem Dache) schwankt träge hin und her und stößt mit dumpfem Schall gegen das hölzerne Landungsgerüst, wie der leichte Wellenschlag des Flusses mit seinem unbehilflichen Rumpfe spielt. Der Kai befindet sich in einiger Entfernung von der Stadt. Es ist niemand zu sehen und ein paar düstere Lampen auf dem Verdeck des Dampfschiffes sind, nachdem unsere Kutsche wieder abgefahren ist, die einzigen Zeichen von menschlichem Leben in der Nähe. Sobald sich unsere Fußtritte auf den Brettern hören lassen, taucht eine fette Negerin aus dem Winkel einer dunklen Treppe empor und geleitet meine Frau in die Damenkajüte, wohin ihr ein mächtiger Ballen von Mänteln und Überröcken nachgetragen wird. Ich meinerseits fasse den tapferen Entschluss, gar nicht zu Bett, sondern auf dem Landungsgerüst bis zum Morgen auf und ab zu gehen.

Ich beginne meine Promenade – indem ich an lauter entfernte Dinge und Personen denke; Naheliegendes berührt mich nicht. Dann geh ich wieder an Bord, und da ich in die Nähe einer der Lampen komme, seh ich nach meiner Uhr, denke, sie muss stehen geblieben sein, und wundere mich, wo mein brauner Sekretär bleibt, den ich von Boston mitgenommen habe. Er soupiert mit unserem letzten Wirte (der ohne Zweifel wenigstens ein Feldmarschall ist) zur Feier unserer Abreise und kann noch zwei Stunden ausbleiben. Ich gehe wieder umher, aber es wird immer langweiliger und eintöniger; der Mond geht unter; der nächste Junimonat scheint mir in der Finsternis nur umso ferner und das Echo meiner Fußtritte erschreckt mich selbst. Es ist überdem kalt geworden und unter solchen Umständen allein hin und her zu gehen ist eine armselige Unterhaltung. Drum gebe ich meinen tapferen Entschluss auf und denke, es dürfte vielleicht ebenso gut sein, wenn ich zu Bett ginge.

Ich gehe wieder an Bord, öffne die Tür zur Herrenkajüte und trete hinein. Ich weiß nicht, wie es kam – wahrscheinlich weil es darin so still war, hatte ich mir in den Kopf gesetzt, dass niemand in der Kajüte sei. Zu meinem Schrecken und Staunen liegt sie voll von Schläfern in jedem Stadium, von jeder Gestalt, Stellung und Verschiedenartigkeit des Schlafs, in den Berths, auf den Stühlen, auf dem Fußboden, auf den Tischen und vorzüglich rings um meinen geschworenen abscheulichen Feind, den Ofen. Ich gehe einen Schritt weiter und stolpere über das glanzige Gesicht eines schwarzen Stewards, der in ein Betttuch gewickelt am Boden liegt. Er springt auf, greint halb schmerzlich, halb gastfreundlich, flüstert mir meinen eigenen Namen ins Ohr und führt mich, sich zwischen den Schlafenden durchtappend, zu meinem Schiffbett. Indem ich daneben stehe, überzähle ich mir die schlafenden Passagiere und komme bis über vierzig. Weiterzuzählen könnte mir den Kuckuck nützen, daher fang ich an mich auszukleiden. Da die Stühle alle besetzt sind und ich keinen anderen Platz sehe, wohin ich meine Kleider tun könnte, so lege ich sie auf den Fußboden; dabei besudele ich mir die Hände, denn der Boden ist in demselben Zustand wie die Fußteppiche auf dem Capitol und auch aus demselben Grunde. Nachdem ich mich nur halb entkleidet, klimme ich in mein Fach hinein und halte den Vorhang noch einige Minuten auf, um meine Mitreisenden noch einmal zu betrachten. Dann lass ich ihn hinter ihnen, mir und der Welt wieder fallen, drehe mich um und fange an zu schlafen.

Bei der Abfahrt wache ich natürlich wieder auf, denn dabei geht es nicht ohne beträchtlichen Lärm ab. Der Tag bricht eben an. Alle erwachen zugleich. Manche sind gleich gesammelt, andre aber sind ganz konfus und wissen nicht eher, wo sie sind, als bis sie sich die Augen gerieben und, auf den Ellbogen gestützt, sich rings umgesehen haben. Manche gähnen, andere stöhnen, fast alle speien aus und nur wenige stehen auf. Zu diesen Letzteren gehöre ich, denn es lässt sich leicht bemerken, ohne erst in frischer Luft gewesen zu sein, dass die Atmosphäre der Kajüte im höchsten Grade verdorben ist. Ich springe rasch in meine Kleider, gehe in die Vorderkajüte, lasse mich rasieren und wasche mich. Die Wasch- und Reinigungsapparate zum allgemeinen Gebrauch der Passagiere bestehen in zwei Handtüchern, drei kleinen hölzernen Becken, einem Fässchen Wasser mit einem Löffel, um es herauszuschöpfen, sechs Quadratzoll Spiegel, zwei Ditto gelber Seife, einem Kamme und einer Bürste für die Haare, und keiner für die Zähne. Alles glotzt mich an, weil ich meinen eigenen habe, und zwei oder drei Herren haben große Lust, mich über meine Vorurteile aufzuziehen, was sie jedoch bleiben lassen. Nachdem ich meine Toilette beendigt habe, gehe ich auf das oberste Verdeck und spaziere zwei Stunden lang emsig hin und her. Die Sonne geht in vollem Glanze auf; wir kommen beim Mount Vernon vorbei, wo Washington begraben liegt; der Fluss ist breit und reißend und seine Ufer anmutig. Alle Schönheit, aller Glanz des Tages ist im Steigen und wird mit jeder Minute prachtvoller.

Um acht Uhr frühstücken wir alle in der Kajüte, wo ich die Nacht zubrachte; aber jetzt stehen alle Türen und Fenster offen und da allerdings ist die Luft frisch. Weder Eile noch Essbegierde zeigt sich bei diesem Mahle. Es dauert länger als ein Reisefrühstück bei uns, so wie es auch ordentlicher und artiger dabei zugeht.

Bald nach neun Uhr gelangen wir nach Potomac Creek, wo wir landen; und hier kommt der lustigste Teil der Reise. Sieben Landkutschen machen Anstalt, uns weiterzubefördern. Einige davon sind schon bereit, andere noch nicht. Einige von den Kutschern sind Schwarze, andere Weiße. Zu jeder Kutsche gehören vier Pferde und sämtliche Pferde stehen geschirrt oder ungeschirrt dabei. Die Passagiere steigen aus dem Dampfschiff in die Kutschen; das Gepäck wird auf lärmenden Schubkarren herübergeschafft; die Pferde scheuen sich und harren ungeduldig der Abfahrt; die schwarzen Kutscher schnattern sich in ihrem Affendialekte an und die weißen schreien wie Ochsentreiber; denn hier ist bei der ganzen Kutscherei die Hauptsache, so viel Lärm als möglich zu machen. Die Kutschen ähneln etwas den französischen, sind aber nicht ganz so gut. Statt in Federn hängen sie in Bändern vom stärksten Leder. Man hat nicht viel zu wählen und es ist auch kein so großer Unterschied zwischen ihnen; man könnte sie dem Kutschkasten einer Schaukel, wie man sie auf einem englischen Jahrmarkt sieht, vergleichen, der überdacht, auf Achsen und Räder gesetzt und mit Vorhängen von bemalter Leinwand versehen ist. Von der Decke bis zur untersten Radfelge sind sie mit Kot bedeckt, denn seit sie gebaut worden sind, hat man sie nie gereinigt.

Die Billetts, die wir an Bord des Dampfschiffes erhielten, sind mit Nr. 1 bezeichnet, mithin gehören wir zur Kutsche Nr. 1. Ich werfe meinen Mantel auf den Bock und hebe meine Frau und ihr Mädchen in das Innere derselben. Die Kutsche hat bloß einen Tritt, und da dieser fast eine Elle über der Erde schwebt, so gelangt man mittels eines Stuhles darauf; ist kein Stuhl da, so müssen die Damen sich der göttlichen Vorsehung empfehlen. Die Kutsche fasst neun Personen, indem sie von einer Tür zur anderen querüber noch einen dritten Sitz hat, worauf wir in England die Füße stellen, sodass das Aussteigen eine noch größere Heldentat ist als das Einsteigen. Außen sitzt bloß ein Passagier, und zwar auf dem Bocke. Da ich dieser eine bin, so klettere ich hinauf; und während das Gepäck auf der Kutschendecke festgeschnallt und hinten in eine Art Mulde gestopft wird, habe ich die beste Gelegenheit, mir den Kutscher zu betrachten.

Es ist ein in der Tat recht schwarzer Neger. Seine Kleidung besteht in einem (vorzüglich an den Knien) vielfach geflickten und gestopften pfeffer- und salzfarbigen Anzug, grauen Strümpfen, außerordentlich großen ungewichsten Schuhen und sehr kurzen Hosen. Er hat zwei Handschuhe von verschiedenen Paaren, einen von buntfarbiger Wolle und den anderen von Leder, eine sehr kurze Peitsche, die in der Mitte zerbrochen und mit Bindfaden zusammengeflickt ist. Und doch trägt er einen niedrigen, breiträndrigen, schwarzen Hut: das nachgeäffte, blasse Schattenbild eines englischen Kutschers! Allein während ich diese Beobachtungen mache, ruft eine unsichtbare Autorität: »Vorwärts!« Die Mail, in einem von vier Pferden gezogenen Wagen, fährt voraus und alle Kutschen folgen in der Reihe nach, angeführt von Nr. 1.

Beiläufig will ich hier bemerken, dass wo ein Engländer »Alles in Ordnung!« ruft, der Amerikaner allemal »Vorwärts!« ruft, was gewissermaßen auch den Nationalcharakter der beiden Länder bezeichnet.

Während der ersten Viertelstunde führt die Straße über Brücken, die aus lose über zwei parallele Balken gelegten Brettern bestehen; diese Bretter springen, sowie die Räder über sie hinrollen, in die Höhe und in den Fluss hinab. Der Fluss hat ein lehmiges Bett und ist voller Löcher, sodass immer eine Pferdehälfte plötzlich verschwindet und lange nicht wieder gefunden werden kann.

Doch wir überstehen auch das und kommen auf die wirkliche Landstraße, die aus einer Reihe abwechselnder Sümpfe und Sandgruben besteht. Eine fürchterliche Passage liegt jetzt dicht vor uns; der schwarze Kutscher rollt mit den Augen, verzieht das Maul und blickt gerade zwischen den beiden Vorderpferden hindurch, als wenn er zu sich selbst sagte: »Wir sind schon oft drübergefahren, aber diesmal wird es brechen.« Er nimmt einen Zügel in jede Hand, ruckt und zieht beide an und trampelt mit beiden Füßen auf dem Tritte herum, natürlich ohne aus dem Sitz zu fallen wie der selige, viel beklagte Ducrow auf seinen beiden feurigen Rennern. Wir kommen jetzt zur Stelle, sinken fast bis an die Kutschenfenster, in einem Winkel von fünfundvierzig Grad, in den Schlamm und bleiben so stecken. Die Innensitzenden kreischen angsterfüllt, die Kutsche hält an, die Pferde zappeln und schlagen aus; die anderen sechs Kutschen halten gleichfalls und ihre vierundzwanzig Pferde schlagen gleichfalls aus, doch bloß zur Gesellschaft und in Sympathie mit den unsern. Jetzt spielt folgende Szene:

Der schwarze Kutscher (zu den Pferden). »Hi!« Nutzt nichts. Innen abermaliges Kreischen.

Der schwarze Kutscher (zu den Pferden). »Ho!«

Die Pferde stürzen und bespritzen den schwarzen Kutscher mit Kot.

Ein Herr in der Kutsche (herausguckend). »Aber was in aller Welt – –«

Der Herr erhält verschiedene Kleckse auf die Nase und zieht den Kopf wieder zurück ohne seine Frage zu beendigen oder auf eine Antwort zu warten.

Der schwarze Kutscher (immer noch zu den Pferden). »Jiddy, Jiddy!«

Die Pferde ziehen heftig an und zerren die Kutsche aus dem Loche eine so steile Anhöhe hinauf, dass die Beine des Kutschers in die Luft emporfliegen und er selbst unter das Gepäck auf der Kutschendecke rutscht. Er sammelt sich jedoch sogleich wieder und ruft (immer noch zu den Pferden): *»Pill!«* *

Es hilft aber nichts. Im Gegenteile, die Kutsche rollt auf Nr. 2 zurück, Nr. 2 auf 3, diese auf Nr. 4 und so fort, bis man Nr. 7 fast eine englische Viertelmeile hinter uns fluchen und schimpfen hört.

Der schwarze Kutscher (lauter als vorher). »Pill!«

Die Pferde kämpfen von neuem, um auf die Anhöhe zu gelangen, und abermals rollt die Kutsche rückwärts.

---

* Statt *pull*, zieht!

Der schwarze Kutscher (lauter als vorher). »*Pi-i-i-l!*«

Die Pferde kämpfen wieder ganz verzweifelt.

Der schwarze Kutscher (sich erhebend). »*Hi, Jiddy, Jiddy, Pill!*«

Die Pferde machen noch eine Anstrengung.

Der schwarze Kutscher (aus allen Kräften). »Ally Loo! Hi! Jiddy, Jiddy! Pill! Ally Loo!«

Fast gelingt es den Pferden jetzt.

Der schwarze Kutscher (indem ihm die Augen aus dem Kopfe treten). »Zu da! zu da! Hi! Jiddy, Jiddy! Ally Loo! Hi-i-i-i!«

Die Pferde erreichen jetzt die Anhöhe und mit fürchterlicher Schnelligkeit rennen sie auf der anderen Seite wieder hinunter. Es ist nicht möglich, sie aufzuhalten, und unten am Fuß der Anhöhe ist ein tiefer Wasserpfuhl. Die Kutsche rollte mit furchtbarer Schnelligkeit dahin. Die Innensitzenden kreischen. Kot und Wasser spritzen hoch um uns empor. Der schwarze Kutscher strampelt mit den Beinen wie ein Verrückter. Plötzlich, durch irgendein Wunder, sind wir an der gefährlichen Stelle vorbei und schöpfen wieder Atem.

Ein schwarzer Freund des schwarzen Kutschers sitzt auf einem Geländer. Der schwarze Kutscher zeigt, dass er ihn erkennt, indem er mit dem Kopfe wie ein Harlekin schüttelt, die Augen verdreht, mit den Achseln zuckt und von einem Ohr zum anderen greint. Er hält auf einmal an, wendet sich zu mir und sagt:

»Wollen Sie schon durchbringen, Sir, wie Luder, und hoffen, Ihnen gefallen, wenn Sie durchbringen. Altes Weib zu Hause« (indem er herzlich lacht), »der Gentleman auf dem Bocke oft an das alte Weib zu Hause denken«; hier greint er wieder.

»Ja, ja, wir wollen schon Sorge tragen für die Alte. Fürchtet nichts.«

Der schwarze Kutscher greint noch einmal; doch da ist schon wieder ein Loch und drüben schon wieder eine Anhöhe vor uns. Er hält auf einmal an, ruft den Pferden zu: »Ruhig, ruhig! Nur ruhig! Hi! Jiddy, Pill, Ally, Loo!«, bis wir wieder in die schreckliche Not geraten, sodass es rein unmöglich scheint, sich da herauszufinden.

Auf diese Weise legen wir die zehn oder elf englischen Meilen in zwei und einer halben Stunde zurück; zwar ohne ein Bein zu brechen, aber mit mannigfachen Quetschungen; und endlich hat er uns durchgebracht, »wie ein Luder!«

Diese merkwürdige Fahrt endigt in Friedrichsburgh, von wo eine Eisenbahn nach Richmond fährt. Der Landstrich, welchen wir passierten, war früher ergiebig; aber der Boden ist dadurch erschöpft worden, dass man durch eine übertriebene Masse Sklavenarbeit Ernten erpresste ohne das Land wieder zu kräftigen, und es ist jetzt wenig besser denn eine sandige mit Bäumen bewachsene Wüste. So traurig und uninteressant auch der Anblick dieser Landstrecke ist, so freute ich mich doch herzlich etwas zu finden, das der Fluch jener scheußlichen Einrichtung, des Sklavenhandels, getroffen hat, und es machte mir mehr Vergnügen, den ausgedorrten Boden zu betrachten, als die reichste, üppigste Kultur an derselben Stelle mir hätte gewähren können.

In dieser Gegend, so wie in allen anderen, über welchen der Fluch der Sklaverei schwebt (und ich habe dies häufig selbst von den eifrigsten Verteidigern derselben zugestehen hören), erblickt man nichts als Ruin und Verfall, was von dem System unzertrennlich ist. Die Scheunen und Nebengebäude drohen fast den Einsturz; die Schuppen sind schlecht ausgebessert und halb ohne Dach; die Blockhütten (in Virginien befinden sich die Essen von Lehm oder Holz an der Außenseite derselben) sind im höchsten Grade unsauber. Nirgends sieht man Bequemlichkeit und Anstand. Die elenden Stationen neben der Eisenbahn, die großen, verwilderten Holzhöfe, von wo die Maschine mit Brennmaterial versehen wird, die Negerkinder, die sich vor den elenden Hütten mit den Hunden und Schweinen im Kote umherwälzen, die vorüberschleichenden zweifüßigen Lasttiere, alles zeigt düstere Niedergeschlagenheit und Entwürdigung.

In dem zu unserem Zuge gehörigen Negerwagen saß eine Mutter mit ihren Kindern, die eben verkauft worden waren; der Gatte und Vater war bei dem vorigen Besitzer zurückgeblieben. Die Kinder schrien während der ganzen Fahrt und die

Mutter war ein Bild des Elends. Der Streiter für die Freiheit und allgemeine Glückseligkeit, der sie gekauft hatte, fuhr auf demselben Wagenzug, und jedes Mal, wenn angehalten wurde, stieg er aus, um zu sehen, ob sie noch da wären. Der Schwarze in »Sindbads Reisen« mit einem Auge in der Mitte der Stirn, das wie eine glühende Kohle brannte, war ein Aristokrat der Natur im Vergleich mit diesem weißen Gentleman.

Es war zwischen sechs und sieben Uhr abends, als wir nach dem Hotel fuhren, auf dem Vorplatze und Altan desselben wiegten sich zwei oder drei »Bürger« auf Schaukelstühlen und rauchten ihre Zigarren dazu. Das Hotel war sehr groß und elegant eingerichtet und wir wurden so gut bedient, als es Reisende nur wünschen können. Da das Klima ein gar durstiges ist, so fehlte es zu keiner Stunde des Tages an Gästen in dem geräumigen Schänkzimmer; auch waren hier die Leute viel lustiger und fröhlicher, und bei Nacht gab es Musik auf allerhand Instrumenten, was dem Ohre wieder einmal recht wohl tat.

An den beiden folgenden Tagen fuhren und gingen wir in der Stadt umher, die auf acht Hügeln am Jamesflusse eine entzückende Lage hat; aus dem Flusse tauchten hie und da frische grüne Inseln hervor. Obwohl wir kaum Mitte März hatten, so war das Wetter dennoch äußerst warm; die Pfirsiche und Magnolien standen in voller Blüte und alle Bäume waren grün. In den nahen Bergen liegt ein Tal, das von einem furchtbaren Kampfe mit den Indianern »Bloody Run« (Blutbach) heißt. Es ist für einen solchen Kampf ganz geeignet und hatte wie jede andere Stätte, an die sich eine Sage von jenem wilden Volke knüpft, das jetzt so schnell von der Erde verschwindet, sehr großes Interesse für mich.

Die Stadt ist der Sitz des Lokalparlaments von Virginien; in seinen schattigen Gesetzgeber-Hallen hielten einige Redner schläfrige Deklamationen über die Hitze des Tages. Durch die öftere Wiederholung hatten indes diese konstitutionellen Schauspiele ebenso wenig Reiz mehr für mich, als wenn es Parochialversammlungen gewesen wären; daher freute ich mich der Abwechslung, die mir die Besichtigung einer wohl geord-

Richmond

neten Bibliothek und der Besuch einer Tabaksfabrik gewährte, in welcher alle Arbeiter Sklaven sind.

In dieser Fabrik sah ich das ganze Verfahren beim Tabaksortieren, Rollen, Pressen, Trocknen, In-Fässer-Verpacken und Zeichnen. Der ganze so behandelte Tabak wurde zum Kauen zugerichtet; und man hätte glauben sollen, dass in diesem einzigen Hause genug Vorrat war, um selbst die weiten Backen Amerikas damit zu füllen. In dieser Gestalt sieht der Tabak wie die Ölkuchen aus, mit denen wir das Rindvieh mästen, und ist, selbst wenn man nicht an seinen späteren Gebrauch denkt, durchaus nicht einladend.

Viele unter den Arbeitern scheinen starke Leute zu sein und es ist kaum nötig, hinzuzusetzen, dass sie alle ruhig und still arbeiteten. Nach zwei Uhr täglich ist ihnen zu singen erlaubt und zwar darf eine bestimmte Anzahl Chor singen. Als ich gerade da war, schlug die Stunde und ungefähr zwanzig Mann sangen eine Hymne gar nicht übel, wobei sie immerfort ihre Arbeit verrichteten. Wie ich fortgehen wollte, läutete eine Glocke und alle strömten in ein Haus auf der entgegengesetzten Seite der Straße, um ihr Mittagsbrot zu genießen. Ich erwähnte verschiedene Male, dass ich sie gern beim Essen sehen möchte; aber da der Mann, gegen den ich diesen Wunsch äußerte, plötzlich taub geworden zu sein schien, so wiederholte ich meine Bitte nicht weiter. Über das Aussehen der Arbeiter werde ich gleich einige Bemerkungen zu machen haben.

Am folgenden Tage besuchte ich eine Pflanzung von ungefähr hundert Morgen Landes auf der anderen Seite des Flusses. Obwohl ich mit dem Besitzer der Pflanzung nach dem »Quartier« ging, wie der Teil, wo die Sklaven wohnen, genannt wird, so wurde ich doch keineswegs eingeladen in eine der Hütten zu treten. Ich sah bloß, dass sie sehr elend und gebrechlich gebaut waren und dass in der Nähe halb nackte Kinder sich sonnten oder im Staube wälzten. Doch glaube ich, der Besitzer dieser Pflanzung ist ein sehr billiger, vortrefflicher Herr, der seine fünfzig Sklaven erbte und mit Menschenfleisch keinen Handel treibt; auch überzeugte ich mich durch eigene Beobachtung, dass er ein gutmütiger, würdiger Mann ist.

Das Wohnhaus des Pflanzers war eine lustige ländliche Wohnung, welche Defoes Schilderung solcher Orte mir deutlich ins Gedächtnis rief. Das Wetter war sehr warm, doch da die Jalousien alle geschlossen waren und Fenster und Türen weit offen standen, so herrschte eine schattige Kühle in den Zimmern, die nach der Hitze und dem blendenden Licht im Freien sehr wohl tat. Vor den Fenstern befand sich eine offene Piazza, wo man bei heißer Witterung – was sie hier selbst heiß nennen – sich in Hängematten wiegt und dabei trinkt oder schlummert. Ich weiß nicht, wie die dort bereiteten kühlen Erquickungen in den Hängematten schmecken mögen, doch nach meiner Erfahrung kann ich bestätigen, dass das Eis und der Julep und der Sherry-Punsch, den man unter diesem Breitengrade macht, Erfrischungen sind, an die man nachmals zur Sommerzeit nicht denken darf, wenn man sich seine Seelenruhe bewahren will.

Über den Fluss führen zwei Brücken; die eine gehört zur Eisenbahn und die andere, ein sehr altes, wackliges Ding, ist das Privatbesitztum einer in der Nähe wohnenden alten Dame, die von den diese Brücke passierenden Stadtbewohnern einen Zoll erhebt. Als ich auf meinem Rückwege über diese Brücke ging, sah ich einen Anschlag am Tore, wodurch jedermann gewarnt wurde langsam zu fahren, bei einer Strafe von fünf Dollar, wenn der Übertreter ein Weißer, und von fünfzehn Peitschenhieben, wenn er ein Neger wäre.

Derselbe Fall, dieselbe Düsterkeit, die man auf dem Wege dahin überall erblickt, schwebt auch über der Stadt Richmond. Es gibt hübsche Villen und heitere Häuser in ihren Straßen und die Natur lächelt über die Gegend ringsum; aber dicht neben den schönen Wohnhäusern, so wie die Sklaverei mit manchen hohen Tugenden Hand in Hand geht, stehen jämmerliche Hütten, unausgebesserte Gehege und Einsturz drohende Mauern. Diese und viele andere traurige Anzeichen der Art, die noch größeres heimliches Unheil erraten lassen, drängen sich der Betrachtung auf und man denkt mit drückendem Gefühl an sie zurück, wenn heitere Erinnerungen längst vergessen sind.

Auf diejenigen, die glücklicherweise nicht daran gewöhnt sind, machen die Gesichter auf den Straßen und Arbeitsplätzen einen höchst unangenehmen Eindruck. Wer da weiß, dass es gegen die Unterrichtung der Sklaven Gesetze gibt und Strafen, die den Betrag der Geldbußen, der auf das Verkrüppeln und Martern der Sklaven steht, noch übersteigen – wird natürlich auf den Gesichtern dieser entwürdigten Menschenklasse keinen intellektuellen Ausdruck erwarten. Allein die Dunkelheit – nicht der Haut, sondern der Seele –, die bei jedem Schritt dem Auge des Fremden begegnet; das Tierische oder der gänzliche Mangel aller von der Hand der Natur gezeichneten besseren Züge im Gesicht übertreffen bei weitem seine schlimmsten Erwartungen. Als Gulliver, nachdem er unter den Pferden gelebt, plötzlich aus einem hohen Fenster auf seinesgleichen zitternd niedersah, konnte er kaum mehr zusammenschaudern als ich beim ersten Anblick dieser Sklavengesichter.

Den Letzten dieser Unglücklichen sah ich in der Gestalt eines elenden Ausläufers, der, nachdem er den ganzen Tag von früh bis Mitternacht herumgelaufen war und zuweilen in den Zwischenzeiten verstohlenerweise auf den Treppen geschlafen hatte, die finsteren Gänge früh um vier Uhr scheuerte. Ich setz-

Baltimore

te meine Reise mit dankbarem Herzen fort, dass ich nicht verdammt bin da zu leben, wo die Sklaverei herrscht, und dass meine Sinne, mein Gefühl nicht gegen die Abscheulichkeiten derselben schon in einer von Sklaven geschaukelten Wiege abgestumpft worden sind.

Es war meine Absicht gewesen, auf dem Jamesflusse und der Chesapeakbai nach Baltimore zu fahren; doch da eins der Dampfschiffe infolge irgendeines Unfalles nicht auf seiner Station war und man sich also nicht mit Gewissheit auf die Mittel zum Fortkommen verlassen konnte, so kehrten wir auf dem Wege, den wir gekommen waren, nach Washington zurück (an Bord des Dampfschiffs befanden sich zwei Konstabler, um entlaufenen Sklaven nachzusetzen); und nachdem wir da übernachtet hatten, reisten wir am anderen Morgen nach Baltimore.

Das komfortabelste aller Gasthäuser, die ich in den Vereinigten Staaten kennen lernte – und deren sind nicht wenige –, ist Barnum's Hotel in dieser Stadt, wo der englische Reisende das erste und wahrscheinlich auch das letzte Mal in Amerika Vorhänge an seinem Bett findet und wo er genug Wasser zum Waschen erhalten kann, was sich nicht immer trifft.

Diese Hauptstadt von Maryland ist voller geschäftigem, emsigen Lebens und treibt beträchtlichen Handel besonders mit Wasser. Derjenige Teil, der sich am besten dazu eignet, ist freilich keiner der saubersten; allein der obere Teil trägt einen ganz anderen Charakter und hat viel schöne Straßen und öffentliche Gebäude. Unter den Letzteren sind vorzüglich zu erwähnen das Washington Monument, eine schöne Säule mit einer Statue, das medizinische Collegium und das Schlachtdenkmal zum Andenken an ein Treffen mit den Briten bei North Point.

In Baltimore ist ein sehr gutes Gefängnis, so wie sich auch das Staatszuchthaus hier befindet. In diesem Letzteren kamen zwei merkwürdige Fälle vor.

Der eine betraf einen jungen Mann, der als Mörder seines Vaters vor Gericht stand. Die Beweise wider ihn waren sehr umständlicher Art und höchst zweifelhaft; auch war es nicht möglich, einen Beweggrund anzugeben, der ihn zu einem so schauderhaften Verbrechen hätte verführen können. Er war zweimal verhört worden; beim zweiten Verhör erließ die Jury, weil sie ihn nicht für überwiesen halten konnte, ein Verdikt auf Totschlag oder Mord zweiten Grades, was jedoch nicht wohl der Fall sein konnte, da kein Zank oder Streit dabei stattgefunden hatte und da er, wenn er überhaupt schuldig war, des Mordes in der ärgsten Bedeutung des Wortes schuldig sein musste.

Das Merkwürdige bei dem Falle war, dass, wenn der unglückliche Erschlagene wirklich nicht von seinem Sohne gemordet worden war, ihn sein Bruder getötet haben musste. Die Aussagen waren, höchst merkwürdigerweise, gegen beide. Über alle verdächtigen Punkte war des Toten Bruder Zeuge; alle Erklärungen, die für den Angeklagten lauteten (und darunter einige sehr plausible), ließen folgern, dass jener die Schuld von sich auf seinen Neffen zu wälzen suche. Einer von beiden war jedenfalls der Verbrecher und die Jury hatte zwischen zwei Arten von Verdacht zu entscheiden, beide gleich unnatürlich, unerklärlich und sonderbar.

Der zweite Fall betraf einen Mann, der vor zwei Jahren zu einem Destillateur gegangen war und ein kupfernes Maß, das eine Quantität Branntwein enthielt, gestohlen hatte. Man hatte ihn verfolgt und das Gestohlene bei ihm gefunden; sein Urteil lautete auf zwei Jahre Gefängnis. Als er nach Verlauf dieser Zeit aus dem Kerker kam, ging er wieder zu demselben Destillateur und stahl abermals dasselbe kupferne Maß mit derselben Quantität Branntwein. Es war auch nicht der geringste Grund zur Vermutung da, dass der Mann wieder in das Gefängnis zu kommen wünschte; vielmehr ließ, außer dem Verbrechen selbst, alles auf das Gegenteil schließen. Nun kann dieses sonderbare Benehmen nur auf zweierlei Weise erklärt werden. Erstlich mochte er glauben, dass er nach so vielen Leiden um dieses kupferne Maß sich eine Art von Recht auf dasselbe erworben habe. Oder es war vielleicht durch die ewige Erinnerung daran zur Monomanie bei ihm geworden und hatte in seinen Augen einen Zauber gewonnen, dem er nicht mehr zu widerstehen vermochte, indem das Maß in seiner Phantasie vielleicht aus einem irdischen Kupfergeschirr sich zu einem ätherischen goldenen Faß erhob.

Nachdem ich ein paar Tage hier geblieben, nahm ich mir vor, dem Plane, den ich mir erst vor kurzem entworfen, streng zu folgen, und beschloss unsere Reise nach dem Westen ohne ferneren Verzug zu beginnen. Nachdem ich daher unser Gepäck (indem ich alles, was uns nicht durchaus nötig war, nach New York zurücksandte, damit es uns von da nach Kanada geschickt werden könne) so sehr als möglich vermindert und mir die nötigsten Kreditbriefe an die Bankierhäuser, die wir etwa auf unserer Reise treffen würden, besorgt hatte, verließen wir Baltimore wieder auf einer anderen Eisenbahn um halb neun Uhr morgens und erreichten die sechzig und einige englische Meilen entfernte Stadt York gerade zu der frühen Dinerzeit des Hotels, von wo aus die vierspännige Kutsche abfuhr, in welcher wir nach Harrisburgh fahren sollten.

Diese Kutsche, auf der ich mir einen Sitz im Coupé glücklicherweise verschaffte, hatte uns vom Bahnhof abgeholt und war so mit Kot bedeckt und unbehilflich wie gewöhnlich. Da an der Tür des Gasthauses noch mehr Passagiere auf uns warteten, so bemerkte der Kutscher, indem er sein altes Pferdegeschirr anglotzte, als ob er zu diesem redete, in seinem gewöhnlichen halb lauten Selbstgespräche:

»Ich denke, wir werden die große Kutsche brauchen.«

Ich war neugierig, wie groß diese Kutsche sein möchte und wie viel Passagiere sie werde einnehmen müssen; denn das Fuhrwerk, das nach des Kutschers Meinung für uns zu klein sein sollte, war etwas größer als zwei schwerfällige englische Nachteilwagen. Meine Neugier war jedoch bald gestillt; denn sobald wir gespeist hatten, kam gleich einem korpulenten Riesen eine Barke auf Rädern die Straße hergerumpelt. Nach vielem Stolpern und Rückwärtsfahren hielt sie endlich an unserer Tür, wobei sie schwerfällig hinüber und herüber schwankte, als wenn sie sich in ihrem kalten Schuppen erkältet hätte und nach der zu raschen Bewegung in ihrem wassersüchtigen Alter nicht wieder zu Atem kommen könnte.

»Wenn das nicht endlich die Harrisburgher Mail ist, und wenn sie nicht noch dazu verteufelt munter und nett aussieht«, rief ein ältlicher Gentleman mit einiger Lebhaftigkeit, »so soll mich doch gleich der Kuckuck holen!«

Wenn es wirklich von der Richtigkeit seiner Bemerkung über das nette Aussehen der Harrisburgher Mail abhing, so hätte den ältlichen Herrn jedenfalls der Kuckuck holen müssen. Indessen packte man zwölf Personen in das Innere, und nachdem das Gepäck (das aus allerhand Trödel bestand, wie zum Beispiel aus einem großen Schaukelstuhl und einer ziemlich langen Speisetafel) endlich auf der Decke befestigt worden, fuhren wir in großer Parade ab.

An der Tür eines anderen Gasthauses stand wieder ein Passagier, der auf uns wartete.

»Platz da, Sir?«, fragte der neue Passagier den Kutscher.

»Oh, Platz genug!«, erwiderte der Kutscher ohne jedoch abzusteigen oder nach dem Fragenden zu blicken.

»Es ist gar kein Platz mehr, Sir«, ruft ein Gentleman aus dem Innern der Kutsche, was ein anderer Gentleman, auch im Innern, bestätigt, indem er voraussagt, dass ein Versuch, noch mehr Passagiere einsteigen zu lassen, nicht angehen werde.

Der neue Passagier, ohne die geringste Verlegenheit zu verraten, guckt in die Kutsche und dann zum Kutscher hinauf. »Nun, wie wollt Ihr's denn machen?«, fragt er nach einer Pause, »denn ich muss fort.«

Der Kutscher beschäftigt sich damit, einen Knoten in seine Peitschenschnur zu knüpfen, und nimmt keine weitere Notiz von der Frage, was deutlich beweist, dass er sich um nichts zu bekümmern hat und dass die Passagiere wohl tun werden die Sache untereinander selbst auszumachen. Bei diesem Stand der Dinge scheint das Ganze eine andere Wendung nehmen zu wollen, als auf einmal ein anderer Passagier, in einer Ecke, der fast erstickt, mit matter Stimme ruft:

»Ich will hinaus.«

Das ist jedoch für den Kutscher kein Grund, sich zu beruhigen oder zu freuen, denn in seiner unerschütterlichen Philosophie lässt er sich durch nichts, was in der Kutsche vorgeht, stören. Von allen Dingen in der Welt scheint die Kutsche das Letzte zu sein, um das er sich kümmert. Der Platzwechsel wird indes vorgenommen und dann kommt der Passagier, der seinen Sitz aufgegeben hat, auf den Bock geklettert und setzt sich nach seinem Ausdrucke in die Mitte, das heißt mit der Hälfte seiner werten Person auf meine Beine und mit der anderen auf die des Kutschers.

»Vorwärts, Cap'tän«, ruft der kommandierende Oberkutscher.

»Vorwärts!«, ruft der Cap'tän seiner Kompanie, den Pferden, zu und fort geht es.

Nachdem wir etwa eine Stunde gefahren waren, nahmen wir an einer Dorfschänke einen betrunkenen Gentleman mit, der auf die Decke unter das Gepäck kletterte, jedoch wieder herunterrutschte ohne sich zu beschädigen und, wie wir vom weiten sahen, nach der Grogschänke zurücktaumelte, an welcher wir ihn getroffen hatten. Nach und nach wurden wir immer mehr von unserer Ladung los, sodass ich beim nächsten Pferdewechsel wieder allein auf dem Bock saß.

Die Kutscher wechseln stets die Pferde und sind gewöhnlich ebenso schmutzig wie die Kutsche selbst. Der Erste war wie ein schäbiger, englischer Bäcker gekleidet, der Zweite wie ein russischer Bauer; denn er trug einen faltigen roten Camelotrock mit Pelzkragen, um den Leib von einer bunten wollenen Schärpe zusammengehalten, graue Hosen, hellblaue Handschuhe und eine Mütze von Bärenfell. Inzwischen hatte es tüchtig zu regnen angefangen und ein kalter feuchter Nebel hatte sich erhoben, der bis auf die Haut drang. Ich freute mich, beim nächsten Anhalten einmal absteigen zu können, um das Wasser von meinem Mantel zu schütteln und das gewöhnliche Anti-Mäßigkeitsrezept gegen die Kälte einzunehmen.

Als ich wieder zu meinem Sitz emporkletterte, sah ich ein neues Paket auf der Kutschendecke liegen, was ich für eine ziemlich große Geige in einem braunen Sacke hielt. Nachdem wir jedoch einige Meilen weiter zurückgelegt hatten, entdeckte ich, dass dieses Bündel an dem einen Ende eine Glanzledermütze und am anderen Ende ein Paar schmutzige Schuhe hatte; fernere Beobachtungen zeigten mir, dass es ein kleiner Junge in einem schnupftabaksfarbigen Rocke war, der die Hände tief in seine Taschen gesteckt hatte. Er war vermutlich ein Verwandter oder Freund des Kutschers, da er mit dem Gesicht dem Regen zugewandt lag und, außer wenn eine Veränderung der Lage seine Schuhe mit meinem Hute in Berührung brachte, zu schlafen schien. Endlich, als wir einmal anhielten, richtete sich dieses Ding zu einer Höhe von drei Fuß sechs Zoll auf; es heftete seinen Blick auf mich und bemerkte mit einem selbstgefälligen Gähnen, das sich halb in eine verbindliche Gönnermiene verlor, und mit fistulierender Stimme: »Nun, Fremder, ich vermute, Sie finden dies Wetter fast wie in England an einem Nachmittage, he?«

Die Gegend, die anfangs ziemlich zahm gewesen war, wurde während der letzten zehn oder zwölf Meilen wirklich schön. Unser Weg wand sich durch das angenehme Susquehannah-Tal; der Fluss mit seinen zahllosen grünen Inseln lag uns zur Rechten und ein steiler Felsenhang mit dunklen Fichten zur Linken. Der Nebel, der hundert phantastische Bilder formte, schwebte feierlich über dem Wasser dahin und die Abenddämmerung verlieh dem Ganzen etwas Geheimnisvolles, Schweigsames, was den natürlichen Reiz des Schauspiels noch erhöhte.

Wir fuhren auf einer bedeckten, von beiden Seiten verschlagenen und fast meilenlangen hölzernen Brücke über den

Fluss. Auf dieser Brücke war es natürlich stockfinster, überall kreuzten sich Balken in allen möglichen Winkeln und durch die breiten Spalten am Boden schimmerte der reißende Strom gleich einer Legion Augen herauf. Wir hatten keine Lampen und das ferne, bleiche Lichtfleckchen, dem die Pferde entgegenstolperten, schien sich immer weiter zu entfernen. Dabei erfüllte der schwerfällig dahinrollende Wagen die ganze Brücke mit dumpfem Dröhnen; ich bückte mich beständig mit dem Kopfe, um mich nicht etwa an Querbalken zu stoßen, mir war, als ob ich in einem schweren Traum läge.

Endlich gelangten wir in die Straßen von Harrisburgh, deren matte Lampenlichter, sich unheimlich im nassen Boden spiegelnd, keine sehr heitere Stadt beschienen. Wir befanden uns bald in einem behaglichen Gasthause, welches, obwohl kleiner und nicht so glänzend eingerichtet wie andere, in welchen wir eingekehrt waren, dennoch in meiner Erinnerung hoch über allem steht, weil der Wirt desselben der verbindlichste, artigste und rücksichtsvollste Mann war, mit dem ich jemals zu tun hatte.

Da wir erst nach Mittag unsere Reise fortsetzen wollten, ging ich am nächsten Morgen aus, um mich umzusehen. Man zeigte mir ein nach dem Einsamkeitssystem erbautes Mustergefängnis, das jedoch noch keinen Bewohner hatte – den Stumpf eines alten Baumes, an welchem Harris, der erste Ansiedler hier (den man auch später darunter begrub), von den feindlichen Indianern gebunden und dabei der Scheiterhaufen um ihn aufgeschichtet wurde, als er noch zur rechten Zeit durch das Erscheinen einer befreundeten Abteilung Indianer am entgegengesetzten Ufer gerettet wurde – und noch andere Merkwürdigkeiten der Stadt.

Es war mir sehr interessant, eine Anzahl von mit den Indianern abgeschlossenen Verträgen durchzusehen, die die verschiedenen Häuptlinge zur Zeit ihrer Ratifikation unterzeichnet hatten und die im Sekretariat der Republik aufbewahrt wurden. Die Unterschriften dieser Häuptlinge, die natürlich von ihrer eigenen Hand herrührten, sind rohe Zeichnungen der Waffen oder Kreaturen, nach denen sie genannt wurden.

So zeichnet die große Schildkröte mit der Feder eine Schildkröte, der Büffel skizziert einen Büffel, das Kriegsbeil malt ein rohes Bild dieser Waffe als Unterschrift; und so ist es mit dem Pfeil, dem Fisch, dem Skalpiermesser, dem großen Canoe usw.

Als ich auf diese plumpen, unsicheren Zeichnungen von Händen blickte, welche den härtesten Bogen vom Horn des Elentieres spannten oder mit einer Flintenkugel eine Feder trafen, konnte ich nicht umhin, an Crabbes Betrachtungen über die Kirchspielregister und die unregelmäßigen Krähenfüße zu denken, von Männerhänden, die die längste Furche schnurgerade von einem Ende zum anderen zu pflügen verstanden. Kummer erfüllte mich bei dem Gedanken an die einfältigen Krieger, deren Herzen und Hände in aller Aufrichtigkeit unterschrieben hatten und die erst von weißen Männern ihr Wort zu brechen und Verträge zu verdrehen lernten; und ich hätte gern wissen mögen, wie oft die leichtgläubige große Schildkröte oder das vertrauensvolle kleine Beil ihren Namen unter Traktate gesetzt hatten, die ihnen falsch vorgelesen worden waren, und wie oft sie Sachen unterzeichnet hatten, die ihnen unbekannt blieben, bis sie sich in ihrem eigenen Vaterlande in der Tat als Wilde behandelt sahen.

Unser Wirt verkündigte uns vor unserem zeitigen Mittagsmahle, dass einige Mitglieder des gesetzgebenden Körpers uns die Ehre ihres Besuches erweisen wollten. Er hatte uns gütigst das Zimmer seiner Frau überlassen, und als ich ihn bat jene Mitglieder nur einzulassen, sah ich, dass er mit schmerzlicher Ahnung auf den schönen Teppich blickte, obschon mir im Augenblicke, da ich andere Dinge im Kopfe hatte, seine Unruhe nicht auffiel.

Es würde wahrscheinlich allen betreffenden Teilen angenehmer gewesen sein und die Unabhängigkeit der Amerikaner durchaus nicht verletzt haben, wenn einige jener Herren dem Vorurteile zugunsten der Spucknäpfe nachgegeben oder wenn sie sich auch, für den Augenblick, in den konventionellen Unsinn, Schnupftücher zu führen, gefügt hätten.

Es fuhr noch immer fort tüchtig zu regnen, und als wir nach Tisch zu dem Kanalboote (denn mit dieser Gelegenheit wollten wir weiter) hingingen, war das Wetter fortwährend so nass, als man es nur wünschen konnte. Auch war der Anblick dieses Kanalbootes, worin wir drei oder vier Tage zubringen sollten, keineswegs erheiternd, da er einige beunruhigende Gedanken in Betreff des nächtlichen Unterkommens der Passagiere erweckte und über die anderen inneren Einrichtungen des Schiffes unserer Forschung ein weites Gebiet eröffnete.

Indessen dort lag das Kanalboot – eine Barke mit einem kleinen Hause, wenn man es von außen betrachtete, und eine Messbude von innen. Die Herren waren, wie dies die Zuschauer gewöhnlich sind, in einem jener locomotiven Museen, Pfennigwunder genannt, untergebracht und die Damen durch einen roten Vorhang abgesondert, wie es in denselben Schaustellungen die Riesen und Zwerge sind, welche ihr Privatleben in gar enger Exklusivität verbringen.

Hier saßen wir, indem wir schweigend über die zu beiden Seiten der Kajüte befindlichen Reihen kleiner Tische hinblickten und auf den auf das Boot klatschenden und mit kläglicher Fröhlichkeit im Wasser plätschernden Regen horchten, und harrten der Ankunft des Dampfwagenzugs, der unsere Passagiere vollzählig machen sollte. Mit diesem Zuge erhielten wir eine große Menge Koffer, die mit schrecklichem Gepolter auf das Dach geworfen wurden, dass man Kopfweh bekam und mehrere durchnässte Gentlemen, die sich um den Ofen pflanzten, und deren Kleider wieder zu dampfen anfingen. Es würde ohne Zweifel etwas tröstlicher gewesen sein, wenn der Regen, der jetzt toller als je herabströmte, ein Fenster zu öffnen erlaubt hätte oder wenn wir Passagiere etwas weniger als dreißig an der Zahl gewesen wären. Doch es war kaum so viel Zeit, um daran zu denken, als auch schon drei Pferde an das Schlepptau gespannt wurden; der auf dem vordersten sitzende Junge klatschte mit seiner Peitsche, das Ruder knarrte und stöhnte in Klagetönen und wir hatten unsere Fahrt begonnen.

Zehntes Kapitel

Fernere Schilderung des Kanalboots, seine innere Einrichtung und seine Passagiere – Reise nach Pittsburg über das Alleghany-Gebirge – Pittsburg

Da es hartnäckig zu regnen fortfuhr, blieben wir alle unten. Die nassen Gentlemen um den Ofen tauten nach und nach auf, und die trockenen Gentlemen lagen entweder der Länge nach ausgestreckt auf ihren Plätzen oder schlummerten unruhig, mit dem Gesicht auf dem Tisch, oder sie gingen in der Kajüte auf und ab, was jedoch nur für Leute von mittlerer Statur gut möglich war, denn jeder Größere musste sich unfehlbar an der Decke eine Glatze scheuern. Ungefähr um sechs Uhr wurden alle die kleinen Tische zusammengestellt, sodass sie eine lange Tafel bildeten, und jeder setzte sich nieder, um Tee, Kaffee, Brot und Butter, Lachs, Leber, Beefsteaks, Kartoffeln, Pökelfleisch, Schinken, Koteletts, schwarzen Pudding und Wurst zu genießen.

»Wollen Sie sich«, sagte mein Nachbar gegenüber, indem er mir eine Schüssel mit Kartoffeln in Milch und Butter reichte, »wollen Sie sich da nicht fixieren?«

Es gibt wohl wenig Worte von so vielfacher und verschiedener Bedeutung wie dies Wort »fixieren«. Es ist das *Caleb Quotem* des amerikanischen Wörterbuchs. Ihr besucht einen Gentleman in einer Landstadt und seine Dienerin benachrichtigt euch, dass er »sich just fixiert«, aber gleich wieder da sein wird, worunter zu verstehen, dass er im Ankleiden begriffen ist. Ihr fragt an Bord eines Dampfschiffes einen Mitreisenden, ob das Frühstück bald fertig sein wird, und dieser antwortet euch, dass er glaube ja, denn als er vorhin unten gewesen, wäre eben »der Tisch fixiert worden«; mit anderen Worten, man habe den Tisch gedeckt. Ihr bittet einen Kofferträger euer Gepäck zusammenzusuchen und er sagt, Ihr möchtet euch keine Sorge darüber machen, er wolle es »gleich fixieren«; und beklagt Ihr euch über Unwohlsein, so rät man euch zu dem und dem Doktor zu schicken, der euch im Nu »fixieren« werde.

In einem Gasthause bestellte ich eines Abends eine Flasche Glühwein und musste lange darauf warten; endlich wurde er jedoch auf den Tisch gesetzt und zugleich ließ der Wirt um Entschuldigung bitten, denn er fürchte, der Wein sei nicht »gehörig fixiert«. Und bei einem Landkutschen-Diner erinnere ich mich gehört zu haben, wie ein sehr finsterer Gentleman den Aufwärter, der ihm ein nicht gehörig zubereitetes Beefsteak brachte, mit der Frage anfuhr: »ob er das Gott des Allmächtigen Gaben fixieren nenne?«

Die Mahlzeit im Kanalboote, bei welcher mir die freundliche Einladung widerfuhr, die mich zu dieser Abschweifung verleitet hat, ward ohne Zweifel etwas gierig verschlungen; die Gentlemen steckten ihre breiten Messer und zweizinkigen Gabeln tiefer in ihren Schlund, als ich es bisher, außer von einem geschickten Taschenspieler, mit diesen Waffen hatte ausführen sehen; doch setzte sich keiner nieder, bevor die Damen ihre Plätze eingenommen hatten, und keine der kleinen Höflichkeiten, die den Letzteren angenehm sein konnten, wurde vergessen. Überhaupt sah ich auf meinen Streifereien durch Amerika bei keiner Gelegenheit und an keinem Orte ein Frauenzimmer der geringsten Rohheit, Unhöflichkeit oder nur Unaufmerksamkeit ausgesetzt.

Als die Mahlzeit vorüber war, hatte der Regen, der sich durch das schnelle Herabströmen erschöpft zu haben schien, gleichfalls ein Ende; und nun durfte man sich getrauen, aufs Verdeck zu gehen. Dies gewährte eine recht wohltuende Erholung, obwohl das sehr schmale Verdeck durch das in der Mitte aufgehäufte Gepäck noch schmaler wurde; der gangbare Pfad zu beiden Seiten war in der Tat so eng, dass es ein Kunststück war, beim Hin- und Hergehen nicht über Bord zu stürzen. Es war übrigens etwas störend, sich alle fünf Minuten ducken zu müssen, jedes Mal wenn der Mann am Steuer »Brücke!« rief, oder sich fast ganz platt niederzulegen, wenn es hieß »Niedrige Brücke!« Allein die Gewohnheit wird ja zur anderen Natur und es gab so viele Brücken hier, dass man in kurzer Zeit daran gewöhnt sein musste.

Als der Abend heranrückte und wir die ersten Hügelreihen,

die Vorposten des Alleghany-Gebirges, zu Gesicht bekamen, wurde die bisher so uninteressante Landschaft kühner und frappanter. Der feuchte Erdboden dampfte und rauchte nach dem heftigen Regen; und das Gequak der Frösche (welche in diesen Gegenden einen beinahe unglaublichen Lärm machen) klang, als ob eine Million Feenwagen, mit Glocken behangen, in gleichem Schritt mit uns durch die Luft segelten. Die Nacht war noch wolkig, aber wir hatten auch Mondschein: Und als wir den Susquehannah passierten – über den eine merkwürdige hölzerne Brücke mit zwei Galerien, eine über der anderen, geht, sodass selbst zwei einander begegnende Bootzüge ohne Schwierigkeit und Verwirrung hinüberkönnen –, war das Schauspiel großartig und wild.

Ich habe schon erwähnt, dass ich anfangs in Bezug auf das Schlafen an Bord dieses Bootes in einiger Ungewissheit schwebte. In diesem unruhigen Zustand blieb ich bis ungefähr um zehn Uhr, wo ich hinunterging und auf beiden Seiten der Kajüte drei lange Reihen hängender Bücherschränke entdeckte, die offenbar für Kleinoktav-Bände eingerichtet waren. Als ich mir die Sache etwas genauer ansah (denn ich wunderte mich nicht wenig, dergleichen literarische Möbel an einem solchen Ort zu finden), bemerkte ich auf jedem der Bretter ein mikroskopisch kleines Bette; nun erst fing ich zu begreifen an, dass die Passagiere die Bibliothek bilden und wie die Bücher, nach dem Rand, auf diese Bretter bis zum Morgen eingeschachtelt werden sollten.

In dieser Meinung wurde ich bestärkt, als ich mehrere Passagiere an einem der Tische, um den Herrn des Bootes versammelt, sitzen und mit all der Leidenschaft und Spannung von Spielern im Gesichte Lose ziehen sah; während andere, mit kleinen Stücken Kartenpapier in der Hand, unter den Fächern nach den Nummern herumsuchten, die den von ihnen gezogenen entsprächen. Sobald ein Gentleman seine Nummer gefunden hatte, nahm er augenblicklich Besitz von ihr, indem er sich auskleidete und zu Bett kroch. Die Schnelligkeit, mit der aus einem unruhigen Spieler ein schnarchender Schläfer wurde, gehört zu den überraschendsten Effektszenen, die mir je vorgekommen sind. Die Damen hatten sich bereits zu Bett gelegt, hinter der roten Gardine, die sorgfältig zugezogen und in der Mitte mit Stecknadeln verschlossen worden war; obwohl uns jedes Husten, Niesen oder Flüstern hinter dieser Gardine, welches deutlich zu hören war, ihrer angenehmen Nähe und Gesellschaft versicherte.

Die Artigkeit unseres Schlafkammerkommandanten hatte mir ein Bett in einem Winkel nahe an der roten Gardine verschafft, wo ich von dem großen Haufen der Schläfer einigermaßen entfernt war; dahin begab ich mich nun, nachdem ich meinem Wohltäter für seine Aufmerksamkeit meinen Dank gesagt hatte. Als ich meine Schlafstätte noch einmal maß, fand ich, dass sie gerade so breit und lang war wie ein gewöhnlicher Briefbogen von Bath-Postpapier; und ich war anfangs in großer Verlegenheit, wie ich da hineinkommen sollte. Indessen, da mein Bett das unterste war, beschloss ich endlich mich flach auf den Fußboden zu legen, dann mich sachte hineinzurollen, sobald ich auf der Matratze wäre, Halt zu machen und so die Nacht über liegen zu bleiben, mit der Seite meines Leibes, die gerade nach oben zu liegen käme, liegen bleibend. Glücklicherweise kam ich noch zur rechten Zeit auf den Rücken. Wie ich aber aufblickte – man denke sich meinen Schrecken –, sah ich, an der Gestalt eines Bettlakens (welches nur eine halbe Elle groß war und durch das Gewicht seines Inhalts sich zu einem ganz engen und fest gespannten Sack abgerundet hatte), dass über mir ein sehr schwerer, korpulenter Gentleman lag, den die schwachen Bettschnüre gar nicht tragen zu können schienen. Ich konnte nicht umhin an den Schmerz und die Betrübnis meiner Frau und meiner ganzen Familie zu denken, im Fall dieser Herr in der Nacht herunterfiele und mich, wie natürlich, erdrückte. Da es jedoch unmöglich war, ohne die fürchterlichsten und lautesten Anstrengungen mich wieder emporzuarbeiten, was jedenfalls die Damen in Alarm gesetzt hätte; und da ich auch nicht gewusst hätte, wohin ich mich sonst legen sollte: So schloss ich meine Augen vor der Gefahr und blieb liegen.

Was die Menschen betrifft, die gewöhnlich in diesen Booten

fahren, so ist eins von beiden eine unbestreitbare Tatsache: Entweder sie sind so unruhig und rastlos, dass sie gar nicht schlafen, oder sie müssen ihrer Unruhe in Träumen Luft machen, die aber dann freilich ein seltsames Gemisch von Wahrheit und Dichtung sind. Denn jede Nacht und die ganze Nacht raste auf diesem Kanal ein vollkommener Spei- und Spucksturm; und einmal befand sich mein Rock gerade im Mittelpunkt eines von fünf Gentlemen hervorgebrachten Orkans, sodass ich ihn am anderen Morgen aufs Deck hängen und mit reinem Wasser auswaschen lassen musste, ehe ich ihn wieder anziehen konnte.

Zwischen fünf und sechs Uhr morgens standen wir auf und manche von uns stiegen auf das Verdeck, um den Leuten Gelegenheit zum Wegräumen der »Bücherschränke« zu geben; während andere, weil es so kalt war, sich um den alten Ofen setzten, das eben angezündete Feuer schürend und den Rost mit jenen freiwilligen Kontributionen begrüßend, mit denen sie die ganze Nacht so freigebig gewesen waren. Der Waschapparat war von patriarchalischer Einfachheit. Ein blecherner Löffel war an der Decke angekettet, mit welchem jeder Gentleman, der es für gut befand sich zu reinigen (einige waren über diese Schwachheit erhaben), das schmutzige Wasser aus dem Kanal fischte und in ein ebenfalls angekettetes blechernes Becken goss. Vor einem Spiegel aber im Trinkzimmer, in der unmittelbaren Nachbarschaft des Schiffszwiebacks mit Butter und Käse, hingen der allgemeine Kamm und die Haarbürste.

Um acht Uhr, nachdem die Schlafbretter weggeräumt und die Tische zusammengerückt waren, setzte sich jeder wieder zu Tee, Kaffee, Brot, Butter, Lachs, Else, Leber, Beefsteak, Kartoffeln, Pökelfleisch, Schinken, Chops, schwarzem Pudding und Wurst zu Tische. Manche fanden Vergnügen daran, alle diese verschiedenen Speisen untereinander zu mengen und auf einmal auf ihren Teller zu schütten. Nachdem alle Gentlemen ihre Portion Tee, Kaffee, Brot, Butter etc. zu sich genommen hatten, standen sie auf und gingen fort. Als nun endlich alle fertig waren, wurden die Überreste von der Tafel geräumt und einer von den Aufwärtern erschien wieder, als Barbier, um die Herren, die es wünschten, zu rasieren, während die Übrigen zusahen oder über ihren Zeitungen saßen und gähnten. Das Diner war wie das Frühstück, nur ohne Tee und Kaffee; Souper und Frühstück waren ebenfalls identisch.

An Bord dieses Bootes war ein Kerl mit einem hellen, rotbackigen Gesicht und einem pfeffer-und-salz-farbigen Rock; der neugierigste Frager, den man sich denken kann. Er sprach nie anders als fragend. Er war ein personifiziertes Fragezeichen. Man mochte sitzen oder stehen, auf dem Deck spazieren oder essen, man mochte machen, was man wollte, gleich war er bei der Hand, mit einem großen Fragezeichen in jedem Auge, zweien in seinen gespitzten Ohren, zweien in seiner aufgestülpten Nase und seinem vorgeschobenem Kinn, einem halben Dutzend wenigstens in den Mundwinkeln und dem größten Fragezeichen unter allen seinen Haaren, die recht vorwitzig von der Stirn ab wie ein Flachsbüschel in die Höh gebürstet waren. Jeder Knopf an seinem Rock schien zu fragen: »He? Was gibt's da? Haben Sie was gesagt? Wollen Sie mir das noch einmal sagen, ja?«

Er war stets gespannt wie die verzauberte Braut, die mit ihren immer offenen Augen ihren Mann zum Wahnsinn trieb; stets unruhig, nach Antworten dürstend; stets suchend und niemals findend. Solch einen neugierigen Menschen hat es vielleicht noch nie gegeben.

Ich trug damals einen Pelzrock, und ehe wir noch vom Kai los waren, fragte er mich schon aus, was der Rock koste und wo ich ihn gekauft habe und wann und was es für ein Pelz sei und was er wiege und was er koste. Dann bemerkte er meine Uhr und fragte, was *die* koste und ob es eine französische Uhr sei und wo ich sie gekriegt und wie ich sie gekriegt und ob ich sie gekauft oder zum Geschenk bekommen hätte und wie sie ginge und wo das Schlüsselloch sei und wann ich sie aufzöge, ob jeden Abend oder jeden Morgen, und ob ich es nie vergäße, sie aufzuziehen, und, wenn ich es vergäße, was dann? Wo ich zuletzt gewesen sei und wo ich zunächst hinging und wohin nachher, und ob ich den Präsidenten gesehen und was er gesagt und was *ich* gesagt hätte und was *er* wieder auf das gesagt hätte, was ich gesagt hatte? He? Um Gottes willen! Sagen Sie!

Da ich sah, dass ihm keine Antwort genügte, wich ich nach den ersten zwanzig oder vierzig Fragen aus und schützte besonders vor, den Namen des Pelzes, aus dem mein Rock war, nicht zu wissen. Ich weiß nicht, was der Grund eigentlich war, aber dieser Rock wirkte auf ihn mit wahrer Zauberkraft, die ganze Fahrt hindurch; er hielt sich gewöhnlich dicht hinter mir, wenn ich ging, und richtete sich genau nach jeder meiner Bewegungen, um den Pelz besser sehen zu können; und häufig sprang er mir, mit Gefahr seines Lebens, in die schmalsten Winkel nach, nur um das Vergnügen zu haben, mir mit der Hand sachte über den Rücken zu fahren und dann auch wider das Haar streichen zu können.

Wir hatten noch eine Kuriosität an Bord, aber von anderer Art. Es war ein schmalwangiges, dünnes Männchen von mittleren Jahren und mittlerer Statur und trug einen staubigen, graufarbigen Anzug, wie ich noch nie einen gesehen habe. Während des ersten Teils der Fahrt verhielt er sich ganz still; in der Tat kann ich mich nicht erinnern ihn nur gesehen zu haben, bis ihn gewisse Umstände, wie das gewöhnlich bei großen Männern der Fall ist, ans Licht der Öffentlichkeit zogen. Die Ereignisse, welche ihn berühmt machten, waren aber, in kurzem, folgende:

Der Kanal geht bis zum Fuß des Gebirges und da natürlich hört er auf; die Passagiere werden zu Lande über das Gebirge geschafft und dann von einem anderen Kanalboot aufgenommen, dem Gegenstück des vorigen, welches sie an der anderen Seite erwartet. Es sind zwei Kanalzüge mit Passagierbooten da; der eine heißt der »Express« und der andere (der Wohlfeilere) der »Pionier«. Der Pionier kommt früher an den Berg und wartet, bis die Leute vom Express angelangt sind, weil beide Passagiergesellschaften auf einmal über das Gebirge gefahren werden. Wir waren vom Express; aber als wir auf der anderen Seite des Berges und beim zweiten Boot angekommen waren, setzten sich die Eigentümer in den Kopf, auch alle Pionierpassagiere in ihr Boot zu stopfen, sodass wir wenigstens fünfundvierzig Mann ausmachten. Dieser Zuwachs war gar nicht geeignet unsere Aussichten auf ein bequemes Nachtlager zu verbessern Unsere Leute brummten darüber, wie natürlich, duldeten aber nichtsdestoweniger, dass das Boot mit seiner ganzen Ladung vom Lande stieß; und so ging's den Kanal hinab. Zu Hause hätte ich laut dagegen protestiert; hier, wo ich ein Fremder war, blieb ich still. Nicht so jener Passagier. Er brach sich einen Weg durch die Leute auf dem Verdeck (und wir waren fast alle oben) und hielt, ohne jemand anzureden, folgenden Monolog: »Das mag *euch* recht sein, ja, meinetwegen, aber nicht *mir*. So mag man umspringen mit Leuten von Boston und daher, bei *mir* geht das nicht so, das sag ich euch. Na! Ich bin aus den braunen Wäldern am Mississippi, ich, und wenn die Sonne auf mich scheint, so scheint sie – ein klein wenig. Bei mir blinzelt sie nicht nur so. Nein. Ich bin ein brauner Waldbewohner, ich, ja. Ich bin kein Hans Narr. Nein. Bei mir gibt's keine Glattgesichter. Nein. Wir sind raue Kerle da. Ich wollt's meinen. Wenn das denen von Boston und daher recht ist, meinetwegen, aber ich bin keiner von daher. Nein. Diese Gesellschaft muss ein bisschen ›fixiert‹ werden, ja. Bei mir sind sie an den Rechten gekommen, mit mir werden sie nicht anbinden, nein. Das heißt, die Sache ein bisschen gar zu weit treiben, ja.«

Sooft er mit einem dieser kurzen Sätze fertig war, drehte er sich um und ging ein paar Schritte; wenn er wieder einen kurzen Satz beendigt hatte, drehte er sich wieder um und ging nach der anderen Seite ein paar Schritte. So trieb er es eine gute Weile.

Ich kann wirklich nicht sagen, was für ein schrecklicher Sinn in den Worten des braunen Waldbewohners versteckt lag; ich weiß nur, dass die übrigen Passagiere mit Bewunderung und Entsetzen dreinsahen, dass das Boot sogleich nach dem Kai zurückfuhr und dass wir so viele Passagiere, als sich wegschmeicheln oder wegdrohen ließen, loswurden.

Als wir wieder vom Lande stießen, wagten es einige der Kühnsten an Bord, zu dem offenbaren Gründer unseres Glückes zu sagen: »Wir sind Ihnen sehr verbunden, Sir«, worauf der braune Waldbewohner (mit der Hand winkend und noch immer auf und ab spazierend) erwiderte: »Ihr seid's nicht, nein. Ihr seid nicht von meiner Sorte. Ihr könnt für euch selbst handeln, ja. Ich hab ihnen den Weg gezeigt. Hans Narren und die daher können nun nachgehen, ja wenn's ihnen beliebt. Ich bin kein Hans Narr, nein. Ich bin aus den braunen Wäldern am Mississippi, ich –« und so weiter wie vorher. Einstimmig votierte man ihm einen von den Tischen, um darauf zu schlafen bei Nacht – um die Tische reißt man sich auf diesen Booten –, in Anbetracht seiner öffentlichen Dienste; auch räumte man ihm auf der ganzen übrigen Fahrt den wärmsten Platz am Ofen ein. Aber ich sah ihn nie etwas anderes tun als eben dasitzen; noch hörte ich ihn wieder sprechen, bis ich mitten im Getümmel beim Landen des Gepäcks in Pittsburg im Finstern über ihn stolperte, während er, seine Zigarre rauchend, auf der Kajütentreppe saß; da hörte ich, wie er, mit einem kurzen, höhnischen Gelächter, in seinen Bart brummte: »Ich bin kein Hans Narr, nein. Ich bin aus den braunen Wäldern am Mississippi, ich, verdamm mich –« Ich bin daher fast geneigt daraus zu schließen, dass er bis dahin gar nicht aufgehört hatte jene Worte zu murmeln, obgleich ich auf diesen Teil der Geschichte auch nicht schwören möchte.

Da wir jedoch in der Erzählung noch nicht bis Pittsburg gekommen sind, so will ich ferner bemerken, dass das Frühstück nicht zu den appetitlichsten Mahlzeiten des Tages gehörte, da außer den mannigfachen würzigen Gerüchen, welche die schon erwähnten Speisen verbreiteten, aus dem benachbarten kleinen Trinkzimmer die Düfte von Gin, Whiskey, Branntwein und Rum, nebst einem übernächtigen Tabaksqualm sich deutlich verspüren ließen. Viele von den Gentlemen waren auch nichts weniger als übertrieben fein in ihrer Leibwäsche, die in manchen Fällen so gelb war wie die Bächlein, die von ihren Mundwinkeln beim Kauen niedertröpfelten und da trockneten. Auch war die Atmosphäre nicht ganz frei von gewissen Zephyrhauchen, welche aus den eben weggeräumten schmutzigen Betten kommen mochten und an die wir später noch eindringlicher erinnert wurden, als zufällig auf dem Tischtuch eine Sorte Wildbret erschien, die auf dem Speisezettel gar nicht erwähnt war.

Und doch, trotz dieser Kuriositäten – und auch diese hatten, wenigstens für mich, etwas Humoristisches – machte mir diese Art zu reisen viel Vergnügen, sodass ich jetzt mit Vergnügen daran zurückdenke. Früh um fünf Uhr, mit bloßer Brust aus der schmutzigen Kajüte auf das schmutzige Verdeck zu laufen, das eisige Wasser sich selbst zu schöpfen, den Kopf dreinzutauchen und wieder herauszuziehen, glühend und frisch vor Kälte – wie gut bekam einem das! Der schnelle, rasche Spaziergang auf dem Damm, wo die Pferde ziehen, vor dem Frühstück, wenn einem alle Adern vor Luft und Gesundheit zu pochen scheinen; der wunderschöne Tagesanbruch, wenn das Licht von allem widerstrahlte; die langsame Bewegung des Bootes, während man müßig auf dem Verdeck lag, und mehr durch als auf den tiefblauen Himmel lugte; dann bei Nacht das geräuschlose Vorübergleiten an düsteren, mit dunklen Bäumen besetzten Hügeln, die zuweilen hoch oben rot glühend aussahen, wo Männer, die man nicht sehen kann, um ein Feuer gelagert sind; das Hervortreten der glänzenden Sterne in der Stille, die kein Rädergerassel und kein Dampfmaschinenpochen, höchstens das sanfte Rieseln und Plätschern des Wassers unterbricht: Das waren alles reine Genüsse.

Dann sah man neue Ansiedlungen und einzeln stehende Blockhütten und gezimmerte Häuser, die höchst interessant für den Fremdling aus einem alten Lande sind: Hütten mit einfachen Öfen, die draußen vor der Wohnung standen und aus Ton waren; und Schweineställe, die beinahe so gut wie die Behausung der Menschen waren; zerbrochene Fenster, mit Hutfetzen, alten Kleidern, Brettern, Papier und Leinwandstücken verklebt; und selbst fabrizierte Tische, die im Freien vor der Tür standen und auf denen der leicht zu zählende Vorrat an Hausgeräten und Geschirren, irdenen Töpfen und Krügen aufgestellt war. Dem Auge tat es beinahe weh, die Stümpfe von großen Bäumen in jedem Weizenfeld dick gesät und die ewigen Sümpfe und Moräste zu sehen, mit hundert verfaulten Baumstämmen und Ästen, die sich in das faulige Wasser tauchten. Traurig und drückend aber war der Anblick großer Landstrecken, wo die Ansiedler die Bäume niedergebrannt hatten und die versengten Leiber derselben umherlagen wie gemordete Kreaturen, während hie und da ein verkohlter und geschwärzter Riese zwei verbrannte Arme in die Luft streckte, als wollte er den Fluch des Himmels auf seine Freunde herabrufen. Zuweilen, bei Nacht, wand sich der Weg durch eine einsame Schlucht, die einem schottischen Gebirgspass glich und, im Mondlicht glitzernd, ringsum von steilen Abhängen so eingeschlossen war, dass kein anderer Ausgang möglich schien als auf dem engeren Pfad, auf dem wir gekommen waren, bis plötzlich ein rauer Berghang sich zu spalten schien und, den Mondschein auslöschend, während wir in seinen dunklen Schlund hineinfuhren, unseren neuen Weg in Nacht und Schatten hüllte.

Wir hatten Harrisburgh am Freitag verlassen. Am Sonntagmorgen kamen wir am Fuß des Gebirges an, über welches die Eisenbahn führt. Sie hat zehn schiefe Flächen, fünf auf- und fünf absteigende; auf den Ersteren werden die Wagen hinaufgezogen, auf den Letzteren durch fest stehende Maschinen sachte hinabgelassen; die dazwischen liegenden, verhältnismäßig ebenen Strecken legt man teils mit Pferdekraft, teils per Dampf zurück, wie es eben nötig ist. Zuweilen sind die Schienen am äußersten Rand eines schwindeligen Abgrundes gelegt und der Reisende, wenn er zum Wagenfenster hinausschaut, sieht, durch keinen Stein oder nur ein Stücken Geländer geschützt, gerade hinab in die tiefen Schluchten des Gebirges. Doch reist man mit großer Vorsicht; nur zwei Wagen fahren zugleich ab; und da auch sonst alle nötigen Sicherheitsvorkehrungen getroffen sind, so hat man keine Gefahr zu fürchten.

Es war sehr hübsch, über die Gebirgshöhen bei scharfem Wind in raschem Lauf dahinzubrausen und in die lichten, sanften Täler hinabzuschauen; zwischen den Baumwipfeln durch im Fluge die zerstreuten Hütten zu sehen; Kinder, die vor die Tür liefen; Hunde, die bellend heraussprangen und die wir sehen, aber nicht hören konnten; aufgeschreckte Schweine, die nach Hause trabten; ganze Familien, in ihren kunstlosen Gärten sitzend; Kühe, die stumm und gleichgültig emporsahen;

Männer in Hemdärmeln, in die Betrachtung ihrer halb fertigen Häuser und in Gedanken an ihr morgiges Tagewerk vertieft; und dabei fuhren wir, hoch über ihnen, wie der Wirbelwind hin. Und wenn wir nach dem Diner einen steilen Pass hinabrasselten, ohne andere bewegende Kraft als das Gewicht der Wagen selbst, wie ergötzlich war es da, die losgemachte Maschine, lange nach uns, summend und allein herabfahren zu sehen wie ein großes Insekt, dessen Rücken im Sonnenschein goldgrün glänzt, sodass wenn sie plötzlich ein Paar Flügel bekommen hätte und in die Luft emporgeflogen wäre, niemand sich hätte wundern können. Aber ehe wir den Kanal erreichten, machte sie nicht weit von uns Halt; und ehe wir den Kai verließen, ging sie schon wieder schnaubend und keuchend dieselbe Anhöhe hinauf, mit den Passagieren, die nur auf unsere Ankunft gewartet hatten, um ihrerseits die Gebirgsstraße zu passieren.

Am Montagabend verkündeten uns dröhnende Hammerschläge und glühende Öfen an den Ufern des Kanals, dass wir uns dem Ende dieses Teils unserer Reise näherten. Nachdem wir wieder einen träumerischen Ort passiert hatten – eine lange Wasserleitung über den Alleghany-Strom, die noch seltsamer als die Harrisburgher Brücke war, da sie aus einem niedrigen, aber ungeheuer großen hölzernen und mit Wasser angefüllten Raum bestand –, kamen wir bei jenem hässlichen Haufen von Hintergebäuden, morschen Galerien und Treppen heraus, den man an jedem Wasser, sei es ein Strom, See, Kanal oder Graben, findet: Wir waren in Pittsburg.

Pittsburg ist das amerikanische Birmingham; wenigstens sagen es seine Einwohner. Die Straßen, die Kaufläden, die Häuser, die Wagen, die Fabriken, die öffentlichen Gebäude und die Bevölkerung ausgenommen sieht vielleicht wirklich alles wie in Birmingham aus. Jedenfalls hängen ungeheure Rauchwolken über der Stadt und sie ist berühmt wegen ihrer Eisenwerke. Außer dem Gefängnis, das ich schon einmal erwähnte, hat Pittsburg ein hübsches Arsenal und noch andere öffentliche Anstalten. Es liegt sehr schön am Alleghany-Strom, über welchen zwei Brücken führen, und die Villen der reicheren Bür-

Pittsburg, das »amerikanische Birmingham«

ger, die auf den Anhöhen der Umgegend zerstreut sind, nehmen sich recht anmutig aus. Wir kehrten in einem ausgezeichneten Hotel ein, wo man uns vortrefflich bediente; wie gewöhnlich war es voll von Pensionären, war daher sehr groß und jedes Stockwerk hatte eine breite Kolonnade.

Wir verweilten drei Tage hier. Unser nächstes Ziel war Cincinnati; da wir aber dahin per Dampf reisen mussten und im Westen gewöhnlich ein- oder zweimal die Woche ein Dampfschiff in die Luft fliegt, so hielten wir es für geraten, erst über die vergleichsweise Sicherheit der Dampfschiffe, die eben im Strom lagen und nach Cincinnati gingen, einige Erkundigungen einzuziehen. Eines, *the Messenger* (der Bote) genannt, wurde uns als das beste empfohlen. Nach der Annonce sollte es seit vierzehn Tagen jeden Tag bestimmt abgehen, trotzdem lag es noch immer da und der Kapitän schien auch über die Abfahrt noch immer keinen bestimmten Entschluss gefasst zu haben. Doch das ist so die allgemeine Manier, denn wenn das Gesetz einen freien und unabhängigen Bürger zwingen dürfte dem Publikum sein Wort zu halten, was sollte da aus der Freiheit werden? Außerdem ist das eine Handelssache. Und wenn

die Passagiere auf Handelsmanier geködert und die Leute dem Handel zulieb kujoniert werden, wer, wenn er selbst ein pfiffiger Handelsmann ist, wird dann sagen: »Wir müssen der Wirtschaft ein Ende machen«?

Angefeuert durch den feierlichen und zuversichtlichen Ton der Annonce wollte ich (der diesen Stil nicht kannte) sogleich außer Atem an Bord eilen; da man mir jedoch im Vertrauen mitteilte, dass das Boot gewiss nicht vor Freitag, dem ersten April, abgehen werde, so machten wir's uns in der Zwischenzeit bequem und gingen erst am Freitagmittag an Bord.

Elftes Kapitel

Von Pittsburg nach Cincinnati auf einem Dampfboot aus dem Westen – Cincinnati

Der »Messenger« lag unter einem Haufen von Hochdruck-Dampfbooten am Kai, die von dem aufsteigenden Landungsplatz oder vom hohen Ufer auf der anderen Seite des Stromes aus gesehen nicht größer zu sein schienen als ebenso viele Schiffsmodelle. Er selbst hatte gegen vierzig Passagiere an

Der »Messenger«

Bord, ohne die ärmeren Leute auf dem unteren Verdeck; und nach einer halben Stunde, oder noch früher, machte er sich auf den Weg.

Wir hatten ein winziges Staatsgemach mit zwei Berths darin, in das man aus der Damenkajüte trat. Diese »Location« hatte ohne Zweifel etwas Angenehmes und Beruhigendes, da sie im Hinterteil war und man uns mehr als einmal dringend empfohlen hatte uns so viel wie möglich nach hinten zu halten, »weil die Dampfschiffe gewöhnlich nach vorn auffliegen«. Diese Vorsicht war auch keineswegs überflüssig, wie mehr als ein Unglück der Art während unseres Aufenthaltes uns bewies. Davon abgesehen war es ein unaussprechlicher Trost, einen wenn auch noch so beschränkten Raum zu besitzen, wo man allein sein konnte; alle diese Kammern, zu denen auch unsere gehörte, hatten jede eine zweite Glastür außer der in der Damenkajüte, die auf eine schmale Galerie auf der Außenseite des Fahrzeuges führte, wo die anderen Passagiere selten hinkamen, sodass man da in Ruhe sitzen und die vorüberfliegenden Ansichten betrachten konnte.

Wir nahmen daher mit großem Vergnügen Besitz von unserer neuen Wohnung.

Wenn die amerikanischen Paketboote, die ich schon beschrieben habe, keinem Fahrzeug, das wir auf dem Wasser zu sehen gewohnt sind, ähnlich sehen, so entsprechen diese Schiffe im Westen noch weit weniger allen unseren Begriffen von einem Boot oder Schiff überhaupt.

Vorerst haben sie keinen Mast, kein Tau- und Takelwerk oder sonstiges Schiffsgerät; ihr ganzer Bau hat nichts, was an Vorder- und Hinterteil, Kiel oder Seitenwand eines Bootes erinnern könnte. Wenn sie nicht im Wasser wären und ein Paar Räderkästen hätten, so könnte man ebenso gut glauben, sie seien zu irgendeiner unbekannten Arbeit hoch auf einem trockenen Berggipfel bestimmt. Sie haben nicht einmal ein sichtbares Verdeck: nichts als ein langes, schwarzes, hässliches Dach, welches mit ausgebrannten Kohlenstäubchen bedeckt ist; darüber ragen zwei eiserne Essen hervor, eine heisere Sicherheitsklappe und ein gläsernes Steuerhaus. Dann sieht man, abwärts nach dem Wasser zu blickend, die Seiten, Türen und Fenster der Staatszimmer so kunterbunt durcheinander geworfen, als bildeten sie eine kleine Gasse, die nach dem verschiedenen Geschmack von einem Dutzend Menschen aufgebaut worden; das Ganze aber wird von Balken und Säulen getragen, die auf einer schmutzigen Barke, nur ein paar Zoll über dem Wasser, stehen; und in dem schmalen Raum zwischen diesem oberen Gebäude und dem Verdeck der Barke befinden sich Maschine und brennende Öfen, von allen Seiten gegen Wind und Regen frei und offen.

Wenn man bei Nacht ein solches Boot sieht und die große Feuermasse, die in freier Luft, wie ich eben sagte, unter dem schwachen Gebäude von übertünchtem und bemaltem Holz emporbraust und knistert: wenn man die Maschine sieht, die, durch nichts geschützt oder abgesondert, mitten unter einem Haufen von Müßiggängern, Auswanderern und Kindern, die sich auf dem unteren Verdeck zusammendrängen, ihre Arbeit verrichtet und unter der Leitung von verwegenen und unachtsamen Menschen steht, die vielleicht nicht länger als ein halbes Jahr mit ihren Geheimnissen vertraut sind: Dann muss man sagen, das Wunder ist, nicht dass so viele Unfälle passieren, sondern dass nicht jede Fahrt unglücklich verläuft.

Drin, der ganzen Länge des Bootes entlang, befindet sich eine lange, schmale Kajüte, von wo auf beiden Seiten die Eingänge zu den verschiedenen Staatsgemächern führen. Ein kleiner Teil derselben, am Spiegel des Schiffes, ist für die Damen abgeteilt; am entgegengesetzten Ende derselben befindet sich das Schänkzimmer. Durch die Mitte hin geht ein langer Tisch und an jedem Ende steht ein Ofen. Der Waschapparat ist auf dem Verdeck. Er ist etwas, aber nicht viel besser als auf dem Kanalboot. Man reise in Amerika, wie man will, zu Land oder zu Wasser, so wird man finden, dass für die körperliche Reinlichkeit und Sauberkeit der Passagiere auf die nachlässigste und schmutzigste Weise gesorgt ist; und ich bin sehr geneigt diesem Umstand viele Krankheiten und Kränklichkeiten der Amerikaner zuzuschreiben.

An Bord des Messenger sollen wir drei Tage zubringen und in Cincinnati (wenn alles gut abläuft) Montag früh ankommen. Wir haben täglich drei Mahlzeiten. Um sieben Uhr Frühstück, um halb zwölf Diner und um sechs Uhr etwas Souper. Jedes Mal stehen unzählige kleine Teller und Schüsseln auf dem Tisch, aber es ist sehr wenig drin, außer für solche Gourmands, die eine Vorliebe für gelbe Rüben, getrocknete Rindfleischschnitte, komplizierte Knäuel von spanischen Pfefferschoten, Mais, Apfelsauce und Kürbisse haben.

Manche Leute mischen alle diese kleinen Leckerbissen (mit süßem Kompott außerdem) durcheinander und nehmen sie zu ihrem Schweinebraten. Das sind gewöhnlich jene dyspeptischen Herren und Damen, die das heiße Roggenbrot (welches ebenso leicht verdaulich ist wie ein geknetetes Nadelkissen) zum Frühstück und zum Abendessen in unerhörten Massen hinunterschlingen. Wer dazu nicht imstande ist und stattdessen mehrmals etwas genießt, der sitzt dann freilich da und saugt nachdenklich an seiner Gabel oder seinem Messer, bis er sich entschieden hat, was er zunächst nehmen will: Dann zieht er die Gabel aus dem Maul, stößt zweifelnd in eine oder die andere kleine Schüssel und fängt wieder zu essen an. Beim Diner steht nichts zum Trinken auf dem Tische, einige Krüge mit kaltem Wasser ausgenommen. Bei keiner Mahlzeit wird eine Silbe gesprochen. Die Reisenden machen alle finstere und trübe Gesichter, als hätten sie fürchterliche Geheimnisse auf dem Herzen. Kein Gespräch, kein heiteres Lachen, keine Geselligkeit; nur ausgespien wird in Gesellschaft, in schweigender Gemeinsamkeit, rings um den Ofen, wenn das Essen vorüber ist. Jeder setzt sich mürrisch und verdrossen nieder, schlingt seine Portion hinunter, als ob Frühstück, Diner und Souper Naturnotwendigkeiten wären, mit denen sich weder ein Genuss noch ein Gefühl der Erholung jemals verbände; und wenn er sein Futter in düsterem Schweigen hinabgewürgt hat, setzt er sich ebenso schweigsam wieder hin. Wäre nicht wenigstens jene rein tierische Tätigkeit bei Tische, so könnte man die Männer unter der Gesellschaft für die traurigen Schatten abgeschiedener Buchhalter ansehen, die vor ihrem Schreibpult der Tod überraschte: So langweilig ist ihr still kalkulierendes, in Geschäfte versunkenes Wesen. Leichenbesorger in ihrer Amtstätigkeit würden sich neben ihnen wie lustige Lebemenschen ausnehmen; und der Abhub von einem Leichenschmaus wäre im Vergleich mit diesen Mahlzeiten ein glänzendes Festessen.

Auch sind die Leute einer wie der andere. Da ist keine Verschiedenheit des Charakters. Sie reisen in denselben Geschäften, sie reden und tun dieselben Worte und Dinge ganz auf dieselbe Weise und treiben sich ganz in demselben langweiligen, ungemütlichen Einerlei im Kreise herum. An der ganzen Tafel ist kaum ein Einziger, der sich im Geringsten von seinem Nachbar unterscheidet. Es ist noch ein wahrer Trost, dass mir gegenüber jenes kleine fünfzehnjährige Mädchen mit dem gesprächigen Kinn sitzt: Ich muss ihr Gerechtigkeit widerfahren lassen und gestehen, dass sie die Handschrift der Natur auf ihrem Gesicht durchaus nicht Lügen straft, denn sie ist die erste und ausgezeichnetste aller kleinen Plaudertaschen, die jemals die Ruhe einer schläfrigen Damenkajüte störten. Das schöne Kind, welches ein wenig weiter unten an der Tafel sitzt, hat jenen jungen Mann mit dem braunen Schnurrbart, der noch weiter unten an der Tafel sitzt, vor einem Monat erst geheiratet. Sie wollen sich weit hinten im fernen Westen niederlassen, wo er vier Jahre gelebt hat, sie aber noch nie gewesen ist. Vor kurzem sind beide in einer Landkutsche umgeworfen worden (was in jedem anderen Land, wo das nicht so häufig der Fall ist, ein böses Omen wäre) und er trägt den Kopf, an dem noch die Spuren der Verwundung zu sehen sind, umbunden. Auch sie wurde dabei beschädigt und lag einige Tage fast besinnungslos danieder; so hell auch ihre Augen jetzt wieder glänzen.

Noch weiter unten am Tisch sitzt ein Mann, der einige Meilen weiter als diese beiden reist, um eine neu entdeckte Kupfermine zu bearbeiten. Er führt das ganze – künftige – Dorf mit sich: ein paar gezimmerte Hütten und einen Apparat zum Kupferschmelzen. Auch die künftigen Dorfbewohner führt er mit sich. Es sind teils Amerikaner, teils Irländer und hocken auf dem unteren Verdeck zusammen; wo sie vorigen Abends bis in die späte Nacht sich mit Pistolenschießen und Hymnensingen unterhielten.

Sie und die wenigen, die noch etwa zwanzig Minuten über Tisch sitzen geblieben, stehen jetzt auf und gehen fort. Wir folgen ihrem Beispiel und gehen durch unser Staatsgemach hinaus, um uns auf der stillen Galerie draußen niederzusetzen.

Es ist ein schöner breiter Strom, der jedoch an manchen Stellen weiter ist als an anderen und gewöhnlich durch ein grünes, mit Bäumen bedecktes Eiland in zwei Arme geteilt wird. Dann und wann halten wir einige Minuten an, entweder um Holz oder neue Passagiere vor irgendeinem kleinen Dorf oder Marktflecken (ich sollte eigentlich sagen, vor einer Stadt, denn jeder Ort hier ist eine Stadt) einzunehmen; aber die Ufer sind größtenteils tief einsam, mit Bäumen bewachsen, die hier bereits voll belaubt und sehr grün sind. Meilenweit unterbricht die Stille dieser Einöden kein Zeichen menschlichen Lebens, keine Spur eines menschlichen Fußtrittes; noch sieht man rings sich etwas regen als den blauen Jay*, der eine so glänzende, aber zarte Farbe hat, dass man eine fliegende Blume zu sehen glaubt. In langen Zwischenräumen stößt man auf eine Blockhütte, die mit ihrem kleinen Stück urbar gemachten Lan-

* Eine Art Elster.

des sich unter einer Anhöhe geborgen hält und den blauen Rauch wie einen gekräuselten Faden gen Himmel sendet. Sie steht in einem Winkel des ärmlichen Weizenfeldes, das noch voll großer, hässlicher Baumstümpfe ist, die rohen Fleischerblöcken von Ansehen gleichen. Zuweilen findet man den Boden eben erst gesäubert: Die gefällten Bäume liegen noch auf der Erde umher und das Blockhaus ist diesen Morgen erst angefangen worden. Wie wir an dieser Lichtung vorüberfahren, steht der Ansiedler da, auf seine Axt oder seinen Hammer sich lehnend, und sieht neugierig die Fremdlinge aus der weiten Welt an. Die Kinder kommen aus der provisorischen Hütte hervorgekrochen, die wie ein Zigeunerzelt in die Erde hineingebaut ist, und klatschen mit den Händen und schreien. Der Hund sieht uns nur flüchtig an, dann blickt er wieder zu seinem Herrn auf, als würde er unruhig über jede Unterbrechung des gewöhnlichen Tagewerks und wüsste nicht mehr, was Erholung sei. Dabei immer ewig derselbe Vordergrund. Der Strom hat die Ufer unterhöhlt und weggespült und stattliche Bäume sind ins Wasser niedergesunken. Einige haben so lange im Wasser gelegen, dass sie nur noch dürre, gräuliche Gerippe sind. Einige sind eben Hals über Kopf hineingestürzt, die Erde hängt noch an ihren Wurzeln; sie haben ihre grünen Häupter im Strom und setzen neue Sprösslinge und Zweige an. Andere sinken beinahe um, wie man sie ansieht. Und noch andere sind vor so langer Zeit schon hier untergegangen, dass sie mitten im Strom ihre gebleichten Arme aus dem Wasser emporstrecken, als wollten sie nach dem Boot greifen und es zu sich hinunterziehen.

Durch solche Gegenden verfolgt die schwerfällige Maschine mit heiserem Schnauben ihren einsamen Pfad: Bei jedem Umschwung der Räder lässt sie ein lautes Hochdruck-Pfeifen erschallen, laut genug, sollte man denken, um die ganze Indianerschar, die dort in dem großen Rasenhügel begraben liegt, von den Toten zu erwecken. Diese Gruft ist so alt, dass mächtige Eichen und andere Waldbäume auf ihr Wurzel geschlagen haben, und so hoch, dass sie selbst unter den Höhen, welche die Hand der Natur rings um sie gepflanzt hat, einen stattlichen

Hügel vorstellt. Selbst der Strom, als teilte er des Wanderers Wehmut um die untergegangenen Stämme, die vor Jahrhunderten, in glücklicher Unkenntnis der weißen Rasse, hier so fröhlich lebten, selbst der Strom schleicht aus seinem Bett heran, um die Rasengruft zu bespülen; und nur an wenig Orten funkelt der Ohio so hell und lieblich wie in der *Big Grave Creek.**

Alles das sehe ich von meinem Sitz auf der schon erwähnten Spiegelgalerie. Der Abend kommt langsam über die Landschaft geschlichen und verwandelt sie vor meinen Augen, während wir Halt machen, um einige Auswanderer ans Ufer zu setzen.

Es sind fünf Männer, fünf Weiber und ein kleines Mädchen. Ihr ganzes Hab und Gut besteht in einem Sack, einer großen Kiste und einem alten Stuhl, einem einzigen, alten hochlehnigen Strohstuhl; selbst ein Ansiedler. Sie werden in einem Nachen ans Ufer gerudert, während unser Fahrzeug eine kleine Strecke davon Halt macht und auf seine Rückkehr wartet, denn der Strom ist hier seicht. Sie landen am Fuß einer Uferhöhe, auf deren Gipfel einige Blockhütten stehen, zu denen man nur auf einem langen, gewundenen Pfade gelangen kann. Es wird dunkel, aber die Sonne ist rot glühend und scheint wie Feuer auf dem Wasser und einigen Baumgipfeln.

Die Männer treten zuerst aus dem Boot ans Land, helfen den Weibern heraus, nehmen den Sack, die Kiste, den Stuhl, sagen den Ruderern »Lebewohl« und stoßen ihnen den Kahn ins Wasser. Beim ersten Ruderschlag setzt sich die älteste unter den Frauen in den alten Stuhl, hart am Rande des Wassers, ohne ein Wort zu sprechen. Keiner von den anderen setzt sich, obgleich die Kiste noch für mehrere Platz hat. Sie alle bleiben, wo sie gelandet sind, wie versteinert stehen und sehen dem Boot nach. In dieser Stellung bleiben sie: die alte Frau auf ihrem alten Stuhl in der Mitte; der Sack und die Kiste am Ufer, ohne dass sich einer darum kümmert: Aller Augen sind auf den Kahn gerichtet. Der Kahn kommt an die Seite des Dampfboo-

* Bucht der großen Gräber.

tes, wird festgebunden, die Männer springen an Bord, die Maschine setzt sich in Bewegung und fort geht es wieder mit heiserem Schnauben. Noch stehen sie dort, ohne eine Hand zu rühren. Noch in weiter Ferne und in der Dämmerung kann ich sie mit dem Augenglas erkennen, wie sie am Wasser stehen; die alte Frau auf ihrem alten Stuhl und die Übrigen rings um sie ohne ein Glied zu rühren. So verliere ich sie endlich langsam aus dem Gesicht.

Die Nacht wird finster und wir fahren im Schatten eines bewaldeten Ufers, was die Dunkelheit noch größer macht. Nachdem wir lang an dem düsteren Labyrinth von Gestrüpp und Ästen vorübergeglitten sind, kommen wir auf einen offenen Platz, wo die hohen Baumstämme lichterloh brennen. In der hochroten Glut sieht man deutlich die Gestalt aller Äste und Zweige; und wie der leichte Wind schürend hineinweht, scheinen sie gleichsam selbst aus lebendigem Feuer gewoben. Es ist ein Schauspiel, wie es in den Sagen von verzauberten Wäldern vorkommt; nur dass es traurig ist, diese stolzen Naturkinder in ihrer Einsamkeit so grausam sterben zu sehen. Wie viele Jahre müssen kommen und schwinden, bevor die Zauberkraft, welche sie geschaffen, ihresgleichen wieder auf diesem Boden hervorruft. Aber die Zeit wird kommen; und wenn in ihrer Asche, nach tausend Metamorphosen, die Sprösslinge noch ungeborener Jahrhunderte Wurzel geschlagen haben, dann werden die rast- und ruhelosen Menschen ferner Zeitalter wieder in diese noch einmal unbevölkerten Einöden fliehen; und ihre Mitbrüder, in weit entlegenen Städten, die vielleicht jetzt noch auf dem Meeresgrund schlummern, lesen dann in seltsam fremd klingender Sprache von Urwäldern, wo man nie die Axt erklingen hörte und deren wild bewachsenen Boden noch kein menschlicher Fuß betrat.

Die Mitternacht und der Schlaf verwischen diese Bilder und Gedanken aus meiner Seele: Und wie der Morgen wieder aufgeht, fällt sein Schimmer auf die Giebel einer volkreichen, lebendigen Stadt, vor deren breitem, gepflastertem Quai unser Dampfboot vor Anker liegt; ringsum andere Boote, Flaggen und brausende Räder und das Lärmen und Summen der

Cincinnati

Menge, als gäb es tausend Meilen in die Runde nicht eine Elle wüstes und unbebautes Land.

Cincinnati ist eine schöne, muntere, belebte und aufblühende Stadt. Nicht oft sieht man einen Ort, der sich gleich auf den ersten Blick dem Fremden so vorteilhaft empfiehlt wie Cincinnati mit seinen sauberen roten und weißen Häusern, seinen gut gepflasterten Straßen und hellen Trottoirs. Auch wird dieser angenehme Eindruck durch eine nähere Bekanntschaft nicht geschwächt. Die Straßen sind breit und luftig, die Kaufläden vom besten Aussehen und die Privatwohnungen von merkwürdiger Eleganz und Reinlichkeit. Die mannigfach wechselnde Bauart der Letzteren zeigt von Phantasie und Erfindung, was nach dem eintönigen Wesen und Treiben der Dampfbootgesellschaft einen entzückenden Eindruck macht, da es einen gleichsam versichert, dass jene beiden Eigenschaften noch nicht ganz aus der Welt verschwunden sind. Das Streben, diese hübschen Villen so viel als möglich zu verzieren und anziehend zu machen, führt zur Kultur der Bäume und Blumen, zum Anlegen wohl gehaltener Gärten, was dem Wanderer in den Straßen einen erfrischenden Anblick verschafft. Ich war ganz entzückt von der Schönheit der Stadt und der anstoßenden Vorstadt Mount Auburn, von wo aus die Stadt, die in einem von Hügeln gebildeten Amphitheater liegt, sich wie ein wunderschönes Gemälde ausnimmt.

Einen Tag nach unserer Ankunft wurde gerade eine Mäßigkeitsversammlung gehalten; und da der Zug unter den Fenstern unseres Hotels vorüberging, so hatte ich, als er am Morgen ausrückte, die beste Gelegenheit und den besten Platz zum Sehen. Er bestand aus mehreren tausend Menschen, welche Mitglieder der verschiedenen »Washington Auxiliary Temperance Societies« waren, und wurde von seinen Beamten zu Pferde angeführt, die munter die Linie hinauf und herunter trabten, dass ihre farbigen Bänder und Schärpen lustig im Wind flatterten. Auch Musikbanden und zahllose Banner waren da; und es war überhaupt ein frisches, festtägliches Leben unter der Masse.

Besonders freuten mich die Irländer, die eine eigene Gesellschaft für sich bildeten und mit ihren grünen Schärpen recht stolz taten; sie trugen die Nationalharfe und ihr Porträt des Vater Mathew hoch über die Köpfe des Volkes. Sie sahen so wohlgemut und lustig wie immer drein; bei der härtesten Arbeit um ihr liebes Brot waren sie hier die unabhängigsten Menschen von der Welt geworden.

Die Banner waren sehr hübsch gemalt und wehten ganz famos die Straße entlang. Da sah man den Stab an den Felsen in der Wüste schlagen und das klare Wasser hervorsprudeln; dann war da der Enthaltsame, der mit gewaltiger Axt zu einem tödlichen Streich ausholte gegen eine Schlange, die von einem Spiritusfass auf ihn niederschießen wollte. Das Hauptbild aber war eine ungeheure allegorische Devise, welche die Schiffszimmerleute trugen; auf der einen Seite des Banners sah man das Dampfboot Alkohol, welches mit einem fürchterlichen Knall (einem gemalten) und gesprungenem Kessel in die Luft flog, während das gute Schiff Mäßigung mit günstigem Wind dahinfuhr, zur herzlichen Freude von Kapitän, Mannschaft und Passagieren.

Nachdem der Zug rings um die Stadt marschiert war, begab er sich nach einem Sammelplatz, um da, wie das gedruckte Programm verkündet hatte, von den Kindern der verschiedenen Freischulen mit »Mäßigkeitsgesängen« begrüßt zu werden. Ich kam nicht zeitig genug, um diese kleinen Sänger zu hören oder etwas über diese – wenigstens für mich – neue Art von Vokalunterhaltung zu berichten: Aber auf einem großen freien Platz fand ich die verschiedenen Gesellschaften, jede um ihr Banner geschart, mit aufmerksamem Schweigen ihrem Redner zuhören. Die Reden waren – nach dem wenigen zu urteilen, was ich davon vernehmen konnte – dem Zweck angemessen, da sie innerlich eine große Verwandtschaft mit kaltem Wasser hatten; allein die Hauptsache blieb doch das Benehmen der Zuhörer während des Tages; und das war allerdings bewundernswert und nur Gutes verheißend.

Cincinnati hat einen ehrenvollen Ruf wegen seiner Freischulen, deren so viele sind, dass es auch dem ärmsten Kind nicht an Unterricht und Erziehung fehlen kann; die Mittel dazu reichen im Durchschnitt für viertausend Zöglinge jährlich aus. Ich war nur in einer dieser Anstalten während der Unterrichtsstunde. In der Knabenschule, die voll kleiner Jungen – zwischen sechs und zehn oder zwölf Jahren – war, wollte der Lehrer mir zu Liebe eine Prüfung in der Algebra improvisieren; ein Anerbieten, das ich bei meinem Misstrauen in meine Fähigkeit, die etwaigen Fehler der Zöglinge zu bemerken, gewissermaßen erschrocken ablehnte. In der Mädchenschule wurde eine Leseprobe vorgeschlagen; und da ich mich in dieser Kunst leidlich beschlagen fühlte, erklärte ich mich gern bereit eine Klasse lesen zu hören. Es wurden also Bücher herumgegeben und ein halb Dutzend Mädchen etwa lasen nacheinander einige Stellen aus einer Geschichte Englands. Das Buch war jedoch nur eine trockene Kompilation, die noch dazu unendlich über die Fassungskraft der armen Kinder ging; und nachdem sie drei oder vier schreckliche Stelle über den Frieden von Amiens und andere erschütternde Geschichten der Art (offenbar ohne zehn Worte zu verstehen) durchgestottert hatten, erklärte ich mich vollkommen befriedigt. Es ist wohl möglich, dass sie bloß dem Gaste zu Ehren, der in Erstaunen gesetzt werden sollte, sich so hoch verstiegen auf der Leiter der Wissenschaft; und dass sie sonst sich auf einer bescheideneren Höhe niederlassen durften;

aber es hätte mir Vergnügen gemacht, sie ihre einfacheren Lektionen, die sie verstehen konnten, einüben zu hören.

Wie in allen anderen Städten, die ich besuchte, so waren auch hier die Richter Gentlemen von Bildung und edlem Charakter. Ich war in einem der hiesigen Gerichtshöfe einige Minuten und fand ihn ganz so wie die schon oft beschriebenen. Ein Polizeivergehen wurde verhandelt; es waren nicht viele Zuschauer da; und die Zeugen, Geschworenen und der Rechtsbeistand bildeten eine Art von traulichem Familienzirkel.

Die Gesellschaft, so weit ich sie kennen lernte, war intelligent, angenehm und artig im Umgang. Die Einwohner von Cincinnati sind auf ihre Vaterstadt als einen der interessantesten Orte in Amerika mit Recht stolz: Denn so schön und blühend jetzt Cincinnati mit seiner Bevölkerung von fünfzigtausend Seelen ist, so sind es doch noch kaum zweiundfünfzig Jahre, dass der Boden, auf dem es steht (und der damals für einige Dollars angekauft wurde), ein wilder Wald war und seine Bürger einen Haufen zerstreuter Blockhütten am Flussufer bewohnten.

Zwölftes Kapitel

Von Cincinnati nach Louisville per Dampfboot – Von Louisville nach St. Jones ebenso – St. Louis

Wir verließen Cincinnati am Vormittag um elf Uhr und schifften uns nach Louisville auf dem Dampfboot Pike ein, welches, weil Postschiff, weit besser war als das, welches uns von Pittsburg hierher gebracht hatte. Da diese Fahrt nicht mehr als zwölf oder dreizehn Stunden dauert, so richteten wir es so ein, dass wir zur Nacht ans Land gingen; denn wir sehnten uns nicht gar sehr nach der Auszeichnung, in einem Staatsgemach zu schlafen, wenn es uns woanders möglich war.

Außer dem gewöhnlichen schrecklichen Passagiervolk befand sich ein gewisser Pitchlynn an Bord, ein Häuptling vom Stamm der Choctaw-Indianer, der mir seine Karte schickte und mit dem ich das Vergnügen hatte, ein langes Gespräch zu führen.

Er sprach vollkommen gut Englisch, obgleich er es, wie er mir erzählte, erst als junger Mann zu lernen angefangen hatte. Er hatte viele Bücher gelesen; und Walter Scotts Poesie schien auf seine Phantasie einen starken Eindruck gemacht zu haben; besonders der Eingang zum »Fräulein vom See« und die große Schlachtszene in Marmion, die ihn ohne Zweifel wegen der inneren Verwandtschaft des Gegenstandes mit seinem ursprünglichen Beruf und Lieblingstreiben so sehr interessierte und entzückte. Er schien alles, was er gelesen hatte, sehr wohl zu verstehen; und jede Dichtung, die seine Sympathie und seinen Glauben daran rege machte, hatte einen tiefen, ich möchte sagen, heftigen Eindruck auf sein Gemüt gemacht. Er ging in unserer gewöhnlichen Alltagstracht, die ihm aber nicht gut stand und nachlässig um seine schönen Glieder hing. Als ich bedauerte, ihn nicht in seiner Nationaltracht sehen zu können, hob er einen Augenblick stürmisch den rechten Arm, als wollte er eine schwere Waffe schwingen, und sagte, indem er ihn wieder sinken ließ, dass seine Rasse noch manches andere außer ihrer Tracht verliere und bald von der Erde verschwinden werde: Aber zu Hause gehe er indianisch, fügte er stolz hinzu.

Er sagte mir, dass er von seiner Heimat, westlich vom Mississippi, siebzehn Monate weg gewesen sei und jetzt dahin zurückkehre. Er hatte diese Zeit größtenteils in Washington zugebracht wegen einiger zwischen seinem Stamm und der Regierung obschwebenden Verhandlungen, die noch nicht erledigt wären (wie er in traurigem Ton bemerkte) und wohl auch nie erledigt werden würden; denn was vermöchte eine Hand voll armer Indianer gegen so geschäftskundige Leute wie die Weißen? Er liebe Washington nicht, sagte er, sei der großen und kleinen Städte bald überdrüssig und sehne sich nach den Wäldern und der Steppe.

Ich fragte ihn, was er von dem Kongress halte? Er antwortete mit einem Lächeln, dass es ihm in den Augen eines Indianers an Würde fehle.

Er meinte, er möchte gern einmal England sehen, ehe er sterbe, und sprach mit vielem Interesse von den großen Dingen, die dort zu sehen wären. Als ich ihm von dem Saal im Britischen Museum erzählte, worin man noch Hausgeräte von einem vor Jahrtausenden untergegangenen Volk zum Andenken aufbewahrt sieht, horchte er sehr gespannt, und es war leicht zu sehen, dass er dabei lebhaft an das allmähliche Verschwinden seines eigenen Geschlechts dachte.

Dies brachte uns auf Mr Catlins Galerie, die er sehr lobte, indem er bemerkte, dass auch sein Porträt sich in der Sammlung befinde und dass die Bilder alle recht »elegant« seien. Mr Cooper, sagte er, hätte den roten Mann gut gezeichnet und ich, sagte er, würde es gewiss auch können, wenn ich mit ihm in seine Heimat gehen und mit ihm Büffel jagen wollte, wozu er mich sehr angelegentlich zu bereden suchte. Als ich bemerkte, ich würde, wenn ich auch mitginge, doch wahrscheinlich den Büffeln nicht sehr gefährlich werden, lachte er von ganzem Herzen.

Es war ein merkwürdig schöner Mann, etwas über vierzig Jahre alt, wie ich glaube, hatte langes schwarzes Haar, eine Adlernase, breite Backenknochen, sonnengebräuntes Antlitz und ein scharfes, durchdringendes, schwarzes Auge. Es existieren nur noch zwanzigtausend Choctaws, sagte er, und ihre Zahl schwindet mit jedem Tag. Einige seiner Brüder-Häuptlinge waren gezwungen sich zu zivilisieren und mit dem, was die Weißen wissen, bekannt zu machen, denn das allein gebe ihnen noch einige Hoffnung, ihre Existenz zu fristen. Doch das hätten nicht viele getan und die Übrigen seien die Alten geblieben. Er verweilte lange bei diesem Thema und wiederholte mehrmals, dass sie vor dem Fortschritt der zivilisierten Gesellschaft spurlos verschwinden müssten, wenn sie es nicht versuchten, sich von ihren Siegern assimilieren zu lassen.

Als wir beim Scheiden uns die Hände drückten, sagte ich, er solle doch nach England kommen, da er sich so sehr nach diesem Land sehne, ich würde mich sehr freuen ihm eines Tages dort zu begegnen und könnte ihm versprechen, dass er gut aufgenommen und freundlich behandelt werden würde. Diese

Louisville

Versicherung machte ihm offenbar Freude, obwohl er mit gutmütigem Lächeln und ungläubigem Kopfschütteln entgegnete, die Engländer hätten die roten Männer recht lieb gehabt, als sie noch ihren Beistand brauchten, seitdem aber kümmerten sie sich nicht mehr um sie.

Er schied: ein so stattlicher und vollkommener Gentleman aus der Hand der Natur hervorgegangen, wie ich nur je einen sah, und als er durch das Volk im Boot dahinschritt, kam er mir wie ein höheres Wesen vor. Er schickte mir bald nachher sein lithografiertes Porträt, das ziemlich getroffen, obwohl nicht hübsch genug war. Ich habe es zum Andenken an unsere kurze Bekanntschaft sorgfältig aufbewahrt.

Die Gegend, durch die wir an diesem Tag fuhren, bot nichts besonders Interessantes und um Mitternacht kamen wir nach Louisville. Wir übernachteten im Galt-House, einem prachtvollen Hotel, und wohnten da so hübsch, als ob wir in Paris und nicht hunderte von Meilen jenseits des Alleghany-Gebirges wären.

Da die Stadt nicht interessant genug war, um uns zu einem Aufenthalt zu veranlassen, so beschlossen wir, am kommenden Morgen auf einem anderen Dampfschiff, dem Fulton, weiterzureisen und um Mittag in der Vorstadt Portland einzusteigen, wo es eines zu passierenden Kanals wegen eine Weile anhalten musste.

Nach dem Frühstück fuhren wir zum Zeitvertreib in der Stadt umher; sie ist regelmäßig gebaut und nimmt sich recht heiter aus, die Straßen durchschneiden sich in rechten Winkeln und sind mit jungen Bäumen bepflanzt. Die Häuser sind alle – weil man hier Pech-Kohlen brennt – vom Rauch geschwärzt, doch ein Engländer ist daran gewöhnt und findet durchaus nichts Anstößiges darin. Es war nicht viel Leben zu sehen, die Geschäfte mussten flau sein; einige unvollendete Gebäude und Reparaturen schienen anzudeuten, dass die Stadt im Eifer des Fortschritts sich im Bauen etwas übernommen hatten und nun unter der auf solcher fieberische Anspannung folgenden Reaktionen leiden musste.

Als wir nach Portland gingen, kamen wir an einem Magistratsbüro vorüber, das mehr wie eine Mädchenschule denn wie ein Polizeiamt aussah; denn das Ehrfurcht gebietende Institut war nichts als ein trübseliges, stilles Vorderzimmer, das auf die Straße ging und worin zwei oder drei Gestalten (vermutlich der Richter und seine Myrmidonen) sich in Behaglichkeit und Ruhe sonnten. Es war ein vollkommenes Bild der Gerechtigkeit, die aus Mangel an Kunden sich vom Geschäft zurückgezogen, Schwert und Waage verkauft und sich behaglich in ihren Sorgenstuhl gelehnt hat, um ein Schläfchen zu machen.

Hier wie überall in diesen Gegenden lebte und webte die ganze Straße von Schweinen jeden Alters; in allen Ecken lagen sie entweder in tiefem Schlaf oder liefen sie grunzend umher, um verborgene Leckerbissen zu suchen. Ich hatte von jeher große Vorliebe für diese kuriosen Tiere, und wenn ich keine andere Unterhaltung hatte, sah ich stets mit Vergnügen ihrem Treiben zu. Bei unserer Morgenfahrt beobachtete ich einen kleinen Vorfall zwischen zwei jugendlichen Schweinen, der mir zurzeit so menschlich, so höchst komisch und grotesk vorkam und doch vielleicht in der Erzählung sich sehr zahm und nüchtern ausnimmt.

Ein junger Gentleman (ein sehr delikates Ferkel mit mehreren Strohhalmen um die Nase, die auf kürzlich vorgenommene Visitationen eines Misthaufens hindeuteten) ging in tiefen Gedanken langsam vor sich hin, als sein Bruder, der ungesehen von ihm in einem Dreckloche lag, sich plötzlich dicht vor seinem erschrecktem Blick erhob wie ein Gespenst im nassen Kot. Das Blut in seinen Adern gerann ihm. Es fuhr wenigstens drei Schritte zurück, starrte einen Augenblick das Schreckbild an und schoss dann fort, so schnell es konnte, wobei sein außerordentlich kleines Schwänzchen vor Hast und Schrecken zitterte wie ein aus dem Takt geratenes Pendel. Allein ehe es noch gar weit gelaufen war, begann es in seinem Innern über die Natur dieser schrecklichen Erscheinung nachzudenken und ließ allmählich in seiner Eile nach, bis es endlich stehen blieb und sich umdrehte. Und da war sein Bruder wieder, rot glänzend und in der Sonne strahlend am ganzen Leib, noch immer glotzte er aus demselben Loch hervor, ganz erstaunt, wie sein Bruderschwein sich gebärdete! Kaum war dieses seiner Sache gewiss – und es stellte seine Untersuchung so sorgfältig an, dass man sagen könnte, es hielt sich die Hand vor die Augen, um besser zu sehen –, so kehrte es im Trott um, stürzte auf den Bruder los und bestrafte ihn summarisch, indem es ihm ein Stück Schwanz abbiss; zur Warnung für die Zukunft, auf dass es sich künftig nicht wieder erlaube einem Glied seiner Familie einen Streich zu spielen.

Wir fanden das Dampfboot im Kanal, wo es erst langsam durch die Schleuse fahren musste, und gingen an Bord. Es dauerte nicht lange, so hatten wir schon wieder Besuch, diesmal von einem Kentuckier Riesen namens Porter, der, in den Strümpfen, nicht mehr als sieben Fuß acht Zoll groß ist.

Keine Menschenrasse ist von den Chronikastern so lügnerisch und grausam verleumdet worden wie das Geschlecht der Riesen. Statt durch die Welt zu rasen, wie es in den alten Sagen heißt, und ihre Speisekammer auf kannibalische Weise zu füllen, sind sie die sanftesten Menschen, die man nur kennt: Sie ertragen alles, wenn man sie nur in Frieden lässt, und leben gern von Milch und Vegetabilien. Freundlichkeit und Milde sind so entschieden ihre hervorstechenden Eigenschaften, dass ich, offen gestanden, jenen Heldenjüngling, der sich durch die

Ausrottung dieser harmlosen Menschen auszeichnete, nur als einen falschherzigen Straßenräuber ansehen kann, der unter philanthropischer Maske focht und im Herzen nur die Schätze in den Schlössern der Riesen zu erbeuten dachte. Ich bin umso mehr dieser Ansicht, als ich finde, dass selbst der Geschichtsschreiber jener Heldentaten bei aller Parteilichkeit für seinen Herrn gerne zugibt, dass die hingeschlachteten Ungeheuer eigentlich ganz unschuldige und einfältige Geschöpfe waren; außerordentlich arglose, leichtgläubige Menschen, die den unwahrscheinlichsten Erzählungen ein geneigtes Ohr liehen, leicht in die Falle gingen und selbst (wie jener welsche Riese) in ihrer übermäßigen Gastfreundlichkeit sich lieber den Bauch hätten aufschneiden lassen, als dass sie geglaubt hätten, ihre Gäste könnten Betrüger sein und mit ihnen ihren Hokuspokus treiben.

Der Kentuckier Riese war nur ein neuer Beleg für die Wahrheit dieser Ansicht. Er war etwas schwach in den Knien und in seinem langen Gesicht lag etwas so Gutmütiges, Zutrauliches, dass man wohl sah, er verschmähte auch den moralischen und physischen Beistand eines bloß fünf Fuß neun Zoll hohen Menschen nicht. Er war nicht älter als fünfundzwanzig Jahre, wie er sagte, und war erst vor kurzem ausgewachsen, denn an den Beinen seiner Hosen hatte man etwas ansetzen müssen. Mit fünfzehn Jahren war er noch ein kleiner Junge und musste sich von seinem englischen Vater und seiner irischen Mutter oft anschnauzen lassen, weil er zu klein von Natur war, um das Ansehen der Familie aufrechtzuerhalten. Er sagte auch, dass er früher nicht sehr gesund gewesen, doch jetzt gehe es damit besser; hingegen fehlte es nicht an kleinen Leuten, die da sagten, dass er zu tief ins Glas gucke.

Er ist ein Lohnkutscher, soviel ich hörte, obwohl ich nicht einsehe, wie er's anfängt, wenn er sich nicht etwa hinten auf den Tritt stellt, mit der Brust über das Dach der Kutsche legt und das Kinn auf den Bock aufstemmt. Er hatte als Rarität sein Schießgewehr »die kleine Büchse« getauft; im Fenster eines Kaufladens in Holborn ausgestellt, könnte diese kleine Flinte das Glück eines jeden Krämers machen. Nachdem er eine

Weile geplaudert und sich sattsam hatte sehen lassen, entfernte er sich mit seinem Taschengewehr und wackelte in die Kajüte hinab, wo er unter den Kerlen von sechs Fuß und mehr Höhe wie ein Leuchtturm unter Laternenpfählen wandelte.

Einige Minuten später waren wir aus dem Kanal heraus und wieder im Ohio-Strom.

Das Boot war im Innern gerade so wie der Messenger eingerichtet und die Passagiere waren dieselbe Sorte Menschen. Wir fütterten um dieselbe Zeit, in derselben langweiligen Gesellschaft und hatten dieselben Speisen. Die Leute schienen dasselbe furchtbare Geheimnis auf dem Herzen zu haben und ebenso wenig der geringsten Heiterkeit fähig zu sein. Ich habe in meinem Leben keine so dumpfe und stumpfe, trübe Langeweile erlebt wie bei diesen Mahlzeiten; die bloße Erinnerung daran drückt mich nieder und macht mich für den Augenblick unglücklich. Ich saß gewöhnlich in meiner Kajüte, lesend oder schreibend, mit dem Buch auf den Knien, und die Stunde, die uns zu Tisch rief, sah ich wirklich mit Furcht und Schrecken nahen; ich war so froh, wenn die Mahlzeit überstanden war, als wäre sie eine Bußübung oder Strafe. Gern will ich mit Le Sages wanderndem Schauspieler die trockene Brotrinde in die Quelle tauchen, wenn nur Frohsinn und Heiterkeit das Mahl würzen; aber mit so vielen Nebentieren mich hinzusetzen, um die Stillung von Durst und Hunger wie ein Geschäft abzumachen; um jeder seinen Yahoo-Trog so schnell als möglich zu leeren und sich dann mürrisch fortzuschleichen; und dieses gesellige Sakrament, die Mahlzeit, so entheiligt, so zur bloßen Befriedigung der gierigen Notdurft herabgewürdigt zu sehen, ist so gegen meine Natur, dass ich wirklich glaube, die Erinnerung an diese Leichenfeierschmausereien wird mein ganzes Leben lang mich wie ein Alp drücken.

Einen Trost hatten wir auf diesem Boot, den wir auf dem früheren entbehrten; dies war die hübsche Frau des Kapitäns (eines derben, gutmütigen Mannes), die mit uns reiste und gern aufgeweckt und munter war; noch einige andere ebenfalls liebenswürdige Damen waren an Bord, die immer neben uns am Ende der Tafel saßen. Aber gegen den niederdrückenden

Einfluss der ganzen Gesellschaft konnte nichts aufkommen. Es lag in der Langweiligkeit dieser Leute eine eigentümlich magnetische Kraft, die den lebhaftesten und besten Gesellschafter von der Welt zu Boden drücken musste. Ein Scherz wäre ein Verbrechen gewesen und ein Lächeln hätte sich in grinsendes Entsetzen verwandelt. Solch bleiern schwerfälliges Volk; solch ein systematisch, unerträglich ärgerliches Menschenpack; solch ein für allen freien, geselligen, herzlichen, jovialen Verkehr unempfängliche Masse ist, seit die Welt besteht, nirgends zusammengekommen.

Auch die Gegend hatte durchaus nichts Erheiterndes, als wir uns endlich dem Zusammenfluss des Ohio und des Mississippi nahten. Die Bäume waren von verkrüppeltem Wuchs; die Ufer niedrig und flach; die Ansiedlungen und Blockhütten wurden seltener; ihre Bewohner elender und blasser als alle, die wir bis jetzt getroffen hatten. Kein Vogelsang in den Lüften, keine lieblichen Düfte, keine wechselnden Lichter und Schatten von rasch vorübereilenden Wolken. Eine Stunde wie die andere brannte derselbe heiße, eherne Himmel auf dasselbe eintönige Einerlei herab. Eine Stunde wie die andere wälzte der Strom sich so verdrossen und langsam wie die Zeit selbst dahin.

Endlich, am dritten Morgen, erreichten wir einen so öden und wüsten Punkt, dass die eintönigsten Gegenden, durch die wir gekommen waren, in Vergleich mit diesem voll Reiz und Interesse waren. Am Zusammenfluss der beiden Ströme, auf einem so niedrigen und flachen Sumpfboden, dass zu gewissen Jahreszeiten die Überschwemmung bis an die Dachgiebel reicht, liegt eine Stadt, wo Fieber, Elend und Tod wachsen; ein Ort, der – in England als Goldmine gepriesen – viele, die den Lügenberichten von hier aus glauben, zu verderblichen Spekulationen verleitet. Ein entsetzlicher Sumpf, auf dem die halb fertigen Häuser hinfaulen: Hie und da ein paar Ellen weit ausgetrocknet und mit einer üppigen Giftvegetation bewachsen, in deren todbringendem Schatten der arme, hierher verlockte Auswanderer bald verschmachten und sein Gebein in die Grube legen muss; bespült vom verhassten Mississippi, der sich dann gegen Süden wie ein schleimiges Ungeheuer, scheußlich anzusehen, hinwegwendet; ein Mistbeet, in dem das Siechtum reift, eine hässliche, trostlose Gruft: Ein Ort, wo weder Erde noch Luft noch Wasser sich durch die geringste Eigenschaft empfehlen, das ist dieses schreckliche Cairo.

Aber mit welchen Worten soll man den Mississippi selbst schildern, den großen Vater der Ströme, der (Dank sei dem Himmel) keine Kinder hat, die ihm gleichen! Ein ungeheurer Graben, manchmal zwei oder drei Meilen breit, voll flüssigem Schlamm, mit der Geschwindigkeit von sechs Meilen die Stunde rinnend: Seine starke, schäumende Strömung wird überall von riesigen Stämmen und ganzen Bäumen gehemmt, die sich bald zu einem Gebälk verflechten, aus dessen Zwischenräumen ein träger, schilfiger Schaum aufbrodelt, bald wie Ungetüme mit Wurzeln wie verworrenes Haar hinschießen; bald einzeln vorüberfliegen wie Riesen-Blutegel; und bald sich im Schlund eines Wasserwirbels herumdrehen und ringeln wie verwundete Schlangen. Die Ufer niedrig, die Bäume zwerghaft, die Moräste voll von Fröschen, die elenden Hütten weit auseinander zerstreut, ihre Bewohner hohlwangig und blass, das Wetter entsetzlich heiß, Moskitos in allen Winkeln und Spalten des Bootes, Kot und Schlamm überall und auf allem; nichts Schönes zu sehen als etwa das harmlose Wetterleuchten und Blitzen jeden Abend am dunklen Horizont.

Zwei Tage lang arbeiteten wir uns auf diesem unheimlichen Strom fort, beständig gegen das schwimmende Gebälk anstoßend oder Halt machend, um jene noch gefährlicheren Hindernisse, die *»snags«*, zu vermeiden: Das sind die Stämme von Bäumen, deren Wurzeln unter dem Wasser verborgen sind. Wenn die Nächte sehr dunkel sind, so erkennt die Wache am Vorderteil des Schiffes die Gefahr am Kräuseln und Wirbeln des Wassers und läutet mit einer Glocke, zum Zeichen, dass die Maschine stillstehen soll; aber keine Nacht vergeht, wo diese Glocke nicht zu tun hätte, und nach jedem Läuten erfolgt ein Stoß, der einen nicht leicht im Bett lässt.

Der Sonnenuntergang bot hier einen prachtvollen, großartigen Anblick; das ganze Firmament bis zum Zenit über unseren Häuptern färbte sich in Rot und Gold. Wie die Sonne hinter dem Ufer unterging, schienen die kleinsten Grashalme darauf so deutlich und sichtbar wie das Geäder im Skelett eines Baumblattes; und als nun beim langsamen Sinken des Gestirns die roten und goldenen Stämme auf dem Wasser dunkler und immer dunkler wurden, als ob sie auch sänken; und als all die glühenden Farben des scheidenden Tages allmählich vor der Dunkelheit der Nacht erblassten, da wurde die Szene noch tausendmal einsamer und schauriger als zuvor und ihr Eindruck ward immer düsterer mit dem Himmel.

Wir tranken das schlammige Wasser dieses Stromes, so lang als wir auf demselben fuhren. Die Eingeborenen halten es für gesund; es ist etwas weniger durchsichtig als Hafergrütze. Außer in der Filtriermaschine habe ich solches Wasser nie wieder gesehen.

In der vierten Nacht, nachdem wir Louisville verlassen hatten, erreichten wir St. Louis und hier erlebte ich den Ausgang einer an sich unbedeutenden, aber ergötzlichen Geschichte mit anzusehen, die mich während der ganzen Fahrt interessiert hatte.

Auf unserem Schiff befand sich eine hübsche kleine Dame mit einem kleinen Kind; beide schauten mit heiteren, klaren Augen in die Welt und waren wohlauf und guter Dinge, allen Menschen eine Freude. Die kleine Dame war lange Zeit bei ihrer kranken Mutter in New York gewesen und hatte ihren Wohnort, St. Louis, in gesegneten Umständen verlassen. Das Kind wurde im Hause der Mutter geboren und sie hatte ihren Gatten, zu dem sie jetzt zurückkehrte, seit zwölf Monaten nicht gesehen. Schon im ersten oder zweiten Monat ihrer Ehe hatte sie ihre Reise angetreten.

Und gewiss hat es nie eine kleine Dame so voller Hoffnung und Zärtlichkeit und Liebe und Besorgnis gegeben wie diese. Den ganzen Tag lag fragte sie sich, ob *er* wohl auf dem Quai warten werde; ob *er* wohl ihren Brief erhalten habe, ob, wenn sie das Kind mit jemand anders an das Land schickte, *er* es wohl erkennen würde; was, da er es nie mit Augen gesehen, freilich nicht sehr wahrscheinlich, der jungen Mutter aber vollkommene Gewissheit war. Sie war ein so kunstloses Wesen, war in einer so rosenfarbenen, hoffnungsreichen Stimmung und verriet so himmlisch naiv alles, was ihrem Herzen am nächsten lag, dass auch die anderen Damen an Bord in die Sache eingingen, gleich ihr. Der Kapitän, der alles von seiner Frau erfahren hatte, fragte jeder Zeit bei Tisch, als ob er es vergessen, ob sie in St. Louis jemand zu treffen erwarte, ob sie noch am Abend unserer Ankunft ans Land gehen wolle, was er nicht glaube, und machte ähnliche Scherze. Eine ausgetrocknete, alte Dame war unter uns, die diese Gelegenheit stets ergriff, um die Treue so verlassener Männer stark zu bezweifeln; und eine andere Dame (mit einem Schoßhund) war da, alt genug, um über die Wandelbarkeit ehelicher Liebe zu moralisieren, aber doch noch nicht so alt, um nicht das Kind dann und wann zu liebkosen oder mit den Übrigen zu lachen, wenn die kleine Dame das Kind bei seines Vaters Namen rief und ihm in der Freude ihres Herzens allerlei närrische Fragen über ihn vorlegte.

Ein großer Schreck war es für die kleine Dame, als es ungefähr zwanzig Meilen von unserem Reiseziel notwendig wurde, das Kind zu Bett zu bringen. Aber sie überwand auch das mit derselben guten Laune, band sich ein Tuch um den Kopf und kam auf die kleine Galerie zu den Übrigen. Welch ein Orakel war sie jetzt wieder in allem, was die Umgebung betraf! Und wie launig und neckisch die verheirateten Damen und wie teilnehmend und mitfühlend die unverheirateten wurden! Und wie laut und herzlich die kleine Dame (die ebenso leicht geweint haben würde) jeden Scherz belachte!

Endlich zeigten sich die Lichter von St. Louis und dann der Quai und die Treppe; und die kleine Dame verhüllte ihr Gesicht mit den Händen und lachte (oder schien zu lachen) mehr als je und lief in ihre Kajüte und schloss sich ein. Ich zweifle nicht, dass sie in der lieblichen Inkonsequenz solcher Aufregung sich die Ohren zuhielt, damit sie ihn nicht nach der Gattin fragen höre; aber ich habe es nicht gesehen.

Und jetzt drängten sich eine Menge Leute an Bord, obgleich das Boot noch nicht festgemacht war, sondern unter den anderen Fahrzeugen herumirrte, um einen Anlandeplatz zu su-

St. Louis

chen; und alle sahen sich nach dem Gatten um und niemand sah ihn. Plötzlich aber erblickten wir mitten unter uns die kleine Dame – und der Himmel weiß, wie sie dahin kam – an der Brust eines hübschen, kräftigen jungen Mannes; in einem Augenblick darauf zog sie ihn, vor Freude in die Hände klatschend, in ihre kleine Kajüte, wo das Kind schlummerte.

Wir verfügten uns in das Pflanzerhaus (*Planter's house*), ein großes Hotel, gebaut wie ein englisches Hospital, mit langen Gängen und nackten Wänden und runden Fenstern über der Zimmertür, um die Zirkulation der Luft zu befördern. Es war stark von Gästen besetzt und so viele Lichter glänzten von den Fenstern in die Straßen herunter, als wir vorfuhren, dass es aussah, als ob es festlich erleuchtet sei. Es ist ein vortreffliches Haus und die Eigentümer haben ganz verständige Begriffe von den guten Dingen dieser Erde. Als ich eines Tages mit meiner Gattin allein auf dem Zimmer speiste, zählte ich vierzehn Gerichte auf einmal auf der Tafel.

In dem älteren französischen Teil der Stadt sind die Straßen eng und krumm und viele der Häuser von sehr malerischem

Äußeren. Sie sind ganz von Holz gebaut und haben lange, weit überragende Galerien vor den Fenstern, zu denen man von der Straße aus auf Treppen oder vielmehr Leitern hinaufsteigt. Auch seltsam altertümlich kleine Barbierstuben und Schänken finden sich in diesem Viertel; und eine Menge baufälliger alter Hütten mit blanken Fenstern, wie man sie in den flandrischen Städten sieht. Manche von diesen alten Gebäuden, mit hohen Giebeln, die in die Dächer hineinragen, haben eine Art von französischem Achselzucken an sich; und vor Alter gichtbrüchig und schief, neigen sie höchst weise das Haupt, als wenn sie Grimassen der Verwunderung über die amerikanischen Verbesserungen schnitten.

Es ist kaum notwendig zu sagen, dass diese Fortschritte in Quais und Speichern und neuen Gebäuden jeder Art und eine Anzahl großer Pläne, die immer noch im »lebhaftesten Betrieb« sind, bestehen. Bereits sind jedoch einige sehr hübsche Häuser, breite Straßen, und Läden mit marmornem Vorbau so weit vorwärts geschritten, dass sie fertig sind; und die Stadt hat im Ganzen Aussicht, in wenigen Jahren sich sehr gehoben zu haben, obgleich sie schwerlich, was Schönheit und Eleganz betrifft, je mit Cincinnati wird wetteifern können.

Die römisch-katholische Konfession, von den ersten französischen Ansiedlern hierher gebracht, herrscht noch immer sehr bedeutend vor. Unter den öffentlichen Anstalten befindet sich ein Jesuiterkollegium, ein Kloster der Frauen vom heiligen Herzen und eine große Kapelle bei dem Kollegium, welche während meines Dortseins im Bau begriffen war und den zweiten Dezember eingeweiht werden sollte. Der Baumeister dieser Kapelle ist einer der ehrwürdigen Väter des Kollegiums und der Bau steht unter seiner alleinigen Leitung. Die Orgel wird von Belgien hergesandt werden.

Außerdem befindet sich hier noch eine katholische Kathedrale, dem heiligen Franz Xaver geweiht, und ein Hospital, die Stiftung eines Mitgliedes dieser Kirche. Sie sendet auch von hier Missionare unter die indischen Stämme.

Die unitarische Kirche wird in dieser entlegenen Stadt, wie in den meisten anderen Teilen Nordamerikas, durch einen vortrefflichen und hoch gebildeten Geistlichen vertreten. Die Armen haben Ursache, ihrer mit Segen zu gedenken; denn sie ist ihr stets hilfsbereiter Freund und unterstützt die Sache vernunftgemäßer Erziehung ohne sektiererische und selbstische Nebenabsichten. Sie ist wohlwollend in ihrer Tätigkeit, freisinnig in ihrer Verfassung und von weithin wirkender Wohltätigkeit.

Die Freischulen bestehen in der Stadt und sind in lebendiger Wirksamkeit. Eine vierte wird eben gebaut und ist ihrer Eröffnung nahe.

Kein Mensch gibt die Ungesundheit seines Wohnorts zu, er müsste ihn denn eben verlassen wollen, und ich würde daher ohne Zweifel die Bewohner von St. Louis beleidigen, wenn ich die vollkommene Gesundheit ihres Klimas infrage stellen und der Meinung sein wollte, im Sommer und Herbst müsse Fieberluft in der Umgegend herrschen. Wenn ich noch hinzufüge, dass es sehr heiß ist und zwischen großen Flüssen und weit ausgedehnten, unangebauten Sumpfstrecken liegt, so kann ich es dem Leser selbst überlassen, sich seine Meinung zu bilden.

Dreizehntes Kapitel

Rückkehr nach Cincinnati – Eine Fahrt in der Stage-Coach von Cincinnati nach Columbus und von da nach Sandusky – Dann über den Eriesee nach den Fällen des Niagara

Da ich durch das Innere des Staates Ohio reisen und bei dem Städtchen Sandusky, wohin uns der Weg nach dem Niagara führen musste, »die Seen streifen« wollte (wie man hier sagt), so mussten wir von St. Louis denselben Weg, auf dem wir gekommen waren, wieder zurück nach Cincinnati machen.

Da es sehr schönes Wetter war und das Dampfboot, statt weiß Gott wie früh am Morgen abzugehen, die Abreise zum dritten oder vierten Mal wieder auf den Nachmittag verschob, fuhren wir inzwischen nach einem alten französischen Dorfe am Flussufer, welches eigentlich Carondelet heißt, aber den Spitznamen *Vide poche* bekommen hat, und bestellten das Dampfboot dahin, um uns später abzuholen.

Der Ort bestand aus wenigen ärmlichen Hütten und zwei oder drei Wirtshäusern, deren Speisekammern in einem Zustand waren, der allerdings den Spitznamen des Dorfes rechtfertigte, denn in keinem der drei Wirtshäuser konnte man etwas zu essen bekommen. Endlich jedoch, nachdem wir etwa eine halbe Meile zurückgegangen waren, fanden wir ein einzeln stehendes Haus, wo wir Schinken und Kaffee auftrieben; da blieben wir, um die Ankunft des Bootes zu erwarten, welches schon vom weiten, vom Rasenplatz vor der Tür aus, wenn es kam, zu sehen sein musste.

Es war eine hübsche, anspruchslose Dorfschänke und wir nahmen unser Mahl in einem artigen kleinen Zimmerchen ein, worin ein Bett stand und einige alte Ölgemälde hingen, die ihrer Zeit wahrscheinlich in einer katholischen Kapelle oder einem Kloster ihren Dienst getan hatten. Das Essen war gut und wurde mit musterhafter Reinlichkeit serviert. Die Wirtsleute waren ein charakteristisches altes Pärchen, mit dem wir ein Langes und Breites plauderten und das vielleicht ein sehr gutes Musterbild von jener Art von Leuten im Westen ist.

Es war ein alter Bursche mit einem ausgedörrten, scharf markierten Gesicht, der im letzten Krieg mit England in der Miliz gedient und alles mitgemacht hatte, nur keine Schlacht; und auch die hätte er beinahe mitgemacht, bei einem Haar, wie er uns sagte. Er war sein Leben lang ruhelos und unstet gewesen, immer nach Veränderung begierig, und war immer noch der Alte; denn wenn ihn nichts zu Hause hielt, sagte er, indem er mit Hut und Hand nach dem Fenster wies, in dem seine Frau saß, würde er seine Büchse putzen und morgen nach Texas gehen. Er war einer von den vielen, diesem Erdteil angehörigen Abkömmlingen Cains, die von Geburt an bestimmt zu sein scheinen die Pioniere des großen, immer vorrückenden Menschenheeres zu machen; die mit Freuden von Jahr zu Jahr weiter als Außenposten vorrücken und einen heimischen Herd nach dem anderen hinter sich lassen; und endlich sterben, unbekümmert, dass ihre Gräber tausende von Meilen von den immer weiter wandernden Menschengeschlechtern dahinten gelassen werden.

Seine Frau war eine gute, häuslich gesinnte alte Seele, die mit ihm aus »der Königin der Städte« Philadelphia gekommen war. Aber sie fand keinen Geschmack an diesen westlichen Einöden und hatte auch keine Ursache dazu. Denn alle ihre Kinder waren hier nach und nach in der Kraft und Blüte ihrer Jugend langsam am Fieber hingesiecht. Ihr Herz blutete, sagte sie, wenn sie an sie dächte; und von ihnen selbst mit Fremden in dieser verlassenen Gegend zu sprechen erleichterte ihr Herz und wurde ihr ein schmerzliches Vergnügen.

Gegen Abend kam das Dampfboot an und wir nahmen Abschied von der armen Alten und ihrem abenteuerlichen Gatten, um uns wieder an Bord des Messenger zu begeben, der uns diesmal den Mississippi abwärts führen sollte.

Wenn die Bergfahrt auf diesem Strom, wenn das Boot nur langsam die sich entgegenstemmenden Wellen überwindet, schon langweilig ist, so ist es das Hinabschießen auf dem wirbelnden Strom fast noch mehr. Bei einer Schnelligkeit von zwölf bis fünfzehn Meilen die Stunde muss sich das Boot durch ein Labyrinth schwimmender Baumstämme drängen, die man in der Dunkelheit häufig vorher nicht bemerkt. Die ganze Nacht hindurch wurde das Läuten der Glocke nicht fünf Minuten lang unterbrochen; und nach jedem Läuten wurde das Schiff erschüttert, bald von einem einzigen Stoß, bald von einem Dutzend in schneller Aufeinanderfolge, deren schwächster mehr als hinreichend schien den schwachen Kiel wie einen Strohhalm zu zerbrechen. Wenn man nach Sonnenuntergang in die schmutzigen Wogen hinabblickte, so schien der Strom von Ungeheuern zu wimmeln, wie diese schwarzen ungeschlachten Massen sich auf der Oberfläche wälzten, aber plötzlich wieder auftauchten, wenn das Boot, seinen Weg durch eine Schar dieser Stämme suchend, ein paar davon unter das Wasser gedrückt hatte. Zuweilen musste der Dampfer eine Zeit lang anhalten und dann umdrängten sie uns von allen Seiten, eine schwimmende Insel um uns bildend. Wir mussten dann warten, bis sich der hemmende Gürtel irgendwo trennte wie schwarze Wolken, vom Wind auseinander gerissen, und uns die Weiterfahrt gestattete.

Bei guter Zeit nächsten Morgen erblickten wir abermals jenen abscheulichen Morast, Cairo genannt, wo wir anhielten, um Holz einzunehmen. Unser Nachbar war eine Barke, deren Planken kaum noch zusammenhielten. Sie war an das Ufer befestigt und trug in großen Buchstaben die Inschrift: Kaffeehaus. Wenn ich nicht irre, war dieses schwimmende Paradies ein Zufluchtsort für die Uferbewohner während der Zeit, wo der Mississippi ihre Häuser zwei oder drei Monate lang unter seinen schlammigen Fluten begräbt. Doch als wir von hier aus südwärts blickten, hatten wir die Freude, den unleidlichen Strom in unabsehbarer Länge seine schlammigen Gewässer nach Neu-Orleans wälzen zu sehen; und bald durchschnitten wir die gelbe Grenze, die quer über die Mündung des Ohio läuft, und schwammen wieder auf dessen klaren Gewässern in der frohen Hoffnung, den Mississippi nie wieder zu sehen, außer in unruhigen Träumen. Der Übergang aus dem Ersteren in seinen heiteren Nachbar ist wie der Wechsel aus Qual in Ruhe oder wie das Erwachen aus scheußlichen Träumen zu einer angenehmen Wirklichkeit.

Wir erreichten in der Mitte der vierten Nacht Louisville und benutzten mit Vergnügen das vortreffliche Hotel dieser Stadt, um hier zu übernachten. Am nächsten Tag fuhren wir in dem Ben Franklin, einem schönen Postdampfer, nach Cincinnati, wo wir kurz nach Mitternacht ankamen. Da wir dem Schlafen auf Schiffbetten keinen Geschmack mehr abgewinnen konnten, waren wir wach geblieben, um sogleich ans Land zu gehen. Über die finsteren Verdecke andrer Boote, durch Labyrinthe von Maschinen und lecken Sirupfässern tasteten wir unseren Weg bis auf die Straße, klopften den Portier des Hotels, wo wir schon bei unserem früheren Hiersein gewohnt hatten, heraus und befanden uns kurz darauf wieder auf festem Lande in einem behaglichen Zimmer.

Wir bleiben bloß einen Tag in Cincinnati und setzten dann unsere Reise nach Sandusky fort. Da die Art, wie wir reisten, mit der Stage-Coach bis Columbus und von da weiter mit einer Mietkutsche, das mit der schon beschriebenen Reise begonnene Charakterbild vervollständigt, wird mich der Leser gewiss begleiten, wenn ich ihm das Versprechen gebe, dass ich die Reise mit möglichster Schnelligkeit machen werde.

Das Ziel für die erste Hälfte unserer Reise war Columbus. Es ist hundertzwanzig Meilen von Cincinnati entfernt, aber die ganze Straße – und das ist eine seltene Wohltat – ist macadamisiert, sodass man in der Stunde sechs Meilen fährt.

Wir brachen um acht Uhr morgens auf, und zwar in einer großen Postkutsche, so dickbäuchig, dass ich ernste Besorgnisse für ihre Gesundheit hegte. Jedenfalls war sie wassersüchtig, denn sie hatte inwendig für zwölf Passagiere Platz. Aber wunderbarerweise ist sie auch glänzend und sehr reinlich gehalten, denn sie ist fast noch neu.

Unser Weg führt uns durch eine schöne Gegend, überall angebaut und die besten Hoffnungen auf eine überreiche Ernte bietend. Zuweilen fahren wir auch durch ein Feld, wo die steifen Maisstängel wie ein Feld voll Spazierstöcke aussehen, dann wieder durch ein Gehege, wo der Weizen in einem Labyrinth von Baumsturzeln grün hervorsprosst. Überall erblickt das Auge die patriarchalische Einfriedigung von ungeschälten Baumstämmen, die Querhölzer im Zickzack übereinander gelegt; und wenn dies auch nicht eben hübsch aussieht, so sind doch die Farmhäuser alle reinlich und nett und man könnte fast glauben in den fruchtbarsten Gegenden Englands zu sein.

Wir hielten oft unterwegs an den öden Wirtshäusern an, um die Pferde zu tränken. Der Kutscher steigt herunter und füllt den Eimer und bringt ihn den Pferden. Fast nie kommt jemand ihm zu helfen; und selten umstehen uns neugierige unbeschäftigte Zuschauer. Zuweilen, wenn wir die Pferde gewechselt haben, macht es Schwierigkeiten, den Wagen wieder in Gang zu bringen. Das liegt an der mangelhaften Methode der Amerikaner, ihren Pferden die ersten Rudimente der Bildung beizubringen. So ein junges Pferd wird eingefangen, angeschirrt und an den Wagen gespannt, ohne dass man es fragt. Endlich aber, trotz allen Bäumens und Ausschlagens des Pferdes, setzen wir uns doch in Bewegung und die Reise wird im gewöhnlichen Trabe fortgesetzt.

Zuweilen, wenn wir anhalten, kommen ein paar halb betrunkene lockere Brüder aus der Tür gewankt, die Hände in den Hosentaschen, oder sitzen in Schaukelstühlen oder auf dem Gebäude unter der Kolonnade oder lehnen sich in den Fenstern herum. Sie haben selten ein Wort für uns oder für ihre Gesellschafter, sondern sitzen schweigend da, die Pferde und den Wagen mit gläsernen Augen anstarrend. Der Wirt sitzt gewöhnlich mitten unter ihnen und scheint von der ganzen Gesellschaft der zu sein, den die Angelegenheiten des Hauses am wenigsten angehen. Er steht in demselben Verhältnis zu seinem Wirtshaus wie der Kutscher zu seinem Wagen und seinen Passagieren; was auch im Bereich seines Geschäftes geschehen möge, ihm ist es vollkommen gleichgültig und er lässt sich gewiss kein graues Haar darüber wachsen.

Das häufige Wechseln des Kutschers bringt keine Abwechselung in dem Charakter desselben zutage. Er ist immer schmutzig, mürrisch und schweigsam. Wenn sein Geist oder sein Körper nur die geringste Anlage zur Aufgewecktheit und Regsamkeit hat, so besitzt er jedenfalls auch die Fähigkeit, diese Eigenschaften mit bewundernswertem Geschick zu verbergen. Er spricht nie, wenn man neben ihm auf dem Bock sitzt, und wenn man ihn anredet, antwortet er, wenn man ihn in sehr redseliger Laune trifft, einsilbig, sonst gar nicht. Er macht den Mitreisenden auf nichts auf dem Wege aufmerksam und sieht sich nach nichts um; er scheint der Welt und des Lebens müde zu sein. Die Honneurs seiner Kutsche zu machen fällt ihm gar nicht ein; ihn gehen bloß die Pferde etwas an. Der Wagen folgt, weil er hinten dran hängt und auf Rädern ruht, nicht weil Reisende darin sind. Zuweilen, wenn das Ende einer langen Station naht, bricht ein unharmonisches Bruchstück eines Wahlliedes aus seinem Munde; aber sein Gesicht singt nie mit, es ist nur seine Stimme, und oft nicht mal die.

Er kaut stets Tabak und spuckt stets und belästigt sich nie mit einem Taschentuch. Die Folgen dieser Tugenden für den

Passagier im Coupé, vorzüglich wenn er auf der dem Winde entgegengesetzten Seite sitzt, sind nicht angenehm.

Wenn die Kutsche einmal anhält und man die Stimmen der Innenpassagiere hören kann; oder wenn einer von den Zuschauern sie anredet oder diese miteinander sprechen, wird man immer eine Phrase merkwürdig oft wiederholen hören. Es ist eine sehr gewöhnliche und nicht viel versprechende Phrase, nämlich: Yes, Sir; aber sie wird allem Möglichen angepasst und füllt jede Pause des Gesprächs aus. Zum Beispiel:

Stunde der Handlung, ein Uhr mittags; Szene, der Ort, wo wir zum Mittagsessen anhalten. Die Kutsche fährt vor der Tür eines Wirtshauses vor. Das Wetter ist warm und einige unbeschäftigte Personen drehen sich an der Tür und in der Umgebung des Gasthauses herum, auf den Beginn der Tafel wartend. Unter ihnen befindet sich ein untersetzter Herr mit braunem Hut, der sich in einem Stuhl vor der Schänke schaukelt.

Wie die Kutsche anhält, guckt ein Herr mit einem Strohhut aus dem Wagenfenster.

Strohhut (zu dem untersetzten Herrn mit dem braunen Hut). Ich rate, das ist Richter Jefferson, nicht?

Braunhut (schaukelt sich immer noch und spricht sehr langsam und ohne alle Betonung). Yes, Sir.

Strohhut. Warmes Wetter, Richter.

Braunhut. Yes, Sir.

Strohhut. Hatten ein paar kalte Tage letzte Woche.

Braunhut. Yes, Sir.

Strohhut. Yes, Sir.

Eine Pause. Sie betrachten einander mit sehr ernsthaftem Gesicht.

Strohhut. Ich rate, Ihr habt die Sache mit dem Gemeinderichter jetzt abgemacht?

Braunhut. Yes, Sir.

Strohhut. Wie fiel das Verdikt aus, Sir?

Braunhut. Für den Angeklagten, Sir.

Strohhut (fragend). Yes, Sir?

Braunhut (beteuernd). Yes, Sir.

Beide (nachdenkend und auf den Boden blickend). Yes, Sir.

Wieder eine Pause. Sie sehen sich wieder an, noch ernster als vorhin.

Braunhut. Die Kutsche kommt heut ein bisschen spät, rat ich.

Strohhut (zweifelnd). Yes, Sir!

Braunhut (die Uhr herausziehend). Yes Sir; fast zwei Stunden zu spät.

Strohhut (zieht die Augenbrauen in größtem Erstaunen in die Höhe). Yes, Sir.

Braunhut (entschieden, indem er die Uhr wieder einsteckt). Yes, Sir.

Alle übrigen Innenpassagiere (unter sich). Yes, Sir.

Kutscher (sehr mürrisch). 's ist nicht wahr.

Strohhut (zum Kutscher). Nun, ich weiß nicht, Sir. Es hat ziemlich lange gedauert mit den letzten fünfzehn Meilen. Das ist Faktum.

Da der Kutscher nicht antwortet und offenbar keine Lust hat, über die Sache zu streiten, die ihm so ganz und gar gleichgültig ist, so sagt ein anderer Passagier »Yes, Sir«, worauf der Herr mit dem Strohhut in Anerkennung seiner Höflichkeit erwidert »Yes, Sir«. Der Strohhut fragt hierauf den Braunhut, ob er nicht meine, dass die Kutsche, in der er sitze, neu sei? Worauf der Braunhut abermals antwortet »Yes, Sir«.

Strohhut. Ich glaubte es auch. Ziemlich starker Firnisgeruch, Sir?

Braunhut. Yes, Sir.

Alle übrigen Innenpassagiere. Yes, Sir.

Braunhut (zu der Reisegesellschaft überhaupt). Yes, Sir.

Nachdem die große Anstrengung der geselligen Talente der Reisegesellschaft überstanden ist, öffnet der Strohhut die Tür und steigt aus; und die übrigen Passagiere folgen ihm. Nach kurzem Warten sitzen wir mit den regelmäßigen Tischgästen der Schänke an der Tafel, haben aber nichts zu trinken als Tee und Kaffee. Da beides sehr schlecht und das Wasser noch ungenießbarer ist, verlange ich Branntwein; aber wir sind in einem Mäßigkeitsgasthaus und geistige Getränke sind weder für Geld noch für gute Worte zu haben. Unter diesem unsinnigen Tee- und Kaffeezwang muss der Reisende häufig genug in Nordamerika leiden; aber ich habe nie bemerkt, dass das zarte Gewissen diese der Mäßigkeit opfernden Wirte vermocht hätte ein mehr als gewöhnlich genaues Verhältnis zwischen der Qualität ihrer Getränke und dem Preise derselben zu beobachten; im Gegenteil habe ich sie eher im Verdacht, Erstere zu verringern und Letzteren zu erhöhen, um sich auf diese Weise für den verminderten Absatz der geistigen Getränke zu entschädigen. Jedenfalls wäre es das Einfachste für Personen von so zartem Gewissen, gar kein Wirtshaus zu halten.

Nach aufgehobener Tafel setzen wir uns in einen anderen Wagen, der unserer vor der Tür wartet (denn die Wagen sind unterdes gewechselt worden), und treten unsere Reise wieder an. Die Gegend ist ebenso fruchtbar wie die, welche wir am Vormittag durchreisten, und erst abends erreichen wir die Stadt, wo wir Tee und Abendessen einnehmen wollten. Wir halten erst vor dem Postamt, um das Brieffelleisen abzugeben, und dann fahren wir durch die gewöhnliche breite Straße, an beiden Seiten mit zahlreichen Läden besetzt, unter denen sich die der Tuchhändler durch ein großes Stück scharlachrotes Tuch an dem Fenster auszeichnen, nach dem Hotel. Wir finden eine große Tischgesellschaft vor, aber still und schweigsam wie gewöhnlich. Doch präsidiert eine hübsche, rührige Wirtin an der Tafel und uns gegenüber sitzt ein Schullehrer aus Wales mit Frau und Kind, der aufs Geratewohl mit großen Erwartungen, denen der Erfolg nicht entsprach, hierher gewandert ist, um Unterricht in den alten Sprachen zu geben. Alles das unterhält uns genügend, bis das Mahl vorüber ist und ein anderer Wagen bereitsteht. Bei hellem Mondschein brechen wir auf und fahren bis Mitternacht, wo wir anhalten, um abermals den Wagen zu wechseln. Diesmal müssen wir wohl eine halbe Stunde in einem elenden Zimmer warten, mit einem kaum noch erkennbaren Bildnis Washingtons über dem rauchigen Kamin und einem großen Wasserkrug auf dem Tisch. Über Letzteren fallen die Passagiere mit solchem Eifer her, dass man sie für eifrige Schüler des Doktor Sangrado halten möchte. Unter ihnen befindet sich ein sehr kleiner Knabe, der Tabak kaut wie ein sehr großer; und ein sehr langweiliger Herr, der mit Zahlen und statistischen Belegen über alles, selbst über die Poesie, spricht; und stets in demselben Ton, mit der allerernsten Bedächtlichkeit. Er setzte sich neben mich und erzählte mir, dass der Onkel einer gewissen Dame, die ein gewisser Capitain entführt und geheiratet habe, in dieser Gegend wohne; und dass gedachter Onkel von so tapferer und blutdürstiger Gemütsart sei, dass es ihn nicht wundern werde, wenn er gedachtem Capitain nach England folge »und ihn niederschieße, wo er ihn fände«. Aber die Müdigkeit hatte meinen Widerspruchsgeist rege gemacht und ich erlaubte mir, an der Ausführbarkeit derartiger Pläne zu zweifeln. Ich versicherte ihm, dass sein Onkel, wenn er den Eingebungen seiner tapferen Seele folge, sich jedenfalls eines Morgens ganz unvermutet in *Old Bailey* finden würde; und dass er gut tue, vor seiner Abreise sein Testament zu machen, da er es brauchen werde, ehe er lange in England gewesen sei.

So geht es die ganze Nacht hindurch und bald fängt der Tag an anzubrechen und die ersten heiteren Strahlen der Sonne begrüßen uns, riesig lange Schatten über den Weg werfend. Ihr Licht fällt auf einen öden Fleck mit verkrüppelten Bäumen und schmutzigen, ärmlichen Hütten; eine wahre Wüste mitten im Walde, mit üppig wucherndem Unkraut wie auf der Fläche stehenden Wassers; giftige Pilze schießen aus dem Boden, wo sich der seltene Fußtritt des Menschen in den schwammigen Boden gedrückt hat, und gelbe, korallenartige Schwämme quellen aus den Ritzen der Hütten hervor; ein widerwärtiger Anblick so nahe vor den Toren der Stadt. Aber der Fleck wurde vor langen Jahren schon angekauft, und da der Eigentümer nicht zu entdecken ist, kann ihn der Staat nicht zurückkaufen. So bleibt die Strecke öde inmitten fleißig bebauten Landes wie ein Fleck, geschändet und verflucht durch eine hässliche Tat.

Wir gelangten nach Columbus kurz vor sieben Uhr und blieben daselbst einen Tag und eine Nacht; wir bekamen in einem sehr großen noch unausgebauten Hotel, das Neill House genannt, vortreffliche Zimmer, die elegante Meubles von poliertem Nussholz hatten und, gleich den Zimmern einer italie-

Das Neill House in Columbus

nischen Villa, auf einen schönen Portikus und eine steinerne Veranda gingen. Die Stadt ist sauber und hübsch, folglich soll sie noch vergrößert werden. Sie ist der Sitz der Staatsgesetzgebung von Ohio und macht deshalb auf einige Anerkennung ihrer Wichtigkeit Anspruch.

Da am Morgen darauf keine Stage-Coach auf der Straße ging, die wir einschlagen wollten, so nahm ich einen Extrawagen um einen billigen Preis nach Tiffin, einer kleinen Stadt, von wo eine Eisenbahn nach Sandusky führt. Dieser Extrawagen war eine gewöhnliche vierspännige Stage-Coach, wie ich sie schon früher beschrieben habe; er wechselte Pferde und Kutscher, gehörte aber uns ausschließlich für die ganze Fahrt. Damit wir auf jeder Station sicher unsere Pferde bekämen und von keinem blinden Passagier belästigt würden, gaben uns die Eigentümer eine Art von Agenten oder Conducteur auf den Bock, der uns den ganzen Weg begleiten sollte. Unter dieser Eskorte und außerdem mit einem Esskorb voll schmackhafter kalter Küche, Obst und Wein versehen, fuhren wir den folgenden Tag halb sieben Uhr in der Früh wohlgemut ab und freuten uns nicht wenig, dass wir für uns allein waren.

Es war gut, dass wir so vortrefflicher Laune waren, denn der Weg, den wir heut machten, war imstande jedes Temperament, das nicht entschieden auf anhaltend Schön stand, noch einige Zoll unter Stürmisch herunterzuschütteln. Bald wurden wir in der Kutsche alle auf einen Haufen zu Boden geschmissen, bald zerschlugen wir uns die Köpfe an der Decke. Jetzt lag der Wagen mit einer Seite tief im Kot und wir hielten uns ängstlich an der anderen fest; dann lag er den beiden ersten Pferden des Viergespanns auf der Kruppe; dann endlich erhob er sich wieder, wie toll, in die Luft empor und alle vier Pferde standen auf dem Gipfel einer unübersteiglichen Anhöhe, sahen sich gleichgültig nach uns um und schienen zu sagen: »Spannt uns nur aus. Es geht nicht.« Die Kutscher, die hier dennoch auf wunderbare Weise fortkommen, drehen und zerren und schrauben dabei ihr Gespann so merkwürdig herum, dass es nichts Ungewöhnliches war, wenn man zum Fenster hinausblickte, den Kutscher scheinbar ganz müßig dasitzen zu sehen, einen Zügel in jeder Hand, als spielte er bloß Kutschieren wie die kleinen Kinder, während die Vorderpferde plötzlich zum Hinterfensterchen der Kutsche hereinguckten, als hätten sie Lust, hinten aufzusteigen. Eine große Strecke ging es über eine so genannte *Curduroy*-Straße*, die darin besteht, dass man Baumstämme auf einen Morast wirft, wo sie von selbst sich fest zusammenfügen sollen. Der leichteste Stoß, mit dem das schwere Fuhrwerk von einem Balken auf den anderen stürzte, war hinreichend einem alle Knochen im Leibe zu rädern. Eine solche Masse schmerzhafter Empfindungen auf einmal kann man unmöglich anderswo kennen lernen, außer wenn man vielleicht den Versuch machte, in einem Omnibus auf den St.-Paul's-Turm hinaufzufahren. Nicht ein einziges Mal den ganzen Tag war der Wagen in einer Stellung oder Bewegung, an die wir bei uns gewöhnt wären. Nicht ein einziges Mal gebärdete er sich wie irgendein Fuhrwerk auf der Welt, das auf Rädern geht.

Und doch war es ein schöner Tag und die Temperatur köstlich. Wir näherten uns ja dem Niagara und der Heimat. Gegen Mittag stiegen wir in einem frischen, lieblichen Wald aus und

* Eine Art Knüppeldamm.

nahmen unser Diner auf einem umgestürzten Baum ein; die besten Tafelreste überließen wir einem Hüttenbewohner und die schlechtesten teilten wir mit den Schweinen, die in dieser Gegend, zur größten Freude unseres Kommissariats in Kanada, zahlreich sind wie Sand am Meere. Dann machten wir uns wieder lustig auf die Reise.

Als die Nacht hereinbrach, wurde der Weg immer enger und enger, bis er sich zuletzt so zwischen den Bäumen verlor, dass der Kutscher nur instinktmäßig den Weg zu finden schien. Wir hatten wenigstens die tröstliche Überzeugung, dass er nicht einschlafen konnte, denn jeden Augenblick stieß ein oder das andere Rad so heftig gegen einen Baumstrunk, dass er sich zusammennehmen musste, um nicht vom Bock zu fallen. Ebenso wenig Grund hatten wir, von zu schnellem Fahren die geringste Gefahr zu fürchten, da die Pferde auf diesem Boden genug zu tun hatten, wenn sie gehen wollten; zum Scheuwerden hatten sie gar keinen Platz: Eine ganze Herde wilder Elefanten hätte in einem solchen Wald mit unserer Kutsche nicht durchgehen können. Wir stolperten also ganz ruhig und zufrieden weiter.

Diese Baumstümpfe, die dem Reisenden in Amerika aufstoßen, sind etwas ganz Seltsames; wessen Auge nicht daran gewöhnt ist, der erstaunt über die zahllosen und ewig wechselnden Gestalten, die sie annehmen, sobald es dunkel wird. Bald sieht er eine griechische Urne mitten im einsamen Feld stehen, bald ein Weib, an einem Grabhügel weinend; jetzt sieht er einen alten, echten Alltags-Gentleman mit den Daumen in beiden Armlöchern seiner Weste; dann einen Studenten, der über seinem Buch liegt; jetzt einen Neger; dann wieder ein Pferd, einen Hund, eine Kanone, einen Bewaffneten; einen Buckligen, der den Mantel abgelegt hat und in das Mondlicht hervortritt. Oft machten sie mir so viel Vergnügen wie die optischen Gläser einer Zauberlaterne, aber nie folgten die Verwandlungen der Laune meiner Phantasie, vielmehr schienen sie sich mir gegen meinen Willen aufzudrängen; und, seltsam genug, zuweilen erkannte ich in ihnen das Widerspiel von Figuren und Bildern aus längst vergessenen Kinderbüchern.

Bald wurde es aber selbst für diese Unterhaltung zu dunkel und die Bäume standen so dicht zusammen, dass ihre dürren Äste von beiden Seiten gegen die Kutsche schlugen und wir genötigt waren den Kopf hübsch drinnen zu behalten. Es blitzte auch drei volle Stunden hindurch und jeder einzelne Blitz war hell, bläulich und lang anhaltend; und wie die leuchtenden Strahlen zwischen dem dichten Gezweige hindurchschossen und der Donner dumpf über den Baumwipfeln hinrollte, konnte man sich kaum des Gedankens erwehren, dass der dunkle, dichte Wald bei dem Wetter nicht eben die beste Umgebung sei.

Endlich, zwischen zehn und elf Uhr abends, zeigten sich in der Ferne einige schwache Lichter und Ober-Sandusky, ein indianisches Dorf, wo wir bis zum Tagesanbruch ausruhen sollten, lag vor uns.

In der einzigen Schänke des Dorfes, einem Blockhaus, war alles schon zu Bette, doch antwortete man uns bald, als wir anpochten, und machte uns etwas Tee in einer Art von Küche oder Gaststube, deren Wände statt der Tapeten mit alten Zeitungen beklebt waren. Die Schlafkammer, die mir und meiner Frau angewiesen wurde, war ein großes, niedriges, gespenstisches Zimmer; auf dem Herd lag ein Haufen dürres Reisig; die beiden Türen ohne Schloss und Riegel, einander gerade gegenüber, gingen in das nachtdunkle, wilde Land hinaus und waren so eingerichtet, dass eine immer die andere durch den Luftzug aufstieß; eine neue architektonische Erfindung, die ich mich nicht erinnere je vorher schon gesehen zu haben und die ich nicht ohne Verlegenheit entdeckte, nachdem ich zu Bett gegangen war, da ich für unsere Reisebedürfnisse eine beträchtliche Summe in Gold in meiner Reisetoilette hatte. Indes türmte ich etwas Gepäck gegen die Tür auf und die Schwierigkeit war behoben; doch würde ich auch im entgegengesetzten Falle gewiss nicht schlechter geschlafen haben.

Mein Bostoner Freund kroch in sein Bett hinauf, irgends im Dache, wo ein anderer Gast bereits gewaltig schnarchte. Doch wurde er bald so unerträglich von den Flöhen gebissen, dass er wieder umkehrte und Schutz suchend sich in die Kutsche flüchtete, die vor dem Hause stand. Das war, nach dem Erfolg zu urteilen, kein politischer Schritt, denn die Schweine witterten ihn bald aus und da sie die Kutsche für eine Art von Pastete mit einer Art Fleisch gefüllt ansahen, fingen sie an so scheußlich ringsherum zu grunzen, dass er sich fürchtete, wieder herauszukriechen und am ganzen Leibe zitternd bis zum Morgen drin liegen blieb. Und als er endlich erlöst war, konnte man ihn nicht einmal mit einem Glas Branntwein erwärmen; denn in den indianischen Dörfern verbietet die Gesetzgebung aus weisen und wohlwollenden Absichten Spirituosa zu schenken. Diese Vorsichtsmaßregel nützt aber so viel wie nichts; denn die Indianer verschaffen sich dennoch Branntwein, und zwar teureren und schlechteren von den umherziehenden Hausierern.

Eine Ansiedlung von Wyandot-Indianern bewohnt diesen Ort. Unter der Gesellschaft beim Frühstück war ein sanfter alter Herr, der seit vielen Jahren von der Regierung der Vereinigten Staaten als Unterhändler zwischen ihr und den Indianern angestellt war. Eben hatte er mit diesem Volke wieder einen Vertrag abgeschlossen, durch welchen sie sich für ein ansehnliches Jahrgehalt verpflichteten, kommendes Jahr auf eine westlich vom Mississippi ein wenig über St. Louis hinaus ihnen angewiesene Landstrecke sich zurückzuziehen. Rührend war die Schilderung, die er mir von ihrer treuen Anhänglichkeit an das Land ihrer Jugend und vorzüglich an die Gräber ihres Geschlechts entwarf. Er hatte viele solche Auswanderungen mit angesehen und stets war es ihm ein peinlicher Anblick gewesen, obgleich er wusste, dass sie zu ihrem eigenen Besten hinwegzogen. Die Auswanderungsfrage war vor ein paar Tagen von diesem Stamme verhandelt worden; sie hatten eigens dazu eine Hütte gebaut, deren Balken noch jetzt vor der Schänke auf der Erde umherlagen. Nachdem die Redner gesprochen hatten, ordneten sich die Bejahenden und die Verneinenden einander gegenüber; und jedes erwachsene Mannsbild stimmte, wenn die Reihe an ihn kam. Sobald das Resultat bekannt war, gab die (ansehnliche) Minorität den Übrigen nach und alle Opposition hörte auf.

Wir begegneten später einigen dieser armen Indianer; sie ritten auf langhaarigen Ponys und sahen Zigeunern so ähnlich, dass ich, wenn sie mir in England aufgestoßen wären, sicher geglaubt hätte die Kinder jenes ruhelosen Wandervolkes vor mir zu sehen.

Wir machten uns gleich nach dem Frühstück wieder auf und kamen auf einem womöglich noch schlechteren Wege als gestern gegen Mittag in Tiffin an, wo wir von dem Extrawagen Abschied nehmen mussten. Um zwei Uhr setzten wir uns auf die Eisenbahn, worauf es aber nicht sehr rasch ging, denn sie ist schlecht gebaut und der Boden feucht und sumpfig; wir kamen abends, zur Dinerzeit, in Sandusky an. Wir kehrten in einem bequem eingerichteten kleinen Hotel am Ufer des Eriesees ein, blieben da über Nacht und hatten keine andere Wahl als den folgenden Tag zu warten, bis ein nach Buffalo bestimmtes Dampfboot käme. Die Stadt, welche ziemlich uninteressant und schmutzig aussah, hatte etwas von einem englischen Badeort außerhalb der Saison.

Unser Wirt, der sich's sehr angelegen sein ließ, es uns so bequem wie möglich zu machen, war ein hübscher Mann in den mittleren Jahren, der aus Neuengland, wo er geboren und erzogen war, hierher übersiedelt hatte.

Wenn ich sage, dass er fortwährend mit dem Hut auf dem Kopf zum Zimmer aus und ein ging oder sich hinstellte, um ebenso ungeniert zu plaudern, oder sich auf unser Sofa hinflegelte, die Zeitung aus der Tasche zog und zu lesen anfing: so erwähne ich das nur als charakteristisch für die Sitten des Landes: nicht etwa, um mich darüber zu beschweren oder als wäre es unangenehm gewesen. In der Heimat würde ein solches Benehmen mich gewiss beleidigen, weil es bei uns nicht Sitte ist und folglich unverschämt wäre; aber in Amerika denkt ein gutmütiger Mensch der Art damit seine Gäste nur recht gastlich zu bedienen; und ich hatte ebenso wenig das Recht – und wie ich offen sagen kann, ebenso wenig Lust –, an sein Benehmen unseren englischen Maßstab zu legen, als es mir einfallen konnte, mit ihm zu streiten, weil er nicht groß genug war, um unter ihrer Majestät Grenadiere zu gehen. Ebenso wenig ärgerte ich mich über eine possierliche alte Frau, eine Art Oberaufseherin in der Wirtschaft, die, wenn sie uns zu essen brachte, sich behaglich auf dem ersten besten Stuhl niederließ, eine große Nadel hervorzog und sich fortwährend damit die Zähne stocherte, wobei sie uns gravitätisch ansah (auch dann und wann uns mehr zu essen nötigte), bis es Zeit war, die Tafel aufzuheben. Genug, dass man überall, nicht bloß hier, uns mit der größten Artigkeit und Gefälligkeit entgegenkam und im Allgemeinen den geringsten Wunsch an den Augen absah.

Wir nahmen eben, einen Tag nach unserer Ankunft, an einem Sonntag, ein zeitiges Diner ein, als ein Dampfboot sich sehen ließ und am Kai anlegte. Da es nach Buffalo ging, eilten wir sogleich an Bord zu kommen und ließen bald Sandusky weit hinter uns.

Es war ein großes Fahrzeug von fünfhundert Tonnen Gehalt und hübsch ausgerüstet, obwohl es Hochdruckmaschinen hatte, bei denen mir immer zumute war, als wohnte ich im ersten Stock einer Pulvermühle. Die Ladung bestand übrigens aus Mehl, von dem einige Fässer auf dem Verdeck standen. Der Kapitän, der zu uns heraufkam, um ein wenig zu plaudern und einen Freund von sich einzuführen, setzte sich, ein moderner Bacchus, rittlings auf eines dieser Fässer, zog ein großes Taschenmesser heraus und fing an während des Plauderns zu »schnitzeln«, indem er dünne Späne von den Rändern abschälte. Und er schnitzelte so fleißig und herzlich, dass, hätte ihn nicht bald jemand abgerufen, vom ganzen Fass vielleicht nichts als Mehl mit Hobelspänen übrig geblieben wäre.

Nachdem wir einen oder zwei flach gelegene Orte berührt hatten, wo sich immer ein niedriger Damm mit einem stumpfartigen Leuchtturm in die See hinausstreckte, kamen wir um Mitternacht nach Cleveland, wo wir bis neun Uhr am folgenden Morgen liegen blieben.

Ich war förmlich neugierig auf diese Stadt, denn ich hatte in Sandusky ein Stück clevelandische Literatur in Gestalt einer Zeitung zu Gesicht bekommen, die sich gar stark über Lord Ashburtons Ankunft in Washington, zur Beilegung der Differenz zwischen Nordamerika und Großbritannien, hatte vernehmen lassen; sie sagte, wie Amerika bereits als Säugling das stolze England »gepeitscht« habe und als Jüngling es immer noch peitschte, so sei es klar, dass Amerika auch in reifer Mannbarkeit das stolze England notwendig peitschen müsse; und sie wettete bei allen echten Amerikanern, wenn Mr Webster nur seine Schuldigkeit tue und den englischen Lord geschwind wieder heimschicke, so werde man binnen zwei Jahren »Yankee Doodle in Hyde Park singen und Heil dir, Columbia, in den Hallen von Westminster!« Cleveland ist eine hübsche Stadt und ich hatte die Genugtuung, das Redaktionsbüro des eben erwähnten Journals von außen anzusehen. Den großen Geist, der jene Artikel verfasste, hatte ich leider nicht das Glück zu sehen, aber ich zweifle nicht, dass er in seiner Art ein Wundermann ist und seinen auserwählten Kreis von Verehrern hat.

An Bord unseres Schiffes war ein Gentleman, dem, wie ich ohne es zu wollen durch die dünne Scheidewand zwischen unserem und seinem und seiner Frau Staatsgemach hörte, meine Anwesenheit sehr große Unruhe machte. Ich weiß nicht, wieso oder warum, aber ich ging ihm nicht aus dem Sinn und schien ihm sehr zu missfallen. Zuerst hörte ich, wie er flüsterte – und das Komischste war, dass er mir's gleichsam ins Ohr sagte: »Boz ist noch immer an Bord, mein liebes Kind.« Nach einer langen Pause setzte er klagend hinzu »Boz hält sich sehr zurückgezogen«, was allerdings richtig war, denn ich befand mich unwohl und hatte mich mit einem Buch in der Hand hingelegt. Jetzt dachte ich, er sei mit mir fertig, allein ich hatte mich getäuscht; denn nach einer langen Pause, während der er sich, glaub ich, unruhig von einer Seite auf die andere wälzte ohne einschlafen zu können, brach er wieder aus und flüsterte: »Mir scheint, Boz wird gleich wieder ein Buch schreiben und alle unsere Namen hineinbringen!«, und über diese eingebildeten Folgen seines Zusammenseins mit Boz in einem Boot stöhnte und verstummte er.

Wir legten um acht Uhr dieses Abends an der Stadt Erie an und blieben da eine Stunde liegen. Zwischen fünf und sechs Uhr morgens gelangten wir nach Buffalo, wo wir frühstückten; und da wir den großen Fällen jetzt zu nah waren, um anderswo geduldig auszuhalten, fuhren wir um neun Uhr desselben Morgens mit dem Dampfwagen nach Niagara.

Es war ein jämmerliches Wetter, frostig und rau; feuchter Nebel fiel und die Bäume sahen in jener nordischen Region ganz dürr und winterlich aus. Sooft der Train hielt, horchte ich, um das Brausen zu hören; fortwährend strengte ich mein Auge an und spähte nach der Richtung hin, wo, wie ich am Lauf des Stromes sah, die Fälle sein mussten; und jeden Augenblick erwartete ich das Sprühen und Stäuben der Fälle zu erblicken. Wenige Minuten ehe wir hielten, aber auch nicht früher sah ich zwei große weiße, langsam und majestätisch aus der Tiefe der Erde aufsteigende Wolken. Das war alles. Endlich stiegen wir aus und da, zum ersten Mal hörte ich das mächtige Brausen der Wasser und fühlte den Boden unter meinen Füßen erzittern.

Das steile Ufer war schlüpfrig von Regen und halb getautem Eis. Ich weiß kaum, wie ich hinabgekommen bin, aber ich befand mich bald unten und kletterte dann mit zwei englischen Offizieren über einige Felsblöcke, betäubt von dem Getöse, halb blind von dem Wasserstaub und nass bis auf die Haut. Wir standen am Fuße des amerikanischen Falles. Ich sah eine ungeheure Wassermasse, aus großer Höhe herabtosend, aber hatte keinen Begriff von Form oder Lage oder etwas anderem als betäubender Unermesslichkeit.

Als wir in dem kleinen Boot saßen und über den angeschwollenen Fluss unmittelbar vor den beiden Wasserfällen setzten, fing ich an zu fühlen, was es war; aber ich war wie betäubt und unfähig das Ungeheure des Schauspiels zu fassen. Erst als ich auf dem Tafelfelsen stand und auf die ungeheure hinabstürzende, glänzend grüne Flut hinabblickte, überkam die ganze Gewalt und Erhabenheit des Anblickes meine Seele.

Da, als ich fühlte, wie nahe ich jetzt meinem Schöpfer stand, war der erste und dauerndste Eindruck des erhabenen Anblicks – Friede. Seelenfrieden; ruhiges Erinnern an Verstorbene; seelenerquickende Gedanken an ewige Ruhe, ewiges Glück; nichts von Schrecken oder Entsetzen. Niagara prägte sich in mein Herz als ein Bild der Schönheit, um dort unwan-

»Niagara prägte sich in mein Herz als ein Bild der Schönheit ...«

delbar und unauslöschlich zu bleiben, bis sein Puls aufhört zu schlagen.

Oh, wie während der zehn denkwürdigen Tage, die ich auf diesem heiligen Boden zubrachte, das Drängen und Treiben des gewöhnlichen Lebens zurücktrat und immer kleiner und unbedeutender erschien! Welche Stimmen zu mir herauftönten aus dem Wogendonner; welche längst von der Erde entschwundenen Gesichter mich anblickten aus den leuchtenden Tiefen; welche göttliche Verheißung in diesen Engelstränen glänzte, in diesen vielfarbigen, funkelnden Tropen, die in der Luft herumstäubten und um die wundersam glänzenden Gewölbe tanzten, mit denen der ewig wechselnde Regenbogen den Kampf der Gewässer überspannte!

Ich verließ während der ganzen Zeit meines Dortseins die kanadische Seite nicht wieder. Denn drüben auf dem anderen Ufer waren Menschen und an solchen Orten vermeidet man gern fremde Gesichter. Den ganzen Tag herumzuwandern und die Fälle von allen Punkten aus zu betrachten; auf der Kante des Great-Horse-Shoefalles zu stehen und zu sehen, wie das eilende Wasser Kraft sammelte, ehe es an den Rand der Felsen kam, und doch wieder zu zögern schien, ehe es in den Schlund hinabschießt; von dem Flusse unten dem Herabsturz des Wassers zuzusehen; auf die benachbarten Höhen zu klettern und durch die Bäume hindurch das Wasser schäumend und tosend durch die Rapids dem Sturz entgegeneilen zu sehen; in dem feierlichen Schatten der Felsen stromabwärts sinnend zu weilen und zu sehen, wie der Strom, von keiner sichtbaren Gewalt bewegt, aufbrauste und wirbelte und den Widerhall erweckte, tief unter seiner Oberfläche noch durchkrampft von dem Sturz; den Niagara vor sich zu haben, von der Sonne beschienen und von dem Monde, glühend rot von den letzten Strahlen der Sonne oder grau, wie die Schatten des Abends langsam auf ihn herabsanken; Tag für Tag ihn zu sehen und in der Nacht zu erwachen und seine nimmer schweigende Stimme zu hören: Das war genug.

In jeder ruhigen Stunde denke ich jetzt: Immer noch tosen und stürzen und toben diese Wasser den ganzen Tag lag; immer noch umgürten Regenbogen ihre Mitte. Immer noch, wenn die Sonne darauf scheint, glänzen und glühen sie wie geschmolzenes Gold. Immer noch, wenn der Himmel trübe ist, stürzen sie herab wie Schnee oder scheinen herunterzustäuben wie ein großer verwitternder Kalkfels auf einen Sturz oder herabzurollen wie dichter, weißer Qualm. Aber immer scheint der gewaltige Strom zu sterben, wie er herunterdonnert, und immer steigt aus seinem unergründlichen Grab das schauerliche Gespenst von ewigem Nebel und Wasserstaub, das diese Stätte mit denselben Schauern umschwebt hat, als noch Finsternis über den Wassern schwebte und die erste der Fluten vor der Sintflut – das Licht – über die Schöpfung strömte, Gottes Wort gehorsam.

Vierzehntes Kapitel

Reise in Kanada – Toronto – Kingston – Montreal – Quebec – St. Johns – Rückreise nach den Vereinigten Staaten

Ich fühle mich nicht veranlasst einen Vergleich zwischen den sozialen Verhältnissen der Vereinigten Staaten und den britischen Besitzungen in Kanada anzustellen. Aus diesem Grund werde ich mich auf einen sehr kurzen Bericht über meine Reise in letzterem Staat beschränken.

Ehe ich aber Niagara verlasse, muss ich auf einen empörenden Umstand aufmerksam machen, welcher schwerlich dem Tadel aller verständigen Reisenden, die den Niagara besucht haben, entgangen ist.

Auf dem Tafelfelsen steht eine dem Führer gehörige Hütte, wo kleine Andenken an den Ort verkauft werden und wo die den Fall Besuchenden ihre Namen in ein Buch eintragen. An der Wand ist ein Anschlag, eine Bitte an das Publikum enthaltend, die in den Alben befindlichen Verse nicht abzuschreiben.

Ohne diesen Anschlag würde ich die Bücher ruhig haben auf der Tafel liegen lassen, wo sie mit berechneter Nachlässigkeit herumlagen wie auf dem Tisch eines Salons; denn ich hatte genug an der absurden Lächerlichkeit einiger Verse, die unter Glas und Rahmen an den Wänden hingen. Aber durch jene Bitte neugierig geworden, von welcher Art die poetischen Ausbrüche wären, die man so sorgfältig bewachte, wandte ich ein paar Blätter um und fand sie voll geschmiert mit den abscheulichsten Zoten, an denen jemals ein Schwein in Menschengestalt Gefallen fand.

Es ist demütigend, zu wissen, dass es unter den Menschen so verdorbene Gemüter geben kann, die sich nicht scheuen, mit dem Schmutz ihrer Seelen den heiligsten Altar der Natur zu beflecken. Aber dass diese Ergüsse der tiefsten Gemeinheit zum Ergötzen Gleichgesinnter aufbewahrt und aller Augen vorgelegt werden, ist eine Schmach für die englische Sprache, in der sie geschrieben sind (obgleich ich hoffe, dass nur wenige der gerügten Zeilen von Engländern herrühren), und ein Flecken für die englische Seite, auf der sie aufbewahrt werden.

Die Kasernen unseres Militärs in Niagara haben eine sehr hübsche und luftige Lage. Einige derselben sind große einzeln stehende Häuser, ursprünglich zu Hotels bestimmt; und abends, wenn die Frauen und Kinder von den Balkonen herab den Soldaten zusehen, wie sie sich auf dem Rasenplatz vor der Tür mit Ballspiel und gymnastischen Übungen unterhalten, boten sie ein heiteres und lebendiges Gemälde.

In einer Garnisonstadt, wo die Demarkationslinie zwischen beiden Ländern so schmal ist wie in Niagara, kann die Desertion natürlich nichts sehr Seltenes sein; und wenn schon die Lage des Ortes zur Flucht einladet, so verführen den Soldaten noch mehr die glänzenden und phantastischen Aussichten auf Unabhängigkeit und Wohlleben, die er auf der anderen Seite zu finden vermeint. Doch ist es sehr selten, dass sich die Deserteure nach ihrer Flucht glücklich fühlen; und man weiß viele Beispiele, dass sie ihre traurige Täuschung bekannt und ein ernstes Verlangen ausgedrückt haben, in den Dienst zurückzukehren, wenn sie nur der Verzeihung oder gelinder Strafe sicher wären. Dem ungeachtet aber findet ihr Beispiel Nachahmer genug, wenn auch schon mancher auf der Flucht in dem Versuch, über den Strom zu setzen, den Tod gefunden hat. Vor nicht langer Zeit ertranken einige, als sie hinüberzuschwimmen versuchten; und einer, der wahnsinnig genug war auf einem Tischbrett als Floß sich hinüberzuwagen, wurde in den Wirbel hinabgerissen, wo seine zerschmetterte Leiche mehrere Tage lang ein Spiel der Wellen war.

Das Getöse des Falles entspricht der Beschreibung, die man davon macht, durchaus nicht; und man wird dies natürlich finden, wenn man die große Tiefe des Beckens in Betracht zieht, in das sich der Strom stürzt. Obgleich wir während unseres Dortseins nie heftigen Wind hatten, haben wir doch in einiger Entfernung von drei Meilen von dem Fall nie etwas von seinem Getöse gehört, selbst nicht zu der sehr ruhigen Zeit des Sonnenunterganges.

Queenstown, von wo aus das Dampfboot nach Toronto fährt, liegt in einem lieblichen Tal, durch welches der Niagara seine dunkelgrünen Fluten rollt. Man nähert sich der Stadt auf einer Straße, die sich um die Höhen windet, von denen sie umgeben wird, und von diesem Punkt aus gesehen ist ihre Lage sehr schön und malerisch. Auf der größten dieser Höhen stand ein Denkmal, von dem gesetzgebenden Körper der Provinz zum Gedächtnis des General Brock errichtet, welcher hier nach gewonnener Schlacht gegen die Amerikaner fiel. Ein Vagabund, man vermutet ein gewisser Lett, der jetzt wegen Diebstahl im Gefängnis sitzt, sprengte das Denkmal vor einigen Jahren in die Luft und es steht jetzt als Ruine da, von deren Spitze ein Stück des eisernen Geländers herabhängt wie ein Efeuzweig oder eine Weinrebe. Es ist viel wichtiger, als es auf den ersten Anblick scheinen mag, dass das Denkmal auf Kosten des Staates wiederhergestellt werde, was schon längst hätte geschehen sollen. Erstens ist es unter der Würde Englands, dass ein Denkmal zu Ehren eines seiner Verteidiger in diesem Zustand bleibe, auf derselben Stelle, wo er für sein Vaterland gefallen ist. Zweitens, weil der Anblick der Ruine und die Erinnerung an das unbestrafte Verbrechen, durch welches sie dazu gemacht wurde, eben nicht geeignet ist die Antipathien der Grenzbewohner gegen ihre Nachbarn zu mildern.

Ich stand auf dem Quai des Städtchens und sah den Passagieren zu, die sich in dem Dampfboot einschifften, welches noch vor dem unsrigen abging, teilnehmend an der Besorgnis, mit der die Frau eines Sergeanten ihre wenigen Habseligkeiten sammelte – mit einem ängstlichen Auge die Träger bewachend, welche sie an Bord trugen, und mit dem anderen ein Waschfass ohne Reifen, zu welchem sie, da es das wertloseste Stück ihrer Wirtschaft war, die besorglichste Liebe hegte –, als drei oder vier Soldaten mit einem Rekruten ankamen und an Bord gingen.

Der Rekrut war ein hübscher, starker Bursche, aber nichts weniger als nüchtern; er hatte ganz das Ansehen eines Mannes, der schon einige Tage lang mehr oder weniger betrunken gewesen war. Er trug sein kleines Bündel an einem Stock über die Schulter und hatte eine kurze Pfeife im Mund. Er war so bestaubt und schmutzig, wie Rekruten gewöhnlich sind, und seine Schuhe zeigten an, dass er eine gute Strecke zu Fuß gegangen sei, aber er war sehr lustig und guter Dinge und schüttelte dem einen Soldaten die Hand und schlug den anderen auf die Achsel und schwatzte und lachte in einem fort.

Die Soldaten lachten mehr über den als mit dem närrischen Kauz. Sie schienen zu sagen, wie sie mit ihren Stöcken in der Hand steif dastanden und ihn teilnahmslos über ihre glänzenden Halsbinden weg ansahen: »Nur zu, Bursche, solange du noch kannst; bald wirst du's schon anders lernen.« Plötzlich aber stürzte der Rekrut, der in seiner Lustigkeit rückwärts gegen den Dollbord gestolpert war, in den Fluss hinab.

Ich habe nie in meinem Leben etwas Besseres gesehen als die Veränderung, die jetzt mit den Soldaten vorging. Fast ehe noch der Bursch im Wasser lag, war ihre soldatische Steifheit verschwunden und durch die größte Energie ersetzt. In weniger Zeit, als die Erzählung wegnimmt, hatten sie ihn wieder herausgezogen, die Füße nach oben, und die Schöße seines Rockes über seine Augen klebend, während das Wasser von jedem Faden seiner abgetragenen Kleider heruntertroff. Aber im Augenblick, wo sie ihn wieder auf die Beine gestellt hatten und sahen, dass ihm kein Schaden geschehen war, waren sie wieder Soldaten und blickten ruhiger über ihre glänzenden Halsbinden weg als je.

Der halb nüchtern gewordene Rekrut blickte einen Augenblick um sich, als wenn seine erste Regung wäre, seinen Lebensrettern zu danken; aber da sie mit so teilnahmsloser Miene um ihn herumstanden und einer derselben, der gerade am eifrigsten bei seiner Rettung gewesen war, ihm seine nasse Pfeife mit einem Fluche hinreichte, steckte er diese in den Mund, schob die Hand in die triefenden Taschen und ging pfeifend auf dem Verdeck hin; nicht als wenn nichts geschehen wäre, sondern als ob er es mit Fleiß hätte tun wollen und der Streich ihm gut gelungen wäre.

Unser Dampfboot langte an, als das andere eben den Quai verlassen hatte, und brachte uns bald zur Mündung des Niagara, wo die Sterne und Streifen Nordamerikas auf der einen und die Union Jack Englands auf der anderen Seite im Wind flattern; und so eng ist der Raum zwischen beiden, dass die Schildwachen in beiden Forts oft die Parole, wie sie auf der anderen Seite gegeben wird, hören können. Dann fuhren wir in den Ontariosee ein und erreichten halb sieben Uhr Toronto.

Die Umgebung der Stadt ist flach und entblößt von landschaftlichen Reizen; aber die Stadt selbst ist voll rühriger Lebendigkeit, geschäftigem Lärm und im besten Fortschritt begriffen. Die Straßen sind gut gepflastert und mit Gas erleuchtet, die Läden wohl versehen. Viele derselben haben eine so reichliche Auswahl an Waren in ihrem Fenster zur Schau gelegt, wie man nur in einer lebhaften Provinzialstadt Englands erwarten kann; und manche würden der Hauptstadt keine Schande machen. Unter den öffentlichen Gebäuden zeichnen sich ein aus Stein gebautes Gefängnis, eine hübsche Kirche, ein Assisengebäude und ein vom Staat errichtetes magnetisches Observatorium aus. Außerdem schmücken noch viele ansehnliche Privatwohnungen die Stadt. In dem Kollegium für Ober-Kanada, eine der öffentlichen Unterrichtsanstalten der Stadt, wird den Bewohnern gründlicher Unterricht in allen allgemeinen Fächern für wenig Geld angeboten, denn der Schüler bezahlt nicht mehr als neun Pfund jährlich. Das Kollegium besitzt viele liegende Gründe und ist ein sehr nützliches und wohl eingerichtetes Institut.

Der Grundstein eines neuen Kollegiums war vor wenigen Tagen von dem Generalgouverneur gelegt worden. Es wird ein schönes, geräumiges Gebäude werden, mit einer Allee als Auffahrt, die bereits gepflanzt und zu einem öffentlichen Spaziergang eingerichtet ist. Die Stadt bietet zu jeder Jahreszeit Gelegenheit zu körperlicher Bewegung dar, denn die Trottoirs der Nebenstraßen sind mit Planken belegt und werden in sehr gutem Stand erhalten.

Es ist sehr beklagenswert, dass die politischen Zwistigkeiten und Leidenschaften hier so tief gedrungen sind und bereits zu so schmachvollen Resultaten führten. Vor kurzem noch wurde aus einem Fenster in dieser Stadt auf die glücklichen Bewerber bei einer Wahl geschossen: Der Kutscher des einen wurde, obgleich nicht gefährlich, in den Leib getroffen. Aber einer wurde bei dieser Gelegenheit totgeschossen und aus demselben Fenster, aus dem ihn die tödliche Kugel traf, wehte dieselbe Fahne, die den Mörder (nicht nur in der Ausführung seiner Freveltat, sondern auch vor ihren Folgen) geschützt hatte, wieder bei Gelegenheit der öffentlichen, vom Governor General gehaltenen Zeremonie, von der ich eben gesprochen. Unter allen Farben des Regenbogens gibt es nur eine, die zu einem so schmachvollen Gebrauch dienen konnte: Ich brauche kaum zu sagen, dass es orange* war.

Um Mittag geht man von Toronto nach Kingston ab. Um acht Uhr am anderen Morgen hat der Reisende das Ziel seiner Fahrt erreicht, die per Dampfboot über den Ontariosee geht, wobei man Port Hope und Coburg (Letzteres ist ein hübsches, wohlhabendes Städtchen) besucht. Ungeheure Massen Mehl bilden vorzugsweise die Ladung dieser Fahrzeuge. Wir hatten zwischen Coburg und Kingston nicht weniger als eintausendundachtzig Fässer an Bord.

Kingston, jetzt der Sitz der Regierung in Kanada, ist eine sehr arme Stadt, die, vom Marktplatz aus gesehen, durch die Verwüstungen einer neuerlichen Feuersbrunst noch ärmer aussieht. Man kann in der Tat von Kingston sagen, dass seine eine Hälfte niedergebrannt und die andere nicht aufgebaut ist. Das Government House ist weder bequem noch elegant und doch ist es noch das einzige einigermaßen ansehnliche Gebäude der Umgegend.

---

* Die Farbe der Hochtories.

Es ist ein bewunderungswürdiges Gefängnis hier, welches sehr weise verwaltet und in jeder Hinsicht ausgezeichnet eingerichtet ist. Die Männer wurden als Schuhmacher, Seiler, Schmiede, Schneider, Zimmermänner und Steinmetzen beschäftigt und bauten eben an einem neuen Gefängnis, welches seiner Vollendung ziemlich nahe war. Die weiblichen Gefangenen mussten handarbeiten. Unter ihnen befand sich ein schönes Mädchen von zwanzig Jahren, welches beinahe schon drei Jahre gefangen saß. Sie hatte während des kanadischen Aufstandes für die sich selbst so nennenden Patrioten auf Navy Islands die geheimen Depeschen hin und wieder getragen: Zuweilen ging sie als Mädchen gekleidet und hatte die Papiere in ihrem Mieder versteckt, zuweilen trug sie sich als Knabe und verbarg sie in ihrem Hutfutter. Dann ritt sie immer und saß nach Männerart im Sattel, was ihr ein Spaß war, denn sie ritt jedes Pferd, das ein Mann reiten konnte, es mochte noch so wild sein, und verstand ein Viergespann vom Bock herab zu kutschieren so gut wie einer. Auf einer ihrer patriotischen Sendungen aber eignete sie sich das erste Pferd zu, das ihr in den Weg kam; und dieses Verbrechen hatte sie hierher gebracht. Sie hatte ein ganz liebliches Gesicht, obgleich, wie sich der Leser nach dieser Skizze aus ihrem Leben denken kann, auch ein kleiner lauernder Teufel im Blick ihres glänzenden Auges lag, das scharf durch die Eisenstäbe ihres Gitters spähte.

Es ist hier ein bombenfestes, sehr starkes Fort, welches eine kühne Position einnimmt und ohne Zweifel gute Dienste leisten kann; obwohl ich denken sollte, dass die Stadt zu nahe an der Grenze liegt, um in unruhigen Zeiten sich halten zu können. Auch eine kleine Werft sah ich, wo die Regierung an ein paar Dampfbooten arbeiten lässt, deren Bau sehr rasch vonstatten geht.

Am zehnten Mai um halb zehn Uhr morgens brachen wir von Kingston nach Montreal auf und fuhren in einem Dampfboot den St.-Lorenz-Strom hinab. Man kann sich kaum vorstellen, wie schön dieser stolze Strom fast auf allen Punkten und besonders am Anfang dieser Fahrt ist, wo er sich zwischen den tausenden von Inseln hindurchwindet. Die große Zahl und ununterbrochene Kette dieser grünen, reich bewaldeten Eilande – von denen einige so groß sind, dass man oft eine halbe Stunde lang eine davon für das gegenüberstehende Flussufer halten kann, und andere wieder so klein, dass sie wie Muttermale auf seinem breiten Busen aussehen –, die unendliche Mannigfaltigkeit ihrer Gestalten und die zahllosen schönen Kombinationen, welche die Bäume darauf in ihren verschlungenen Formen bilden: Dies alles bringt ein Gemälde von ungemeinem Interesse und höchst angenehmer Wirkung hervor.

Am Nachmittag schossen wir über einige Stromschnellen hinunter, wo der Fluss schäumte und siedete und seltsame Blasen warf: Die Gewalt der Strömung ist hier fürchterlich. Um sieben Uhr erreichten wir »Dickenson's Landing«, von wo man zwei oder drei Stunden mit der Stage-Coach weiterreist, weil die Schifffahrt auf dem Fluss durch neue Stromschnellen so schwierig und gefährlich wird, dass die Dampfboote sich nicht darüber wagen. Aber die Anzahl und Länge dieser *portages*, über welche eine schlechte Straße führt, machen die Reise zwischen Kingston und Montreal etwas langweilig.

Unser Weg ging über einen weiten, offenen Landstrich, nicht fern und neben der Flussseite, von wo die warnenden Lichter auf den gefährlichen Punkten des St.-Lorenz-Stromes hell herüberstrahlten. Die Nacht war rau und dunkel und der Weg entsetzlich. Es war beinahe acht Uhr, als wir den Quai erreichten, wo das nächste Dampfboot lag. Wir gingen an Bord und zu Bette.

Das Boot lag die ganze Nacht am Ufer und fuhr ab, sobald der Morgen graute. Der Tag wurde durch ein heftiges Donnerwetter eingeläutet und war sehr feucht, allmählich jedoch besserte sich das Wetter und wurde dann ganz schön. Als ich nach dem Frühstück auf das Verdeck ging, erstaunte ich nicht wenig, ein außerordentlich gigantisches Floß stromabwärts schwimmen zu sehen: Es waren dreißig oder vierzig hölzerne Häuser darauf und wenigstens ebenso viele bewimpelte Masten, sodass es wie eine Gasse auf dem Wasser aussah. Ich habe später mehrere solcher Flöße gesehen, aber ein so großes nicht wieder. Alles Bauholz (oder, wie es die Amerikaner nennen,

»Gerümpel«), welches den St.-Lorenz-Strom hinabgeht, wird auf diese Weise fortgeschwemmt. Wenn das Floß seinen Bestimmungsort erreicht hat, wird es auseinander gerissen und die Schiffer kehren zurück, um ein neues zu holen.

Um acht Uhr landeten wir wieder und gingen mit der Stage-Coach weiter und kamen vier Stunden lang durch ein hübsches und wohl bebautes Land, welches in jeder Hinsicht ganz französisch ist: im Aussehen der Landhäuser und Hütten, in der Sprache, Gebärdung und Tracht der Bauern, in den Aushängeschildern der Schänken und Kaufläden; in den Kreuzen und Muttergottesschreinen am Wege. Fast jeder gemeine Arbeiter und jeder Bauernjunge trug, wenn er auch keine Schuhe an den Füßen hatte, seine hellfarbige, meist rote Schärpe um den Leib: Und die Weiber, die auf Feldern und in Gärten arbeiteten, hatten, eine wie die andere, große flache Strohhüte mit sehr breiten Krempen auf. In den Dörfern sah man katholische Priester und barmherzige Schwestern auf der Gasse; und auf den Kreuzwegen und an anderen öffentlichen Orten standen die Bilder des Gekreuzigten.

Um Mittag gingen wir an Bord eines anderen Dampfbootes und erreichten um drei Uhr das Dorf Lachine, neun Meilen von Montreal. Da stiegen wir wieder aus und reisten zu Lande weiter.

Montreal hat eine hübsche Lage am Rande des St.-Lorenzo-Flusses und im Rücken einige steile, kühne Anhöhen mit herrlichen Punkten zum Spazierenreiten und Fahren. Die Straßen sind großenteils eng und unregelmäßig wie in den meisten alten französischen Städten; in den moderneren Stadtteilen sind sie weit und luftig. Sie sind mit einer Masse sehr guter Kaufläden geschmückt; und sowohl in der Stadt wie in den Vorstädten gibt es viele herrliche Privatwohnungen. Die Granitquais sind von bemerkenswerter Schönheit, Dauerhaftigkeit und Ausdehnung.

Eine sehr große katholische Kathedrale ist erst jüngst hier errichtet worden: Sie hat zwei hohe Kirchtürme, von denen einer noch nicht ausgebaut ist. Auf dem freien Platz vor diesem Gebäude steht ein einzelner, finsterer, viereckiger Turm, der ein

Private Theatricals.

COMMITTEE.

Mrs. TORRENS. | Mrs. PERRY.
W. C. ERMATINGER, Esq. | Captain TORRENS.
THE EARL OF MULGRAVE.

STAGE MANAGER—MR. CHARLES DICKENS.

QUEEN'S THEATRE, MONTREAL.

ON WEDNESDAY EVENING, MAY 25TH, 1842,
WILL BE PERFORMED,

A ROLAND FOR AN OLIVER.

MRS. SELBORNE. —— Mrs Torrens
MARIA DARLINGTON. —— Miss Griffin
MRS. FIXTURE. —— Miss Ermatinger.

MR. SELBORNE. —— Lord Mulgrave
ALFRED HIGHFLYER. —— Mr Charles Dickens
SIR MARK CHASE. —— Honble Mr Methuen
FIXTURE. —— Captain Willoughby.
GAMEKEEPER. —— Captain Granville

AFTER WHICH, AN INTERLUDE IN ONE SCENE, (FROM THE FRENCH,) CALLED

Past Two o'Clock in the Morning.

THE STRANGER. —— Captain Granville
MR. SNORBINGTON. —— Mr Charles Dickens

TO CONCLUDE WITH THE FARCE, IN ONE ACT, ENTITLED

DEAF AS A POST.

MRS. PLUMPLEY. — Mrs Torrens
AMY TEMPLETON. — Mrs Charles Dickens!!!!!!!!
SOPHY WALTON. — Mrs Perry.
SALLY MAGGS. — Miss Griffin
CAPTAIN TEMPLETON. — Captain Torrens
MR. WALTON. —— Captain Willoughby.
TRISTRAM SAPPY. —— Doctor Griffin
CRUPPER. —— Lord Mulgrave
GALLOP. —— Mr Charles Dickens.

MONTREAL, May 24, 1842. GAZETTE OFFICE.

Playbill of the Private Theatricals
Montreal, 25 May 1842

Theaterzettel für eine Dickens-Inszenierung in Montreal; die handschriftlichen Eintragungen stammen von Dickens selbst

so merkwürdiges, seltsames Ansehen hat, dass die Weisen von Montreal beschlossen haben ihn so bald als möglich niederzureißen. Das Government House ist bei weitem ansehnlicher als das zu Kingston und die Stadt ist voller Leben und Bewegung. In einer der Vorstädte ist eine fünf oder sechs Meilen lange, mit Holz gepflasterte Straße – nicht ein bloßes Trottoir – und eine ganz vortreffliche Straße ist es. Alle unsere Ausflüge in die Nachbarschaft wurden doppelt interessant und reizend durch den aufsprossenden Frühling, der hier so rasch und kurz ist, dass man mit einem Tag aus dem ödesten Winter in den voll blühenden Sommer springt.

Die Dampfboote nach Quebec machen ihre Fahrt bei Nacht, das heißt, sie verlassen Montreal um sechs Uhr abends und kommen um sechs Uhr morgens in Quebec an. Wir machten diesen Ausflug während unseres Aufenthaltes in Montreal, der über vierzehn Tage dauerte, und waren entzückt von der Schönheit des interessanten Ortes.

Der Eindruck, den dieses Gibraltar Amerikas auf den Beschauer macht, mit seinen schwindligen Höhen, seiner gleichsam in der Luft hängenden Zitadelle, seinen pittoresken steilen Straßen und düsteren Gattertorwegen; und die prachtvollen Ansichten, die sich bei jeder Wendung dem überraschten Auge bieten – ist zugleich einzig und unauslöschlich. Abgesehen von diesen sichtbaren Reizen der pittoresken Stadt knüpfen sich Erinnerungen an sie, die eine Wüste interessant machen würden. Der gefährliche Abhang, dessen steile Felswand Wolf und seine wackeren Gefährten hinanklommen; die Ebenen von Abraham, wo er seine tödliche Wunde erhielt; die Festung, welche Montcalm so ritterlich verteidigte; und sein Kriegergrab, das ihm die platzende Bombe grub, während er noch lebte, gehören nicht zu den geringsten oder gewöhnlichen historischen Erinnerungen. Das ist auch ein edles und beider großen Nationen würdiges Monument, welches das Andenken der beiden Generale verewigt und auf dem ihre Namen nebeneinander eingegraben sind.

Die Stadt ist reich an öffentlichen Instituten und katholischen Wohltätigkeitsanstalten, aber ihre außerordentliche Schönheit liegt nur in der Ansicht von der Zitadelle und dem alten Government House aus. Das weite Land, reich an Feldern und Wäldern, Berghöhen und Wasser, das sich vor einem hindehnt, mit Meilen voll kanadischer Dörfer, in langen weißen Streifen glänzend wie die Adern der Landschaft; die bunte Menge von Giebeln, Dächern und Kaminfängen in der alten, hügeligen Stadt, die vor einem liegt; der schöne St.-Lorenz-Strom, funkelnd im Sonnenlicht; und die winzig kleinen Schiffe unter dem Felsen, von dem du herabschaust, mit dem Takelwerk, das in dieser Entfernung wie ein Spinnengewebe, gegen das Licht gehalten, aussieht, während die Fässer und Tonnen auf den Verdecken zu niedlichem Spielzeug und die geschäftigen Seeleute zu kleinen Puppen einschrumpfen: Alles das, im Rahmen eines Fensters in der Festung eingefasst und vom schattigen Hintergrund des Zimmers aus gesehen, bildet eines der bezauberndsten und glänzendsten Gemälde, die das Auge auf Erden schauen kann.

Im Frühling reisen eine Masse Auswanderer, die eben erst aus England oder Irland gekommen sind, zwischen Quebec und Montreal nach den Hinterwäldern und neuen Ansiedlungen von Kanada. Wenn es schon unterhaltend ist (wie ich oft fand), einen Morgenspaziergang auf dem Quai von Montreal zu machen und sie zu hunderten um ihre Kisten und Kasten in einzelnen Gruppen stehen zu sehen: So hat es noch ein tieferes Interesse, auf dem Dampfboot ihr Wandergefährte zu sein, sich unter sie zu mischen und, selbst unbeachtet, ihnen zuzusehen und zuzuhören.

Das Fahrzeug, in dem wir von Quebec nach Montreal zurückkehrten, war voll von solchen Auswanderern. Bei Nacht breiteten sie ihre Betten (die wenigstens, die welche hatten) zwischen den Verdecken aus und sie lagen so dicht um unsere Kajütentür, dass wir beinahe blockiert waren. Es waren fast lauter Engländer, großenteils aus Gloucestershire, und hatten eine lange Winterfahrt über den Ozean überstanden: Aber es war wunderbar, wie reinlich trotzdem die Kinder gehalten worden und wie unermüdlich in ihrer Liebe und Selbstverleugnung alle die armen Eltern waren.

Man sage und predige, so fromm und so viel man mag, es ist für den Armen viel schwerer, tugendhaft zu sein, als für den Reichen: Und die Tugend des Armen ist darum umso glänzender. In mancher stolzen Behausung gibt es einen »Besten der Gatten und Väter«, dessen Privatcharakter in beiden Beziehungen mit Recht zum Himmel gehoben wird. Aber versetzt ihn daher auf dieses überfüllte Verdeck. Streift seiner jungen schönen Frau ihre seidenen Gewänder vom Leib, nehmt ihr ihre Juwelen, bindet ihr geflochtenes Haar auf, grabt vorzeitige Runzeln auf ihre Stirn, lasst ihre Wangen von Sorgen und Entbehrungen erblassen, hüllt dann ihre entzauberte Gestalt in grobe, geflickte Kleider, lasst ihr keinen anderen Schmuck und Staat als seine Liebe, dann wird seine Tugend wirklich auf die Probe gestellt. Ebenso verwandelt ihm seine Stellung in der Welt, dass er in diesen jungen Geschöpfen, die seine Knie umklammern, nicht die lebenden Zeugnisse seines Reichtums und Namens, sondern die kleinen Mitkämpfer um das tägliche Brot, die kleinen Wilddiebe sieht, die sein dürftiges Mahl schmälern und jeden kärglichen Erwerb seiner Arbeit dividieren. Statt aller Reize, welche die Kindheit, von ihrer süßesten, lieblichsten Seite betrachtet, hat, lasst ihn nur all ihre Not und Pein, Krankheiten und Leiden, ihre Launen, Verdrüsslichkeiten, ihre klagende Schwäche und Hilflosigkeit empfinden: lasst seine Kleinen nicht von lieblichen Kinderspielen und Kinderträumen schwatzen, sondern von Kälte, Hunger und Durst mit ihm reden: Und wenn sein Vaterherz dies alles überlebt, wenn es geduldig und zärtlich bleibt, wenn er stets über das Leben seiner Kleinen gewacht und um ihre Freuden und Leiden gesorgt hat, dann mögt Ihr ihn zurückschicken ins Parlament, auf die Kanzel, an die Gerichtstafel, und wenn er die schönen Reden über die Verdorbenheit und Sittenlosigkeit der Armen hört, die bei harter Arbeit von der Hand in den Mund leben, dann mag er als einer, der da weiß, wie es ist, frei heraus reden und den hohen Rednern sagen, dass sie, verglichen mit jenen Armen und Hilflosen, himmlische Engel in ihrem täglichen Leben sein sollten und dann noch nur demütige Ansprüche auf den Himmel machen dürften.

Wer von uns kann sagen, was aus ihm würde, wenn eine solche Wirklichkeit, mit geringen Erleichterungen oder Abwechslungen das ganze Leben lang, sein Los sein sollte! Als ich diese Leute mir ansah, so fern von zu Hause, ohne Dach und Fach, arm, wandernd, müde von Not und Beschwerden, und als ich sah, mit welcher Geduld sie trotzdem ihre kleinen Kinder pflegten und nährten; wie sie immer zuerst nach ihrem Begehren fragten und dann nur halb das eigene stillten; was für sanfte Engel der Treue und Hoffnung die Weiber waren; wie die Männer von ihrem Beispiel sich leiten ließen; und wie sehr, sehr selten sie eine herbe Klage ausstießen oder einen Augenblick leichtsinnig waren: Da fühlte ich mein Herz von einer glühenderen Liebe und Achtung meiner Nebenmenschen erfüllt und wünschte zu Gott, dass die, so an das Bessere im Menschen nicht glauben wollen, da gewesen wären, um mit mir diese schlichte, einfache Lehre im Buch des Lebens zu lesen.

Am 30. Mai brachen wir wieder von Montreal nach New York auf und fuhren nach *La Prairie*, auf der anderen Seite des St.-Lorenz-Stromes, mit dem Dampfboot hinüber; dann gingen wir auf der Eisenbahn nach St. Johns, welches am Rand des Champlain-Sees liegt. Den letzten Gruß in Kanada brachten uns die englischen Offiziere in der hübschen Kaserne dort: eine Klasse von Gentlemen, die uns jede Stunde unseres Gastbesuches durch ihre Gastfreundlichkeit und Freundschaft denkwürdig machten: und *Rule Britannia* tönte uns noch in den Ohren, als wir es schon weit hinter uns gelassen hatten.

Aber Kanada nimmt und wird stets einen der ersten Plätze in meiner Erinnerung einnehmen. Wenige Engländer gibt es, die, wenn sie hinkommen, nicht ihre Erwartungen übertroffen sehen.

Fünfzehntes Kapitel
Die Heimfahrt

Ich habe noch nie so viel Anteil an der Richtung des Windes genommen als an dem lang ersehnten Morgen des 7. Juni. Eine nautische Autorität hatte mir vor einigen Tagen versichert: »Ein Wind, der nur ein wenig nach Westen umschlüge, würde es tun«; und wie ich mit Tagesanbruch aus dem Bett sprang und das Fenster öffnete und ein frischer Wind aus Nordwesten grüßte, wehte er mich so frisch an und flüsterte mir so viel schöne Erinnerungen und Hoffnungen zu, sodass ich auf der Stelle eine ganz besondere Achtung vor allen Lüften und Winden aus diesem Strich des Kompasses bekam, die ich gewiss behalten werde, bis mein eigener Atem den letzten schwachen Zug getan hat.

Der Pilot hatte nicht gesäumt den günstigen Wind zu benutzen und das Schiff, das gestern noch in einem so gedrängt vollen Dock gelegen hatte, dass es wenig genug Aussicht zu haben schien, in See zu gehen, war jetzt schon sechzehn Meilen weg. Ein schöner Anblick war es, als wir in einem Dampfboot näher und näher kamen, wie es in der Ferne vor Anker lag, die schlanken Masten in schönen Linien gen Himmel ragend und jedes Tau und jede Spiere in zartem Umriss sich von dem Himmel abhebend; schön war es, als, nachdem wir alle am Bord waren, der Anker mit dem kräftigen Chor: *»Cheerily, men, oh cheerily!«* aufgewunden wurde und das Schiff stolz dem bugsierenden Dampfer folgte; am schönsten, als das Bugsiertau losgemacht war, die Leinwand an den Masten herabflatterte und das Schiff seine weißen Fittiche ausbreitete und frei seinen Weg antrat in die Öde des Meeres.

In der Hinterkajüte waren wir in allem fünfzehn Passagiere, der größte Teil aus Kanada, wo sich einige von uns schon gekannt hatten. Die Nacht und die beiden folgenden Tage waren raue Witterung mit häufigen Windstößen, aber sie vergingen schnell und wir waren bald eine so trauliche und fröhliche Gesellschaft mit einem ehrlichen, männlichen Kapitän zum Präsidenten, als je zu Land oder Wasser entschlossen war sich das Leben gegenseitig angenehm zu machen.

Wir frühstückten um acht aßen Luncheon um zwölf, dinierten um drei und tranken Tee um acht Uhr. Wir hatten Überfluss an Vergnügungen, worunter das Diner nicht das Geringste war. Erstens schon um seiner selbst und zweitens um seiner langen Dauer willen, denn wir standen selten eher als nach zweieinhalb Stunden auf. Um die Langeweile bei diesen Gelagen zu vertreiben, wurde am unteren Ende der Tafel, unter dem Mast, eine gewählte Gesellschaft gebildet, deren ausgezeichneten Präsidenten mir die Bescheidenheit zu nennen verbietet und welche wegen ihrer Jovialität und ihres Humors (ohne Schmeichelei) bei der übrigen Schiffsgesellschaft und vor allen bei dem schwarzen Steward, der drei Wochen lang über den Scherzen dieses Erwählten nicht dazu kam, die Zähne mit den Lippen zu bedecken, sehr gut stand.

Dann wurde Schach gespielt oder Whist, Cribbage Triktrak und ähnliche Spiele oder es wurde gelesen. Bei schönem und schlechtem, bei ruhigem und windigem Wetter, immer waren wir auf dem Deck, paarweise auf- und abschreitend, in den Booten liegend, über die Schiffsseite lehnend oder in traulichen Gruppen miteinander plaudernd. Auch an Musik fehlte es nicht, denn einer spielte das Akkordeon, ein anderer die Violine und ein Dritter (er fing immer um sechs Uhr früh an) das Signalhorn. Der Totaleffekt dieser Instrumente, wenn sie alle zu gleicher Zeit in verschiedenen Tonarten und in verschiedenen Teilen des Schiffes, doch nahe genug, um einander zu hören (wobei natürlich jeder Virtuose mit seiner eigenen Leistung höchlichst zufrieden war), gespielt wurden, war grässlich schön.

Wenn alle diese Mittel zur Unterhaltung nicht mehr anschlagen wollten, zeigte sich manchmal ein Segel, in unbestimmten Umrissen im Nebel der Ferne dämmernd wie das Gespenst eines Schiffes oder so nahe an uns vorüberfahrend, dass wir mithilfe des Fernrohrs die Leute auf dem Deck und den Namen des Schiffes erkennen konnten. Stundenlang sahen wir den Delfinen und Meerschweinen zu, wie sie das Schiff springend und tauchend umspielten, oder den nimmer ruhenden Sturmvögeln, die uns seit unserer Abfahrt Gesellschaft leisteten und vierzehn Tage lang des Schiffes Hinterteil umflatterten. Einige Tage lang hatten wir vollkommene Windstille oder sehr schwachen Wind, während welcher Zeit sich das Schiffsvolk mit Angeln unterhielt und einen unglücklichen Delfin fing, der in allen Regenbogenfarben spielend auf dem Deck verschied: ein Ereignis, das wir später vom Delfin datierten und den Tag, an welchem er starb, zu einer Ära machten.

Als wir fünf oder sechs Tage auf offener See waren, fing man an von Eisbergen zu sprechen, welche von einigen Schiffen, die wenige Tage vor unserer Abreise in New York angekommen waren, in ungewöhnlicher Menge gesehen worden waren und deren gefährliche Nachbarschaft uns das kältere Wetter und das Sinken des Barometers verkündigte. Solange diese Anzeichen uns warnten, wurde doppelt sorgfältig Wache gehalten und nach Sonnenuntergang manche schreckliche Geschichte erzählt von Schiffen, die auf einen Eisberg gelaufen und in der Nacht untergegangen wären. Doch der Wind zwang uns einen südlichen Kurs zu nehmen, wir bekamen keine Eisberge zu Gesicht und das Wetter wurde bald wieder hell und warm.

Das tägliche Berechnen der Breite war natürlich einer der wichtigsten Momente unseres Lebens; und es fehlten auch nicht wie gewöhnlich hochweise Zweifler an den Berechnungen des Kapitäns, die, sobald er den Rücken gewandt hatte, bei dem Mangel an Zirkeln die Entfernungen auf der Karte mit Bindfadenstückchen oder Taschentuchzipfeln oder Lichtscheren maßen und ihm einen Irrtum von ungefähr tausend Meilen nachwiesen. Es war wirklich erbaulich, diese Ungläubigen die Stirn runzeln und den Kopf schütteln zu sehen und ihren Vorlesungen über Schifffahrtskunst zuzuhören; nicht dass sie etwas davon verstanden hätten, aber sie hatten nun einmal kein Zutrauen zum Kapitän, wenn stiller oder widriger Wind war. Überhaupt ist das Quecksilber nicht so veränderlich wie diese Art Passagiere, die, sobald das Schiff vor einem frischen Wind die Wogen teilt, bleich vor Bewunderung dastehen und beteuern, dass der Kapitän alle anderen in der Welt übertrifft, ja selbst auf eine Subskription, um ihm ein Ehrengeschenk zu machen, hindeuten. Aber wenn am anderen Morgen der Wind sich gelegt hat und die Segel schlaff an den Masten hängen, schütteln sie wieder niedergeschlagen den Kopf und flüstern mit besorglich geheimnisvollem Blick, dass sie hofften, der Kapitän wäre ein guter Seemann, aber sie bezweifelten es sehr, gar sehr.

Es wurde sogar eine Lieblingsbeschäftigung während der Windstille, sich in Vermutungen zu erschöpfen, wann der

Wind eigentlich sich auf dem günstigen Strich erheben würde, wo er nach allen Regeln schon längst hätte herwehen sollen. Der Unterschiffer, der eifrig danach pfiff, wurde wegen seiner Ausdauer sehr gelobt und selbst die Ungläubigen erkannten ihn für einen Seemann erster Klasse an. Manche trüben Blicke wendeten sich während des Mittagessens durch die Kajütenluken nach den matt herabhängenden Segeln und einige, kühn geworden aus Verzweiflung, prophezeiten schon, dass wir ungefähr Mitte Juli England erreichen würden. An Bord eines Schiffes gibt es immer einen Sanguinischen und einen Verzweifelnden. Der Letztere war bei uns während dieser Periode der Reise Hahn im Korbe und triumphierte bei jedem Mahl von neuem über den Sanguinischen, indem er ihn fragte, wo er wohl meine, dass der Great Western (der New York eine Woche später als wir verließ) *jetzt* sei; und wo er meine, dass das Dampfboot Cunard *jetzt* sei; und was wer *jetzt* von den respektiven Verdiensten der Dampf- und Segelschiffe denke; und machte ihm mit solchen und ähnlichen Fragen das Leben so sauer, dass er am Ende auch Hoffnungslosigkeit heucheln musste, nur um des lieben Friedens halber.

Dies waren Zuschüsse zu unserem Unterhaltungsfond, aber nicht die einzigen Quellen der Unterhaltung. Wir hatten im Zwischendeck noch ungefähr hundert Passagiere: eine kleine Welt von Armut; und wie wir Einzelne von ihnen von Angesicht kennen lernten, denn wir konnten sie den ganzen Tag auf ihrem Zwischendeck Luft schöpfen und ihr Essen kochen und es oft selbst dort genießen sehen, wurden wir begierig ihre Schicksale zu erfahren und zu wissen, mit welchen Erwartungen sie nach Amerika gegangen wären, was sie wieder nach Hause führte und wie ihre Umstände wären. Was wir darüber von dem Zimmermann, der die Aufsicht über sie hatte, erfuhren, war oft von der seltsamsten Art. Einige von ihnen waren nur drei Tage in Amerika gewesen, andere drei Monate und einige hatten mit demselben Schiff, das sie jetzt nach ihrer Heimat zurückführte, die Hinreise gemacht. Andere hatten ihre Kleider verkauft, um das Geld zur Überfahrt zu bekommen, und hatten kaum Lumpen, um ihre Blöße zu bedecken; andere hatte keine Lebensmittel und lebten von der Barmherzigkeit ihrer Reisegefährten; ja einer, wie man erst gegen Ende der Reise erfuhr – denn er bewahrte sein Geheimnis gut und machte keine Ansprüche auf Mitleid –, hatte von nichts gelebt als von den Knochen und Fleischüberbleibseln, die er von den Tellern aus der hinteren Kajüte nahm, wenn sie zum Waschen auf das Zwischendeck gebracht wurden.

Das ganze System, welches bei dem Transport dieser Unglücklichen beobachtet wird, bedarf einer gründlichen Reform. Wenn irgendeine Klasse Menschen des Schutzes und des Beistandes der Regierung bedarf, so sind es diese Armen, die sich aus der Heimat verbannen, um in der Fremde das nackte Leben fristen zu können. Alles, was von dem Kapitän und den Offizieren für diese Leute getan werden konnte, geschah, aber ihr Zustand verlangt noch viel mehr. Das Gesetz sollte wenigstens in England dafür sorgen, dass die Schiffe nicht zu sehr mit Auswanderern voll gepfropft, dass sie anständig und nicht in demoralisierender Kargheit des Raumes untergebracht werden. Es sollte schon aus bloßer Menschlichkeit bestimmen, dass keiner an Bord aufgenommen werde, ehe nicht sein Vorrat an Lebensmitteln von einem Offizier des Schiffes besichtigt und als hinreichend für die mögliche Dauer der Reise erklärt ist. Es sollte dafür sorgen, dass auf jedem dieser Schiffe ein Arzt sei; denn Erkrankung von Erwachsenen und Sterben von Kindern während der Überfahrt sind Vorfälle von der größten Häufigkeit. Vor allem aber ist es Pflicht jeder Regierung, sie sei republikanisch oder monarchisch, dem Gebrauch ein Ende zu machen, dass ein Handlungshaus von den Reedern die Zwischendecke ganzer Schiffe mietet und so viel unglückliche Opfer seiner Gewinnsucht an Bord schickt, als es nur bekommen kann, ohne die geringste Rücksicht auf die Größe der Räumlichkeiten, die Zahl der Kojen, auf die Trennung der Geschlechter oder auf irgendetwas anderes als ihren Gewinn zu nehmen. Und das ist nicht einmal das Schlimmste dieses verdammenswerten Systems. Agenten, die für jeden Verlockten eine Prämie bekommen, durchziehen die Gegenden, wo Armut und Unzufriedenheit herrschen, und locken die Leichtgläubigen in größeres Elend, indem sie ihnen in der Fremde die Befriedigung der ausschweifendsten Hoffnungen vorspiegeln, die sich nie erfüllen können.

Die Geschichte jeder Familie, die wir an Bord hatten, war so ziemlich dieselbe. Nachdem sie gespart und geborgt und gebettelt und alles verkauft hatten, um das Überfahrtsgeld zusammenzubringen, waren sie nach New York gekommen mit der Hoffnung, die Straßen mit Geld gepflastert zu finden, und hatten nichts als sehr harte Steine gefunden. Der Verkehr stockte; Arbeiter wurden nicht gebraucht; Arbeit war zwar zu haben, aber kein Lohn dafür. Sie kehrten zurück, ärmer, als sie hinübergereist waren. Einer von ihnen hatte einen offenen Brief eines jungen englischen Handwerkers bei sich, der vierzehn Tage in New York gewesen war. Er war an einen Freund in der Nähe von Manchester gerichtet und munterte diesen auf nachzukommen. Einer der Offiziere wies den Brief als eine Merkwürdigkeit. »Das ist ein Land, Jem«, schrieb der Briefsteller. »Mir gefällt Amerika, 's ist keine Tyrannei hier, das ist die Hauptsache. Arbeit aller Art kannst du auf der Straße finden und der Lohn ist ausgezeichnet. Du brauchst nur ein Handwerk zu wählen, Jem, und du treibst es. Ich habe noch nicht gewählt, werde es bald tun. Bis jetzt weiß ich noch nicht recht, ob ich Zimmermann werden soll – oder Schneider.«

Noch einen anderen Passagier hatten wir, der fortwährend, wenn wir uns auf dem Verdeck befanden, der Inhalt unserer Gespräche und der Gegenstand unserer Beobachtung war. Es war eine englische Teerjacke, von Kopf bis zu den Füßen von der echten, unverfälschten Rasse der englischen Kriegsschiffmatrosen, der in der amerikanischen Marine diente, und auf Urlaub nach Hause zu seinen Verwandten reiste. Als er sich zur Überfahrt einschreiben ließ, hatte man ihm vorgestellt, dass er als gedienter Seemann das Geld ersparen und dafür Schiffsdienste leisten könne. Aber er verwarf diesen Rat mit großer Entrüstung und sagte: »Er wolle verdammt sein, wenn er nicht einmal als Gentleman an Bord eines Schiffes sein wolle.« So nahmen sie sein Geld, aber kaum hatte er das Schiff betreten, so brachte er sein Gepäck auf dem Vorderkastell unter, aß mit dem Schiffsvolk, und bei der ersten Gelegenheit, wo alle Hände erforderlich waren, kletterte er, der Erste, die Taue hinauf wie eine Katze. Und so war er während der ganzen Überfahrt stets der Erste an den Brassen, der Letzte auf den Rahen, allerwärts behilflich; aber immer mit einer gesetzten Würde des Benehmens und einem gesetzten Lächeln auf dem Gesicht, als wollte er sagen: »Ich tue es als Gentleman. Zu meinem eigenen Vergnügen, das merkt euch!«

Endlich kam der lange versprochene Wind doch und von ihm getrieben flog das Schiff mit vollen Segeln durch die Wogen. Es war etwas Großartiges in der Bewegung des Fahrzeuges, wie es von der Masse Segel überschattet wurde und in rasender Eile die Wellen durchpflügte, was mich mit einem unaussprechlichen Gefühl des Stolzes und der Freude erfüllte. Wenn es in ein schäumendes Tal hinabtauchte, wie da die grünen, weiß gekrönten Wellen hinten angerollt kamen und es wieder in die Höhe hoben und umwirbelten und umschäumten, wie es sich wieder neigte, aber sie es immer als ihren stolzen Herren anerkannten! Immer vorwärts, vorwärts zog unser Lauf und wechselnde Lichter spielten auf dem Wasser, denn wir waren wieder in dem gesegneten Reich, wo leichte, wollige Wolken die Einöde des Himmels unterbrachen; und die Sonne leuchtete uns am Tag und der Mond bei Nacht; und die Windfahne wies immer gerade nach der Heimat, wo unsere Herzen schon weilten, bis an einem schönen Montagmorgen, gerade als sie Sonne aufging, – es war der 27. Juli, ich werde den Tag nie vergessen – vor uns aus dem Frühnebel wie eine ferne Wolke das Kap Clear stieg – uns die schönste und ersehnteste Wolke, welche je das Antlitz der gefallenen Schwester des Himmels – der Heimat – verhüllte.

Und dieser verdämmernde Punkt auf der weiten, weiten Fläche gab doch dem Sonnenaufgang etwas mehr Erheiterndes, gab ihm etwas dem Menschen Nähertretendes, was ihm auf dem offenen Meer fehlte. Dort, wie allerwärts, ist die Wiederkehr des Tages unzertrennlich von einem Gefühle der Erheiterung und erneuter Hoffnung; aber das Licht, wie es die traurige grenzenlose Einöde des Meeres dem Auge enthüllt, gibt ihm etwas Feierliches und Schauererregendes, was selbst die Nacht mit ihren verhüllten Schleiern kaum hat. Das Aufgehen des Mondes passt besser zu dem einsamen Meere und gibt ihm eine melancholische Erhabenheit, die mit ihrem milden Einfluss zugleich zu trösten scheint, während sie traurig macht. Ich erinnere mich noch aus meiner frühesten Jugend, den Glauben gehegt zu haben, der Widerschein des Mondes im Wasser sei ein Pfad gen Himmel, auf dem gute Menschen zu Gott gingen; und dieses alte Gefühl überkam mich oft, wenn ich in stiller Mondnacht auf die ruhige See blickte.

Wir hatten an diesem Montagmorgen nur leichten Wind, der aber immer noch heimwärts wehte, und so ließen wir nach und nach Kap Clear hinter uns und segelten längs der Küste von Irland hin. Und wie heiter wir waren und wie voll Lobes für den George Washington und wie freudig wir einander Glück wünschten und wie kühn wir die Stunde unserer Ankunft in Liverpool prophezeiten, kann man sich leicht denken. Und wie warm und herzlich wir heute bei Tisch auf des Kapitäns Gesundheit tranken; und wie unruhig wir wegen des Einpackens wurden und wie zwei oder drei der Sanguinischsten durchaus heut Nacht nicht zu Bett gehen wollten, denn es sei doch bei der Nähe der Küste gar nicht der Mühe wert, aber doch gingen und sehr gut schliefen; und wie der Gedanke, so nahe an dem Ende unserer Reise zu sein, fast wie ein schöner Traum war, aus dem man fürchtete zu erwachen.

Der günstige Wind wurde am nächsten Morgen schärfer und wieder eilten wir im Fluge vorwärts. Dann und wann begegneten wir einem englischen Schiff, das mit eingerefften Segeln heimkehrte, während wir, mit jedem Fleckchen Segel an den Masten, vorüberflogen und es weit, weit hinter uns ließen. Gegen Abend wurde es neblig und es regnete leise; bald aber wurde der Nebel so dick, dass wir wie in einer Wolke segelten. Aber immer zog es vorwärts wie ein gespenstisches Schiff und manches erwartende Auge blickte hinauf nach dem Mast, wo der Ausgucker sich nach Holyhead umschaute.

Endlich vernahm man den lange erwarteten Ruf und in

demselben Augenblick brach aus dem dichten Nebel vor uns ein schimmerndes Licht, welches sogleich wieder verschwand, dann wieder leuchtete und wieder verschwunden war. Jedes Mal wenn es wieder sichtbar wurde, leuchteten die Augen aller Schiffsgenossen wie das Licht selbst; und da standen wir alle und schauten nach dem Licht auf dem Felsen von Holyhead und lobten seinen warnenden Schimmer und erhoben es weit über alle Signalfeuer, die je den Schiffen geschienen hatten, bis es noch einmal weit hinter uns durch den Nebel blinkte.

Jetzt war es Zeit, einen Signalschuss zu tun, um den Lotsen zu rufen; und fast ehe der Rauch verschwunden war, eilte ein kleines Boot mit einem Licht an der Mastspitze uns durch die Nacht entgegen. In einem Nu waren die Segel backgelegt und das Boot an unserer Seite; und der Lotse, bis an die wettergebräunte Nasenspitze in seine wasserdichte Jacke und Schals gehüllt, stand auf dem Verdeck. Und wenn derselbe Pilot in diesem Augenblick fünfzig Pfund auf unbestimmte Zeit und ohne die geringste Sicherheit hätte geliehen haben wollen, würden wir sie ihm gegeben haben, ehe sein Boot hinten angehängt war oder (was dasselbe ist) ehe die Neuigkeiten in der Zeitung, die er mitgebracht hatte, bis auf die kleinste Gemeingut geworden wären.

Wir gingen diese Nacht ziemlich spät zu Bett und standen am anderen Morgen ziemlich früh auf. Um sechs Uhr versammelten wir uns auf dem Deck, bereit ans Land zu gehen, und blickten auf die Türme und Dächer und den Rauch Liverpools. Um acht Uhr saßen wir alle in einem Hotel der Stadt, um das letzte gemeinschaftliche Mahl einzunehmen. Und um neun Uhr hatten wir uns alle die Hände gedrückt und uns für immer getrennt.

Die Gegend erschien uns, wie wir auf der Eisenbahn hindurchstoben, wie ein blühender Garten. Die Schönheit der Felder (wie klein sie aussahen!), der Hecken und der Bäume; die netten Hütten, die Blumenbeete, die alten Kirchhöfe, die malerischen Häuser und jeder wohl bekannte Gegenstand: Alle diese ausgesuchten Reize der einen Reise, die in den Raum eines Sommertages die Freuden vieler Jahre zusammendrängte, und zum Schlussstein das heimische Haus mit allem, was es uns teuer macht, kann keine Zunge aussprechen, keine Feder beschreiben.

Sechzehntes Kapitel
Die Sklaverei

Die Verteidiger der Sklaverei in Nordamerika – von deren Scheußlichkeiten ich kein Wort niederschreiben werde, wofür ich nicht vollgültige Beweise habe – können in drei große Klassen aufgeteilt werden.

Die erste besteht aus den gemäßigteren und vernünftigeren Eigentümern menschlicher Last- und Zugtiere, welche sie übernommen haben wie ebenso viel Geldstücke ihres Betriebskapitals, welche aber die Scheußlichkeit dieser Institution im Prinzip zugeben und nicht blind gegen die Gefahren für die Gesellschaft sind, mit denen sie schwanger geht; Gefahren, die, so fern sie auch noch sein mögen, doch so gewiss ihr schuldiges Haupt treffen werden wie der Tag des Gerichts.

Die zweite besteht aus allen den Eigentümern, Beschäftigern, Käufern und Verkäufern von Sklaven, welche Sklaven eignen, beschäftigen, kaufen und verkaufen werden, bis zu dem blutigen Kapitel ein blutiges Ende geschrieben wird; die hartnäckig alle Schrecken des Systems leugnen, einer Macht von Beweisen trotzend, wie noch nie gegen eine andere Sache aufgestellt worden ist und deren ungeheurer Menge jeder Tag neue hinzufügt; die in diesem oder in jedem anderen Augenblick Amerika mit Freuden in einen inneren oder auswärtigen Krieg verwickeln würden, wenn er nur als alleinigen Zweck die Aufrechthaltung des Rechts hätte, die Sklaverei zu erhalten und Sklaven zu peitschen und zu quälen ohne Hinderung und Zurrechenschaftziehung vor irdischem Gesetz und vor irdischem Richterstuhl; Leute, die, wenn sie von Freiheit sprechen, unter Freiheit das Recht verstehen, ihre Brüder zu knechten

Eine Sklavenauktion

und grausam und tyrannisch gegen sie zu sein; und deren jeder auf seiner eigenen Erde im republikanischen Amerika ein härterer und weniger verantwortlicher Despot ist als Harun al Raschid in seinem Kalifenpurpur.

Die dritte Klasse, und die nicht am wenigsten zahl- und einflussreiche, rekrutiert sich aus jenem zart fühlenden Republikaneradel, der keinen Höheren über sich duldet und keinen Gleichen neben sich; dessen Republikanismus in reines Deutsch übersetzt heißt: »Ich will keinen Menschen über mir dulden; und von denen, die unter mir stehen, soll mir keiner zu nahe treten«; dessen Stolz, in einem Lande, wo zu dienen eine Schmach ist, Sklaven huldigen müssen; und dessen unveräußerliche Menschenrechte nur gedeihen können, wo der Boden von dem Blut und dem Schweiß der Neger gedüngt ist.

Es ist zuweilen behauptet worden, dass man bei den erfolglosen Versuchen, die Sache menschlicher Freiheit in der amerikanischen Republik zu fördern, nicht genug Rücksicht auf die erste dieser Klassen genommen habe; und dass man hart und ungerecht gegen sie sei, indem man sie mit der zweiten in eine Linie stelle. Das ist allerdings der Fall; edle Beispiele von persönlichen und pekuniären Opfern sind unter ihnen vorgekommen; und es ist sehr zu beklagen, dass die Kluft zwischen ihnen und den Verteidigern der Sklavenemanzipation erweitert worden ist; umso mehr, da unleugbar unter ihnen viele gütige Herren sind, die ihre unnatürliche Macht mit milder Hand üben. Aber wir fürchten, dass diese Ungerechtigkeit unzertrennlich ist von diesem Zustand, gegen den Menschlichkeit und Wahrheit zum Kampf aufstehen müssen. Die Sklaverei wird nicht weniger unerträglich, weil es einige Herzen gibt, welche teilweise ihrem verhärtenden Einfluss widerstehen können; und die zürnende Flut gerechter Entrüstung kann nicht stillstehen, weil sie in ihrem Strom einige wenige vernichtet, die unter einem Heer Schuldiger vergleichsweise unschuldig sind.

Was diese Besseren unter den Verteidigern der Sklaverei gewöhnlich zu ihrer Entschuldigung anführen, ist das: »Es ist ein schlechtes System; und ich für meinen Teil würde es herzlich gern abschaffen, wenn ich könnte. Aber es ist nicht so schlecht, wie man in England glaubt. Sie lassen sich täuschen durch die Deklamationen der Emanzipationisten. Der größere Teil meiner Sklaven hängt sehr an mir. Sie werden sagen, ich würde nicht dulden, dass man sie schlecht behandle; aber können Sie wirklich glauben, dass es allgemein Brauch sei, sie unmenschlich zu behandeln, wenn Sie bedenken, dass dadurch ihr Wert und das Interesse ihrer Eigentümer geschmälert würde?«

Liegt es im Interesse irgendeines Menschen, zu stehlen, zu spielen, körperliche und geistige Gesundheit durch den Trunk zu vernichten, zu lügen, meineidig zu sein, zu hassen, sich blutig zu rächen, zu morden? Nein. Alles das sind Wege zum Verderben. Und warum geht sie der Mensch? Weil solche Neigungen aus den sündhaften Regungen des Menschenherzens entstehen. Ihr Freunde der Sklaven, löscht erst aus der Zahl der menschlichen Leidenschaften viehische Wollust, Grausamkeit und den Missbrauch unverantwortlicher Gewalt (von allen Versuchungen der Erde die lockendste und am wenigsten zu überwindende), und wenn ihr das getan habt und nicht eher, wollen wir euch fragen, ob es in dem Interesse des Herrn liegt, seine Sklaven, deren unumschränkter Herr er ist, zu peitschen und zu verstümmeln.

Aber weiter! Diese Klasse und die zuletzt genannte, die elende Aristokratie einer unechten Republik, erheben ihre Stimmen und rufen: »Die öffentliche Meinung ist mächtig genug, um solche Grausamkeiten zu verhindern, wie Sie anführen.« Öffentliche Meinung! Ja, die öffentliche Meinung in den Sklavenstaaten ist für die Sklaverei. Ist es nicht wahr? Die öffentliche Meinung in den Sklavenstaaten hat die Sklaven in die barmherzigen Hände ihrer Herren gegeben. Die öffentliche Meinung hat die Gesetze gemacht und den Sklaven ihren Schutz verweigert. Die öffentliche Meinung hat Dornen in die Geißel geflochten, das brandmarkende Eisen geglüht, die Büchse geladen, den Mörder geschützt. Die öffentliche Meinung droht dem Abolitionisten mit dem Tod, wenn er sich in den Süden wagt; und schleppt ihn mit einem Strick um den Leib am hellen, vor Scham nicht errötenden Mittag durch die erste Stadt des Ostens. Die öffentliche Meinung hat vor wenigen Jahren in der Stadt St. Louis einen Sklaven am langsamen Feuer geröstet; und die öffentliche Meinung hat bis auf diesen Tag jenen ehrenwerten Richter im Amt erhalten, der den Geschworenen, die zusammen berufen waren, um über die Mörder zu urteilen, erklärte, dass ihre scheußliche Tat eine Äußerung der öffentlichen Meinung sei und dass sie demnach nicht bestraft werden könne durch die Gesetze, welche die öffentliche Meinung geschaffen hatte. Die öffentliche Meinung war es, welche diesen Lehrsatz mit einem Geheul wilden Beifalls begrüßte und die Gefangenen befreite, dass sie herumgingen in der Stadt als Männer von Ansehen und Einfluss, wie sie vorher gewesen waren.

Die öffentliche Meinung! Welche Klasse von Menschen hat in ihrer Macht, die öffentliche Meinung im gesetzgebenden Körper zu vertreten, ein unermessliches Übergewicht über den Rest der Staatsgesellschaft! Die Sklavenbesitzer. Aus ihren zwölf Staaten schicken sie hundert Mitglieder zum Kongress, während die vierzehn freien Staaten mit fast doppelter Bevölkerung nur hundertzweiundvierzig Vertreter haben. Vor wem beugen sich die Kandidaten zum Präsidentenstuhl am tiefsten, vor wem kriechen sie am demütigsten, wem schmeicheln sie am eifrigsten in ihren servilen Beteuerungen? Dem Sklavenbesitzer.

Die öffentliche Meinung! Hört die öffentliche Meinung des freien Südens, wie seine eigenen Vertreter im Repräsentantenhaus in Washington sie aussprechen. »Ich hege große Achtung vor dem Präsidenten unserer Versammlung«, spricht Nord-Carolina, »ich hege große Achtung vor ihm als einem Beamten des Hauses und als Privatperson; nichts als diese Achtung hält mich ab, an die Tafel zu gehen und die Petition zu zerreißen, welche eben für Abschaffung der Sklaverei in dem Distrikt Columbia übergeben worden ist.« – »Ich warne die Abolitionisten«, spricht Süd-Carolina, »diese unwissenden, wütenden Barbaren; wenn der Zufall sie in unsere Hände fallen lassen sollte, sterben sie den Tod des Missetäters.« – »Lasst nur einen Abolitionisten nach Süd-Carolina kommen«, ruft ein Dritter, des Vorigen Kollege; »wenn wir ihn fangen können, wollen wir ihn vor Gericht stellen und trotz der Einmischung aller Regierungen der Welt, die Bundesregierung nicht ausgenommen, ihn hängen.«

Die öffentliche Meinung hat das zum Gesetz gemacht. – Die öffentliche Meinung hat verordnet, dass in Washington, in der Stadt, die den Namen des Vaters der amerikanischen Freiheit trägt, der Friedensrichter jeden Neger, der über die Straße geht, in Ketten legen und in den Kerker werfen kann: Ein Vergehen von Seiten des Schwarzen ist nicht nötig. Der Richter sagt, »ich finde für gut, diesen Mann für einen entlaufenen Sklaven zu halten«, und kerkert ihn ein. Wenn das geschehen ist, ermächtigt die öffentliche Meinung den Richter, den Neger in den Zeitungen anzuzeigen und seinen Eigentümer aufzufordern ihn abzuholen, widrigenfalls der Sklave zum Ersatz der Gefängniskosten verkauft werde. Aber gesetzt, er wäre ein freier Schwarzer und hat keinen Eigner, so sollte man doch meinen, er werde freigelassen. Nein: Er wird verkauft, um den Gefängniswärter zu entschädigen. Das ist mehr als hundert Mal geschehen. Er hat keine Mittel in Händen, um seine Freiheit zu beweisen; hat keinen guten Freund, der ihm raten könnte, keinen Boten, keinen Beistand irgendeiner Art; über seinen Fall wird keine Untersuchung, keine Prüfung angestellt. Er, ein freier Mann, der vielleicht jahrelang gedient und seine Freiheit sich erkauft hat, wird in den Kerker geworfen ohne Prozess, ohne etwas verbrochen zu haben, ohne Grund, Verdacht oder Vorwand: Und er wird verkauft, um die Kerkertaxe zu zahlen. Die Sache scheint unglaublich, selbst für Amerika, aber so ist es Gesetz.

Wie man in solchen Fällen der öffentlichen Meinung gehorcht, kann folgendes Beispiel aus der Zeitung zeigen. Da heißt es:

»INTERESSANTER RECHTSFALL

Vor dem Höchstengericht *(Supreme Court)* wird jetzt ein interessanter Fall verhandelt. Die Tatsachen sind folgende. Ein Gentleman, der in Maryland wohnt, hatte einem alten Ehepaar unter seinen Sklaven auf mehrere Jahre die faktische, wenn auch nicht legale Freiheit gegeben. Während das Paar so lebte, wurde ihnen eine Tochter geboren, die in derselben Freiheit aufwuchs, bis sie einen freien Neger heiratete und sich mit ihm in Pennsylvanien niederließ. Sie hatten mehrere Kinder miteinander und blieben unangetastet, bis der erste Eigentümer starb, wo dann dessen Erbe sie wieder in Besitz zu nehmen suchte; allein der Richter, vor den sie gestellt wurden, erklärte in diesem Fall keine gesetzliche Macht über sie zu haben. Der Erbe des ersten Eigentümers raubte daraufhin das Weib und die Kinder in der Nacht und entführte sie mit sich nach Maryland.«

»Geld für Neger«, »Geld für Neger«, »Geld für Neger«, so fangen mit großen Anfangsbuchstaben die Annoncen an, welche ganze Spalten der großen Zeitungsblätter anfüllen. Ein Holzschnitt, der einen Negerflüchtling zeigt, mit gefesselten Händen vor einem rohen, plumpen Verfolger in Stulpenstiefeln, der ihn eingeholt und bei der Kehle gepackt hat, bringt eine angenehme Abwechslung in den lieblichen Text. Der Hauptartikel donnert gegen »jene höllische und abscheuliche Abolitionslehre, die göttlichen und menschlichen Gesetzen gleich sehr widerstreitet«. Die zarte, empfindsame Mama, die den geistreichen Artikel beifällig belächelt, indem sie ihr Journal auf der kühlen Piazza liest, beschwichtigt ihr jüngstes Kind, das sich am Saum ihres Kleides hält, durch das Versprechen, »ihm eine Peitsche zu geben, damit es die kleinen Negerlein schlage«. – Aber die Neger, klein und groß, werden von der öffentlichen Meinung geschützt.

Hören wir über diese öffentliche Meinung ein anderes Zeugnis, welches in dreierlei Beziehung wichtig ist: erstens weil es zeigt, wie schrecklich sich die Sklaveneigentümer vor der öffentlichen Meinung fürchten, in ihren zarten Beschreibungen flüchtiger Sklaven, die sie in weit verbreitete Zeitungen setzen; zweitens weil es zeigt, wie zufrieden die Sklaven leben und wie selten sie ausreißen; drittens weil es zeigt, wie sicher sie vor Narben, Brandmarkungen und anderen grausamen Züchtigungen sind, in Bildern, die nicht von lügnerischen Abolitionisten, sondern von den wahrheitsgetreuen Herren selbst entworfen sind.

Folgende Beispiele sind den Zeitungsannoncen wörtlich entlehnt. Die ältesten darunter sind erst vor vier Jahren erschienen; andere derselben Art erscheinen täglich noch haufenweise in den Tagesblättern.

»Entflohen, die Negerin Caroline. Hatte ein eisernes Halsband an einem einwärts gekehrten Eisenstachel.«

»Davongelaufen, eine Schwarze, Betsy. War am rechten Bein gefesselt.«

»Entflohen, die Negerin Fanny. Hatte ein eisernes Halsband an.«

»Davongelaufen, ein Negerjunge, etwa zwölf Jahre alt. Trug ein Hundehalsband mit ›*De Lampert*‹ drauf eingegraben.«

»Entflohen, der Neger Hown. Hat einen eisernen Ring um den linken Fuß. Dito Grise, sein Weib, mit Ring und Kette am linken Bein.«

»Davongelaufen, der Negerjunge James. Besagter Junge war in Eisen, als er mir davonlief.«

»Verhaftet, ein Mann, der sich John nennt. Hat einen Eisenkloben am rechten Fuß, von vier bis fünf Pfund Gewicht.«

»Im Polizeigefängnis, die Negerin Myra. Hat mehrere Narben von Peitschenhieben und Fesseln an den Füßen.«

»Davongelaufen, ein Negerweib und zwei Kinder; wenige Tage ehe sie entfloh, brannte ich sie mit glühenden Eisen auf die linke Wange. Ich habe versucht den Buchstaben M auszudrücken.«

»Entflohen, ein Neger, Henry; das linke Auge ist ausgeschlagen, hat auf und unter dem linken Arm Dolchstiche und viele Narben von der Hetzpeitsche.«

»Hundert Dollar Belohnung für einen Neger, Pompey, vierzig Jahre alt. Ist gebrandmarkt auf der linken Kinnbacke.«

»Arretiert, ein Neger. Derselbe hat keine Zehen am linken Fuß.«

»Durchgegangen, eine Negerin, Rachel. Hat alle Zehen an den Füßen außer der einen großen Zehe verloren.«

»Entflohen, Sam. Ist vor kurzem durch die Hand geschossen worden und hat mehrere Schusswunden in der linken Seite und im linken Arm.«

»Entflohen, mein Neger Dennis. Hat einen Schuss im linken Arm zwischen Ellbogen und Schulter, wodurch seine linke Hand gelähmt ist.«

»Entflohen, mein Neger Simon. Hat schwere Schusswunden im Rücken und rechten Arm.«

»Davongelaufen, ein Neger, Arthur. Hat eine große Schmarre über Brust und beide Arme, von einem Messer; schwatzt immer von Gottes Allgüte.«

»Fünfundzwanzig Dollar Belohnung für meinen Bedienten Isaak. Hat eine Schmarre auf der Stirn von einem Hieb und eine schwärende Wunde auf dem Rücken von einem Pistolenschuss.«

»Entflohen, ein Negermädchen, Mary. Hat eine kleine Narbe über dem Auge, mehrere Zähne ausgeschlagen, den Buchstaben A auf Stirn und Wange eingebrannt.«

»Eingesperrt, ein Mulatte, Tom. Hat eine Schmarre auf der rechten Wange und scheint im Gesicht durch Schießpulver verbrannt.«

»Verhaftet, ein Neger; sagt, er heiße Josiah. Hat auf dem Rücken sehr viele Narben von Peitschenhieben; und ist auf Hüften und Schenkel an drei oder vier Stellen gebrandmarkt

(J M). Am rechten Ohr ist der Rand abgeschnitten oder abgebissen.«

»Fünfzig Dollar Belohnung kriegt, wer einen Sklaven Edward zurückbringt. Hat eine Schmarre am Mundwinkel, zwei Hiebe und einen Buchstaben E am Arm.«

»Davongelaufen, der Negerjunge Ellie. Hat eine Narbe an einem Arm vom Biss eines Hundes.«

»Entflohen von der Pflanzung des James Surgette, folgende Neger: Randal, hat ein Ohr gestutzt; Bob, hat ein Aug verloren; Kentucky Tom, hat ein Kinnbackenbein gebrochen.«

»Entflohen, Anthony. Ein Ohr abgeschnitten und in die linke Hand mit der Axt gehauen.«

»Fünfzig Dollar Belohnung für den Flüchtling Jim Blake. An jedem Ohr ein Stück abgeschnitten und den Mittelfinger der linken Hand dito bis zum zweiten Glied.«

»Davongelaufen, eine Negerin, Maria. Hat eine Schnittwunde auf einer Wange. Einige Narben auf dem Rücken.«

»Davongelaufen, die Mulattin Mary. Hat eine Schnittwunde am linken Arm, eine Schmarre auf der linken Schulter und es fehlen ihr zwei Oberzähne.«

Zur Erklärung muss ich hier beifügen, dass zu den Segnungen, welche die öffentliche Meinung den Negern sichert, auch die Mode gehört, ihnen mit Gewalt die Zähne auszuschlagen. Dass man sie Tag und Nacht eiserne Halsbänder tragen lässt und mit Hunden hetzt, ist ein zu gewöhnlicher Gebrauch, um noch eine besondere Erwähnung zu verdienen.

»Davongelaufen, mein Mann Fountain. Hat Löcher in den Ohren, eine Schmarre auf der rechten Seite der Stirn, ist in die Rückseite der Beine geschossen und auf dem Rücken mit der Peitsche gezeichnet.«

»Zweihundertundfünfzig Dollar Belohnung für meinen Neger Jim. Ist gezeichnet am rechten Schenkel durch Schrotwunden. Der Schuss drang von der äußeren Seite ein, halb zwischen Hüfte und Kniegelenk.«

»Arretiert, John. Linkes Ohr gestutzt.«

»Aufgegriffen, eine Negerbediente. Hat sehr viel Narben an Gesicht und Leib und das linke Ohr ist abgebissen.«

»Davongelaufen, ein schwarzes Mädchen, Mary. Hat eine Narbe auf der linken Backe und die Spitze einer Zehe ist abgehauen.«

»Davongelaufen, meine Mulattin Judy. Hatte den rechten Arm gebrochen.«

»Davongelaufen, mein Neger Levi. Hat die linke Hand verbrannt und ich glaube, die Spitze des Zeigefingers ist weg.«

»Davongelaufen, ein Neger, genannt Washington. Hat einen Teil des Mittelfingers und die Spitze des kleinen Fingers verloren.«

»Fünfundzwanzig Dollar Belohnung für meinen Lakaien John. Seine Nasenspitze ist abgebissen.«

»Fünfundzwanzig Dollar Belohnung für die Negerin Sally. Sie geht, als wäre sie zum Krüppel geschlagen.«

»Davongelaufen, John Dennis. Hat einen kleinen Schnitt in einem Ohr.«

»Davongelaufen, der Negerbub Jack. Hat vom linken Ohr ein kleines Stück weg.«

»Davongelaufen, ein Neger namens Ivory. Hat ein kleines Stück weg von jeder Ohrspitze.«

Weil wir eben bei den Ohren sind, muss ich berichten, dass einmal einer der ersten Abolitionisten in New York, in einem Postbrief eingeschlossen, das Ohr eines Negers zugeschickt bekam, welches hart am Kopf abgeschnitten worden war. Der freie und unabhängige Gentleman, der es hatte amputieren lassen, schickte es mit der höflichen Bitte, das Ohr als ein Musterstück in seine »Sammlung« aufzunehmen.

Ich könnte dieses Verzeichnis mit zerbrochenen Armen und Beinen, zerfetztem Fleisch, ausgeschlagenen Zähnen, Hundebissen und unzähligen Brandmarkungen mit glühend roten Eisen noch vermehren: Meine Leser fühlen sich aber vielleicht schon genug abgestoßen und angewidert. Ich will daher zu einer anderen Seite dieses Themas übergehen.

Diese Annoncen, von denen man jährlich, monatlich, wöchentlich und täglich eine ähnliche Sammlung zusammenstellen könnte und die man in Familien gleichgültig liest als Dinge, die sich von selbst verstehen, als einen Teil der gewöhnlichen Stadtneuigkeiten, können zeigen, wie zart die öffentliche Meinung über die Sklaven denkt und wie sehr sie ihnen zustatten kommt. Aber es mag der Mühe lohnen, zu fragen, wie die Sklavenbesitzer und die Menschenklasse, zu der ein großer Teil von ihnen gehört, im Angesicht der öffentlichen Meinung nicht gegen ihre Sklaven, sondern gegen einander wechselseitig sich benehmen; wie sie ihre Leidenschaften zu zähmen pflegen; ob sie sanft oder wild miteinander umgehen; ob ihre Sitten und sozialen Gewohnheiten brutal, blutdürstig und gewalttätig sind oder ob sie das Gepräge der Zivilisation und Bildung an sich tragen.

Damit wir bei dieser Untersuchung keine parteilichen Aussagen von Abolitionisten anhören, will ich mich wieder an ihre eigenen Zeitungen halten und mich für diesmal auf eine Auswahl kleiner Journalartikel beschränken, die während meines Aufenthaltes in Amerika erschienen sind und auf Ereignisse aus derselben Zeit sich beziehen.

Und diese Fälle, wie man sehen wird, trugen sich nicht alle auf dem Gebiet wirklicher Sklavenstaaten zu; aber die Lage der Schauplätze in der Nähe solcher Gebiete, wo die Sklaverei Gesetz ist, und die starke Ähnlichkeit zwischen dieser Art von Freveln und den übrigen führen zur gegründeten Annahme, dass der Charakter der Beteiligten sich in Sklavendistrikten ausgebildet hat und durch das Sklavenwesen verwildert ist.

»SCHRECKLICHE TRAGÖDIE

Durch den Southport Telegraph, Wisconsin, hören wir, dass der ehrenwerte Charles C. P. Arndt, Mitglied des Rates für die Landschaft Brown, von James R. Vinyard, Mitglied für die Landschaft Brown, im Sitzungssaale totgeschossen worden ist. Die Affäre wurde durch die Ernennung eines Sheriffs für Grand County herbeigeführt.

Mr E. S. Baker wurde dazu ernannt und von Mr Arndt unterstützt. Dieser Ernennung widersetzte sich Vinyard, der die Stelle für seinen Bruder verlangte. Im Verlauf der Debatte machte der Verstorbene einige Angaben, die Vinyard für falsch erklärte, mit einer heftigen Sprache voll beschimpfender Persönlichkeiten, auf die Mr Arndt keine Antwort gab. Nach der Vertagung trat Mr A. zu Vinyard heran und forderte ihn auf, seine Äußerungen zurückzunehmen, was dieser verweigerte, indem er die beleidigenden Worte wiederholte. Mr Arndt schlug darauf nach Vinyard, welcher einen Schritt zurücktrat, eine Pistole hervorzog und ihn totschoss.

Der Streit scheint von Vinyard ausgegangen zu sein, der sich vorgenommen hatte um jeden Preis Bakers Ernennung zu hintertreiben, und, da es ihm nicht gelang, seine Wut und Rache an dem unglücklichen Arndt ausließ.«

»DIE WISCONSIN TRAGÖDIE

Groß ist die Entrüstung des Publikums im Gebiet von Wisconsin über die Ermordung von C. C. P. Arndt, in den gesetzgebenden Hallen der Landschaft. In verschiedenen Kreisen von Wisconsin sind Meetings gehalten worden, worin die Gewohnheit, mit versteckten Waffen in die gesetzgebende Kammer des Landes zu kommen, denunziert wurde. Wir haben den Bericht über die Ausstoßung von James R. Vinyard, dem Täter des blutigen Mordes, gesehen und sind erstaunt hören zu müssen, dass nach dieser Ausstoßung durch diejenigen, in deren Beisein Vinyard Mr Arndt vor den Augen seines alten Vaters umbrachte, der auf Besuch zu ihm gekommen war, der Richter Dunn den Mr Vinyard auf Bürgschaft freigelassen hat. Die Miner's Free Press spricht mit gerechtem Tadel über diese Beleidigung der Gefühle des Volkes von Wisconsin. Vinyard stand nur eine Armlänge weit von Mr Arndt, als er schoss. Er hätte ihn, da er so nahe war, bloß verwunden können, aber er wollte ihn gerade umbringen.«

»MORDTAT

Durch einen Brief in einer Zeitung von St. Louis, vom 14., hören wir eine schreckliche Tat, die in Burlington, Iowa, begangen wurde. Ein Mr Bridgman hatte mit einem Bürger der Stadt, Mr Ross, eine Differenz gehabt; ein Schwarzer des Letzteren versah sich mit einer Colt'schen Drehpistole *(revolving pistol)*, und schoss, als er Mr Bridgman auf der Gasse begegnete, die

Ladung aller fünf Läufe auf ihn ab; jede Kugel traf. Mr Bridgman, obgleich schrecklich verwundet und sterbend, feuerte wieder und tötete Ross auf der Stelle.«

»SCHRECKLICHER TOD DES ROBERT POTTER

Aus der ›Caddo Gazette‹ vom 21. dieses erfahren wir, dass Colonel Robert Potter ein furchtbares Ende genommen hat ... Er ward in seinem eigenen Hause von einem Feind namens Rose überfallen. Er sprang vom Lager auf, griff nach der Flinte und stürzte, im Nachtkleid, aus dem Hause. Zweihundert Yards weit schien er seinen Verfolgern Hohn bieten zu können; dann aber verwickelte er sich in einem Dickicht und wurde eingeholt. Rose sagte zu ihm, er wolle großmütig sein und ihm eine Möglichkeit lassen, sein Leben zu retten. Dann sagte er Potter, er solle laufen und er werde nicht gehindert werden, bis er einen gewissen Punkt erreicht haben werde. Potter lief, wie das Kommandowort gegeben wurde, aus und hatte den See erreicht, ehe ein Gewehr auf ihn abgefeuert wurde; er sprang ins Wasser und tauchte unter. Rose aber war dicht hinter ihm und stellte seine Leute am Ufer auf, um nach ihm zu schießen, sobald er auftauchen sollte. Nach wenigen Sekunden kam er wirklich herauf, um Luft zu schöpfen. Kaum hatte sein Kopf die Oberfläche des Wassers erreicht, als er von ihren Kugeln durchbohrt und zerschmettert ward. Potter sank unter und tauchte nicht wieder auf!«

»MORD IN ARKANSAS

Wir hören, dass vor wenigen Tagen ein heftiges Zusammentreffen stattfand unter der Seneca Nation zwischen Mr Loose, dem Unteragenten der gemischten Gesellschaft der Senecas, Onopaw und Shawnees, und zwischen Mr James Gillespie von der Handelsfirma Thomas G. Allison und Comp. von Maysville, Benton, Landschaft Ark, in welchem Zusammentreffen der Letztere mit einem Bowiemesser erschlagen wurde. Eine Zeit lang schon hatte zwischen beiden Teilen einige Spannung geherrscht. Man sagt, Major Gillespie habe den Streit mit dem Stock angefangen. Während des nun folgenden heftigen

Kampfes wurden zwei Pistolen abgefeuert, die eine von Gillespie, die andere von Loose. Letzterer erstach sodann Gillespie mit der nie fehlenden Waffe, dem langen Bowiemesser. Der Tod des Major Gillespie wird sehr beklagt, denn es war ein energischer und hochherziger Mann. – Seit Obiges im Druck ist, hören wir, dass Major Allison einigen unserer Mitbürger versichert hat, Mr Loose habe den ersten Schlag geführt. Wir enthalten uns aller weiteren Bemerkungen, da die Sache Gegenstand einer gerichtlichen Untersuchung werden wird.«

»GRÄSSLICHER MORD

Der Dampfer Thames, der eben von Missouri angekommen ist, brachte uns eine Proklamation mit, worin eine Belohnung von fünfhundert Pfund dem Entdecker des Verbrechers versprochen wird, der Lilburn W. Baggs, den Gouverneur des Staates, in der Nacht vom 6. d. M. in Independence ermordet hat. Der Gouverneur war zur Zeit der Abfahrt des Dampfers noch nicht tot, aber tödlich verwundet.

Seit wir Vorstehendes niederschrieben, empfingen wir durch die Güte des Sekretärs des Dampfers Thames Näheres über den Vorfall. Gouverneur Baggs wurde von unbekannter Hand am Abend des Freitags, am 6. d. M., erschossen, als er in einem Zimmer seines Hauses saß. Sein Sohn, ein Knabe, hörte den Schuss, stürzte in das Zimmer und fand den Gouverneur im Lehnstuhl sitzend, die Kinnlade herabgesunken und den Kopf zurückgelehnt; als er die Wunden bemerkte, machte er Lärm. Spuren von Fußtritten fand man im Garten unter dem Fenster und auch ein Pistol, welches wahrscheinlich zu stark geladen worden und dem Ruchlosen aus der Hand geflogen war. Drei Rehposten trafen den Unglücklichen; der eine durch den Mund, einer in das Gehirn und der dritte wahrscheinlich in oder nahe bei dem Gehirn. Alle gingen in das Hinterteil des Halses und des Kopfes. Am Morgen des 7. war der Gouverneur noch am Leben; aber man hatte wenig oder vielmehr keine Hoffnung für sein Aufkommen.

Man hat einen Mann in Verdacht, der jetzt wahrscheinlich bereits in den Händen der Gerechtigkeit ist.

Das Pistol war eines von zweien, welche einige Tage vorher einem Bäcker in Independence gestohlen worden waren, und die Gerichte haben eine Beschreibung des anderen Pistols veröffentlicht.«

»RENCONTRE

Eine unglückliche Affäre fand am Freitagabend in Chatres-Street statt, wobei einer unserer achtbarsten Mitbürger eine gefährliche Stichwunde in den Unterleib empfing. Aus der gestrigen Bee (von New Orleans) entnehmen wir die folgenden Details. In den französischen Spalten dieses Blattes erschien am vorigen Montag ein Artikel, der sich tadelnd über das Artilleriebataillon äußerte, welches am Sonntagmorgen den Ontario und Woodbury mit Kanonenschüssen begrüßt und dadurch die Familien derjenigen Personen, die die Nachtwache in der Stadt hatten, sehr in Unruhe versetzt hatte. Major C. Gally, Kommandeur des Bataillons, verfügte sich darauf in das Redaktionsbüro und verlangte den Namen des Verfassers jenes Artikels zu wissen; Mr P. Arpin wurde ihm genannt, welcher gerade abwesend war. Einige heftige Worte fielen zwischen einem der Eigentümer und dem Major und eine Herausforderung war die Folge; die Freunde beider Parteien versuchten zwar die Sache zu arrangieren, aber umsonst. Am Freitagabend gegen sieben Uhr traf Major Gally Mr Arpin in Chatres-Street, und redete ihn an. ›Sind Sie Mr Arpin?‹

›Ja, Sir.‹

›So habe ich Ihnen zu sagen, dass Sie ein Schurke sind.‹

›Ich werde Sie an Ihre Worte erinnern, Sir.‹

›Aber ich habe gesagt, dass ich meinen Stock auf Ihrem Rücken entzweischlagen werde.‹

›Ich weiß es, aber ich habe den Schlag noch nicht.‹

Bei diesen Worten schlug Major Gally Mr Arpin mit dem Stock über das Gesicht und Letzterer zog einen Dolch aus der Tasche und stach Major Gally in den Unterleib.

Man fürchtet sehr, dass die Wunde tödlich ist. Wir vernehmen, dass Mr Arpin Bürgschaft für sein Erscheinen vor dem Kriminalgericht geleistet hat.«

»RENCONTRE IN MISSISSIPPI

Am 27. vor. Monats wurde in einem Rencontre bei Carthage, Leake County, Mississippi, zwischen James Cottingham und John Wilburn der Letztere von einer Kugel getroffen und so schwer verwundet, dass man an seinem Aufkommen zweifelt. Am zweiten dieses Monats wurde ebenfalls in Carthage in einem Rencontre zwischen A. C. Sharkey und George Dogg der Letztere, wahrscheinlich tödlich, verwundet. Sharkey stellte sich dem Gericht, besann sich aber bald anders und entfloh!«

»UNGLÜCKSFALL

Vor einigen Tagen hatte in Sparta ein Mann namens Bury das Unglück, den Oberkellner eines dortigen Hotels gefährlich mit einem Schuss zu verletzen. Bury wurde etwas laut und der Kellner, entschlossen Ordnung zu erhalten, drohte Bury niederzuschießen, worauf Bury eine Pistole zog und den Kellner niederschoss. Nach den letzten Nachrichten war der Verwundete noch nicht tot, gab jedoch wenig Hoffnung.«

»ZWEIKAMPF

Der Sekretär des Dampfers Tribune unterrichtet uns von einem anderen Duell, welches am letzten Dienstag zwischen Mr Robbins, einem Beamten der Bank in Vicksburg, und Mr Fall, dem Redakteur der *Vicksburg Sentinel*, stattfand. Jeder der Duellanten hatte sechs Pistolen, welche sie auf das Kommando ›Feuer!‹ in beliebiger Schnelligkeit nacheinander abfeuern konnten. Fall schoss zweimal ohne zu treffen. Mr Robbins' erster Schuss traf seinen Gegner in den Schenkel, dass dieser hinstürzte und unfähig war den Kampf fortzusetzen.«

»RENCONTRE IN CLARKE COUNTY

Ein unglückliches Rencontre fand in Clarke County in der Nähe von Waterloo am Dienstag, den 19. vor. M., abends statt. Der Streit entstand bei Gelegenheit der Abrechnung zwischen den Herren M'Kane und M'Allister, die ein Destillationsgeschäft zusammen betrieben hatten, und endigte mit dem Tod des Letzteren, welcher von Mr M'Kane niedergeschossen wurde, weil er sieben Fässer Whiskey, das Eigentum M'Kanes, welche bei der Auktion M'Allister zu einem Dollar pro Fass zugeschlagen worden waren, in Besitz nehmen wollte. M'Kane ergriff sogleich die Flucht und war nach den neuesten Nachrichten noch nicht eingebracht.

Dieser unglückliche Vorfall hat unsere Gegend in große Aufregung versetzt, denn beide Beteiligte haben eine starke Familie und waren Leute von Ansehen in der Gemeinde.«

Noch eine Stelle will ich anführen, die durch ihre außerordentliche Lächerlichkeit den Eindruck dieser blutigen Taten einigermaßen mildern wird.

»EHRENSACHE

Wir haben eben Näheres über einen Zweikampf erfahren, welcher am Dienstag auf der *Six-Mile*-Insel zwischen zwei jungen Herren unserer Stadt, Samuel Thurston, fünfzehn Jahre, und William Hine, dreizehn Jahre alt, stattfand. Ihre Sekundanten waren von gleichem Alter. Die gewählten Waffen waren ein Paar von Dickson's besten Büchsen; die Mensur dreißig Yards Distanz. Sie schossen einmal, ohne dass jemand Schaden gelitten hätte, außer dass eine Kugel durch den Hut Hines ging. Durch die Vermittlung des Ehrengerichts wurde die Forderung zurückgenommen und der Streit freundschaftlich beigelegt.«

Wenn sich der Leser ein Ehrengericht denkt, welches eine Ehrensache zwischen zwei kleinen Jungen, die in jedem anderen Lande freundschaftlich über eine Bank gelegt und mit der Rute bestraft werden würden, freundschaftlich beilegt, wird ihm gewiss derselbe unwiderstehliche Reiz zum Lachen ankommen, der mich stets ergreift, wenn ich daran denke.

Und jetzt frage ich jeden Menschen, der nur den gewöhnlichen Menschenverstand, das gewöhnlichste menschliche Gefühl hat; frage alle Leidenschaftslosen und Vernünftigen, welcher Partei sie auch angehören mögen, ob sie bei so empörenden Zeugnissen über den Zustand der Gesellschaft in den Sklavenstaaten Nordamerikas noch über die wirkliche Lage der

Sklaven in Ungewissheit sein können, ob sie jetzt noch diese Institution und ihre Schrecken mit ihrem Gewissen versöhnen können? Werden sie von irgendeiner blutigen Tat sagen können, sie sei wahrscheinlich, wenn sie die Zeitungen nur in die Hand zu nehmen brauchen, um solche Zeugnisse wie die eben angeführten zu sehen, die ihnen vorgelegt werden von denselben Männern, die über die Sklaven herrschen?

Wissen wir nicht, dass die scheußlichsten Auswüchse der Sklaverei zugleich Ursache und Wirkung der Zuchtlosigkeit dieser keinem Gesetz sich beugenden Freigeborenen sind? Wissen wir nicht, dass der Mann, der unter allen Gräueln der Sklaverei geboren worden ist und aufgewachsen; der in seiner Kindheit Ehemänner gezwungen gesehen hat, ihre Weiber auszupeitschen; der Weiber gesehen hat, wie sie den Rock selbst in die Höhe nehmen mussten, dass die Peitsche sie schwerer treffe, die von brutalen Aufsehern gepeinigt wurden in der Stunde der Wehen und Mütter wurden auf dem Felde der Qual, unter der zerfleischenden Peitsche; der in der Jugend mit seinen jungfräulichen Schwestern Beschreibungen entflohener Sklaven und ihrer verstümmelten Körper gelesen hat, die anderwärts nicht von einer Tierschau oder von Zuchtvieh veröffentlicht werden könnten; – wissen wir nicht, dass solch ein Mann, wenn sein Zorn gereizt wird, ein entmenschter Barbar sein muss? Wissen wir nicht, dass, wer als Feigling im Hause herumgeht, gegen zitternde Sklaven mit der schweren Peitsche bewaffnet, ein Feigling auch draußen sein wird, dass er die Waffen des feigen Meuchelmörders versteckt tragen und im Streit seinen Gegner niederstechen und niederschießen wird? Und wenn uns unsere Vernunft nicht das und noch mehr lehrte; wenn wir blödsinnig genug wären unsere Augen zu verschließen gegen die schöne Schule, aus der solche Männer hervorgehen; müssen wir nicht wissen, dass Männer, die gegen ihresgleichen in der Halle der Volksvertreter, in dem Comptoir und auf dem Marktplatz und überall, wo sonst unverletzlicher Frieden herrscht auf Erden, Pistole und Dolch gebrauchen, ihren Untergebenen, auch wenn sie freie Diener sind, erbarmungslose, tyrannische Herren sein müssen?

Was! Sollen wir auf das unwissende Landvolk Irlands schimpfen und die Wahrheit mit schönen Worten verhüllen, wenn wir von diesen amerikanischen Sklaveneignern sprechen? Sollen wir Pfui rufen über die Rohheit derjenigen, die das Vieh verstümmeln und mit dem Licht der Freiheit auf Erden sparen, die die Ohren von Männern und Frauen stutzen, die hübsche Sprüchelchen in das bebende Fleisch schneiden, die mit Federn von glühendem Eisen auf dem Menschenantlitz schreiben lernen, die ihre poetische Erfindungsgabe anstrengen, um Livreen der Verstümmelung zu ersinnen, von ihren Sklaven ihr Leben lang getragen und mit in das Grab genommen, die Glieder brechen wie die Kriegsknechte, welche den Heiland der Welt verhöhnten, die wehrlose Geschöpfe zur Zielscheibe ihrer Büchsen nehmen! Sollen wir sentimentale Tränen vergießen, wenn wir von den Qualen lesen, die heidnische Indianer aneinander verübten, und lächeln über die Grausamkeiten von Christen? Sollen wir, solange ein solcher Zustand dauert, über die zerstreuten Reste dieser schönen Rasse triumphieren und uns des Besitzes ihres weiten Gebietes freuen? Oh, möchte doch lieber der Urwald wieder da sein und das indische Dorf; möchte anstatt der Sterne und Streifen eine ärmliche Feder im Wind flattern; möchten lieber Wigwams an der Stelle der Straßen und Marktplätze stehen; und wenn auch der Totensang von hundert stolzen Kriegern die Luft durchdröhnte, es würde Musik sein gegen das Wimmern eines unglücklichen Sklaven.

Über eine Sache, die wir beständig vor Augen haben und in der sich unser Volkscharakter mit reißender Schnelligkeit ändert, lasst uns die reine Wahrheit sagen und nicht auf den Busch schlagen, indem wir auf den Spanier und den feurigen Italiener hinweisen. Wenn im Streit von Engländern Messer gezogen werden, so lasst uns offen auftreten und sagen: »Diese Veränderung verdanken wir der republikanischen Sklaverei. Das sind die Waffen der Freiheit. Mit scharfen Spitzen und Schneiden wie diesen verstümmelt die Freiheit in Amerika ihre Sklaven; und sind diese nicht zur Zielscheibe da, so wenden die Söhne der Freiheit sie besser an und kehren sie gegen ihresgleichen.«

Siebzehntes Kapitel
Schlussbemerkungen

Manche Stellen sind in diesem Buch, bei denen ich mit einiger Mühe der Versuchung widerstanden habe, meine Leser mit meinen Folgerungen und Schlüssen zu belästigen; aber ich zog vor, ihnen die einfachen Tatsachen vorzulegen und sie selbst urteilen zu lassen. Mein alleiniger Zweck war, sie treulich dahin zu führen, wo ich hinging, und diesen habe ich erreicht.

Aber man wird mir verzeihen, wenn ich über den Eindruck, den der allgemeine Charakter des amerikanischen Volkes und der ihres gesellschaftlichen Systems auf das Gemüt eines Fremden machen, meine Meinung in wenigen Worten auszusprechen wünsche, ehe ich dies Buch schließe.

Die Amerikaner sind von offenem, tapferem, herzlichem, gastfreiem und gemütlichem Charakter. Die Bildung ihrer Gesinnung scheint die Wärme ihres Herzens und die Begeisterung für alles Schöne nur zu erhöhen: Und diese letzteren Eigenschaften, welche die Amerikaner in höherem Grade besitzen, machen einen gebildeten Amerikaner zu dem herzlichsten und edelsten der Freunde. Mir sind noch nie so einnehmende Menschen erschienen als diese Klasse; ich habe nie mein volles Vertrauen und meine volle Achtung so bereitwillig hingegeben wie an diese; und ich werde gewiss nie wieder in der Zeit eines halben Jahres so viele Freunde gewinnen, für die ich die Achtung eines halben Lebens zu fühlen scheine.

Diese Eigenschaften sind, wie ich unbedingt glaube, dem ganzen Volk angeboren. Dass sie aber unter dem großen Haufen sehr in ihrem Wachstum verkümmern; und dass Einflüsse tätig sind, welche sie noch weit mehr gefährden und nur wenig Hoffnung zu ihrem vollkommenen Gedeihen lassen, ist eine Wahrheit, die nicht verhehlt werden darf.

Jedem Nationalcharakter ist es eigen, sich gewaltig viel auf seine Fehler zugute zu tun und die Übertreibung derselben als Zeichen seiner Tugend und Weisheit anzuführen. Ein großer

Flecken des amerikanischen Volkscharakters und die fruchtbare Quelle zahlloser Übel ist der allgemein herrschende Geist des Misstrauens. Und doch ist der Amerikaner imstande sich dieses Geistes zu rühmen, selbst wenn er leidenschaftslos genug ist, um die Verwüstungen, die er anrichtet, einzusehen; und oft wird er ihn, seiner eigenen Vernunft zum Trotz, als einen Beweis von der Schlauheit, dem Scharfsinn und dem überlegenen, selbstständigen Charakter seines Volkes anführen.

»Ihr übertragt diesen Geist des Argwohns und der Eifersucht«, sagt ihnen der Fremde, »in jede Handlung des öffentlichen Lebens. Indem die Würdigeren von euren gesetzgebenden Versammlungen zurückgeschreckt werden, ist eine Klasse von Wahlkandidaten entstanden, die in jeder Handlung eure Institutionen und die Wahl des Volkes schändet. Es hat euch so flatterhaft und veränderlich gemacht, dass eure Unbeständigkeit zum Sprichwort geworden ist, denn kaum habt ihr euch einen Götzen eingesetzt, so reißt ihr ihn nieder und zerschmettert ihn in tausend Stücke; und zwar weil ihr jedem Wohltäter oder Staatsdiener, sobald ihr ihn belohnt, zu misstrauen anfängt, bloß *weil* er belohnt ist; und gleich bemüht ihr euch selbst herauszufinden, dass ihr entweder in euerer Anerkennung zu wohlwollend oder er in seinen Verdiensten zu schwach gewesen sei. Wer immer unter euch eine hohe Stellung erlangt, vom Präsidenten bis zum niedrigsten Schreiber herab, kann von dem Augenblick an seinen Sturz datieren; denn jede gedruckte Lüge, aus der Feder des anerkanntesten Schurken geflossen, kann mit Sicherheit auf euer Misstrauen spekulieren und findet Glauben, wenn sie auch direkt gegen den Charakter und den guten Ruf eines ganzen Lebens streitet. Ihr sucht nach jedem Stäubchen eines Vorwurfs, wenn ihr jemand sein wohlverdientes Vertrauen schenken sollt, und seht die unschuldigste Mücke, die euch in den Weg kommt, mit scheelen Augen an; aber ganze Karawanenzüge von Kamelen werdet ihr herunterschlingen, wenn sie nur mit unwürdigen Zweifeln und niedrigem Verdacht beladen sind. Glaubt ihr, das sei gut oder diene dazu, den Charakter der Regierenden wie der Regierten hoch zu stellen?«

Die Antwort darauf ist immer dieselbe: »Hier sind alle Meinungen frei, wissen Sie. Jeder denkt für sich und wir lassen uns nicht leicht herumkriegen. Deshalb sind wir so argwöhnisch.«

Ein anderer Hauptcharakterzug ist die Lust am »pfiffigen«* Handel, die manche Schwindelei und manchen groben Treuebruch beschönigt, manchem Halunken die Macht gibt, sein Haupt höher zu tragen als ein ehrlicher Mann, obgleich er den Galgen verdient – aber diese Pfiffigkeit hat ihre Früchte getragen, denn sie hat in wenigen Jahren dem öffentlichen Kredit mehr geschadet, als die einfältigste, unbesonnenste Ehrlichkeit in einem Jahrhundert vermocht hätte. Mutwillige Bankrotteure und glückliche Schwindler werden nicht nach der goldenen Regel »Tue einem anderen nicht, was du nicht willst, etc.« beurteilt; es fragt sich nur, ob sie pfiffig waren. Ich entsinne mich beide Male, als ich an jenem unseligen Cairo am Mississippi vorbeifuhr und von den schlimmen Folgen sprach, die solche groben Betrügereien haben müssten, wenn sie ans Tageslicht kämen, dass man mir erwiderte, es sei doch ein pfiffiges Unternehmen gewesen, mit dem ein gutes Stück Geld verdient worden sei: Und das Pfiffigste sei gewesen, dass man im Ausland die ganze Geschichte gar bald vergessen und wieder zu spekulieren angefangen habe wie früher. Folgenden Dialog führte ich mehr als hundert Mal mit Amerikanern: »Ist es nicht eine Schande, dass der Soundso durch die infamsten und abscheulichsten Mittel zu einem großen Vermögen kommt und trotz all seiner Verbrechen unter euch Bürgern geduldet wird? Ist er nicht ein öffentliches Ärgernis? Wie?« – »Ja, Sir.« – »Ein überführter Lügner?« – »Ja, Sir.« – »Er hat schon Fußtritte bekommen und Stockschläge?« – »Ja, Sir.« – »Er ist ein ganz ehrloses, niedriges und verworfenes Subjekt?« – »Ja, Sir.« – »Nun denn, um Gottes willen, worin besteht sein Verdienst?« – »Ja, Sir, es ist doch ein pfiffiger Kerl.«

Auf ähnliche Weise werden alle Fehler und Schwächen mit der nationalen Handelslust beschönigt, obgleich es, seltsam ge-

---

* *Smart* ist ein Wort, welches kaum wiedergegeben werden kann. Pfiffig dürfte hier am entsprechendsten sein.

nug, der schwerste Vorwurf ist, der dem Fremden gemacht werden kann, wenn man sagt, er halte die Amerikaner für ein Handelsvolk. Die Handelslust wird als Grund angeführt, warum in Landstädten selbst Ehepaare in Hotels leben, keinen eigenen heimatlichen Herd haben und selten, vom frühen Morgen bis zum späten Abend, anderswo zusammenkommen als beim hastigen Essen im Wirtshaus. Aus Liebe zum Handel findet die amerikanische Literatur keinen Schutz und keine Gönner in ihrer Heimat: »Denn wir sind ein Handel treibendes Volk und kümmern uns nicht um die Poesie«, obgleich wir, beiläufig gesagt, selbst sagen, dass wir auf unsere Dichter stolz sind; während heilsame Vergnügungen, gemütliche Erholungen und wohltuende Geistesspiele vor den ernsten utilitarischen Freuden des Handels nicht aufkommen können.

Diese drei Charakterzüge treten dem Blick des Fremden bei jedem Schritt scharf entgegen. Aber die Saat des Bösen hat in Amerika noch eine tiefere und verzweigtere Wurzel in seiner Presse.

Mag man Schulen errichten, in Osten, Westen, Norden und Süden; mag man Zöglinge und Meister zu zwanzigtausenden erziehen; mögen die Collegia gedeihen, die Kirchen voll sein, die Mäßigkeit ihre Herrschaft ausbreiten und die Kenntnis in allen anderen Formen mit Riesenschritten durch das Land schreiten: solange die amerikanische Zeitungspresse in ihrem jetzigen verworfenen Zustand bleibt, ist kein sittlicher Fortschritt zu hoffen. Ein Jahr um das andere muss die öffentliche Meinung tiefer sinken, müssen Kongress und Senat in den Augen aller Anständigen an Achtung verlieren, muss das Andenken der großen Väter der Revolution durch das arge Treiben ihrer entarteten Söhne mehr geschändet werden.

Unter den zahllosen Journalen Nordamerikas gibt es einige von Charakter und Ansehen. Der persönliche Umgang mit den dabei beschäftigten Gentlemen hat mir viel Belehrung und Vergnügen verschafft. Aber deren sind wenige und die anderen sind Legion; und der Einfluss der guten ist machtlos gegen das tödliche Gift der bösen Journale.

Unter der gebildeten Mittelklasse, bei den Behörden, Gerichten wie unter der gemäßigten, Gewerbe treibenden Klasse herrscht über den Charakter jener boshaften Journale nur eine Stimme. Man hat zuweilen behauptet – es ist natürlich, dass man für solch eine Schande einen Deckmantel sucht –, dass ihr Einfluss nicht so groß sei, als der Fremde glaube. Ich muss um Verzeihung bitten, wenn ich sage, dass sich dafür kein Beweis liefern lässt und dass alles für das Gegenteil spricht.

Wenn ein Mann von Charakter oder Verstand irgendeine öffentliche Auszeichnung in Amerika erlangen kann ohne erst zu kriechen und das Knie zu beugen vor dem Ungeheuer der schlechten Presse; wenn eine einzige Privattugend sicher ist vor ihren Angriffen, wenn ein geselliges Vertrauen von ihr unverletzt bleibt oder ein Band der Ehre und des Anstandes von ihr geachtet wird; wenn ein Einziger in diesem Land der Freiheit seine freie Meinung hat und zu sprechen und zu denken wagt ohne sich einer Zensur zu unterwerfen, die er ihrer niedrigen Unwissenheit und kriechenden Schurkerei wegen im tiefsten Herzen hasst und verachtet; wenn diejenigen, welche die Schande, die sie für die Nation ist, am bittersten fühlen und am meisten untereinander darüber klagen, wenn diese Männer es wagen, vor aller Welt ihr mit der Ferse auf den Kopf zu treten: Dann will ich glauben, dass ihr Einfluss abnimmt und die Amerikaner wieder zum gesunden Menschenverstand zurückkehren. Allein solange ihr böser Blick auf jedem Haus ruht und bei jeder Ernennung im Staat, vom Präsidenten bis zum Postboten, ihre schwarze Hand im Spiel ist, solange sie die Musterliteratur einer zahllosen Menschenklasse ist, die ihre Lektüre in der Zeitung oder nirgend sucht: Solange fällt auch ihre Schmach dem Land zur Last und solange werden ihre verderblichen Folgen in der Republik zu sehen sein.

Wer an die leitenden Artikel englischer Blätter oder der Journale auf dem europäischen Festland gewöhnt ist, kann sich unmöglich, ohne eine Masse von Auszügen, die ich hier anzuführen weder Raum noch Lust habe, einen richtigen Begriff von der fürchterlichen Wirksamkeit dieser Maschine in Amerika machen. Aber wenn sich jemand von der Richtigkeit meines Urteils überzeugen will, gehe er an irgendeinen öffentlichen

Ort in London, wo man einzelne Nummern jener Journale zerstreut findet, und dann urteile er selbst.

Es wäre gewiss für die Amerikaner im Ganzen besser, wenn sie das Reale etwas weniger und das Ideale etwas mehr liebten; wenn bei ihnen der Frohsinn des Herzens eine Aufmunterung und das Schöne, welches nicht auch unmittelbar Nutzen bringt, mehr Pflege fände. Aber hier, denk ich, ist die allgemeine Entgegnung: »wir sind ein neues Land«, womit man oft ganz unzurechtfertigende Schwächen entschuldigt, nicht unvernünftig; und noch hoffe ich dereinst zu hören, dass es in Amerika andere Nationalunterhaltungen gibt als die Zeitungspolitik.

Die Amerikaner sind gewiss keine Lebemänner und ihr Temperament schien mir stets düster und eintönig. In der schlauen, scharfen Auffassungsweise und in einer gewissen gusseisernen Akkuratesse stehen die Yankees oder Neuengländer ohne Zweifel den Übrigen voran, wie sie ihnen in allen anderen Dingen des Verstandes und der Bildung vorangehen. Aber auf der Reise, außerhalb der großen Städte wurde ich ganz niedergeschlagen von dem vorherrschend melancholischen und ernsthaften Wesen der Leute; in jeder neuen Stadt, die ich sah, glaubte ich dieselben Menschen wieder zu sehen, die ich in der vorigen verlassen hatte. Die meisten Mängel, die in den Nationalsitten zu merken sind, scheinen mir großenteils von jenem Temperament herzurühren: So hat sich ein gewisses verdrossenes, grämliches Beharren auf groben Manieren gebildet und die milderen Reize des Lebens werden für etwas nicht der Beachtung Wertes gehalten.

Ich kann nicht der Meinung anderer sein, welche das Vorherrschen differentierender Bekenntnisse für die Ursache des Nichtbestehens einer herrschenden Kirche halten. Im Gegenteil glaube ich, dass der Volkscharakter, wenn er überhaupt die Gründung einer solchen Institution zuließe, ihr schon deswegen abhold sein müsste, weil sie herrschend sind. Aber selbst wenn sie bestände, zweifle ich sehr, ob sie Gewalt haben würde, die verirrten Schafe zu einer großen Herde zu sammeln, weil in England bei aller kirchlichen Gewalt so viel diffentierende Sekten vorhanden sind und weil ich in Amerika keine einzige Glaubensform gefunden habe, die man in Europa, und selbst in England, nicht ebenfalls kennt. Dissenter wandern in großer Anzahl nach Amerika aus, weil überhaupt viele hierher auswandern; und sie gründen große Niederlassungen, weil man sich hier ankaufen und Städte und Dörfer anlegen kann, wo noch keine waren. Selbst die Shakers wanderten von England ein; mein Vaterland ist M. Joseph Smith, dem Apostel der Mormoniten, nicht fremd; ich selbst habe in einigen unserer volkreichen Städte Szenen bei religiösen Zusammenkünften gesehen, die den amerikanischen Camp-meetings schwerlich etwas nachgeben, und ich glaube, dass in Amerika kein Beispiel von abergläubischem Trug auf der einen und Leichtgläubigkeit auf der anderen Seite vorkommt, zu dem wir nicht bei uns die Parallelen in den berüchtigten Geschichten mit Mrs Southcote, Mary Tofts, der Kaninchenmutter, und selbst Mr Thom von Canterbury (letzteres Ereignis fand einige Zeit nach dem Aufhören des »finsteren« Mittelalters statt) finden könnten.

Die republikanischen Institutionen Amerikas führen das Volk ohne Zweifel zur festen Aufrechterhaltung der Gleichheit und Selbstachtung; aber ein Reisender muss sich jener Institutionen erinnern und nicht gleich empfindlich werden über die vertrauliche Annäherung mancher Menschenklasse, die bei uns in England sich von ihm fern halten würde. Dieser Charakterzug, wenn er nicht in törichten Hochmut überging und nicht vor einer ehrbaren Dienstleistung zurückschrak, hat mich nie beleidigt; und sehr selten zeigte er sich mir in seiner rohen, hässlicheren Gestalt. Ein- oder zweimal äußerte er sich mir gegenüber recht komisch; dies war aber ein einzelner ergötzlicher Fall und nicht die allgemeine Regel.

Ich brauchte in einer Stadt ein Paar Stiefel, denn ich hatte keine anderen zur Reise als jene mit den denkwürdigen Korksohlen, die für das feurige Verdeck eines Dampfbootes viel zu heiß waren. Ich sandte daher zu einem Stiefelkünstler, ließ ihm mein Kompliment sagen, und ich würde mich glücklich schätzen, wenn er die Gewogenheit haben wollte, zu mir zu kommen. Er antwortete mir sehr gütig und wollte gegen sechs Uhr abends »zusehen«.

Ich lag um diese Stunde auf dem Sofa, mit einem Glas Wein neben mir und einem Buch in der Hand, als die Tür aufging und ein Gentleman in einer steifen Krawatte, ein bis zwei Jahr über oder unter dreißig, in Hut und Handschuhen eintrat, vor den Spiegel ging, sein Haar ordnete, die Handschuhe auszog und langsam aus den tiefsten Tiefen seiner Rocktasche ein Maß hervorzog, worauf er in pomadigem Ton mich ersuchte meine Stege auszuziehen. Das tat ich, sah aber etwas neugierig seinen Hut an, den er noch immer auf dem Kopf behielt. War es nun das oder war es die Hitze – er nahm ihn ab. Dann setzte er sich mir gegenüber auf einen Stuhl, stützte beide Arme auf die Knie auf und hob, mit großer Anstrengung sich vorwärts lehnend, vom Boden das Meisterstück hauptstädtischer Kunstfertigkeit in die Höhe, welches ich eben ausgezogen hatte – wobei er behaglich pfiff. Er drehte die Stiefel nach allen Seiten, besah sie mit unaussprechlicher Verachtung und fragte, ob ich wünschte, er solle mir einen solchen Stiefel »fixieren«. Ich entgegnete ihm höflich und sagte, wenn die Stiefel nur groß genug und bequem wären, so dürften sie meinetwegen den vorigen gleichen oder nicht, ich wolle mich ganz seiner Einsicht und seinem Urteil fügen. »Es liegt Ihnen nicht viel an dieser Höhlung der Ferse?«, sagte er. »Wir machen's hier nicht so.« Ich wiederholte meine letzte Bemerkung. Er besah sich wieder im Spiegel, trat näher zu ihm, um sich etwas Staub aus den Augenwinkeln zu reiben, und brachte seine Krawatte in Ordnung. Mein Bein und mein Fuß schwebten dabei immer noch in der Luft. »Bald fertig, Sir?«, fragte ich. »Nun, ziemlich bald«, sagte er; »bleiben Sie ruhig.« Ich blieb so ruhig, als ich konnte, mit Fuß und Gesicht; und da er inzwischen den Staub sich aus den Augen gewischt und seinen Bleistift gefunden hatte, nahm er mir das Maß und machte sich die nötigen Anmerkungen. Als er fertig war, nahm er wieder die frühere Stellung ein, hob noch einmal den Stiefel vom Boden auf und blieb einige Zeit sinnend stehen. »Und das«, sagte er endlich, »ist ein englischer Stiefel, wie? Das ist ein Londoner Stiefel, he?« – »Das, Sir«, erwiderte ich, »ist ein Londoner Stiefel.« Er sah ihn wieder sinnend an wie Hamlet Yoriks Schädel, nickte mit dem Kopf, als wollte er sagen: »Ich bedauere das Land, dessen Institutionen zur Verfertigung dieses Stiefels führten«, stand auf, nahm seinen Bleistift, seine Notizen und sein Papier – sah dabei immer in den Spiegel –, setzte den Hut auf, zog sich sehr langsam die Handschuhe an und ging endlich zur Tür hinaus. Nach einer Minute ging diese wieder auf und sein Hut und sein Kopf zeigten sich noch einmal. Er sah sich in der Stube um und guckte nach dem Stiefel, der noch immer am Fußboden lag; schien einen Augenblick in Gedanken versunken und sagte dann, »Nun, guten Nachmittag« – »Guten Nachmittag, Sir«, sagte ich und so schloss die Zusammenkunft.

Nur über einen Gegenstand hätte ich noch eine Bemerkung zu machen, die sich auf den öffentlichen Gesundheitszustand bezieht. In einem so großen Land, wo tausende Millionen Morgen Landes noch nicht urbar gemacht und angebaut sind und wo jährlich überall eine große Zersetzung von Vegetabilien stattfindet; wo es so viele große Ströme und so entgegengesetzte Klimate gibt; da kann es zu gewissen Jahreszeiten nicht an vielen Krankheiten fehlen. Aber, nachdem ich mit vielen amerikanischen Ärzten gesprochen, wage ich zu behaupten, dass einem großen Teil der herrschenden Krankheiten durch Beobachtung nur einiger gewöhnlicher Vorsichtsmaßregeln vorgebeugt werden könnte. Mehr Sorgfalt für die persönliche Reinlichkeit ist unerlässlich; die Sitte muss aufhören, dass man dreimal des Tages so große Massen Fleischspeisen hinunterschlingt und dann gleich wieder lange sitzt; das schöne Geschlecht muss weiter gekleidet gehen und sich mehr gesunde Bewegung machen; letztere Warnung betrifft auch die Männer. Vor allem bedarf in allen großen und kleinen Städten und in allen öffentlichen Anstalten das Lüftungs-, Trocknungs- und sonstige Reinigungssystem einer vollständigen Reform. Es gibt keine Lokalgesetzgebung in Amerika, die nicht aus Mr Chadwicks ausgezeichnetem Bericht über die Gesundheitszustände der arbeitenden Klassen sehr viel lernen könnte.

Wir sind jetzt am Schluss dieses Buches. Nach gewissen Mitteilungen, die mir seit meiner Rückkehr nach England zugekommen sind, habe ich keinen Grund anzunehmen, dass es vom amerikanischen Volk sehr günstig aufgenommen werden wird; und da ich die Wahrheit geschrieben habe, auch über diejenigen, welche sich ein Urteil bilden und es öffentlich aussprechen, so wird man wohl sehen, dass ich kein Verlangen trage, durch falsche Mittel um den Beifall des Volkes zu buhlen.

Mir genügt das Bewusstsein, dass der Inhalt dieser Blätter mich nicht einen einzigen Freund auf der anderen Seite des Ozeans kosten kann, der dieses Namens wirklich irgendwie würdig ist. Übrigens setze ich mein Vertrauen in die offene und ehrliche Gesinnung, in der ich gesprochen habe; und ich kann's abwarten.

Ich habe die mir gewordene Aufnahme nicht erwähnt, so wenig wie ich von ihr mich in der geringsten Äußerung bestimmen ließ; denn in beiden Fällen wäre dies eine erbärmliche Dankbarkeit gewesen, in Vergleich mit der, die ich gegen jene parteiischen Leser meiner früheren Schriften im Busen trage, die mir mit offenen Armen entgegenkamen und mir kein eisernes Schloss vor den Mund hingen.

Editorische Notiz

Der englische Originaltext unter dem Titel *American Notes for General Circulation* spielt in dem Wort »Notes« mit den Begriffen »Banknoten« und »Aufzeichnungen« –: Beide seien für den allgemeinen Umlauf bestimmt. Dass Dickens am liebsten hinzugesetzt hätte: »[...] und zwar vorwiegend in jenen Teilen der Welt, wo sie gestohlen und gefälscht werden«, geht aus einem Brief vom Herbst 1842 an seinen Vertrauten John Forster hervor. Der Autor klagt darin einmal mehr, mit welcher Dreistigkeit seine Bücher in den Vereinigten Staaten nur als Raubdrucke verbreitet werden.

Das Werk erschien 1842 im Verlag von Edward Chapman und William Hall in London in zwei Teilen; und schon ein Jahr später kam es auf Deutsch bei Johann Jakob Weber in Leipzig in der Übersetzung durch E[dward] A. Moriarty unter dem Titel *Amerika: Von Boz* – das heißt Charles Dickens – in drei Teilen heraus.

Diese Nachbildung hat nach einer Revision durch Siegfried Schmitz zunächst 1972 der Winkler Verlag in München als Nummer 54 in seiner Reihe »Die Fundgrube« unter dem Titel *Aufzeichnungen aus Amerika* vorgelegt und dann 1987 Franz Greno in Nördlingen in seiner Reihe »Greno 10/201« als Nummer 38 nachgedruckt.

Die vorliegende Fassung geht, den Grundsätzen der EDITION ERDMANN gemäß, auf die deutsche Ausgabe von 1843 zurück.

Weggelassen wurden das Vorwort des deutschen Übersetzers, das seitenlange Zitat aus einem nicht von Dickens stammenden Manuskript über die Blindenschule von Boston sowie die Beschreibung eines Ausflugs in die Prärie bei St. Louis und eines Besuchs bei den Shakers von Lebanon, Pennsylvania, einer Sekte, der Dickens – ebenso wenig wie seiner Exkursion in die »Wüstenei« – »keinen besonderen Geschmack abgewinnen« konnte.

Titelblatt der deutschen Ausgabe von 1843

Weiterführende Literatur

Empfehlungen für Leser,
die mehr über Charles Dickens wissen wollen

Charles Dickens: Martin Chuzzlewit [1843–1844]. Zuletzt Zürich 1986 (Diogenes Taschenbuch 21406).

Der Roman, in welchem der Erzähler die Eindrücke seiner Amerika-Reise von 1842 fiktional verarbeitet hat – zur Brandmarkung einer Gesellschaft, die den Begriff der Freiheit so versteht, dass jedermann berechtigt ist, den eigenen Vorteil über das Wohl des anderen zu stellen.

Stefan Zweig: »Charles Dickens«, in ders.: Drei Meister: Balzac, Dickens, Dostojewski [1920]. Zuletzt Frankfurt am Main 2001 (Fischer Taschenbuch 12278), S. 51–86.

Ein Charakterbild, das wegen seiner Ausdrucksstärke nach wie vor fasziniert – ein Porträt, in dem der Verfasser als Künder des Lebensgefühls seines viktorianischen Ambientes dargestellt ist.

Arno Schmidt: »Tom All Alone's: Bericht vom Nicht-Mörder« [1960/1969], in ders.: Nachrichten aus dem Leben eines Lords. Sechs Nachtprogramme [1975]. Zuletzt Frankfurt am Main ³1988 (Fischer Taschenbuch 9116), S. 100–152.

Ein Gespräch dreier Stimmen – oder: eine Annäherung an die Produkte des Dichters, die abseits der ausgetretenen Deutungsbahnen erfolgt (und, notabene, die Nachrichten aus Amerika *zur »Perle von Dickens' Leistungen in jener Sparte der ›angewandten Literatur‹« erklärt).*

Heinz Reinhold (Hg.): Charles Dickens. Sein Werk im Lichte neuer deutscher Forschung. Heidelberg 1969 (Carl Winter Universitätsverlag).

Eine Blütenlese mit Aufsätzen über die Romane des Engländers – das geht von einem Essay »Zur Kunst des Erzählanfangs bei Charles Dickens« bis zu einer Kritik von »Dickens' Spätstil«.

Johann N. Schmidt: Dickens [1978]. Reinbek bei Hamburg [6]2000 (Rowohlts Bildmonographien 50262).

Eine souveräne Präsentation von Leben und Werk – Interessenten können in Deutschland zurzeit kaum besser durchs Dickens'sche Panoptikum geleitet werden.

Norman und Jeanne Mackenzie: Dickens. Ein Leben [1979]. Frankfurt am Main 1983 (Insel).

Unter den zahlreichen Biografien des Autors bis heute eine der größten – sowohl was die materielle Quantität als auch was die deskriptive Qualität angeht.

Paul Goetsch: Dickens. Eine Einführung, München – Zürich 1986 (Artemis Einführungen 28).

Eine ebenso kompakte wie präzise Präsentation des Œuvres dieses Romanciers – analytisch nicht nur unter philologischen, sondern auch unter soziologischen Aspekten.

[Carlo] Fruttero & [Franco] Lucentini/Charles Dickens: Die Wahrheit über den Fall D. Roman [1989]. München 1991 (Piper) oder München 1996 (Goldmann Taschenbuch 42587).

Ein Muss für jeden Dickens-Fan – die Vollendung des von seinem Urheber nur als Fragment hinterlassenen Thrillers durch das italienische Schriftstellergespann. Exciting! Oder besser: Perfetto!

Reisedaten

Sonntag,	2.	Januar	1842, Abreise von:	London
Dienstag,	4.	Januar	1842, Abreise von:	Liverpool
Sonnabend,	22.	Januar	1842, Ankunft in:	Boston
Donnerstag,	3.	Februar	1842, Ausflug nach:	Lowell
Sonnabend,	5.	Februar	1842, Ankunft in:	Worcester
Freitag,	11.	Februar	1842, Ankunft in:	New Haven
Sonntag,	13.	Februar	1842, Ankunft in:	New York
Sonntag,	6.	März	1842, Ankunft in:	Philadelphia
Mittwoch,	9.	März	1842, Ankunft in:	Washington
Donnerstag,	17.	März	1842, Ankunft in:	Richmond
Montag,	21.	März	1842, Stop-over in:	Washington
Montag,	21.	März	1842, Ankunft in:	Baltimore
Dienstag,	29.	März	1842, Ankunft in:	Pittsburgh
Montag,	4.	April	1842, Ankunft in:	Cincinnati
Mittwoch,	6.	April	1842, Ankunft in:	Louisville
Sonntag,	10.	April	1842, Ankunft in:	St. Louis
Dienstag,	12.	April	1842, Ausflug in:	Prairie
Mittwoch,	13.	April	1842, Ankunft in:	St. Louis
Sonntag,	17.	April	1842, Ankunft in:	Louisville
Dienstag,	19.	April	1842, Ankunft in:	Cincinnati
Donnerstag,	21.	April	1842, Ankunft in:	Columbus
Sonnabend,	23.	April	1842, Ankunft in:	Sandusky
Mittwoch,	27.	April	1842, Ankunft bei:	Niagara Falls
Mittwoch,	4.	Mai	1842, Ankunft in:	Toronto
Donnerstag,	5.	Mai(?)	1842, Ankunft in:	Kingston
Mittwoch,	11.	Mai	1842, Ankunft in:	Montreal
Mittwoch,	25.	Mai(?)	1842, Ankunft in:	Quebec
Donnerstag,	26.	Mai(?)	1842, Ankunft in:	Montreal
Montag,	30.	Mai	1842, Ankunft in:	St. John's
Mittwoch,	1.	Juni	1842, Ankunft in:	New York
Donnerstag,	2.	Juni	1842, Ankunft in:	Lebanon
Sonnabend,	4.	Juni	1842, Ankunft in:	Westpoint
Montag,	6.	Juni	1842, Ankunft in:	New York
Dienstag,	28.	Juni	1842, Rückkehr nach:	Liverpool
Mittwoch,	29.	Juni	1842, Heimkehr nach:	London

Lebensdaten

1812	7. Februar: geboren in Landport, Hampshire; England
1817	Umzug nach Chatham bei Rochester, Kent
1822	Umzug nach London
1824	Vater im Schuldgefängnis Marshalsea, London; Charles muss Kinderarbeit in einer Schuhwichs-Fabrik leisten
1824–26	Besuch einer Privatschule
1827	Anwaltsgehilfe
1828–31	Gerichtsreporter
1832–34	Parlamentsreporter u. a. für The Sun
1834	Redakteur beim Morning Chronicle
1836	Vermählung mit Catherine Hogarth; *Sketches by Boz*
1836–37	*The Posthumous Papers of the Pickwick Club*
1837–39	*Oliver Twist: or, The Parish Boy's Progress*
1838–39	*The Life and Adventures of Nicholas Nickleby*
1840–41	*The Old Curiosity Shop*
1841	*Barnaby Rudge: A Tale of the Riots of 'Eighty*
1842	erste Amerika-Reise; *American Notes*
1843	*A Christmas Carol*
1843–44	*The Life and Adventures of Martin Chuzzlewit*
1844	Italien-Aufenthalt
1846	Schweiz- und Frankreich-Aufenthalt
1846–48	*Dealings with the Firm of Dombey and Son [. . .]*
1849–50	*The Personal History [. . .] of David Copperfield [. . .]*
1852–53	*Bleak House*
1854	*Hard Times: For These Times*
1855	Frankreich-Aufenthalt
1855–57	*Little Dorrit*
1856	Kauf von Gad's Hill Place bei Rochester
1858	Trennung der Eheleute Dickens
1859	*A Tale of Two Cities*
1860–61	*Great Expectations*
1864–65	*Our Mutual Friend*
1867-68	zweite Amerika-Reise
1870	*The Mystery of Edwin Drood* (fragmentarisch); 9. Juni: gestorben in Gad's Hill Place

Reisen einer mutigen Schwedin

Fredrika Bremer

Durch Nordamerika und Kuba

Reisetagebuch in Briefen 1849–1851

336 Seiten

ISBN 3 522 60033 9

„Wie froh bin ich, dass ich hier bin in der jungen, neuen Welt!" Ein erleichterter Ausruf, dem eine beherzte Tat vorangegangen war: Fredrika Bremer war aus ihrem altjüngferlichen Alltag ausgebrochen und 1849 auf eigene Faust in die USA gefahren. Von einem Schlösschen bei Stockholm zu Indianerlagern in den Nord- und Sklavenmärkten in den Südstaaten: das faszinierende Abenteuer einer alleinstehenden Frau – festgehalten in diesem einzigartigen Reisebericht.

EDITION ERDMANN

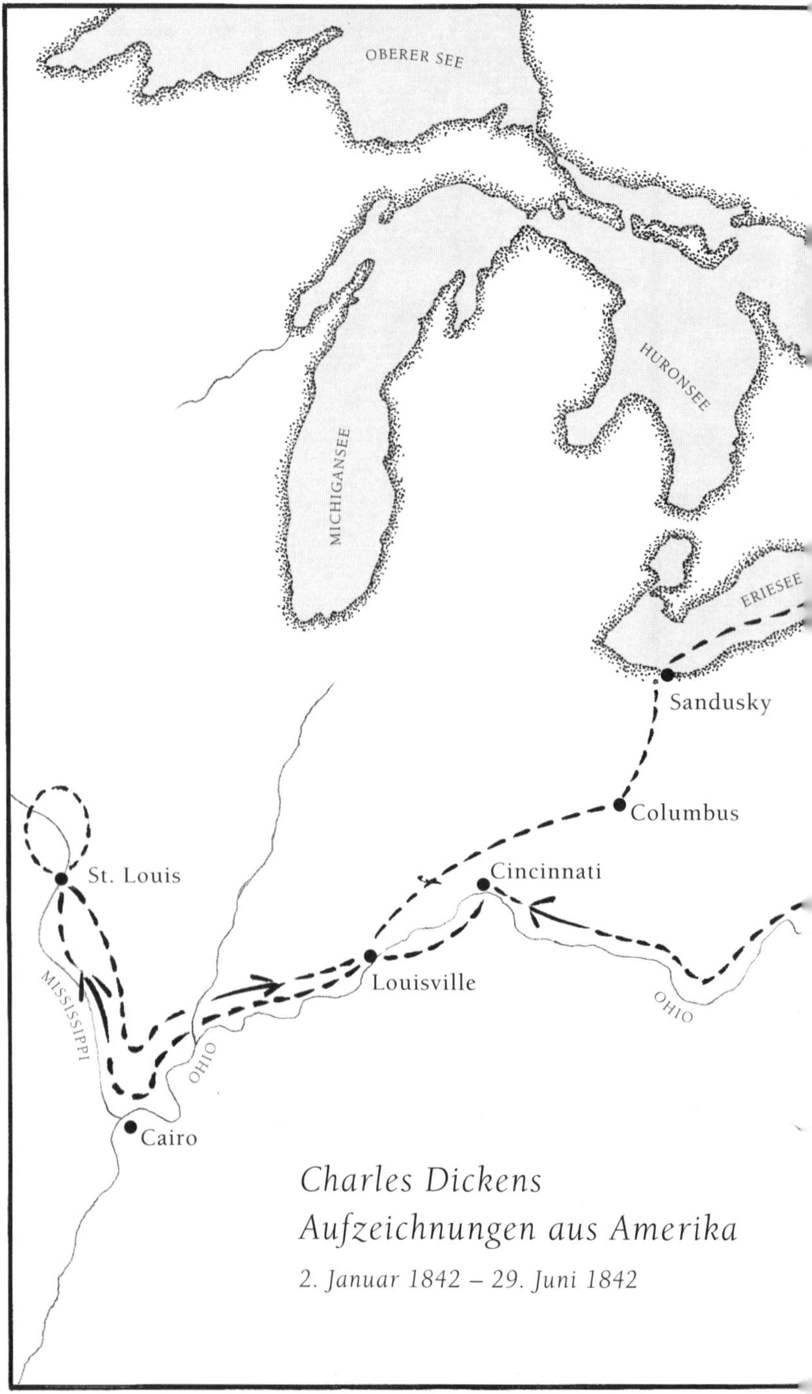
OBERER SEE
MICHIGANSEE
HURONSEE
ERIESEE
Sandusky
Columbus
St. Louis
Cincinnati
Louisville
MISSISSIPPI
OHIO
OHIO
Cairo
Charles Dickens
Aufzeichnungen aus Amerika
2. Januar 1842 – 29. Juni 1842